Dictionary of Ancient Egypt

【図説】
古代エジプト文明辞典

トビー・ウィルキンソン【著】
大城道則【監訳】

柊風舎

Published by arrangement with Thames and Hudson Ltd., London,
through Tuttle-Mori Agency, Inc., Tokyo

The Thames & Hudson Dictionary of Ancient Egypt © 2005 Thames & Hudson Ltd, London

This edition first published in Japan in 2016 by Shufusha Publishing Co. Ltd, Tokyo
Japanese edition © 2016 Shufusha Publishing Co. Ltd

序　文

　本書はナイル河谷（かこく）に誕生した古代エジプト文明に関する簡単な"手引き書"として書かれた。古代エジプト文明に学術的な興味を持つ人々にだけではなく、一般読者も対象としている。本書は英語で書かれた現時点で最も総合的な古代エジプト文明辞典であることを目指すものである。項目は支配者たち、役人たち、神々、そしてエジプトの考古遺跡（そしてやや少ないがスーダンのものも含む）を対象としている。また美術や宗教のような主要なテーマとエジプト学特有の専門用語や特殊な意味で使用された用語も対象である。最大の特徴は、紀元前 3000 年における国家の統一から、紀元前 332 年のアレクサンドロス大王の征服の間に即位したすべてのエジプト王たちに対して項目をもうけていることである。

　必然的に収録されるものと除外されるものとについての判断は避けられない。原則は本書が百科事典ではなく辞典であるべきだということである。それゆえに、より多くのもの、短いもの、特殊な問題を採り上げることを優先し、長い文章を要する広範囲にわたるテーマについては省略されている。さらに文献情報は 1 つ 1 つの項目に与えられていないが、読者は本書巻末にある参考文献を参照していただきたい。

　古代エジプトの個人名については複数種類のつづり方が存在する。原則として、本書は、例えばもう 1 つの選択枝であるギリシア語形式よりもむしろ本来のエジプト語の音訳に適した方を使用する。しかしながら、使いやすさを優先して、ギリシア語のつづりが相互参照として、見出し語自体に与えられている。主要遺跡についての項目は、他のエジプト学の研究業績において使用されている最も一般的な名称（古代名であれ現代名であれ）を使用する。同じく別のつづりが読者を助けるために盛り込まれている。略語の KV と QV は、発見順により、慣例に従って番号がつけられたそれぞれ王家の谷と王妃の谷の墓に言及している。大方の意見の一致はあるが、現時点で古代エジプトの年代について研究者間で定まった見解の一致はない。個々の支配者たちと王朝に対する年代は、ビル・マンリー編集の『古代エジプト 70 の謎』*The Seventy Great Mysteries of Ancient Egypt*（Themes & Hudson, 2003）に従っている。

本書の使い方

　専門家と同様に初心者にもと考えており、古代エジプト、あるいはエジプト学の予備知識がなくともと仮定しているので、この辞典内の項目は独力で理解できるようにしてある。しかしながら、面倒な繰り返しを避けるために、ときどき辞典の他の箇所で定義した専門用語を使用する必要がある。そのような相互参照として与えられた用語は、ゴシック体を使用することにより示すようにした。

　相互参照の広範囲な使用は、読者に１つの項目からさらなる項目へと主題を追わせ、その結果として古代エジプトの魅力ある文化をより広く探ることを後押しするのである。

　本書では、項目は五十音順に並べ替えている。唯一の例外はその名称の主要素に現れる、例えばオマリの場合のエル＝オマリのエルのような接頭語ではじまる地名である。文学などは最もよく知られたその作品の最初の単語によって順番に並べられる。したがって「男と彼のバーとの論争」は、「お」に登場するし、「シヌへの物語」は「し」の箇所に登場する。

　本文中には古代エジプト文明の輝きと洗練さを読者に与えるために印象的な図版を豊富に入れている。本書において初めて紹介された写真もいくつかあるし、その他のものも専門の文献以外ではこれまで使用されたことのほとんどないものである。神殿と墓という広範囲にわたる知識を必要とする２つの重要な項目は、それぞれ典型的な配置を示す断面略図でもって図説される。図版は通常同じページか、あるいは図版が添えられている項目として２ページ目にまでわたっている。

　本書の最初にある編年表と王名表は参考目的のためのものであるが、年代（紀元前あるいは紀元後）は、王たちや各時代に対するそれぞれの辞典項目にも与えられている。本書巻末の専門地図の部分は、エジプトへの旅行者が最もよく訪れる３つの考古遺跡──サッカラ、ギザ、そして王家の谷──と２つの記念建造物──カルナク神殿とルクソール神殿──の平面図を含んでいる。これらはデルタ地域とテーベの差し込み地図を伴う一般的なエジプトの地図によって補足される。豊富な文献一覧の箇所には、より専門家向きの書籍も挙げられており、古代エジプト文明についてさらに知りたい読者を想定している。それらすべての書籍は英語で、わかりやすく書かれたものである。また古代エジプト文明を様々な角度から詳細に探求することを目指す読者を手助けするために大まかに分類され並べられている。

謝辞

　何人かの仲間が懇切丁寧に本書の初期原稿に目を通してくれ、多くの参考になる訂正、助言、そして提案をしてくれた。特にアイダン・ドッドソン、ピーター・グロース＝ホッジ、ジェフリー・マーティン、そしてサラ・クリスに感謝する。またテムズ＆ハドソン社の編集と製作スタッフには、彼らの絶え間ない情熱と支援に対して、そしてマイケル・ベイリーの尽きる事のない忍耐力に心より感謝申し上げる。

目　次

- 3 　序　文
- 4 　本書の使い方
- 5 　謝　辞
- 8 　王名一覧と編年表
- 21 　図説 古代エジプト文明辞典

374	遺跡平面図と地図
378	参考文献
380	図版クレジット
381	欧文項目対照索引
396	監訳者あとがき

ダハシュールのピラミッド群が、ダハシュール湖の向こう岸に見える。左から「屈折ピラミッド」、スネフェル（第4王朝）の「赤のピラミッド」、アメンエムハト3世（第12王朝）の「黒のピラミッド」。

王名一覧と編年表

　古代エジプトの年代は、通常古代世界の中で最も確実なものの1つとみなされている——紀元前3000年頃には2世紀以内の正確さで、紀元前1300年頃には20年の正確さで、そして紀元前664年以降は完全に正確に。しかし、このことは本書によって適用された時期のほとんどに対して正確な年代が存在しないことをもまた意味しているのである。異なった書籍が同じ出来事に対して異なった年代を与えているのである。その結果、例えばナルメル王は紀元前3100年、3050年、あるいは2950年に王位に就いたかもしれないし、カデシュの戦いは紀元前1297年、1286年、あるいは1275年に勃発したのかもしれないのである。とは言うものの、専門家たちの間において完全な意見の一致はないが、優先的に好まれている選択肢はある。本書において使用された年代は、古代エジプトの王たちの名前に沿って挙げられている。

　エジプト学者たちは、紀元前300年より少し後に自国民の歴史を書き記したエジプトの神官マネトの慣例に従って、通常古代エジプトの王たちを31の王朝に分割する方法を用いている。一般的にこれらの王朝は、特定の支配者家系に対応する。しかし歴史のより曖昧な時期におけるいくつかの王朝については、何人かがエジプトの異なる地域における同時代の支配者であったことに都合よく合わせた分類に過ぎないように思える。実際にマネトはしばしばエジプトには王の系列が1つ以上あったとしているため、この最後の点については疑いがない。

　現代のエジプト学者たちは、通常はエジプト全土を通じてたった1人の王しか存在しない「王国」として知られる時間的に幅を持たせた時期に王朝を分類した。古王国時代（紀元前2575-2125年頃）は、大ピラミッドと大スフィンクスの時代である。中王国時代（紀元前2000-1630年頃）は、新たな国の統一の時代であり、芸術と文学の最盛期であった。新王国時代（紀元前1539-1069年頃）は、しばしば古代エジプトの帝国主義の時代、あるいは黄金期として語られる。つまりエジプトが世界で最も富み栄え、そして最も権力を持った国家であったアメンホテプ3世、アクエンアテン、そしてラメセス2世の時期である。末期王朝時代（紀元前664-332年頃）は、世界的視野で見れば、古代エジプト独立の最終期となった。その後、エジプトはアレクサンドロス大王によって征服され、後にはローマ帝国によって併合されたのである。

初期王朝時代

「0王朝」　紀元前3100年頃
実在が不明瞭な王たち
カー（？）
サソリ（？）

第1王朝　紀元前2950-2775年頃
ナルメル
アハ
ジェル／ゼル
ジェト／ウァジィ／ワジィ／ゼト
デン／デウェン／ウディム
アネジイブ
セメルケト
カア

第2王朝　紀元前2750-2650年頃
ヘテプセケムウイ
ネブラー／ラーネブ
ニネチェル
ウェネグ（？）
セネド（？）
ペルイブセン
カーセケム（ウイ）

第3王朝　紀元前2650-2575年頃
ネチェリケト（ジョセル）
セケムケト
カーバ
サナクト／ザナクト
フニ

古王国時代

第4王朝　紀元前2575-2450年頃
スネフェル
クフ／ケオプス
ジェドエフラー／ラージェドエフ
カフラー／カフレー／ケフレン
メンカウラー／ミケリノス
シェプセスカフ

第5王朝　紀元前2450-2325年頃
ウセルカフ
サフラー
ネフェルイルカラー／カカイ
シェプセスカラー／イズィイ
ネフェルエフラー
ニウセルラー／イニ
メンカウホル
ジェドカラー／イセシ
ウナス／ウニス

第6王朝　紀元前2325-2175年頃
テティ
ウセルカラー（?）
ペピ1世
メルエンラー／ネムティエムサフ
ペピ2世

第7／8王朝　紀元前2175-2125年頃
数多くの短命な王たちの治世

第1中間期

第9／10王朝　紀元前2125-1975年頃
以下の王を含む何人かの王たちの治世
ケティ1世
ケティ2世
メリカラー

第 11 王朝　紀元前 2080-1940 年頃

インテフ 1 世
インテフ 2 世
インテフ 3 世

中王国時代

メンチュホテプ 2 世
　紀元前 2010-1960 年頃
メンチュホテプ 3 世
　紀元前 1960-1948 年頃
メンチュホテプ 4 世
　紀元前 1948-1938 年頃

第 12 王朝　紀元前 1938-1755 年頃

アメンエムハト 1 世
　紀元前 1938-1908 年頃
センウセレト 1 世
　紀元前 1918-1875 年頃
アメンエムハト 2 世
　紀元前 1876-1842 年頃
センウセレト 2 世
　紀元前 1842-1837 年頃
センウセレト 3 世
　紀元前 1836-1818 年頃
アメンエムハト 3 世
　紀元前 1818-1770 年頃
アメンエムハト 4 世
　紀元前 1770-1760 年頃
ソベクネフェルウ
　紀元前 1760-1755 年頃

第 13 王朝　紀元前 1755-1630 年頃

以下の王を含む何人かの王たちの治世（順番は不明）
ソベクホテプ 1 世
アメンエムハト 5 世
アメニ・ケマウ
ソベクホテプ 2 世

ホル

アメンエムハト7世

ウガエフ／ウェガエフ

ケンジェル

ソベクホテプ3世

ネフェルホテプ1世

サハトホル／シハトホル

ソベクホテプ4世

ソベクホテプ5世

アイ（1世）

第2中間期

メンチュエムサフ

デドゥモセ

ネフェルホテプ2世

第14王朝

数多くの短命な王たちの治世

第15王朝　紀元前1630-1520年頃

以下の王を含む6人の王たちの治世

サリティス

シェシ

キアン

アペピ

　紀元前1570-1530年頃

カムディ

　紀元前1530-1520年頃

第16王朝

数多くの短命な王たちの治世

第17王朝　紀元前1630-1539年頃

数多くの王たちの治世、第2中間期の終わり

インテフ5世

インテフ6世

インテフ7世

ソベクエムサフ2世
セナクトエンラー（タア？）
セケンエンラー・タア（2世）
カモセ
　　紀元前 1541-1539 年頃

新王国時代

第 18 王朝　紀元前 1539-1292 年頃
アハモセ1世
　　紀元前 1539-1514 年頃
アメンホテプ1世
　　紀元前 1514-1493 年頃
トトモセ1世
　　紀元前 1493-1481 年頃
トトモセ2世
　　紀元前 1481-1479 年頃
トトモセ3世
　　紀元前 1479-1425 年頃
ハトシェプスト
　　紀元前 1473-1458 年頃
アメンホテプ2世
　　紀元前 1426-1400 年頃
トトモセ4世
　　紀元前 1400-1390 年頃
アメンホテプ3世
　　紀元前 1390-1353 年頃
アメンホテプ4世／アクエンアテン
　　紀元前 1353-1336 年頃
スメンクカラー
　　紀元前 1336-1332 年頃
トゥトアンクアムン
　　紀元前 1332-1322 年頃
アイ（2世）
　　紀元前 1322-1319 年頃
ホルエムヘブ
　　紀元前 1319-1292 年頃

第 19 王朝　紀元前 1292-1190 年頃

ラメセス 1 世
　紀元前 1292-1290 年頃
セティ 1 世／セトス
　紀元前 1290-1279 年頃
ラメセス 2 世
　紀元前 1279-1213 年頃
メルエンプタハ／メルネプタハ
　紀元前 1213-1204 年頃
セティ 2 世／セトス
　紀元前 1204-1198 年頃
アメンメセス
　紀元前 1202-1200 年頃
シプタハ
　紀元前 1198-1193 年頃
タウォスレト／タウスレト／トゥオスレト
　紀元前 1198-1190 年頃

第 20 王朝　紀元前 1190-1069 年頃

セトナクト
　紀元前 1190-1187 年頃
ラメセス 3 世
　紀元前 1187-1156 年頃
ラメセス 4 世
　紀元前 1156-1150 年頃
ラメセス 5 世
　紀元前 1150-1145 年頃
ラメセス 6 世
　紀元前 1145-1137 年頃
ラメセス 7 世
　紀元前 1137-1129 年頃
ラメセス 8 世
　紀元前 1129-1126 年頃
ラメセス 9 世
　紀元前 1126-1108 年頃
ラメセス 10 世
　紀元前 1108-1099 年頃

ラメセス 11 世
　紀元前 1099-1069 年頃

第 3 中間期

第 21 王朝　紀元前 1069-945 年頃
スメンデス／ネスバネブジェデト
　紀元前 1069-1045 年頃
アメンエムニスウ
　紀元前 1045-1040 年頃
プスセンネス 1 世
　紀元前 1040-985 年頃
アメンエムオペ
　紀元前 985-975 年頃
大オソルコン／オソコル
　紀元前 975-970 年頃
シアムン
　紀元前 970-950 年頃
プスセンネス 2 世
　紀元前 950-945 年頃

第 22 王朝　紀元前 945-715 年頃
ショシェンク 1 世
　紀元前 945-925 年頃
オソルコン 1 世
　紀元前 925-890 年頃
ショシェンク 2 世
　紀元前 890 年頃
タケロト 1 世
　紀元前 890-875 年頃
オソルコン 2 世
　紀元前 875-835 年頃
ショシェンク 3 世
　紀元前 835-795 年頃
ショシェンク 4 世
　紀元前 795-785 年頃
ピマイ
　紀元前 785-775 年頃

ショシェンク 5 世
　　紀元前 775-735 年頃
オソルコン 4 世
　　紀元前 735-715 年頃

第 23 王朝　紀元前 830-715 年頃
タケロト 2 世
　　紀元前 840-815 年頃
ペドゥバスト 1 世
　　紀元前 825-800 年頃
イゥプト 1 世
　　紀元前 800 年頃
ショシェンク 6 世
　　紀元前 800-780 年頃
オソルコン 3 世
　　紀元前 780-750 年頃
タケロト 3 世
　　紀元前 750-735 年頃
ルドアムン／アムンルド
　　紀元前 755-735 年頃
ペフチャウアウイバスト
　　紀元前 735-725 年頃
ショシェンク 7 世
　　紀元前 725-715 年頃

第 24 王朝　紀元前 730-715 年頃
テフナクト
　　紀元前 730-720 年頃
バクエンレンエフ／ボッコリス
　　紀元前 720-715 年頃

第 25 王朝　紀元前 800-657 年頃
アララ
　　紀元前 800-770 年頃
カシュタ
　　紀元前 770-747 年頃

ピイ／ピアンキ／ピエ
    紀元前 747-715 年頃
シャバコ
    紀元前 715-702 年頃
シャビトコ／シェビトク
    紀元前 702-690 年頃
タハルコ／タハルカ
    紀元前 690-664 年頃
タヌタマニ
    紀元前 664-657 年頃

末期王朝時代

第 26 王朝　紀元前 664-525 年
ネカウ 1 世／ネコ 1 世
    紀元前 672-664 年頃
プサムテク 1 世
    紀元前 664-610 年頃
ネカウ 2 世／ネコ 2 世
    紀元前 610-595 年頃
プサムテク 2 世
    紀元前 595-589 年頃
アプリエス
    紀元前 589-570 年頃
アマシス／アハモセ 2 世
    紀元前 570-526 年頃
プサムテク 3 世
    紀元前 526-525 年頃

第 27 王朝（ペルシア時代）　紀元前 525-404 年
カンビュセス
    紀元前 525-522 年
ダリウス 1 世
    紀元前 521-486 年
クセルクセス
    紀元前 486-466 年
アルタクセルクセス 1 世
    紀元前 465-424 年

ダリウス2世
　　紀元前424-404年

第28王朝　紀元前404-399年

アミルタイオス
　　紀元前404-399年

第29王朝　紀元前399-380年

ネフェリテス1世／ネフアアルド
　　紀元前399-393年
プサンムティス
　　紀元前393年
ハコル／ハコリス
　　紀元前393-380年
ネフェリテス2世／ネフアアルド
　　紀元前380年

第30王朝　紀元前380-343年

ネクタネボ1世／ナクトネブエフ
　　紀元前380-362年
テオス／テコス／ジェホ／ジェド・ホル
　　紀元前365-360年
ネクタネボ2世／ナクトホルヘブ
　　紀元前360-343年

第31王朝（ペルシア時代）　紀元前343-332年

アルタクセルクセス3世
　　紀元前343-338年
アルセス
　　紀元前338-336年
ダリウス3世
　　紀元前335-332年

マケドニア時代

　　紀元前332-309年
アレクサンドロス3世大王
　　紀元前332-323年

フィリッポス・アリダエウス
　紀元前 323-317 年
アレクサンドロス 4 世
　紀元前 317-309 年

プトレマイオス朝時代

　紀元前 309-30 年
プトレマイオス 1 世
　紀元前 305-282 年
プトレマイオス 2 世
　紀元前 285-246 年
プトレマイオス 3 世
　紀元前 246-221 年
プトレマイオス 4 世
　紀元前 221-205 年
プトレマイオス 5 世
　紀元前 205-180 年
プトレマイオス 6 世
　紀元前 180-145 年
プトレマイオス 8 世とクレオパトラ 2 世
　紀元前 170-116 年
プトレマイオス 9 世
　紀元前 116-107 年
クレオパトラ 3 世
　紀元前 116-101 年
プトレマイオス 10 世
　紀元前 107-88 年
プトレマイオス 9 世（復位）
　紀元前 88-80 年
プトレマイオス 11 世とベレニケ 3 世
　紀元前 80 年
プトレマイオス 12 世
　紀元前 80-58 年
クレオパトラ 6 世とベレニケ 4 世
　紀元前 58-57 年／紀元前 58-55 年
プトレマイオス 12 世（復位）
　紀元前 55-51 年

20

クレオパトラ7世とプトレマイオス13世
　紀元前 51-47 年
クレオパトラ7世とプトレマイオス14世
　紀元前 47-44 年
クレオパトラ7世とプトレマイオス15世
　紀元前 44-30 年

ローマ時代

　紀元前 30- 紀元後 395 年

あ行

アイ（1世） Ay (I) [即位名メルネフェルラー：紀元前17世紀初期]

　第13王朝（おそらく27番目）の王で、下エジプトにおいて確認されている同王朝最後の王。彼の治世の最後は、一般的にエジプト全土における中央集権的な国家の終焉であり、それゆえ第二中間期のはじまりとして捉えられている。アイの埋葬の葬祭記念建造物に使われたピラミディオンは、デルタ北東のファクスで発見された。おそらくメンフィスもしくはリシュトのネクロポリス遺跡から持ってこられたものだろう。

アイ（2世） Ay (II) [即位名ケペルケペルウラー：紀元前1322-1319年頃]

　第18王朝、4代目の王で同王朝の最後から2番目の王。アクエンアテンの宮廷で重要な役職に就いていたアイは王家の親族であり、おそらくティイの兄弟、もしくはネフェルトイティの父であったと考えられる。アイは、トゥトアンクアムンの治世に馬の監督官から大蔵大臣の地位にまで昇格した。彼はアマルナにおいてアテン讃歌を彫った印象的な墓を建てはじめた。トゥトアンクアムンの早すぎる死の後、アイは王位を宣言し、若い王の墓（KV62）の中で正統な後継者として埋葬儀式を実行している自らの姿を描かせた。彼はまた自身の地位を保証するため、トゥトアンクアムンの未亡人であるアンクエスエンアムンと結婚した。王家の谷の西谷にあるアイの王墓（KV23）は、おそらく彼の前任者のための墓だっただろう。この墓には、王家の墓や埋葬室には通常見られない、湿地帯で狩りを行なっている様子が描かれている。即位時すでに高齢であった彼は数年だけ統治した。彼の死によってアマルナ時代は終焉を迎えた。

王家の谷の少年王の墓に描かれた壁画には、アイ（2世）が、トゥトアンクアムンのミイラに開口の儀式を行なっている様子が描かれている。

アイギプティアカ Ægyptiaca

　地中海に面した地域など、エジプト外で発見された遺物のこと。

アイン・アシール　Ayin Asil

ダクラ・オアシスの項を参照。

アヴァリス／テル・エル＝ダバア
Avaris/Tell el-Daba

第一中間期から新王国時代初期の遺跡を含む、デルタの北東に位置する遺跡。1966年以来、オーストリアの調査隊によって大々的に発掘がなされている。アヴァリスは第9、10王朝に王家の所領として築かれた。第12王朝の間、国家による開発が進んだが、第15王朝にヒクソスの首都として台頭した。この町とその周辺地域は、中王国時代後期にはすでにレヴァントからの移住が行なわれていた。その居住地内におけるロバの埋葬は、エジプト国内にアジア人の居留地を作ることに成功した移民の中期青銅器時代文化を裏づけている。第二中間期末期、テーベ軍はデルタの外へヒクソスを追い出すことに先立ってアヴァリスを包囲した。戦いで殺された若者たちの墓を伴う砦は、歴史的事実を物語る考古学的証拠をもたらしてくれる。新王国時代初期における統治者は、この地にミノア文明下のクレタからの影響を受けた、牛跳びの図のフレスコ画で装飾が施された王宮を建設した。アヴァリスは、ラメセス朝期の王たちがすぐ近郊に新たな首都ペル・ラメセスを建築した第19王朝までに大部分が放棄された。

アウイブラー・ホル　Awibra Hor

ホルの項を参照。

赤冠　red crown

冠の項参照。

赤ピラミッド　Red Pyramid

ダハシュールの項参照。

「アク」　*akh*

古代エジプトの宗教において永遠とは、来世での死者の「バー」と「カー」との再結合の結果、死者の魂が姿を変えたものであった。「アク」は恒久的で変化しないものであり、来世において永久に存在し続けると信じられていた。「バー」、「カー」、名前、影とともに、「アク」は完全なる個人を構成する5つの要素のうちの1つであった。一般的に、エジプト美術ではミイラのような姿で表わされている。

アクエンアテン　Akhenaten［即位名ネフェルケペルウラー・ワーエンラー：紀元前1353–1336年頃］

第18王朝10番目の王。アメンホテプ3世とティイの息子。不朽の魅力を放つ容姿を持ったアクエンアテンは、美術と宗教における一連の急進的改革に専念した。彼はアメンホテプ4世として王位に就き、治世初期にカルナクにアテン（太陽円盤）のための新しい神殿を建てた。彼が即位当初、彼の父親と共同統治を行なったかどうかという問題は未解決のままである。彼の治世第5年、彼は太陽円盤への帰依を示すために名前をアクエンアテン（「アテン神に有益なる者」）へと変更し、アマルナの町にアケトアテン（「アテン神の地平線」）と呼ばれた新しい都を建設した。それゆえ、彼の治世とその直後は「アマルナ時代」と呼ばれている。王は速やかに唯一容認可能な宗教形態としてアテン神信仰の推進をはじめた。つまり、他の信仰は迫害され、それらの神々の名前、特にアムン神は、エジプト中の記念建造物から削除された。アクエンアテンの真意についてはさかんに議論されるが、アテン神へのすべての接触は王と王妃の仲介を通じてであったことから考え

ると、彼の変革の第1の要点は王族の地位を引き上げることであった。彼の第1王妃ネフェルトイティ（彼女との間に彼は6人の娘を儲けた。トゥトアンクアムンは、第2王妃による彼の息子であろう）は、明らかに宗教と政治においてひじょうに突出した役割を果たした。議論の余地を残してはいるが、彼女は最終的に次王であるスメンクカラーとしてアクエンアテンの跡を継いだ可能性もある。王の新しい美術様式は、王族たちを同様に奇妙に細長い頭部、幅広の大腿部、膨らんだ腹部および長くて細い手足とすることで他の人々と区別した。アクエンアテンはおそらく彼の唯一の創造神との関係を強調するために、自分自身については男性と女性両方の特徴をもたせた。こうした革新的な機軸による支配にもかかわらず、彼の18年間の治世はまたアマルナ文書の中で記録されたように、対外関係の重要な進展状況に直面した。アクエンアテンはアマルナの王家の涸れ谷に装飾を施した自分の墓を準備していたが、彼の身体は彼の死後短期間の間に移動させられた可能性がある。後の時代になると、彼の治世は真実、正義および調和の女神であるマアトに対する反抗とみなされた。アクエンアテンは公の記録から抹消され、言及が避けられない場合は婉曲的に「アケトアテンの敵」と呼ばれた。

カルナクより出土したアクエンアテンの巨大な彫像の上部。王は治世初期の誇張された様式で特徴的に示されている。

アクトイ　Akhtoy

ケティの項を参照。

アクミム　Akhmim

エジプト中部、ナイル河東岸に位置する遺跡。上エジプト第9ノモスの州都。アクミムはミンの重要な宗教的拠点であった。ラメセス2世によって建設された神殿の石材や彫像が、救済発掘（遺跡保存を目的とした緊急発掘のこと。アスワンハイダム建設による水没から遺跡を救うための発掘が有名）中に発見されている。町自体についてわかっているのはほんのわずかで、ほとんどは現代の村の下に埋まっている。近辺にある白い修道院は、紀元後4世紀に建設され、エジプトにおける初期キリスト教の最も重要な拠点の1つであった。そこには王朝時代の建築物から再利用した石材が組み込まれている。アクミムでは、古王国時代の間に使用された2つの共同墓地が東岸のハワウィシュと西岸のハ

ガルサで発掘されている。墓は第 6 王朝の州知事たちのものを含んでいる。第 18 王朝では、アクミムは王家とのつながりにおいて重要となる。王妃ティイの両親であるイウヤとチュウヤは、アクミムの出身であり、家庭教師でトゥトアンクアムンの後見人であったセンネジェムも同様である。アイ王はアクミムの生まれであった可能性がある。彼は神殿を改修し、エル＝サラムニ近辺に新しくミン神に捧げる神殿を建てているからである。また近辺では、プトレマイオス朝時代、ローマ時代、キリスト教時代における数多くの墓も発掘されている。

「アケト」 akhet

暦の項を参照。

アケトアテン Akhetaten

アマルナの項を参照。

アケル Aker

大地の神。ピラミッド・テキストにおいて、アケルは冥界への入り口を守る神であると言及されている。彼は時折、両方の端に人間の頭を付けた細長い土地として表わされるが、より一般的には背中合わせに座る 2 頭のライオンとして、もしくは双頭のライオンある

いはスフィンクスの前部が結合した姿で表わされる。これらの姿形において、アケルは西と東の地平線、冥界への入り口と出口を象徴している。この神は冥界を通る太陽神ラーの通路と特に密接に結び付けられるようになった。アケルの身体のくぼんだような形は、太陽の舟のマストを支える穴と密接な関係があったことを示唆している。これは同様に、アケルに厄除けの性質を与えたので、アケルは、中王国時代の出産の儀式で使われた杖の装飾にも使われた。また、アケルは蛇の咬み傷を治療し、有害物質の効力を和らげてくれると信じられていた。

あごひげ beard

あごひげや口ひげといった頭部のひげは、古代エジプトにおいて流行り廃りがあった。一般的に、念入りに手入れをすることは社会的地位の証明であったと考えられる。新王国時代の何点かのオストラカには、髪の毛をとかさず無精ひげを生やした作業員が確認できる。ていねいに編まれたあごひげは神聖さの象徴であり、エジプトの神々はたいていあごひげをたくわえている。王は、神々に準ずる地位にあるため、王位の象徴の 1 つとして、作り物のあごひげを紐で固定した。死後に王がオシリスと同化した際には、概ね神のように先端が巻いた長いあごひげで描かれた。

アサシフ Asasif

テーベのネクロポリスの南北 2 地域に与えられた名称。南地域には末期王朝時代の墓が 6 基あるが、それ以外はほとんど知られていない。北地域はドゥラ・アブ・エル＝ナガとコーカの間、デイル・エル＝バハリの東まで延びている。中王国時代と新王国時代の重要な岩窟墓を含んでおり、新王国時代のい

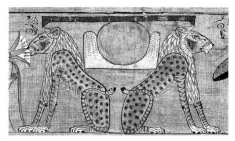

第 19 王朝のアニの葬祭パピルスには、2 頭のライオンが背中合わせに座った形のアケル神が描かれている。ヒエログリフは「地平線」と記されている。

くつかは第三中間期に再利用された。第11王朝最初期の墓のいくつかは、メンチュホテプ2世の葬祭神殿の参道に隣接している。プイエムラーの墓を含む第18王朝の墓は、ハトシェプスト女王の葬祭神殿の参道に向けて造られている。末期王朝時代において、歴代のアムンの神妻(しんさい)の管財人たちの何人かは、その近郊に巨大な葬祭宮殿を建てた。

葦の原　Field of Reeds
　来世信仰の項を参照。

アシュート　Asyut
　エジプト中部、ナイル河西岸の遺跡。カルガ・オアシスやヌビア南方への隊商路の始発点として戦略的に建設されたアシュートは、上エジプト第13ノモスの州都であった。アシュートは、州知事がテーベと敵対するヘラクレオポリスの王たちと同盟を結んでいた第一中間期に台頭した。3代の州知事たちの墓に記された碑文からは内紛の詳細が窺える。最初期のコフィン・テキスト数例が、アシュートの当時の墓から出土している。この遺跡は、センウセレト1世治世の州知事ハプジェファの墓でも有名であり、同墓には、墓主に対する葬祭儀礼の永続性を保証する契約を詳細に記した見事な碑文が残されている。これまでアシュートで行なわれた発掘調査はわずかであり、ウェプワウェトの地方神殿から出土した石材1つのみが知られている。

アシュムネイン、エル＝　Ashmunein, el-
　ヘルモポリスの項を参照。

アスタルテ　Astarte
　愛と豊穣の女神である一方で戦争の女神でもあるアスタルテに対する信仰は、新王国時代にレヴァントから伝えられた。エジプトでは主に軍神、特に王の戦闘用の戦車の守護神として崇められた（この役割をアスタルテはアナトと共有していた）。アメンホテプ2世のスフィンクス碑文にアスタルテに関する言及がある。またアスタルテ神殿がペル・ラメセスにおいて建設された。エジプト神学ではラーの娘にしてセトの妻とみなされていた。彼女は通常アテフ冠や角のある頭飾りを被り、馬の背にまたがり武器を振り回す裸の女性として描かれた。

デイル・エル＝メディーナ出土の新王国時代のオストラカに描かれた絵は、名もない女神を示しているおそらくアスタルテと思われる。翼の生えたスフィンクスの姿で精巧な冠を被っている。

アスワン　Aswan
　上エジプト最南端のナイル河東岸に位置する、古代遺跡の上に造られた現代の都市。第1急湍(きゅうたん)の北端に位置し、エジプトの南端にあたるアスワンは戦略的にひじょうに重要であった。そのため、継続的に建物が建てられ、現存する遺跡はプトレマイオス朝時代かローマ時代のものとされる。当時、この集落はヌビアに対する軍事遠征のための駐屯地であった。防御力を高めた壁と見張り塔がベドウィンの襲撃に備えるべくアスワンの南に建

設された。2つの小さいイシス神殿が残存しているが、3つ目の神殿に使われていた石材は、都市の城壁建設の際に再利用された。また近郊は、エジプトの歴史を通じて花崗岩の主要な産地でもあった。全時代のペトログリフや碑文が付近一帯にある。その一方で、南方の主要な花崗岩の採石場には未完成のオベリスクや彫像がいまも横たわっている。さらにアスワンと関係のある数多くの考古遺構があり、近辺のエレファンティネ島やナイル河対岸のクベット・エル＝ハワの岩窟墓には、同地に暮らしていた古代の住民たちが埋葬されている。1960年代、アスワン・ハイダム（アスワンのナイル河を横切る2つあるダムのうちの新しい方）が河の流れを根本的に変化させた。またこのことは、ナセル湖の水面上昇から下ヌビアの遺跡を救うための大規模な国際的救済考古学運動を促した。

アスワンから見たナイル河。アスワンは王朝時代を通じてエジプトの南の境界であり、そのためつねに戦略的に重要であった。

アダイマ　Adaima

上エジプトのナイル河西岸の遺跡。エスナの少し南方に位置し、先王朝時代から第1王朝に年代づけられる共同墓地や集落跡が見つかっている。墓から出土した人骨の詳細な研究は、先史時代の埋葬習慣に新たな光を投げかけている。

アッカド語　Akkadian

メソポタミア北部のセム系言語（アッカドの遺跡に由来する）。広域の編年・文化的段階は3つに分けられる。すなわち古アッカド語（紀元前3千年紀）、アッシリア語（紀元前2千年紀）とバビロニア語（紀元前1千年紀）である。アッカド語は、メソポタミア南部のシュメール人から借りた楔形文字によって書かれている。エジプト新王国時代の間、アッカド語（バビロニア語形式）はレヴァントにおける外交語であったため、アマルナ文書はバビロニア語によって書かれている。

アッシリア人　Assyrians

ティグリス河畔の都市アッシュールを中心とした北東メソポタミアの民族。トトモセ3世治世の間アッシリア人とエジプト人は、共通の敵ミタンニに対抗するために、友好関係を維持していた。ただし、以後数世紀間における接触の証拠はほとんど残されていない。しかし紀元前1千年紀にアッシリアが領土拡張を開始したとき、エジプトと衝突することとなった。両国家はともに戦争に勝利しようとし、レヴァントの小都市国家との同盟を維持しようとしたのだ。両国家は第23王朝から第25王朝にかけて戦火を交えた。エジプトへの度重なるアッシリアの侵入は、第26王朝の台頭への道を開いた（プサムテク1世はもともとアッシリアに隷属した王として即位した）。しかしアッシリアの統治はエジプトの文化にほとんど影響を及ぼさなかった。紀元前7世紀後半になると、アッシリア帝国はメソポタミアにおいて支配的な国家となったバビロニアによって取って代られた。

「アテフ」冠　*atef* crown
　冠の項を参照。

アテン　Aten

　第18王朝で神として崇められ、アクエンアテン治世において唯一神として崇拝された太陽円盤。アテンという単語は物質的な円盤というよりも太陽から放たれる光線を意味していると思われる。アテン崇拝はアメンホテプ3世によって促進され、「アテンに有益なる者」（アクエンアテン）と名前を変えた息子のアメンホテプ4世によって独占的な地位を与えられた。アクエンアテンはカルナク、メンフィス、セセビにアテン神殿を建立したが、その信仰は彼の新しい首都であるアマルナと最も密接に結びついていた。アマルナのアイの墓に彫り込まれたアテン讃歌は、新たな公の神学を表現したものであり、アテンに王の称号を与え、王と神による共同統治を行なったことが知られている。さらにアクエンアテンは、自らを神の真実を知る唯一の人物であるとし、神の意思を解釈する神官たちを排除した。しかしアテン信仰は、王族や身近な役人の集まりのための独占的な宗教のままであり、大衆の支持はほとんどなかった。そのためアクエンアテンの死後すぐに衰退した。アテンはもともと太陽円盤を被っているハヤブサの頭をした男性として描かれていた。アマルナ時代の美術においては、ウラエウスを伴う円盤とそこから伸びた各光線の先端が手になっているものとして描かれた。手に何も持たないものや、アクエンアテンとネフェルトイティへ生命の印を捧げているものもある。

アマルナ王宮出土の欄干の断片。アクエンアテン、ネフェルトイティ、および最年長の娘メリトアテンがアテンの守護なる光の下にいて、太陽円盤へ捧げものをしている。

「アテン讃歌」　Great Hymn to the Aten
　讃歌の項を参照。

アトゥム　Atum

　太古の創造神であり、ヘリオポリスの九柱神の一柱。ヘリオポリスの創世神話によると、アトゥムは自ら生じ、神々の父として、その他の神々の創造者であったが、世界の終わりにはすべてを破壊するとされた。自慰行為によってシュウ神とテフヌト女神を生み出したとされるこの神の手は、単独で創造する神が内包する女性的な要素を表わしている。アトゥム神信仰は太陽信仰と密接に結びついていた。その混合であるラー＝アトゥムは、創造する力の融合を表わしている。太陽周期との

関係でアトゥムは夕陽と同一視された。アトゥムは、王権神話においてセシャト女神とともに「イシェド」の木の葉に王の名前を記録する役目を果たした。アトゥムは、しばしば二重冠を被った男性として描かれたが、雄羊の頭をした神、またはスカラベとして描かれることもあった。アトゥムの主な信仰の拠点はヘリオポリスとデルタのペル・アテム（聖書におけるピトム）であった。

「アムドゥアト」の書において、王位の象徴を身に着けワス笏を持ち、ヘビの上に座るアトゥム神の描写。

アトリビス　Athribis

エジプトの遺跡名で同名のものが2つある。より重要なほう（テル・アトリブ）は、ナイル河のダミエッタ支流、中央デルタに位置する。そこは下エジプトの第10ノモスの州都で、ハプの息子アメンホテプの故郷でもある。第4王朝で初めて言及されるが、この地に中王国時代よりも古い遺跡は残っていない。現在目にすることのできる主要な遺跡としては、アマシス神殿、第26王朝の王妃の墓、プトレマイオス朝時代とローマ時代の集落跡と共同墓地がある。遺跡は、セバク（日乾レンガ）掘りたちの活動によってひど
い損害を被った。

アナト　Anat

戦いの女神であり、レヴァントからエジプトにもたらされた。彼女は特にシリア沿岸のウガリトの港と関係があった。エジプトにおいて最初に確認されるのは中王国時代末以降で、ヒクソス期に崇拝された。アナトは第19王朝までにデルタの重要な女神となり、ラメセス朝期の王たちによって軍事行動の守護神の一柱として祀られた。ラメセス2世は、自身の娘の1人にビント・アナト（「アナトの娘」）とさえ名づけている。しばしばハトホルと同一視されるアナトは、エジプトの神学においてラーの娘と考えられている。通常裾長のドレスと縦長の羽の付いた冠を身に着け、槍、斧、盾などの武器を持った女性として描かれる。第三中間期において、カルナクのムウト神殿の一区域はアナトへ捧げられた。

「アニの教訓」　Instruction of Any

新王国時代に年代づけられている知恵文学作品。同作品では「中流階級」の考え方が反映されており、節度ある行動、演説術、家族と先祖へ敬意を表すること、来世のための準備を適切に行なうこと、神々を敬うことに重きが置かれている。アニとその息子の間で交わされる日常会話は、知恵文学ではきわめて珍しい。

アニバ　Aniba

第2急湍の北、下ヌビアのナイル河西岸にある遺跡。第12王朝に築かれ、要塞化された巨大な集落、ミアム（アニバの古代名）の主ホルスに捧げられた神殿、いくつかの共同墓地、土着のヌビア人（Cグループ）のた

めの集落で構成されている。新王国時代にはワワトの行政府であり、クシュ総督の代理人の1人の居住地でもあった。

アヌケト、アヌキス　Anuket, Anukis
アンケトの項を参照。

アヌビス　Anubis
埋葬と来世に関わる葬礼の神。しばしば古王国時代後期から第一中間期におけるピラミッド・テキストで言及されるアヌビスは、もともとは王と密接な関わりがあった。しかし来世信仰の広まりにより、アヌビス信仰も幅広い階層に浸透していった。アヌビスはイヌの形、もしくはイヌの頭をした男として描かれるが、一般的にはジャッカル、もしくはイヌやジャッカル、キツネの要素が混合した動物とみなされる。イヌやジャッカルは、砂漠の端における共同墓地で死肉処理をすることから、古代エジプト人は、それらの動物を埋葬と関連づけたのだろう。アヌビスは、一般的に埋葬の象徴的な色である黒で描かれる。有名な例としてトゥトアンクアムンの墓の埋葬室で見つかったアヌビス像がある。王家の谷において使用された新王国時代のネクロポリスの封印は、アヌビスの図像であった。アヌビスはいくつかの異なった役割も演じていて、それぞれは特徴的な称号によって示されている。「聖なる土地の主」としてはネクロポリスを統括した。「自身の山の上に立つ者」としては、ジャッカルのごとく下の地域を見渡しながら砂漠の崖の縁に立った。また「ミイラ作りの場所にいる者」はミイラ製作の神としてのアヌビスを示しており、ミイラ製作を行なう神官たちは、少なくともミイラ作りを行なう間はアヌビスの仮面を被ったと考えられる。「九弓の主」として、アヌビスは墓内の死者を恐ろしい力から守る役目を担っていた。アヌビスはまた、開口の儀礼において重要な役割を担っており、死んだばかりの者を心臓の計量に導く役目があった。アヌビス信仰は、しだいにケンティアメンティウといった他のイヌの葬礼神に吸収されていき、ついにはオシリス信仰と融合していく。エジプト全域において信仰されたアヌビスは、上エジプト17番目のノモスの主神でもあった。

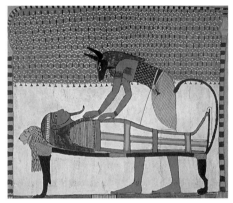

デイル・エル＝メディーナにおける第19王朝センネジェムの墓の壁画は、墓の主のミイラを準備しているアヌビス神（もしくはアヌビスの仮面を被った神官）を示している。

アネジイブ　Anedjib ［紀元前2850年頃］
第1王朝6代目の王で、治世に関してはほとんど知られていない。サッカラ出土の石製容器2点に「セド」祭の様子が描かれていることから、彼の治世はおそらく30年以上の長きにわたるものであったと推察される（セド祭は即位30年目に開催される）。しかしながら、彼に関する証拠はほとんどなく、サッカラ、ヘルワンおよびアビドスの3ヵ所で名前が確認されているにすぎない。アネジイブのセレクが記された2つの小さな大理石は現在個人所蔵となっている。彼に関する主要な記念物としてはこの他にウンム・エ

ル-カアブの墓がある。埋葬は初期王墓の発展に重要な手がかりをもたらすはずであるが、彼の墓は前任者たちの墓ほど手が込んでいない。副葬品である文字の刻まれた石製容器には階段状の構造物が描かれている。もしこれが墓の上部構造として確認されるならば、それは階段ピラミッドの意匠の前兆と言えるであろう。この他、アネジイブ治世の別の建造物であるサッカラの高官のマスタバ墓（3508号墓）において、墓の建築構造に新しいアイディアが見られる。その玄室は上部構造内に完全に隠されるように階段状の塚によって覆われていた。

アハ　Aha［紀元前2925年頃］

第1王朝初期の王。彼の名前はより正確にいうと、ホル・アハ（「戦士ホルス」）となる。アハはナルメルの後継者であり、ジェルの前任者であった。研究者間では、伝説上の王メネスと定義されることもあるが、アハは、彼の治世から現存するサッカラの高官の墓（3357号墓）や砂漠の砂を切り開いて造られた12の埋葬室から構成されるアビドス

ナガダ出土の第1王朝初期の王アハの象牙製ラベル。もともとは高価な油の壺に付随していた。王の名前は右上部に刻まれている。

における自身の埋葬複合体などにより良く知られている。ベネルイブ（文字通りには「甘い心臓＝愛しい人」）という、おそらく彼の妻を意味するであろう文字が彫られた遺物も見つかっている。ナガダではさらに大きな墓が彼の治世の間に、おそらく母であるネイトホテプ王妃のために建設された。アハに関連した遺物は、辺境を除きエジプト中で見つかっており、文字の刻まれたラベルからは、王家が当時境界地域（特にデルタ地帯とヌビア）に対して関心を持っていたことが窺える。

アバ　Aba

イビの項を参照。

アバナの息子アハモセ　Ahmose son of Abana

第18王朝初期の役人。エルカブにある彼の岩窟墓には、古代エジプトにおいて最も有名な自伝の1つが記されている。そこにはアハモセ、アメンホテプ1世、トトモセ1世の3人の連続する王の下での海軍将校としての自身の経歴が詳しく記されている。自伝によればアバナの息子アハモセは、若い頃にヒクソス追放戦争の最終段階であったアヴァリスの包囲に参加している。アハモセの経歴の後半の軍事行動は、ヌビアやパレスティナに対する指揮であった。彼の墓の碑文で特に魅力的なのは、エジプトにおけるファラオの統治に対する反乱への言及である。このような出来事が文章で言及されることはめずらしく、新王国時代初頭におけるエジプト内政について貴重な洞察を与えてくれる。

アハホテプ　Ahhotep

新王国時代初期、この名前を冠した王妃が少なくとも1人、もしくは2人存在した。

その最初でより有名な人物（ときにアハホテプ1世として言及される）は、タア1世の娘であり、彼の後継者タア2世の兄妹にして妻、そしてアハモセ1世の母であった。つまり、彼女の人生は第二中間期の終わりと新王国時代（第18王朝）のはじまりにわたっている。彼女がヒクソスを放逐するための戦いで重要な役割を担った可能性もある。彼女の息子によってカルナクに建てられた記念石碑には、外国の支配からエジプトを解放する戦いにおける、彼女の英雄的行為への賞賛が述べられているからである。おそらく、彼女は少数であったアハモセ派の間で摂政の役割を果たし、アハモセが軍事遠征で不在のときは、彼の代わりに政治を行なったのだろう。彼女の墓は確認されていないが、彼女の棺はデイル・エル＝バハリの王家の隠し場で発見された。

アハホテプという名の2番目の女王（アハホテプ1世と同一人物の可能性もある）もまた、アハモセの治世に亡くなっている。しかし彼女はアハモセの前任者であるカモセの妻でもあった。彼女の未盗掘の墓は、1859年にドゥラ・アブ・エル＝ナガで発見された。金箔が施された棺の中には、彼女のミイラやアハモセに献じられた儀礼用の武器、黄金のハエのネックレス（おそらく戦時における勇敢さへの報酬）、黄金と銀の聖舟の模型、宝石各種が含まれていた。

アハモセ1世　Ahmose I［即位名ネブペフティラー：紀元前 1539–1514 年頃］

第18王朝（新王国時代）最初の王。彼はタア2世の息子だったが、おそらく彼の長兄であったカモセの死後即位した。アハモセは、即位時には十中八九子供であり、母であるアハホテプ王妃によって、彼の権力は行使

された。治世後半に彼は主権を握り、最終的にヒクソスを放逐し、エジプトの再興に努めた。これらの軍事遠征はアビドスのレリーフに記録され、さらに、この時代の私人の墓から出土した自伝にも記されている。なかでも最も有名なものはエルカブにおけるアバナの息子アハモセのものである。ヒクソスとの交戦は、広大なレヴァント地方における政治的権力をエジプトにもたらし、度重なる軍事遠征によりアハモセは、エジプトの影響力をパレスティナ、さらにその先へと拡大することに成功した。彼は新王国時代というエジプト「帝国」の基礎を築いたのである。彼はまた、エジプトの力でヌビアを屈服させることを再び主張し、少なくとも2回の軍事的遠征を行ない、ブヘンに新しい行政の拠点を設立した。

アハモセ治世下のエジプトでは王権力が再興を迎えた。彼は国内の統治システムを再編成し、トゥーラにおける石灰岩の採石場を再開させ、カルナクにアムン神殿とモンチュ神殿を設立した。しかしながら、彼の治世の建築物は、アビドスの2つの日乾レンガの建築物を除くと、ほとんど残存していない。1つは王自身のための小さなピラミッドで、もう1つは祖母テティシェリに捧げられた崇拝用建築物である。アハモセの墓はどこにあるかわかっていないが、もしかしたら第17王朝の彼の先王たちが眠るドゥラ・アブ・エル＝ナガにあるかもしれない。デイル・エル＝バハリの王家の隠し場で発見された王のミイラは、彼が30代半ばという比較的若くして亡くなったことを示唆している。

アハモセ2世　Ahmose II

アマシスの項を参照。

アハモセ・ネフェルトアリ Ahmose Nefertari

　アハモセの妻で、アメンホテプ1世の母。エジプト史上最も影響力のあった王家の女性の1人であるが、彼女の生まれについては議論がある。彼女の父はカモセ、あるいはタア2世（彼女をアハモセの妹とするなら）のどちらかであろう。テティシェリとアメンホテプ1世のように、アハモセ・ネフェルトアリは高い地位にあり、「アムンの神妻」という称号を持つ王家の女性の中で2番目の地位にあった（アハホテプ1世に次ぐ）。このことは彼女に、当時の傑出した宗教信仰であり、広大な土地所有権を持っていたアムン神崇拝において重要な役割を与えた。それゆえに彼女は十分な経済力も得ることとなった。

　彼女はおそらくアハモセ1世治世の最初の数年間、摂政として統治していた。この母と息子は後の時代に人気の出た宗教と関連づけられるからである。彼らは、デイル・エル＝メディーナの職人の村の共同創設者とみなされていたし、同様に新王国時代を通じてその村の住民たちに崇拝されていた。アハモセ・ネフェルトアリはおそらく自身の息子より長生きし、トトモセ1世の王位継承において重要な役割を演じたと考えられる。彼女の墓の位置は不明であるが、彼女の棺とミイラはデイル・エル＝バハリの王家の隠し場で発見されている。

アピス Apis

　メンフィスの聖なるウシで、第1王朝初期から存在した古代エジプトにおける最も重要な信仰対象であった雄牛。アピスはプタハと関連づけられ、プタハの使者もしくはプタハの現世での姿とみなされていた。アピスの雄牛はいかなるときも1頭のみであった。したがって前任のウシが死ぬたびに新たなアピスの雄牛が選ばれ、額の白い三角形の印など特別な模様が施された雄牛がアピスと同一視された。この雄牛はメンフィスのプタハ神殿の南に作られた特別な囲いの中で飼育され、独自の「ハーレム」を築き、神託を受け、祭りの行列に参加した。第18王朝以降、アピスの雄牛は代々死後にミイラ化され、サッカラのセラペウムと呼ばれる地下回廊に埋葬された。アピスの雄牛を産んだ牝牛はイシスと関連づけられ相応の畏敬をもって扱われ、第26王朝以降はイセウムの地下墓地近辺に埋葬された。アピス信仰はその初期から王権とのつながりが密接であった。デンや後のハトシェプストはアピスの雄牛とともに走っている姿で描かれている。死後、アピスはオシリスと同一視された。結果的にこれら2つの神は融合し、プトレマイオス朝時代やローマ時代にはセラピスとして崇拝された（セラペウムはその名に由来する）。新王国時代の後、アピスはたいてい角の間に太陽円盤を持

カルナクのアムン＝ラー神殿のレリーフは、神格化されたアハモセ・ネフェルトアリの前に立つラメセス2世を描いている。彼女は第18王朝の祖とみなされた。

つ雄牛として描かれた。それは、かつてのムネヴィスの雄牛とは明確に区別される特徴であった。

カルナクにある第18王朝のハトシェプストの赤い聖堂からの砂岩石材。アピスの雄牛と儀礼的競走をする王が描かれている。

アビドス／エル＝アラバ／エル＝マデフーナ　Abydos／el-Arabah／el-Madfuna

上エジプト北部、ナイル河西岸の宗教的に重要な遺跡。全時代を通して考古学的に重要な遺物が出土している。

広大な埋葬地帯（共同墓地U）は先王朝時代より低地の砂漠に造られていたが、やがて上流階級の者たちの墓地として使われるようになった。1980年代後半の発掘により、共同墓地Uの中で最も大きいU-j墓には、象牙製の王笏、輸入された数百ものワイン壺、これまで発見された中で最古のヒエログリフ筆記の資料を含む文字の刻まれた大量の骨製ラベルなどが埋葬されていることが判明した。第1王朝初期から、ウンム・エル＝カアブとして知られる地域（共同墓地Uと隣接している）は、王家だけの共同墓地となった。少なくとも、第1王朝の9人の統治者と第2王朝の最後の2人の王は、印象的な日乾レンガ製の墓を造り、その周りを付随する家臣用の小型の墓で取り囲んだ。加えて、大多数の王たちはまた離れた場所に葬祭周壁を建設した。これらはしばしば家臣用の墓によってさらに区切られており、耕作地付近のナイル河沿いにより近く、アビドスの町に面している。王宮ファサード様式で装飾された葬祭周壁は、メンフィスの王宮の内装のように、漆喰で白く塗られていた。葬祭周壁の一部は、デイル・シッツ・ダミアナというコプト教徒の町の周壁に組み込まれて現在も残っている。他には、第2王朝のシュネト・エル＝ゼビブの壮大な遺跡も残っており、近年の発掘で注目されている。1991年にその近辺から発見された12隻の木造船は、第1王朝のジェル王の治世のものとされている。

アビドスの町（コム・エス＝スルタン）では、さらに第1王朝の埋葬地や、後の時代の遺跡、例えばカーの礼拝堂、中王国時代の行政長官の家およびファイアンスの製造工房などが見つかっている。もともとケンティアメンティウ神に捧げられた神殿は、古王国時代後期にはオシリス神の主要な宗教的拠点となり、アビドスはエジプトにおける最も重要な宗教地へと変貌していった。このため中王国時代の間、ジェル王の墓はオシリス神の墓として認識されていた。そしてそのオシリス神をめぐる神話を繰り返し演じるために巧妙に仕立て上げられた行列は、毎年神殿から墓の間を練り歩いた。多くの私人たちが、祭りの奉納品を共有するために、（「大いなる神の回廊」として知られる）参道の両側に空墓や供養碑を造った。この時代、初期王朝時代の葬祭周壁を囲む地域は、個人の埋葬地として

開放され、エジプトにおいて最も大きな共同墓地の1つとなっていた。

だが一方で、王家による建築活動は、センウセレト3世が葬祭神殿と地下墓を建設したアビドスの南に集中していた。崖に掘り込まれた玄室(げんしつ)は、王の永眠の場だったのかもしれない。その周辺に設計された広大な居住地は、王家の埋葬儀礼に仕える人々のためにあてがわれたのだろう。この地域はさらに新王国時代初期に、王家の建築計画の舞台となる。特にテティシェリ、アハモセ(イアフメス)・ネフェトアリおよびアハモセ(イアフメス)のものが有名であり、そのうちのいくつかはピラミッド型であった。

最近の調査で、ヒクソスとアハモセの戦いを描いたレリーフが発見された。宗教活動はこの遺跡においてラメセス朝期に入っても継続されていたと考えられる。

イシス女神の膝に座る若き王を表わしたアビドスのセティ1世神殿のレリーフ。

アビドスに現存する主な遺跡のうち、現在観光の目玉となっているのは、新王国時代のセティ1世とラメセス2世の神殿である。セティ1世神殿は、美しく描かれたレリーフと詳細な王名表で有名である。その独特な構成は、第19王朝で信仰された神々、オシリス神話の主要な神々および神格化されたラメセスに捧げられた7つの礼拝堂から成り、神殿の裏側にはオシレイオンが見つかっている。またアビドスには第三中間期と末期王朝時代の主要な共同墓地があり、そこには第22王朝のアムン大神官であるイウプトの墓も含まれていた。

アブギグ　Abgig

ファイユームにある遺跡。ここにはかつてセンウセレト1世の巨大な石碑が建立されていた。この石碑は花崗岩(かこうがん)の一枚岩から掘り出されたもので、以前はオベリスクと考えられていた。古代エジプトで唯一現存する頭頂部が丸い巨大な石碑であるが、元々の使用目的ははっきりしない。頭頂部付近の側面に彫り込まれたヒエログリフの文字列には、センウセレト1世の名前と王の称号が記されている。この記念碑は、現代になってメディネト・エル=ファイユームの州都へ移された。アブギグでの考古学調査はいまだ実施されておらず、この遺跡の古代における重要性は明らかにされていない。この地域において、中王国時代の活動の痕跡がさらに発見される可能性はきわめて高い。

アブ・グラブ／アブ・グロブ　Abu Ghurab/Abu Ghurob

アブシール北方、ナイル河西岸メンフィスのネクロポリスがある地域。耕作地の端に第1王朝時代の日乾(ひぼし)レンガによる共同墓地が

あるが、この遺跡で最も有名なのは第5王朝のニウセルラー王の太陽神殿である。この神殿はこの種の遺構の中で最も保存状態が良好で、四季折々の田園と野生動物たちの様子が描かれたレリーフが残っている。この神殿にはもともと先端が四角錐(しかくすい)に切り出された巨大なオベリスク（ベンベン石の象徴）が付随しており、奉納用の祭壇が置かれた広い中庭とウシの屠殺所などの付属施設が造られていた。

アブシール　Abusir

サッカラとアブ・グラブの中間、メンフィスのネクロポリス地域。遺跡はサフラー、ニウセルラー、ネフェルイルカラーおよび短命だった王ネフェルエフラーによってそれぞれ建設された第5王朝の4基のピラミッド複合体を擁する。4基のピラミッドの残存状態は様々である。ネフェルエフラー王のピラミッドは未完成であり、マスタバのような外観である。サフラー王のピラミッド複合体は初期の伝統からは逸脱しているが、それはピラミッド自体よりも葬祭神殿や河岸神殿が強調されたからである。異なった色の石の独創的な建築利用や王にちなんだ精密な装飾技術が特徴的な建物である。ネフェルイルカラーのピラミッド複合体において、考古学者たちは、王の埋葬儀式の作業を詳細に記したパピルス文書群を発見し、これはピラミッド時代における宗教的慣習や儀式構成に関する価値ある証拠となった。

アブシールにおけるその他の主要な遺跡としては、第5王朝の王妃たちのピラミッド、古王国時代で最も大きな私人墓の1つであるプタハシェプスエス（大臣にして、ニウセルラーの義理の息子）のマスタバ墓、ケントカウエスの空墓、末期王朝時代のイウフアア

の未盗掘墓、およびウジャホルレスネト（カンビュセスとダレイオス1世の支配下における大蔵大臣）の竪坑墓(たてこうぼ)などがある。また、アブシールという名前は、北サッカラ地区とつながりのあるアブシール遺跡南端にある第1王朝の共同墓地にも付けられている。

アブシールの第5王朝のピラミッドは、サフラー、ネフェルイルカラー、ニウセルラー、ネフェルエフラーの葬祭記念建造物を含む。

アブ・シンベル　Abu Simbel

ヌビアの遺跡。もともとはナイル河東岸にあったが、現在はナセル湖東岸、エジプトとスーダン国境のすぐ北に位置する。近辺には第18王朝の遺跡がいくつか存在するが、アブ・シンベルでは、第19王朝のラメセス2世の2つの岩窟(がんくつ)神殿が最も有名である。1968年、アスワン・ハイダムの建設によるナセル湖の水位上昇から遺跡を救うため、神殿は分割して運び出され、もともとの立地よりも64メートル上にある砂漠の台地につくられた築山に再建された。この事業は、ユネスコの支援による国際的な遺跡保存活動の象徴として世間の注目を浴び、今日、アブ・シンベルは人気の観光地となっている。

「大神殿」は、四柱の神々、すなわちアムン＝ラー、ラー・ホルアクティ、プタハおよび神格化されたラメセス2世に対して捧げられている。神殿の正面には、ラメセスの巨大な

36 アブ・ラワシュ／アブ・ロアシュ

アブ・シンベルの大神殿正面は、ラメセス2世の4体の巨大な座像が睥睨している。この岩窟神殿は、1960年代のアスワン・ハイダム建設の際に移築された。

座像が4体あり、いずれも高さ22メートルである。座像は入り口の脇に2体ずつ配置されている。神殿の中心軸は、年に2日（2月21日と10月21日）、朝日が至聖所に差し込み、太陽光が王の彫像を照らしだすように定められている。神殿内のレリーフは有名なカデシュの戦いを描いたもので、神殿の外側のレリーフは「結婚記念碑」と呼ばれている。この石碑は、ラメセス2世とヒッタイトの王女との政略結婚を通じて、争う2国間の平和を保証するものであった。アブ・シンベルの小神殿は、表向きはハトホル女神に捧げられている。しかしその装飾は、ハトホル女神として描かれているラメセス2世の正妻である王妃ネフェルトアリを強調している。小神殿の正面には6体の立像――王4体と女王2体――が屹立している。

アブ・ラワシュ／アブ・ロアシュ Abu Rawash/Abu Roash

ギザ北方、ナイル河西岸メンフィスのネクロポリス最北端の遺跡。先王朝時代後期と初期王朝時代の共同墓地が小さな丘の麓の周囲にある。丘の頂上には第1王朝の高官たちにより建設されたマスタバ墓があり、そのうちの1つは、2基の舟葬墓を伴っている。さらに北方、つまり現在のアブ・ラワシュ村の西方には、第4王朝のジェドエフラーの未完のピラミッド複合体があり、現在は基盤岩を掘り抜いて造った巨大な地下へ続く回廊と、舟の土坑や石の破片のみが残っている。この場所を選んだ特別な理由は謎であるが、印象的な自然環境とヘリオポリス（ナイル河の対岸に位置する）との関連性が要因だったのかもしれない。またアブ・ラワシュには、小さな岩山の周辺に建てられた古王国時代の巨大なレンガ製の遺跡が残っているが、その正確な年代や機能は不明である。さらに近辺には、第4王朝と第5王朝の墓がいくつか存在する。

アプリエス　Apries [誕生名ウワフイブラー、即位名ハアイブラー：紀元前589-570年]

第26王朝4代目の王。プサムテク2世の息子であったアプリエスは、メンフィス、デルタおよびバハレイヤ・オアシスで大規模な建築計画に着手した。彼は、ニトイクレトの後継者としてアムンの神妻の職に指名されたアンクネスネフェルイブラーと結婚することで、上エジプトにおける彼の権力を強化した。さらに海外において、遠くキプロス、パレスティナ、フェニキアにまで軍事行動の射程を広げ、イェルサレムにおいてバビロニアの進軍を食い止めようと試みたが、敗北して南へ追いやられた。さらにキュレネ軍にも敗北したエジプト軍は内部暴動を引き起こし、将軍アマシスはアプリエスを退位させた。アプリエスはバビロニア軍とともにエジプトへ侵攻して復位しようとしたが、敗北し殺された。それにもかかわらず、アマシスは、アプリエスに完璧な王としての埋葬を許可した。

アペデマク／アペダマク　Apedemak/Apedamak

メロエにおける戦争の神で、上ヌビアの守護神ともみなされていた（「ヌビアに君臨する偉大な神、南方のライオン」としても言及される）。メロエ時代、アペデマクはヌビア土着の神々の中で最も重要な神であった。メロエにあった「ライオン神殿」と並んで、第6急湍の東の砂漠に位置するムサッワラート・エル＝サフラもこの神の宗教拠点であった。そこにある古代エジプトのヒエログリフ碑文によると、アペデマクに対して「腕強き者」という形容辞が与えられている。同地域の中でアペデマクを祀る別の神殿のレリーフには、彼がエジプトの神ハトホルとアムンとともに描かれ、さらにイシスとハトホルとで三柱神を成していることから、メロエの宗教に対するエジプトからの影響力の大きさが推察される。アペデマクはライオンもしくはライオン頭の男として描かれるが、ときに3つの頭を持ったライオンやヘビライオンとして描かれることがある。通常は三重の冠を被っており、擬人化された場合は、うずくまったライオンの装飾が施された特別な笏を手にしている。

アペピ　Apep

アポフィスの項を参照。

アペピ　Apepi [即位名アアウセルラー：紀元前1570-1530年頃]

第15王朝最後から2番目の王。第二中間期の間、北エジプトを支配したヒクソスの統治者たちのうち最も重要な人物。アペピの統治期間は長く、おそらく40年にも及び、南はジェベレインまで支配していたことが確認されている（彼の名前が彫られた石材が、他の場所から運ばれてきた可能性もある）。リンド・パピルスは、彼の治世もしくは彼の後継者カムディの治世に年代づけられる。アペピの治世の晩年には、テーベの統治者タア2世がヒクソス支配に対して軍事行動を開始した。ラメセス朝期のパピルスには続いて起こった戦争の記録が記されている。タアの後継者カーメスの碑文によれば、ヒクソスの支配者は挟撃してテーベ軍を破るために、クシュの支配者に戦略的同盟を申し入れた。しかしながら、カーメスは打ち勝ち、ヒクソスの首都アヴァリスを包囲した。アペピの後継者カムディは最終的にイアフメスの軍によってエジプトを追放された。

アペル゠エル　Aper-el

　第18王朝後期（紀元前1353-1336年頃）、アクエンアテン治世の大臣。彼のセム語名(エル神の名前を含んでいる)は、彼の祖先が外国人であったことを示唆している。彼の岩窟墓が最近サッカラで発掘された。

アポフィス　Apophis

　古代エジプトの宗教において混沌を具現化した巨大なヘビで、ラーが夜間に地下世界を通る際の宿敵。この世界のはじまりから原初の水の中に存在していたと信じられていたアポフィスは、毎夜冥界に入ってくる太陽の船を攻撃し、朝になると去っていった。乗船するすべての者はラーを守るために団結しなければならない。セトはヘビを槍で突き、その返り血によって日の出と日の入りの際に空が赤くなるとされた。中王国時代に初めて言及されたアポピスの神話は、新王国時代の来世信仰で中心的な役割を担い、しばしば葬祭文書で言及される。

アマシス／アハモセ2世　Amasis／Ahmose II [即位名クネムイブラー：紀元前570-526年]

　第26王朝5番目の王。プサムテク2世の治世にヌビアで軍の将軍として仕えたアマシスは、デルタのギリシア植民者たちの力を借りて、前任者アプリエスを打倒して王位を得た。アマシスはギリシアに対して相反する政策を実行した。つまり彼は友好的にデルフィのアポロ神殿再建に融資を行ない、エジプト軍でギリシア人傭兵を雇い続けた一方で、ナウクラティスにおけるギリシア人商人たちの活動を制限した。長きにわたって繁栄した治世において、アマシスはキプロスの一部を征服し、その艦隊の支配権の獲得に成功した。自国において、彼は多くの建築計画の支援者となったが、彼の名前は、アマシスの息子にして後継者であったプサムテク3世の短い治世の後に、エジプトを征服したカンビュセスによって削除された。アマシスの墓は、ヘロドトスによってサイスで確認されたが、その場所はおそらく完全に破壊されてしまっ

デイル・エル゠メディーナにある第20王朝インヘルカの墓の壁画は、太陽神ラーを守る大きな猫によって首をはねられているヘビのアポフィス神を示している。

出土地不明の砂岩で作られたアマシスの頭部。第26王朝のエジプト王家の彫像の特徴は、同時代のギリシア彫刻の影響を受けていることである。

た。

アマラ　Amara

　上ヌビア、ナイル河両岸の遺跡。ラメセス朝期に建設された西岸（アマラ西）の集落は、もともと金の採掘や交易遠征とつながりがあったのかもしれない。しかし、クシュ総督と記録されている２人のエジプト人行政官のうちの１人である、クシュの代理官の居住地として繁栄したソレブの町を引き継いだ可能性もある。他の主要な考古遺跡としては、ラメセス２世の治世に建立された神殿と一連の共同墓地とが残っている。ナイル河対岸のアマラ東の遺跡には、メロエ時代の町と神殿が残っている。

アマルナ／テル・エル＝アマルナ
Amarna／Tell el-Amarna

　アクエンアテンがアケトアテン（「アテンの地平線」）と名づけ新たな首都として建設した中エジプト、ナイル河東岸の遺跡。古代の都市はもともと西岸の農耕地帯も含んでいたが、今日ではアマルナという名前は、南北10キロ、東西５キロにおよぶ崖の麓に突き出した湾曲部に位置している西岸だけを指す。前1350年頃、アクエンアテン治世５年目に建設されたアケトアテンは、トゥトアンクアムンの治世までおよそ30年にわたって占拠された。それゆえ、本質的には一時代の遺跡であり、新王国時代の主要な集落の「一生」について貴重な考察をもたらすものである。主要な建築物はラメセス２世時代に取り壊され、それらの石材はヘルモポリスやその他の地域の神殿建設に再利用された。アマルナは一時期、第三中間期とローマ時代に再占拠された。そのため、ここにはビザンティン時代のキリスト教会も存在する。

　古い時期のアマルナは、区割りされた多くの地区により構成されており、それらは北から南まで耕作地に沿って一列に並んでいた。北の町には主要な王宮や「北の河岸宮殿」がある。王と王妃は日々宮殿から豪華な二輪戦車に乗り、町の行政機関に続く王家の道を進んだのであろう。この日々の儀式は、アマルナのいくつかの岩窟墓の壁画に描かれている。北の宮殿は、キヤやメリトアテンを含む王家の女性たちの住居であった。北の郊外は、後の人口増加によって開拓されたのだろう。

　都市中央部は主に庁舎が建ち並び、碁盤目状に配置されていた。王家の道の西側には、儀式の際に使用した大神殿があり、それは道の東側にある臨御の窓を持つ王宮と橋で結ばれていた。都市の心臓部には、アテン神を祀る２つの神殿がそびえ、国営のパン工房とガラス工房、行政機関が囲んでいた。その中にはアマルナ文書を作成した外務室もあった。都市中央部と南の郊外の多くの家の中には、1912年にネフェルトイティの彩色胸像が発見された彫刻家トトモセの仕事場があった。

　都市の最南端にあるコム・エル＝ナナとマル＝アテンの複合施設は、おそらくアテン信仰と関わりがある宗教儀式のために使用された。主な居住地の東に広がる低位砂漠の台地の上には、目的不明の祭壇や湾曲部の東側まで数キロメートルもある、遠く離れた王家の涸れ谷の墓職人たちが暮らすために建てた職人村などが見つかっている。高官の岩窟墓は、主にアマルナの北端と南端の２ヵ所に集中している。遺跡の全体は、崖に掘り込まれた15の一連の境界碑文によって境界が定められている。それらはその都市の建設にまつわる事情を記録している。アマルナの発掘は19世紀以来行なわれているが、今日、建

アマルナの都市中央部の航空写真。写真中央の大きな長方形の建物は小アテン神殿であり、王家の道（左）と面している。

築物の多くは耕作地の拡大におびやかされている。

アマルナ文書　Amarna Letters

メソポタミアの楔形文字で記された粘土板の一括資料で、1887年にアマルナの外交文書を保管していた建物の中で発見された。約360点もの粘土板が残存するが、多くのものは不法な盗掘により破壊された。文書のいくつかはアメンホテプ3世の治世と年代づけられているが、多くはアクエンアテンとト

第18王朝後期の外交書簡文書であるアマルナ文書の1つ。この粘土板は楔形文字で記されている。

ゥトアンクアムンの治世のものである。文章の多くはバビロニア語――アッカド語の一方言で、この時代の外交言語――であり、数点はレヴァント地方の他言語である。これらはエジプト宮廷と同時代の他の地域の統治者たち、例えばヒッタイト、ミタンニ、アッシリア、バビロニア、アラシヤ（おそらくはキプロス）の「大王たち」、およびビブロスやカデシュなどの独立した都市国家の統治者たちとのつながりを示している。送られてきた文書はすべて保存されたが、エジプト宮廷から出された書簡はほとんど残っていない。しかし総合的に考えると、この文書は第18王朝後期の国際関係に関する比類ない資料といえる。

アミュレット　amulet

その持ち主を魔術で保護してくれる、もしくはある性質を伝える（例えば、ライオンのアミュレットは力を、三角のアミュレットは公正さを）ために身に着ける小さな魔よけの護符。バダリ期以降、アミュレットは生者と死者双方のために作られた。特別なアミュレットはミイラに包帯を巻く際に特定の場所に置かれた。心臓スカラベは、来世において死者の心臓を守るための特別な形のアミュレットである。アミュレットはあらゆる種類の原

材料から作られ、なかにはファイアンス、ガラス、貴石から作られたものもある。その色彩もしばしば重要な象徴的役割を果たし、形にも様々な種類がある。例えば、聖なる物体(「ジェド」柱、「ティエト」の帯、「ウジャト」の眼など)、神聖な動物(雄牛の頭のアミュレットは特に先王朝時代後期に見られる)、およびヒエログリフ(「アンク」や「サ」)をかたどったものが挙げられる。新王国時代以降は神々——特にベスやタウェレトなど庶民の間で信仰された神々——のアミュレットが人気となった。

アミュレットはあらゆる形で様々な原材料から長期にわたり生産された。ここに図示されたものは、第一中間期から末期王朝時代までに年代づけられるものである。

アミルタイオス　Amyrtaeos [紀元前404-399年]

第28王朝唯一の王でサイス出身。彼はまずデルタをペルシアの支配から解放し、やがてエジプト全土を解放した。彼の治世は短期間で、メンデス出身の敵対する支配者ネフェリテス1世によって退位させられた。

「アムドゥアト」　Amduat

第18王朝(紀元前1539年–1292年頃)にまとめられた、冥界を描いた葬祭文書の名称。エジプト語でアムドゥアトとは、「冥界にあるもの」を意味するが、これらの文書の全体名は「隠された埋葬室の記述」である。トトモセ3世の墓において最初に確認された文書は、オシリスの王国を通る太陽神の夜間旅行に主題が置かれている。新王国時代の王墓にあるアムドゥアトの書の豊富な絵画の写しは、特にラメセス朝期の墓に見られる。部分的な壁画場面は、第三中間期の私人墓において描かれはじめた。

アムムウト　Ammut

古代エジプトの宗教において冥界に棲むと信じられている怪物。心臓の計量に使用される秤のそばに待ち構えていて、来世へ入るこ

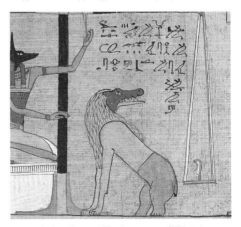

テーベ出土、第19王朝フネフェルの葬祭パピルスの一部。怪物アムムウトは心臓の計量の結果、審判に敗れた死者を食うために待ちかまえている。

とができなかった者たちの心臓を喜んで貪り食うとされた。「死を貪るもの」という意味のアムムウトは、ワニの頭、ライオンの前部、カバの後部が1つの身体に結合した恐ろしい獣として描かれる。

アムラー期　Amratian

先王朝時代の項を参照。

アムン　Amun

もともとテーベの地方神であったアムンは、テーベ自体の重要性が増すとともに信仰を集め、やがて新王国時代（アムン信仰が特に迫害されたアマルナ時代を除いて）の国家神となった。ピラミッド・テキストに見られる最初の記述では、アムンは「隠れたる者」を意味した。風の力を司る神であった可能性もある。アムンはもともとの配偶者アマウネトとともにヘルモポリスの八柱神の一員であ

アムン＝ラーの前に跪くトトモセ3世。カルナクにある第18王朝の花崗岩製オベリスクでは、アムン＝ラーは王の鼻先へ生命の印を向けている。アムン神は、男性神の特徴である2枚羽の冠を被っている。

り、創造の神でもあった。このつながりを通じて、アムンは太陽神ラーと豊穣の神ミンと密接に結びついた。第12王朝から、彼は勃起した男根の形をしたアムン・カムゥトエフとしてカルナクにおいて祀られた。第18王朝初期には、アムンはテーベの主神となり、ムゥトとコンスとともに三柱神として敬われた。三柱神の主な信仰拠点は、カルナクの巨大な宗教複合体であり、アムンはそこでラーと結合し神々の王にして二国の王位の支配者であるアムン＝ラーとして祀られた。ルクソール神殿はアムンの「南の後宮」として建造された。アムンはラメセス朝期やそれ以降になると、ペル・ラメセス、タニス、およびヌビアのいたるところに巨大な神殿を持った。その高い地位にふさわしく、アムンはしばしば玉座に座した姿が描かれる。アムンは人間の姿で描かれ、短い腰布と二枚羽の冠を身に着けており、肌はしばしばエジプトの豊穣を維持するという彼の役割を強調するために青く塗られている。また精力を強調するために、しばしば雄羊として描かれる（カルナクのクリオスフィンクスが並ぶ大通りに見られるように）。一方で、ガチョウもまたアムンを象徴する聖なる動物であった。カルナクの周壁内に造られた多くの祠は、一般の参拝客たちがアムンに祈りを捧げることが許されていた。アムンは眼病を治すことができると信じられていたのである。

アムンの神妻　God's Wife of Amun

新王国時代、第三中間期、および末期王朝時代に重要な王家の女性たちが就いた官職。この称号は、王の母がアムン神によって身ごもったとする王の神聖な誕生神話にちなんでいる。アムンの神妻は、宗教儀礼において、アムン神の配偶者の役割を演じることが望ま

れた。表向きは神聖なものであったが、その官職はテーベの地域への王の支配権および強力なアムン神の司祭職を確保するための政治的な道具として使用された。この官職は、第18王朝初頭から確認されており、アハモセ1世によって彼の母であるアハホテプに与えられた。新王国時代初期には、この称号は通常、王の第1王妃が保持した。ラメセス6世は、将来の任命の先例を作るために、彼の娘にアムンの神妻および神を礼拝する婦人の官職を与えた。いずれの官職（称号）も以降は王女が就くようになり、結婚せず処女であることが求められた。王位継承を補助するために、彼女は次王の娘を後継者に指名したようだ。このようにして、その官職は第25王朝から第26王朝への権力の円滑な移行を確実なものとした。サイス朝時代には、アムンの神妻は、富と権力を持つ人物であり、アムン大司祭の職が廃止された後、テーベの事実上の支配者となった。こうした事情は、メディネト・ハブのアメンイルディスの墓に描かれている。第25王朝には、アムンの神妻の称号は、自慰行為によりシュウとテフヌトを産んだ創造神アトゥムが生まれながらにして持つ重要な女性的要素に由来する「神の手」の称号と結びつけられた。

アメニ・ケマウ　Ameny Qemau［紀元前1750年頃］

第13王朝の王（おそらく3番目）。ダハシュールにピラミッドを建設したが、その残存状態は劣悪である。玄室（げんしつ）は花崗岩（かこうがん）の一枚岩で造られており、近辺にあるアメンエムハト3世の建造物の模倣が見られる。

アメネメス　Ammenemes

アメンエムハト1世、2世、3世、4世の項

を参照。

アメノフィス　Amenophis

アメンホテプ1世、2世、3世、4世の項を参照。

アメンイルディス　Amenirdis

アムンの神妻、ピイ、ルドアムンの項を参照。

アメンエムオペ　Amenemope［即位名ウセルマアトラー・セテプエンアム：紀元前985-975年頃］

第21王朝4番目の王。タニスに埋葬された。

「アメンエムオペの教訓」　Instruction of Amenemope

第20王朝期に年代づけられている知恵文学作品。ある役人から彼の息子へと伝えられた30章からなる一連の教訓。よく知られた主題としては、謙虚な態度や、土地の境界線を公正に定めることの大切さなどがある。ラメセス朝期後期の特色は、個人の信心深さの傾向である。同作品は隠喩に富んでおり、そのためいくつかの要素は聖書の格言に組み込まれた。

アメンエムニスウ　Amenemnisu［即位名ネフェルカラー：紀元前1045-1040年頃］

第21王朝2番目の王。スメンデスの後、短期間だけ統治した。

アメンエムハト1世　Amenemhat I［即位名セヘテプイブラー：紀元前1938-1908年頃］

中王国時代、第12王朝最初の王。彼の一族はテーベ出身であり、彼の名前（「アムン神は先頭にある」の意）は、地方神であるア

44 「アメンエムハト1世の彼の息子に対する教訓」

ムンへの献身を示している。王族ではない家系（父は神官）のアメンエムハトはおそらく、メンチュホテプ4世の短い治世の間にワディ・ハンママートへと採掘遠征隊を率いていた同名の宰相と同一人物であろう。アメンエムハトが選ばれた後継者であろうとなかろうと、彼は自らの王位継承を正当化し、一族の地位安泰のための措置を取った。そのため、およそこの時期に成立した文学作品「ネフェルティの予言」ではアメニィ（アメンエムハトの短縮形）と呼ばれ、混沌の時代からエジプトを救う「救世主」とされている。アメンエムハトは後継者争いが起こらないように、彼の息子と共同統治を行なった。それにもかかわらず、「アメンエムハト1世の教訓」と「シヌへの物語」という2つの同時代文学資料によると、アメンエムハトは宮廷陰謀によって殺されたという。

アメンエムハト1世のホルス名ウェヘム＝メスウト（生誕を繰り返す者）は、彼の治世を復興の時代であると示唆している。彼はテーベにおける第11王朝の先王たちの墓近くに自らの墓を造りはじめたようであるが、古王国時代の体制への復古を決意してデルタ地帯の頂部（イチ＝タウイ）へ遷都し、ピラミッド建設も再開させた。リシュトにある王の埋葬複合施設は、ギザのクフ王の大ピラミッドをはじめとする古王国時代のピラミッドの石を再利用して建設されたことが特徴である。これについては異なる解釈があり、しばらく巨大な石造建築の技術が忘れられていたので石を切り出す時間を節約するため、また過去の強大な王の象徴的権力と権威を利用することを意識した試みであったと考えられている。

他の改革としては、地方行政の再編成や徴兵の再導入が含まれている。メンフィスの碑文は、パレスティナでの軍事行動を記録しているが、その一方で、コロスコの別の碑文には、彼の治世最終年に行なわれたワワト（下ヌビア）を滅ぼすための遠征についての記述がある。セムナにおける最初の砦の建設と同時に、この遠征はヌビアにおける征服と併合へ向けての新たな政策のはじまりを表わしている。同様の政策がエジプト北方の辺境防衛のために行なわれた。西デルタではカラト・エル＝ダフルの砦がリビアからの侵入を防ぐために設計され、デルタ北東部ではパレスティナからの強盗や移民を阻止するための「支配者の壁」と呼ばれる一連の要塞が構築された。アヴァリス付近のエズベト・ルシュディの管理棟は、この地域への王の興味の高さを示している。さらに、アメンエムハト1世治世の建築計画には、ブバスティスおよびメンフィスの神殿や、カルナク、トゥード、アルマントの新たな神殿建築も含まれていた。

「アメンエムハト1世の彼の息子に対する教訓」 *Instruction of Amenemhat 1 for his Son*

第12王朝初期に年代づけられている古代エジプト文学の傑作の1つ。おそらくセン

リシュトにあるカレの葬祭神殿から出土したアメンエムハト1世の彩色レリーフ。王は偽ひげとウラエウスを身に着け、肩に殻竿（からざお）をかけている。

ウセレト１世の治世に編纂されたこの作品は、亡き王アメンエムハト１世が彼の息子および後継者に話しかけるかたちがとられている。王殺しの主題はエジプト文学ではきわめて稀で、故王自らが王宮クーデターにおける自身の殺害を語っている。劇的効果をもって書かれているため、この迫力ある想像力に富んだ作品は、特に書記の訓練用として人気を保った。新王国時代の写本が大量に残っている。

アメンエムハト２世 Amenemhat II [即位名ネブカウラー：紀元前 1876-1842 年頃]

中王国時代、第 12 王朝３番目の王。父センウセレト１世との２年間の共同統治の後、父の跡を継いだ。彼の治世で特徴的なのは東地中海との積極的な交易であろう。トゥードで発見された銀の財宝は、彼の治世に年代づけられるものであり、エーゲ海との経済的つながりが示唆される。その一方で、外交上の贈り物と目される王家の親類女性の彫像が遠くレバノンにおいて発見されている。同王の存在はセラビト・エル＝カディムのハトホル神殿において確認されている。神殿の石碑は同王治世中にシナイへの採掘遠征があったことを伝えている。メンフィス出土の年代記碑文の断片には、王宮の年間行事に関する詳細な記録が記されており、彼の治世を知る上で最良の資料となっている。

彼のピラミッド複合体は、エジプトでほとんど知られていない王家の建築物のうちの１つである。ダハシュールに建てられたそのピラミッドは、東西に一直線の長い長方形の周壁を持ち、葬祭神殿の入り口には巨大な日乾レンガ造りの塔門が建てられていた。このピラミッドは耕作地に近く石材を運び出しやすかったため、19 世紀末に初めて考古学的調査が行なわれたときにはほぼすべての表面の石は剥ぎ取られ、石灰岩の断片の塚が残っていただけであった。それゆえ、現在この建築物は「白いピラミッド」と呼ばれている。もともと表面にあった石が剥がされたため、日乾レンガで構築されているという荒い構造を露呈している。この複合体の発掘では、王女クヌムエトとイタアのために造られた見事な宝飾品が出土した。

アメンエムハト３世 Amenemhat III [即位名ニマアトラー：紀元前 1818 年 -1770 年頃]

第 12 王朝６番目の王であり、センウセレト３世の息子。彼の長い治世は中王国時代の最盛期であり、エジプト全土やその周辺地域に記念碑や建築物が残されている。同地で発見された王のスフィンクス像から、レヴァントとの交易がさかんであったことがわかる。特に交易活動の中心であったビブロスのエジプト人用の港では、王の銘が記された遺物が数多く見つかっている。採掘遠征はトルコ石やおそらく銅のためにシナイ（ワディ・マガラ、ワディ・ナスブ、ルド・エル＝アーイル）までしばしば送られている。その成果は、この時代のすばらしい宝飾品とめずらしい銅の王像に見ることができる。

エジプト国内の正式な王の事業計画はファイユーム地方に集中しており、アメンエムハトは大規模な灌漑事業や埋め立て計画などを命じた可能性がある。ビアフムには彼の巨大な彫像が２体立てられ、メディネト・エル＝ファイユームとメディネト・マアディには神殿が建立された。特筆すべきはプトレマイオス朝時代に地域住民によって（ラマッレス王、もしくはマッレス王として）神格化されたファイユームにおける王の記念建造物であった。

アメンエムハト4世

ダハシュールのピラミッド（現在では「黒いピラミッド」と呼ばれる）は、彼の永眠の地を意味している。しかしながら、地下の部屋や通路が多く、基岩ももろいために裂け目が生じ、ピラミッドは完成前に壁がゆがんでしまった。このため同ピラミッドは王の治世20年目の年に放棄されたが、黒い花崗岩のピラミディオンは残存している。新しいピラミッドはファイユームのハワラで建設されはじめ、古典古代の叙述家たちは、多数の部屋を持つこのピラミッドの葬祭神殿を「迷宮」と呼んだ。

アメンエムハトは、彼の父による特徴的な王家の彫刻を発展させた。最も典型的な彫像は、細い目と大きく突き出た耳が付いており、すぐに彼だとわかる。その他の彫像は意図的に、特に初期王朝時代や古王国時代の古い形式への傾倒を思い起こさせるものとなっている。

アメンエムハト3世の花崗岩製の巨大な座像の頭部。ブバスティスのバステト神殿に建てられており、後の第22王朝期にオソルコン3世によって強奪された。

アメンエムハト4世　Amenemhat IV [即位名マアケルウラー：紀元前1770-1760年頃]

第12王朝7番目の王。中王国時代のほとんど知られていない統治者の1人であり、彼の父ではない可能性のあるアメンエムハト3世の跡を継ぎ、短い期間であったが統治した。彼は第13王朝の家系の祖先である可能性もある。彼が建てたものとしてよく知られているのはメディネト・マアディの神殿であるが、カスル・エル＝サガの神殿を建築した（もしくは完成させた）可能性もある。彼はセラビト・エル＝カディムの神殿でも知られていることから、シナイのトルコ石採掘地域とエジプトとの関係は明らかに彼の治世に継続されていたことがわかる。レヴァントで発見されたアメンエムハト4世のスフィンクス像は後の時代の交易によってもたらされたものかもしれないが、外国との交流がいまださかんであったことを示している。王のピラミッド複合体について確かなことはわからない。ダハシュールの南のマズグーナにある誰のものかわからない未完成のピラミッドが彼のものだという議論もあったが、おそらくそれは間違いであろう。

アメンエムハト5世、6世、7世
Amenemhat V, VI, VII [即位名セケムカラー、スアンクイブラー、セジェファカラー：紀元前18世紀中頃]

第13王朝前半期を統治した短命の王たち。

アメンホテプ1世　Amenhotep I （「アムン」は満足するの意）[即位名ジェセルカラー：紀元前1514-1493年頃]

新王国時代初期、第18王朝2番目の王。アハモセ1世とアハモセ・ネフェルトアリの息子。彼の母は、彼の治世初期に摂政を務めていたようだが、その頃の記録は乏しい。彼は兄妹であるメリトアムンと結婚した。デイル・エル＝メディーナの職人村の共同設立者として新王国時代を通して崇拝された。彼はヌビアをエジプトの支配下に置き、その監

督者としてクシュ総督という役職を置いた。そしてサイというヌビアの島に神殿を建立した。カルナク神殿の小規模な増築に加え、アビドス、エルカブ、コム・オンボ、エレファンティネの神殿にも手を加えた。彼の墓の位置は明らかではなく、ラメセス9世治世の調査表によると、それはドゥラ・アブ・エル＝ナガにあるとされるが、王家の谷の端にある装飾が施されていない墓（KV39）である可能性もある。アメンホテプは、デイル・エル＝バハリの葬祭神殿を建築したことでも知られている。

アメンホテプ2世　Amenhotep II ［即位名アアケペルウラー：紀元前1426-1400年頃］

　第18王朝7番目の王で、父トトモセ3世との短期間の共同統治の後、最高権力を握ったと考えられている。アメンホテプは明らかに肉体的な力を誇っており、王権の英雄的イメージを助長した。例えばあるレリーフでは、彼の放った矢が青銅の塊の的を貫通する様子が描かれている。東地中海地域との交易は、ギリシアのミケーネとティリンスで発見された王のカルトゥーシュを持つファイアンス製の猿によって示されている。彼はヌビアのアマダとカラブシャ、およびテーベ地域で神殿建立に着手した。彼の葬祭神殿はほとんど残存しておらず、王家の谷の玄室の装飾は、彼の死に際して未完成であった。しかしながらその墓（KV35）は、第21王朝において他の王家のミイラ8体をもともとの墓から移し、安全に保管するために再利用された。その隠し場は1898年に発見された。

アメンホテプ3世　Amenhotep III ［即位名ネブマアトラー：紀元前1390-1353年頃］

　第18王朝9番目の王で、トトモセ4世とムゥトエムウイアの息子。35年を超える彼の治世は新王国時代で最もよく知られた時代の1つであり、芸術や建築の黄金期でもあった。レヴァントとの外交関係はアマルナ文書に記録されている。これとは対照的に軍事活動についての証拠はわずかであり、治世5年目にヌビアで起こった反乱の鎮圧があるのみである。彼は一連の贅沢な建築計画を主催し、ハプの息子アメンホテプに指揮させた。建設事業としては次のようなものがある。ルクソール神殿の大部分、カルナクの第三塔門、メムノンの巨像が入り口に置かれた西テーベの巨大な葬祭神殿、および彼の「セド」祭の式典用の巨大な人工の港であるビルケト・ハブが付属するマルカタ王宮を含んでいる。正室ティイは、宮廷において重要な役割を担っ

アメンホテプ3世の赤色珪岩製の彫像の一部。1989年にルクソール神殿の床下の隠し場所から発見された。彫像は若い頃の王の姿を描き、持ち運び可能な大きさであった。神殿への行進の間に使用されたものだろう。

48　アメンホテプ4世

ていた。王はさらに自身の娘3人を「王の妻」として迎えた。王権の地位向上のために画策された彼の宗教政策は、息子アクエンアテンによる徹底的な改革の先駆けとなった。アメンホテプは、「アムドゥアト」が描かれた墓を王家の谷の西谷に建設した。

アメンホテプ4世　Amenhotep IV
アクエンアテンの項を参照。

アメンメセス　Amenmesse［紀元前1202-1200年頃］
第19王朝の王で、セティ2世の治世の直前、もしくはその間に3年間にわたり王位を強奪した。彼はおそらくクシュ総督メススイと同一人物であり、王家の谷（KV10）に墓を建設した。

アラシヤ　Alashiya
キプロスの項を参照。

アラバスター　alabaster
トラヴァーチンの項を参照。

アララ　Alara［紀元前800-770年頃］
第三中間期のクシュの王で、第25王朝としてエジプトを統治したピイ以降の王家の家系の創始者。

アルコール飲料　alcoholic drinks
ビール、ワインの項を参照。

アルサフェス　Arsaphes
ヘリシェフの項を参照。

アルシノエ　Arsinoe
プトレマイオス朝時代における4人の王妃の名前。アルシノエ1世と2世はともにプトレマイオス2世の妻で、アルシノエ2世はプトレマイオス2世の姉でもあり共同で統治した。アルシノエ3世は、プトレマイオス4世の妹にして彼の妻でもあり、彼の死後すぐに暗殺された。アルシノエ4世は、プトレマイオス12世の娘で、プトレマイオス13世、プトレマイオス14世、クレオパトラ7世の姉妹であった。彼女はクレオパトラと対立して女王を名乗ったが、後に捕らえられて追放された。そして最後はマルクス・アントニウスの命により殺された。

アルスヌフィス　Arsnuphis
アレンスヌフィスの項を参照。

アルセス　Arses［紀元前338-336年］
第31王朝の短命の王（第2次ペルシア時代）。

アルタクセルクセス　Artaxerxes
3人のペルシア王の名前。うち2人は、それぞれ第27王朝（紀元前465-424年）と第31王朝（紀元前343-338年）にエジプトを支配した（第1ペルシア時代と第2ペルシア時代）。

アルマント　Armant
上エジプトのナイル河西岸、テーベの南に位置する遺跡。遺跡群は広範囲にわたり、居住区と先王朝時代の上エジプト文化の発展過程を示すために用いられた共同墓地を含んでいる。新王国時代初期まで、アルマントは上エジプト第4ノモスの州都であった。アルマントについて中王国時代初期以降でまず重要なことは、同地がモンチュ神信仰の中心地であったことである。もともと第11王朝に

建てられ、後に増築された神殿は、末期王朝時代に破壊された。再建築は、特別な地下墓地ブケウムに聖なるブキス牛を埋葬するという慣習を創始したネクタネボ2世によって着手された。この慣習は、ローマ皇帝ディオクレティアヌスの治世まで650年間継続された。ブキスの雄牛の母として崇拝された雌牛もまた地下墓地に埋葬された。クレオパトラ7世とプトレマイオス15世カエサリオンによって建設されたマンミシは完全に破壊されたが、ローマ時代の2つの門だけは現存している。

アレクサンドリア　Alexandria

前331年、アレクサンドロス大王によって最初の集落地（ラ・ケデト、ラコティス）に建設された都市。地中海沿岸の狭い半島の戦略的立地に位置していたアレクサンドリアは、前320年にメンフィスに代わりエジプトの首都となった。プトレマイオス朝時代・ローマ時代を通じて、エジプト的というよりも、本質的にはギリシア都市として繁栄を遂げる。最も有名な建築物は、図書館とムセイオン（3世紀に焼失したと言われている学堂）、本土と橋でつながれた離れ小島に建てられたファロスの灯台（古代世界の七不思議のうちの1つ）が挙げられる。4世紀から6世紀にかけて発生した一連の地震によって多くの記念建造物は破壊されたが、最近の水中発掘により灯台の建材や宮殿地域から彫像が発見されている。都市全体の主な建築物は、ローマの闘技場、浴場、運動場の複合施設やセラピス神殿、さらにその近辺にローマ皇帝ディオクレティアヌスが建設した花崗岩の柱「ポンペイの柱」などがある。今日、アレクサンドリアはエジプト第2の都市であり、近年過去の栄華を想起させる新たな図書館が開館した。

アレクサンドロス大王　Alexander the Great［紀元前336-323年］

前336年、父フィリッポス2世の後を継いだマケドニアの統治者。20歳のときから4年以上にわたりエジプトを支配した。憎むべきペルシア帝国からの解放者としてエジプトの人々に歓迎されたアレクサンドロスは、シーワ・オアシスを訪れた際、彼のことをアムン＝ラーの息子と宣言したアムンの神託を受けることでエジプトの正式な支配者となった。彼は伝統的な神を崇め、前331年に新たな都市アレクサンドリアを建設した。短期間の滞在の後、彼はエジプトの管理を信頼する将官に任せ、遠征を続けるためにエジプトを去った。前323年にアレクサンドロスが死んだとき、権力は最初、彼の腹違いの弟であるフィリッポス・アリダエウス（紀元前323-317年）へと移され、その後彼の息子のアレクサンドロス4世（紀元前317-309年）へと渡った。どちらも単一の帝国としてまとまったアレクサンドロスの征服地を保ち続けることはできず、異なった地域は分割した国家となり、彼の将軍たちによって統治された。エジプトは将軍プトレマイオス（プトレミー）の手に落ち、彼はアレクサンドロス4世が前305年に死んだ後に王となった（そしてプトレマイオス朝の創始者となる。プトレマイオス朝時代の項を参照）。アレクサンドロスの遺体は、埋葬のためエジプトへ運ばれたと言われているが、彼の墓は特定されていない。

アレンスヌフィス／アルスヌフィス　Arensnuphis/Arsnuphis

メロエの神。おそらくアフリカ起源の神で、

「アンク」

第6急湍の東の砂漠、ムサッワラート・エル゠サフラにおいてメロエ時代初期に初めて確認される。エジプトの神オヌリスやシュウと関連づけられる。その信仰がプトレマイオス朝時代にエジプト影響下のヌビアに広がった時期に、シュウとの習合によりシュウ・アレンスヌフィスとされた。フィラエにあるアレンスヌフィスのキオスクは、プトレマイオス4世と同時代のメロエの王アルカマニ（紀元前218-200年）によって奉納された。デンドゥルの神殿（もともとはアスワンの南方75キロメートルにあったが、現在はニューヨークのメトロポリタン美術館にある）において、アレンスヌフィスがローマ皇帝アウグストゥスに崇拝されたことが示されている。この神はたいてい羽飾りを着けた冠を被った男性として描かれ、時折槍を持っているが、他のメロエの神々と同様にライオンとして描かれることもある。

「アンク」 ankh

「生命」を意味する古代エジプト文字。サンダルの紐（T型の上に輪が付いている）に由来すると考えられている。このヒエログリフは強力な表象であり、エジプト宗教の図像学においても最も知られているものの1つである。十字形をしていることから、コプト教徒によって彼ら独自の十字架に採用された。

アンクエスエンアムン Ankhesenamun
（「彼女はアムンのために生きる」の意）

第18王朝後期の王アクエンアテンと妻ネフェルトイティの3番目の娘。異母兄弟であるトゥトアンクアムンと結婚する前に、自身の父との間にアンクエスエンパアテン・タア・シェリトという娘をもうけたと考えられている。もともと彼女はアンクエスエンパアテン（「彼女はアテンのために生きる」の意）と名づけられたが、アクエンアテンの死によるアテン信仰の消滅およびアムン信仰の復活の影響を受けて、（彼女の夫と同じく）名前を変えた。トゥトアンクアムンとの間にもうけた彼女の子供たちは、死産もしくは幼少の頃に死去しており、彼らのミイラは、トゥトアンクアムンの墓（KV62）で発見された。アイ王の銘の隣に彼女の銘が記された指輪は、トゥトアンクアムンの後継者アイが、彼の王位を正当化するために若くして死んだ王の未亡人と結婚したことを示唆しているのかもしれない。アンクエスエンアムンは、彼女の夫が死んだ後、女王となるためにヒッタイトの王子との結婚を求める手紙を書いた可能性がある。

アンクエスエンパアテン Ankhesenpaaten

アンクエスエンアムンの項を参照。

「アンクシェションクイの教訓」 Wisdom of Ankhsheshonqy

紀元前1世紀に年代づけられ、デモティックで書かれた知恵文学作品。アクミムから出土した写しが残されており、初期の知恵文

王家の谷にあるアメンホテプ2世墓の壁画。「アンク」（生命の印）をハトホル女神が王の鼻先へ向けてかざしている場面を描いている。

トゥトアンクアムンの玉座。アテン神の保護光の下、妻のアンクエスエンアムンとくつろぐ若い王が描かれている。王と王妃の姿は、銀の薄板と準宝石で象眼(ぞうがん)されている。

学の言い回しとはまったく異なる人間の本質について皮肉を述べた一連のことわざからなる。

アンクティフィ　Ankhtifi

　第9、10王朝間（紀元前2125-2100年頃）の上エジプト第3ノモスの州知事。エル＝モアッラにある彼の岩窟墓(がんくつぼ)は、第一中間期の政治的出来事の最も重要な報告の1つを記している。彼は北方において名目上は王とみなされていたけれども、同時に野心家でもあり、最初、隣接したエドフ州を支配し、次に最南端のエレファンティネを支配した。これにより、彼は上エジプト南部全域を支配するようになったが、同時にテーベを統治していた野心的な君主たちとの間に抗争が生じた。アンクティフィの報告によれば、彼が実権を握っていた時に起きた悲惨な飢饉の際、彼はデンデラとティスの州都市へ穀物を送ることに成功した。これらの振る舞いは政治的動機によるものであったが、これによりテーベ・コプトス同盟は孤立させられた。アルマントのアンクティフィの砦に対するテーベ軍の攻撃は、長期化する内戦への引き金となった。アンクティフィ存命中は地域的な支配を維持したように見えるが、結局はテーベの拡大を止められず、彼の息子はヒエラコンポリスにおける地方的権威を有するにとどまった。

アンケト／アヌケト／アヌキス
Anket／Anuket／Anukis

　第1急湍(きゅうたん)周辺で信仰されていた女神。主な宗教的拠点はセヘル島であったが、さらに南のヌビアにおいても崇拝されていた。古王

国時代に初めて言及されたアンケトは、大きな羽の冠を被り、パピルスの形をした笏を持った女性の姿で描かれた。新王国時代になると、クヌムとサテトという2つの異なる地方神と三柱神を形成した。

アンケト女神は特徴的な羽のある被り物を被っていた。ヌビアのダッカにあるプトレマイオス朝期の神殿の石材のレリーフに彫られている。

アンティノオポリス／エル＝シェイク・イバダ　Antinoöpolis／el-Sheikh Ibada

ヘルモポリスの対岸に位置する、中エジプト、ナイル河東岸の遺跡。初期の遺跡としてはラメセス2世の神殿が残っているが、最もよく知られているのは紀元後130年に皇帝ハドリアヌスの命により建設された都市遺跡である。ナイル河近くで溺死した皇帝お気に入りのアンティノウス追悼のために神殿が建造されたが、今日、事実上都市遺跡は残存していない。

イアム　Yam

エジプトの南にあった外国人の国。それはおそらくケルマと同定され、ハルクフの自伝碑文のような古王国時代のエジプトの文書の中で言及された。イアムは、新王国時代の文書に言及された所在が不明である他の土地イレムであると考えられることもある。

イゥプト　Iuput

第三中間期後半の2人の短命の王の名前。イゥプト1世（紀元前800年頃）は、おそらくペドゥバスト1世と共同統治をしていたテーベ地域の支配者であった。イゥプト2世（紀元前720年頃）は、王の称号を主張したレオントポリスの地方君主であり、またピイがエジプトを侵略した際に、彼に従うデルタの支配者らとともにピイに服従した。

イウヤ　Yuya

ティイの父。彼と彼の妻チュウヤは、王家の谷（KV46）において墓を建造するというめったにない特権が与えられた。そのことはアメンホテプ3世（紀元前1390-1353年頃）の宮廷における彼らの影響力を示している。精巧な副葬品は、家具、宝飾品、そしてチャリオットを含んでいた。

もともとアクミム出身のイウヤは「神の父」や「ウマの長」という称号を持ち、イウヤの息子と想定されるアイによってそれらの称号は引き継がれた。聖書のヨセフとイウヤとを同一人物とする確実な証拠はない。

イクヘルノフレト　Ikhernofret

第12王朝後期のセンウセレト3世およびアメンエムハト3世治世の高官。アビドスの参道の脇に建てられたイクヘルノフレトの記念石碑によれば、彼は王の宮廷で育ち、学

問を学び、最終的に大蔵大臣に任命された。彼はまたオシリス神像および聖堂・聖船を改装するために、センウセレト3世によりアビドスに派遣された。この任務についている間、彼はオシリス祭に参加した。彼の石碑はオシリス祭に関する最も重要な資料の1つであり、わずかに残存するエジプトの祝祭に関する口述記録である。アビドスにあるイクヘルノフレトの空墓の礼拝堂は、同時代の数多くの人々によって、彼ら自身の記念石碑の場として使用された。

石　stone

　ナイル河谷とそこに隣接した砂漠地域で利用可能な石材の種類は広範囲にわたり、古代エジプト人たちは大いにそれらを利用した。氾濫原との境界をなす岩壁は、石灰岩を豊富に供給した。トゥーラの採石場からの白色の種類は珍重され、ピラミッドの表面の石材や他の建築上の用途に使用された。上エジプト南部では、著しい地質の変化があり、石灰岩は砂岩に取って代わられた。これは建築と彫刻におけるもう1つの重要な材料であり、ジェベル・エル＝シルシラにて最も集中的に採石された。アスワン周辺の地域は、建物、オベリスク、そして彫像に使用される花崗岩の露出部のために開拓された。砂漠で発見可能な玄武岩は、時折敷石に、特に古王国時代のピラミッド複合体に使用された。

　様々な種類の石が彫像や容器、そして小物を作るために小規模に掘削された。種類としては、角礫岩、ワディ・ハンママートからのシルト岩、中エジプトからのフリント、ハトヌブからのトラヴァーチン、そしてカフラーの河岸神殿で発見された彼の座像に使用されたジェベル・エル＝アシールで採れた有名な作品を含む、下ヌビアの西方砂漠からの閃緑岩があった。中王国時代には再び石は広範囲にわたって使用されるようになった。ローマ時代では、ポルフィライテス山からの上質の斑岩が特に高く評価された。エジプト史のほとんどを通して、石材の採掘と石切りは、王家の専権事項であったようであるが、個人で私用のために少量を入手することもできたのかもしれない。石材は力強い王を暗示する原材料だが、石棺または神殿関連のどちらかで使用された。最古の石材の建築使用例は第1王朝まで遡るが、石材加工の知識の発展は、先史時代におけるナブタ・プラヤにてすでに確認されている。

「イシェド」の木　ished tree

　古代エジプト宗教における聖なるワニナシの木。トトとセシャトが王の名前と称号、およびその治世の年数をその葉の上に書いた。

石切り　quarrying

　採鉱と採石の項参照。

イシス　Isis

　エジプトの神々の中で最も重要な一柱となった起源不明の女神。ヘリオポリスの九柱神の一員で、オシリスの妹にして妻であり、ホルスの母であった。それらのうちの最後の特徴は、イシスに王権理念において1つの役割を与え（王とホルスとの同一視のため）、このことはイシスの名前に玉座を意味するヒエログリフを添えるという書き方によって強調されている。オシリス神話によると、イシスはセトによるオシリス殺害の後、理想的な妻の役割を果たし、バラバラにされたオシリスの身体を探し出して再び接合した。彼女はバラバラになったオシリスの死体から最初のミイラを作製し、ホルスを身ごもるためにオ

聖なる「イシェド」の木（ワニナシ）。その葉の上にラメセス2世の名前を書く筆記の女神セシャトが描かれたラメセウムにあるレリーフ。

幼い息子のホルスに授乳しているプトレマイオス朝時代の青銅製イシス小像。末期王朝時代の宗教美術の中で最も人気があった図像の1つである。

シリスを性的に刺激した。続いてイシスはデルタの湿地でホルスを出産した。次にイシスは抜け目なく振る舞うことによって、ホルスにセトを倒させ、エジプトの王位を簒奪させた。

　イシスは人間の姿で描かれ、しばしば幼児のホルスを両腕に抱き、授乳する様子で表現された。「イシス、呪術において偉大なる者」として、彼女は治癒力を持ち、子供に対する保護者となると信じられていた。強い母親を連想させるイシスは、ハトホルと関連づけられた。ゆえに新王国時代以降イシスは、しば

しばウシの2つの角の間に太陽円盤を備えた被り物を被って表現された。聖牛アピスを出産したウシは、イシスの顕現とみなされた。このほか主要な役割としては、葬祭宗教についてのものがある。妹のネフティスとともに、彼女は死者を守護すると信じられていた。イシスはエジプト全土で崇拝された。末期王朝時代以降、彼女の主要な崇拝拠点はフィラエ島であった。彼女への崇拝は、ローマ帝国中に拡大し、キリスト教時代にも存続した。

イージス　aegis

古代エジプトの宗教において、盾の形をした意匠（ギリシア語の「盾」に由来）で、ビーズがあしらわれた大きな襟飾りの形をしたものの上に神の頭部が付いている。イージスは力強い守護の象徴であり、神聖なる船の船首や船尾において特定の神々の頭部とともに用いられる。イージス型のアミュレットは、新王国時代に初めて現われ、たいていアムン＝ラー、バステト、ベス、ハトホル、ムゥトが描かれた。続く第三中間期にはイージスの受け座の付いたファイアンス製の指輪が人気となった。

イシスの息子ホルス　Horus Son of Isis

ハルスィエセの項を参照。

イシファリック　ithyphallic

著しく勃起したペニスを描いた男性像を表現するために使用する用語。ミン神を表現する場合のほとんどとアムン＝ミン神の多くは、この形態で表わされる。

サッカラから出土した末期王朝時代の青銅製のイージス。ウラエウスの冠を被った女神イシスの頭部が描かれている。イシスの側面には、2羽のハヤブサとして表わされる神ホルスがいる。

コプトスのミン神殿から出土した第12王朝のレリーフに彫られたペニスがイシファリック（勃起）した豊穣神ミン。センウセレト1世の治世に奉納された。

医術 medicine

　医療行為に関する文書や開業医という肩書きは、早くも第3王朝に存在していた。これらは、古代エジプトにおける医療知識の水準に関する重要な知見をもたらしてくれる。医者、歯科医、外科医、獣医たちはすべて実在したことが証明されており、医療専門分野があったことがわかる。末期王朝時代以降、デンデラに見られるように、療養所は神殿に付属していた。プトレマイオス朝時代には、サッカラのアスクレピオン（イムホテプを神として祀る信仰拠点）は、広く遠方から訪れる巡礼者を惹きつける癒しの中心地となった。治療方法は理論よりも症状の観察や以前の経験に基づいており、呪術は重要な役割を担っていた。実際、症状の軽い病気は、悪意ある力によるものとみなされ、主に呪文やアミュレットを用いて治療された。新王国時代には、白内障が原因の失明で苦しむ人々がしばしばプタハ神に治癒を求めた。しかし、特定の症状に関する知識はかなり進歩した。中王国時代後期のあるパピルスには、建築現場での怪我にちがいない骨折や脱臼といった、重労働を想起させる症例が挙げられている。そのパピルスには心臓と脈拍との関係についての知識も示されている。中王国時代と新王国時代の3つのパピルスには、大麦とエンマー小麦を使用した最古の妊娠判定法など婦人科の問題が取り上げられている。他の文書には、ヘビの嚙み傷や肛門の病気の治療が記されている。ミイラ製作用の人体解剖を行なっていたにもかかわらず、エジプト人は解剖学や内臓器官の働きについて特にすぐれた知識を持っていたわけではないようだ。

イスマント Ismant

　ダクラ・オアシスの項を参照。

イスラエル Israel

　イスラエルという用語は、メルエンプタハの戦勝石碑（いわゆる「イスラエル・ステラ」）の古代エジプト語史料の中で最初に現われる。同碑文には、打ち倒されたレヴァント地方の諸都市および民族の名が載っており、また「イスラエルは荒廃し、もはやその種はない」という一節もある。このヒエログリフ碑文は、第19王朝のエジプト人たちにとって、イスラエルという言葉は特定の地域

西テーベにあるメルエンプタハの葬祭神殿出土の「イスラエル・ステラ」。最後に倒した人々を列挙しているこの碑文は、イスラエルという名前が古代エジプトにおいて現われる唯一のものである。

ではなく、特定の人々を意味するものであったことを示している。聖書に登場するイスラエル人は、もともと中央パレスチナの山岳部からやってきた半遊牧集団であったのかもしれない。彼らはレヴァント地方においてエジプトの権威に対する脅威というよりも、多少苛立たせる程度の存在であったようだ。第三中間期までには、エジプト語史料は、「イスラエル」が政治的および領土問題的存在となり、エジプトは様々な外交政策の一環として従属を強要したことを示している。しかしながら、エジプトとイスラエルとの関係は、聖書の中で際立っているが、エジプト語碑文ではそれほど記載がない。

イセシ／イゼジ　Isesi ／ Izezi ［即位名ジェドカラー：紀元前2360年頃］

　第5王朝8代目の王。30年以上に及ぶ彼の長い治世は、あまり知られていない。ハルクフの墓の自伝碑文によれば、イセシが派遣したプントへの遠征隊は踊る小人を持ち帰った。統治体制を効率的にするため、イセシはアビドスを拠点とする上エジプトの監督官職を創設した。もう1つの新制度は、第5王朝の伝統である太陽神殿の建設を放棄したことである。その代わりに、彼は自身のピラミッド複合体を造った。これは南サッカラに建設された最初のものであり、古代に大きな損傷を受けた豊かな装飾が施された葬祭神殿を含んでいた。

イゼジ　Izezi

　イセシの項を参照。

偉大なる予言者　Greatest of Seers

　ヘリオポリスの大司祭が持つ称号。古代エジプト宗教における初期の天文学と占星術の重要性を示している。

イチ＝タウイ　Itj-tawy

　第12王朝初頭（紀元前1938年頃）にアメンエムハト1世によって建設された王宮および首都。アメンエムハト＝イチ＝タウイ（「アメンエムハトは二国を手に入れる」）の名が与えられた。碑文においてのみ存在が知られており、その正確な位置は不明なままである。おそらくアメンエムハトが自身のピラミッドを建てたリシュト付近にあったことは確かであろう。メンフィスの南方郊外にあった可能性もある。

イヌ　dog

　先王朝時代初期の鉢に、紐でつながれた4匹のイヌ（首の周りに小さな鈴をつけている）を連れた狩人が描かれていることから、古くからイヌは家畜として重要であったことがわかる。イヌは狩猟での役割に加えて、番犬としても有用であり、さらに信頼できる仲間でもあった。飼いイヌはしばしば主の墓に埋葬され（ギザには古王国時代の王家のイヌ専用墓がある）、またイヌは名前をつけられた稀な動物であった。イヌの名前は、忠誠心や勇敢さを反映したものの他に、外国の名前も人気であった。実際に、リビア、ヌビア、レヴァントやプントなどの隣国から多く輸入されていた。

　イヌはアヌビス神に捧げられ、末期王朝時代にはイヌのミイラがサッカラの地下回廊（アヌビエイオン）に埋葬された。しかしイヌという言葉は、人に対して使用した場合に侮辱的な意味を持った。例えば「アメンエムハト1世の彼の息子に対する教訓」において、王は「私はアジア人たちをイヌのように歩かせた」と述べている。

クッベト・エル゠ハワにある第 12 王朝サレンプト 1 世の墓の入り口に描かれている 2 匹のイヌのレリーフ。このような特徴の異なる品種の動物たちは、おそらくペットとして墓の主に好まれたのだろう。

サルーキやグレイハウンドなどを品種改良したものを含め、エジプト美術では様々な品種のイヌが描かれているが、それらを明確に区別することはひじょうに困難である。

イビ／アバ　Ibi / Aba ［即位名ハカラー：紀元前 2150 年頃］

ペピ 2 世の葬祭記念建造物近くの南サッカラにピラミッド複合体の建造をはじめた第 8 王朝の王。玄室(げんしつ)には本来ピラミッド・テキストの抜粋が刻まれていた。トリノ王名表によれば、イビは 2 年間だけ統治した。このことはなぜ彼のピラミッドが完成しなかったのかを説明してくれる。

イビア　Ibia ［即位名ウアフイブラー：紀元前 17 世紀初頭］

第 13 王朝後期の短命の王。

「イプウェルの訓戒」　Admonitions of Ipuwer

中王国時代後期の文学作品。この作品においては「国家の困窮」という主題が、このジャンル（文学の項を参照）の他の作品に比べて、より長編的かつ熱心に扱われている。同作には、イプウェルと呼ばれる賢者の痛切な嘆き悲しみが記されている。彼は、既存の秩序を覆し混沌をもたらす、名が明かされていない全能の力を戒めた。混沌の描写が鮮明なため、内容に矛盾が見られるものの、かつてはこれが第一中間期を説明したものと考えられていた。しかし現在では、この文書の内容は完全にフィクションであったと考えられている。第 19 王朝のパピルス写本が 1 点残っているが、空白が多く、翻訳はひじょうに困難である。

衣服　clothing

現存する衣類により補足される美術表現

は、古代エジプト人たちが身につけた衣類に関する証拠の主要な源泉である。しかしながら、現存する衣類と美術表現がつねに一致するわけではない。なぜなら美術表現は、真の姿を正確に記録しているというよりも、個人的な特性を描くことにより重点を置いていたからである。例えば、男性のために作られた美術において、女性たちはおそらく身体つきを強調するため、もしくは家事に従事することや、男性親族への依存を示すために（いずれも現実には必ずしもそうではなかったが）、しばしば身体にぴったりと合う衣服を着ている。

多くの社会と同様に、エジプトにおける流行も時を経て変化した。衣類は季節に応じて変わったし、身分によっても変わった。特に役職を保持している者、とりわけ神官や王は特別な衣類を身につけた。

一般大衆の間では、衣服は白、もしくは白っぽい簡素な亜麻布が大部分を占めていたと考えられる。それは、すぐに汚れただろうが、デイル・エル＝メディーナの新王国時代の職人の村には、洗濯を専門とする者がいたことがわかっている。男たちは単純な腰布や短いキルトを身につけて、冬には重いチュニックを重ね着した。高位の人物は服装によって自らの地位を表わし、流行の変化により敏感だった。

中王国時代には、長くてよりたっぷりとした衣服が身に着けられていた。また第18王朝後期やラメセス朝期には、流麗な手の込んだプリーツが編まれ、透けて見えるようなローブが男女の間で人気となった。装飾を施された布地は新王国時代により一般的になっていった。全時代を通して、女性の衣装は、頭の先から被って身に着けた色鮮やかなビーズ製品によって美しさを引き立てていた。ロー

マ時代になると、エジプトは良質な衣服を製造することで知られるようになった。革やかご細工製のサンダルが、最も一般的な靴として用いられた。これらの例は亜麻布製のシャツと他の衣服とともにトゥトアンクアムンの墓から見つかった。

「イミウト」 *imiut*

聖なる象徴（または「崇拝物」）。壺に挿した棒に、頭部を切り落とし詰め物をした獣皮を結びつけたもの。第1王朝期にはすでにあったことが確認されているイミウトは、ア

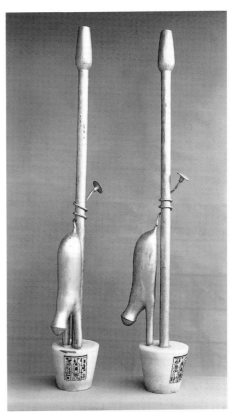

メッキが施された「イミウト」の木製模型は、アヌビス神の聖なる象徴である。トゥトアンクアムンの副葬品の1つ。その崇拝物は詰め物がなされ、頭部の無い動物の皮を表現している。

ヌビス崇拝と密接に結びつくようになった。イミウトの模型がトゥトアンクアムン王墓で発見されている。

イムセティ　Imsety
ホルスの息子たちの項を参照。

イムホテプ　Imhotep
ジョセル王の階段ピラミッドに深く関わっている第3王朝の高官。階段ピラミッド複合体から出土した王像の基壇部には、イムホテプの名前および肩書きが刻まれており、王宮における彼の特異な地位を際立たせている。彼は「王の宝庫長、王の次席にある者、王宮の長、世襲貴族、偉大なる予言者、および石工と画家の監督官」と表現されている。後の伝承は彼を階段ピラミッド複合体の設計者とみなしたが、マネトは（誤って）彼を化粧加工された石材を有する建物の考案者であるとした。現存していないけれども、イムホテプはいくつかの知恵文学作品においても知られていた。

末期王朝時代になると、イムホテプは知恵、筆記および医術の神として崇められ、プタハ神およびトト神と関連づけられた。また彼をイスにかけた書記として表わした青銅製の小像もある。サッカラにある彼の信仰の拠点（アスクレピオン）は、巡礼場所となった。癒しを求めた人々は、病人の手足や臓器の粘土模型といった奉納供物を置いていった。彼はまたデイル・エル゠メディーナにおいてもハプの息子アメンホテプとともに崇拝されたし、カルナク、デイル・エル゠バハリおよびフィラエにおいても崇拝された。ギリシア人たちは、イムホテプを自分たちの癒しの神アスクレピオスと同一視した。彼の墓はいまだ発見されていない。

イルラフーン　Illahun
ラフーンの項を参照。

イレム　Irem
イアムの項を参照。

インテフ1世　Intef I ［ホルス名セヘルタウイ：紀元前2080年頃］
王の称号を用いた第9王朝または第10王朝の支配権力に挑んだ第一中間期のテーベの指導者。彼自身が王、そして対抗する王家の首長（第11王朝）の双方を名乗った。彼のこの行動はエジプトの内戦の口火を切った。インテフ1世は、コプトスと同盟を締結し、さらに仇敵アンクティフィのアルマントの砦を攻撃することにより、上エジプトにおけるテーベの地位を確固たるものにした。テー

神格化された末期王朝時代のイムホテプの青銅製小像。奉納品として贈与された。基壇に贈与者の名前と肩書きが刻まれている。

ベ西にあるインテフ1世の「サッフ」墓は、第11王朝の王墓の建築様式を確立した。

インテフ2世　Intef II ［ホルス名ウフアンク：紀元前2062-2012年頃］

第11王朝2代目の王。彼の統治期間は50年に及び、ペピ2世以降で最長であった。インテフ2世は、ヘラクレオポリスの第9王朝および第10王朝に対する戦争を精力的に続けた。上エジプトの最南端にある7つのノモスに対する支配を獲得したので、彼は続いて重要な都市アビドスを攻撃した。その出来事は、「メリカラー王への教訓」とテーベ出土のインテフ2世の供養石碑の中に言及されている。また後者において王は、北はデルタの三角形の頂点部に当たるアフロディトポリスまで攻撃を仕掛けたことを自慢している。しかしながら、ラーとハトホルへの讃歌は、王の飼い犬の巧みな描写によって浮き彫りになった人間の弱さをほのめかしている。インテフ2世の主な記念建造物で残存するものとしては、西テーベにある彼の印象

テーベ出土の供養石碑に描かれているミルクとビールを奉納するインテフ2世。付随する文章は、広範囲に彫られたラー・アトゥムとハトホルへの讃歌である。

的な「サッフ」墓の他に、その遺跡最古の建造物の一部であるカルナク神殿出土の八角形の柱がある。

インテフ3世　Intef III ［ホルス名ナクトネブテプネフェル：紀元前2012-2010年頃］

第11王朝3代目の王。おそらく彼の父親であるインテフ2世が亡くなったときには年老いており、新しい王として2年統治しただけである。彼の即位はチェトジィという名前の高官の石碑に刻まれためずらしい碑文に記録されている。

インテフ4世　Intef IV［即位名セヘテプカラー：紀元前1700年頃］

第13王朝中盤の短命の王。

インテフ5世　Intef V［即位名セケムラー＝ウェプマアト：紀元前1600年頃］

その権威が上エジプト、特にテーベ周辺の地域に限定されている第17王朝の王。インテフ5世の棺（現在はパリのルーヴル美術館にある）は、彼の埋葬が兄弟のインテフ6世によってなされたことを記載している。王の墓の場所を指し示していると思われるインテフ5世のピラミディオンの断片が最近ドゥラ・アブ・エル＝ナガで発見された。

インテフ6世　Intef VI［即位名ヌブケペルラー：紀元前1600年頃］

彼の兄弟であるインテフ5世の跡を継いだ第17王朝の王。彼の墓と思われる日乾レンガ製のピラミッドが最近西テーベのドゥラ・アブ・エル＝ナガで発見された。そこではピラミディオンの断片が発見されている。テーベの後背をなす西方砂漠のジェベル・インテフから出土した碑文が刻まれた扉の側柱

62 インテフ7世

には、インテフ6世およびその父ソベクエムサフの名前が記されている。

インテフ7世 Intef VII [即位名セケムラー＝ヘルウヘルマアト：紀元前1600年頃]

現在はパリのルーヴル美術館にある彼の棺からのみ、その名が知られている第17王朝の短命の王。その棺は、私人用の既製品を急場しのぎで転用したものであった。彼の名はどの王名表にもないため、その治世はひじょうに短いものであったに違いない。

インヨテフ Inyotef

インテフ1世、2世、3世、4世、5世、6世、7世の項を参照。

ウァジィ Uadji

ジェトの項参照。

ヴィネット vignette

「死者の書」の項参照。

ウィルキンソン、ジョン・ガードナー Wilkinson, John Gardner

エジプト学の項参照。

ウェイナト／ジェベル・ウェイナト Uweinat ／ Gebel Uweinat

リビアとスーダンの国境にまたがったエジプト西方砂漠の遠方、南西地域にある巨大な山。その地域は、印象的な地質学上の岩層と先史時代の岩絵で有名である。

ウェニ Weni

第6王朝の高官。テティ、ペピ1世、そしてメルエンラーの治世を通じての彼の経歴の頂点は、上エジプト知事というものであっ

た。アビドスにある墓からの自伝碑文は、古王国時代後期の国内政治や対外関係の主要な史料である。それは、王家のハーレムの女性による宮廷の陰謀、南パレスティナの「砂の住人」に対する軍事遠征、そしてヌビアとの関係について言及されている。

ウェニス Wenis

ウナスの項参照。

ウェネグ Weneg [紀元前2700年頃]

短命で存在が不明瞭な第2王朝の王。

ウェプワウェト／ウプアウト Wepwawet ／ Upuaut

エジプト語で「道を開く者」を意味するジャッカルの神。第1王朝の最初から知られていた役目は、王に先立ち王のために道を開くことであった。拡大解釈されることにより、王家の征服と関連づけられた。ピラミッド・テキストでは、開口の儀式を行なうとされ、王を来世へと導き不死への道を開いていたのである。

ウェプワウェトは基本的にジャッカルとして描かれるか、ジャッカルの頭を持つ男性として描かれ、他のイヌの神セドに密接に関連づけられた。主な信仰地は、アシュート（ギリシア語でリコポリス「オオカミの町」として知られる）であるが、アビドスで葬祭の神としても信仰された。

ウェプワウェトエムサフ Wepwawetemsaf [即位名セケムラー・ネフェルカウ：紀元前17世紀後期]

第二中間期におけるもう1人の短命の王パエンチェニの石碑によく似た様式を持つ石碑（現在はロンドンの大英博物館にある）か

らのみ知られている短命の王。ウェプワウェトエムサフの権威はまたアビドス周辺地域に限定されていたのかもしれない。

ウェンアムン　Wenamun
「ウェンアムンの報告」と呼ばれる文書の主人公。その文書は第三中間期に年代づけられる1つのパピルスの複写に残っているが、もともと新王国時代末期に編纂されたものかもしれない。研究者たちは文書が完全にフィクションであるのか、歴史的事実に基づいた話であるのか議論が続いている。物語は大司祭ヘリホルによって、アムンの聖舟祠堂の改装用の木材の新たな供給を得るため、シリア海岸部へ派遣されたアムン神官ウェンアムンの旅を語ったものである。彼は道中タニスのスメンデスを訪ねる。物語の面白さの大半は、レヴァントとキプロスにおいてウェンアムンが遭遇した困難に関することで、エジプトが以前の威信や影響力の多くを喪失してしまった政治的状況を反映している。

ウエンネフェル　Wennefer
オシリスの形容辞で、「永遠に不滅」を意味し、彼の死からの再生についての言及。

ウガエフ／ウェガエフ　Ugaf／wegaf [紀元前1750年頃]
第13王朝の（おそらく最初の）王。彼の短い治世についてはほとんど知られていない。

ウクホテプ　Ukhhotep
メイルの豪華な墓に埋葬された第12王朝の何人かの州侯の名前。

「ウジャト」の眼　wedjat eye
セトとの対決の間に失われたホルスの左目であり、後に呪術的にハトホルによって復元された。あらゆる力強さ（「ウジャト」の意味）と幸福の象徴であったため、アミュレットとして人気の形であった。第一中間期と中王国時代において、棺は死者が日の出を見ることを可能にするために、しばしば頭寄りの箇所の外側に二対の「ウジャト」の眼が装飾された。ヒエログリフの筆記では、「ウジャト」の眼の要素はそれぞれ分母の異なる分数を意味するために使われた。

ダハシュール出土のエレクトラム製の飾り板（第12王朝）。太陽円盤と対の「ウジャト」の眼の保護の下、ホルスとセトによって両側から挟まれた女神バトを表わしている。

「ウシャブティ」　ushabti
「シャブティ」の項を参照。

ウセルカフ　Userkaf [紀元前2450年頃]
第5王朝最初の王。サッカラにある彼のピラミッド複合体は、階段ピラミッド複合体の北東地域に建てられた。その場所は、ウセルカフを第3王朝の創設者ジョセルと関連づけるために選ばれたのかもしれない。文書で言及されている彼の記念建造物の位置は不明だが、ウセルカフは太陽神殿の建造という第5王朝の伝統を新たに開始した。

ウディム　Udimu

デンの項参照。

ウナス／ウニス　Unas／Wenis［紀元前2350年頃］

第5王朝9番目で最後の王。階段ピラミッドの周壁のちょうど南に位置しているサッカラの彼のピラミッドは、ピラミッド・テキストの写しが刻まれた最初のものである。河岸神殿へと続く参道のレリーフは、アスワンから運ばれてきた神殿のための花崗岩の柱の場面を含んでいる。そこにはまた、有名な飢饉の犠牲者のレリーフや船でエジプトにたどりついたレヴァントからの交易者を描いたレリーフがある。

ウプアウト　Upuaut

ウェプワウェトの項参照。

ウマ　horse

第二中間期の戦争における戦車の使用とともに、ウマはレヴァントからエジプトに導入

第18王朝の石灰岩製のウマの頭部をともなう彫刻家のための習作。もともとアマルナで製作されたものであるが、ヘルモポリスで発見された。このような断片は、原本として使用され、参照目的で彫刻家の工房に備えられたのであろう。

されたと一般的に理解されている。カモセの石碑に言及されるのを最初の例として、ウマはエジプト美術の中で第18王朝初頭から描かれている。ウマは戦闘、狩猟遠征、儀礼の行列の際に戦車を引くために使用されたが、末期王朝時代までにほとんど使われなくなった。エジプトでの最初の登場時点から、ウマは王の地位の象徴であった。またアマルナ文書には、ウマが支配者間の贈り物として交換されたことが書かれている。エル=クッルとヌリにある第25王朝の王たちの墓には、手の込んだウマの埋葬がなされている。

海の民　Sea Peoples

レヴァント地方のいたるところで広範囲におよぶ紛争と破壊をもたらし、紀元前13世紀と紀元前12世紀に東地中海沿岸に移住を試みた多様な移民集団につけられた名称。エジプトと近東の記録は、海の民内の様々な構成集団の名前を記している。すでに知られている歴史的場所、または人々、例えばエクウェシュとアカイア、ルッカとリキュア、シェルデンとサルディニア、シェケレシュとシチリアと彼らを結びつけようという試みが行なわれているが、海の民を構成する集団とのつながりは推測の域をでていない。少なくとも海の民の一部は、エーゲ海と小アジアからやって来たことは明らかであるが、その一方で彼らの正確な出身地の起源は曖昧で、敵集団としての彼らの突然の出現の裏にある理由もまた曖昧なままである。優秀な航海術とともに明らかに発展した文化を持っていた彼らは、3度にわたり来襲して来たようだ。最初は様々な集団が沿岸部の入植地への散発的な襲撃をはじめた。ルッカはアマルナ文書において言及されており、シェルデンはラメセス2世の治世初期にデルタを攻撃した。シェ

ルデンからの捕虜は、エジプト軍へと組み込まれ、カデシュの戦いに参加した。

　さらなる攻撃からエジプトを守るために、ラメセス2世はデルタの海岸沿い、例えばザウィエト・ウンム・エル゠ラカムに一連の要塞を建てた。しかしながら、彼の後継者メルエンプタハの治世初期に、海の民はリビア人と同盟を結び、再びエジプトに侵入しようと試みた。彼らに対する勝利はイスラエル碑上で称賛された。最後の、そして最大の勝利となる軍事交戦は、ラメセス3世の治世8年に生じた（紀元前1180年頃）。ヒッタイトとレヴァント地域にあった様々な沿岸の国を破壊した後、ペレセト（ペリシテ人）など同盟関係にあった人々は、二手からエジプトを攻撃した。牛車によって移動する一族を含む北シナイ経由での陸路中心の侵入とデルタ沿岸の海戦とである。両方とも打ち負かされ、エジプトの勝利はメディネト・ハブにあるラメセス3世葬祭神殿の外壁レリーフにてたたえられた。

海の民の侵略がエジプト軍によって退けられた後、捕らえられた海の民を表わしているメディネト・ハブにあるラメセス3世葬祭神殿のレリーフ。

ウラエウス　uraeus

　ウラエウスは、王や王妃たち、または特定の神々によって、呪術的な保護を得るために額に取りつけられたコブラ（エジプト語の「イアレト」に由来）の図像。それを身に着けた者の敵に火を吹くと信じられていた。王位の象徴として最初に確認されたのは、デン（第1王朝）の治世である。古王国時代から以降、有翼円盤にはたいてい太陽の目を側面に持つ一対のウラエウスが表現されている。ウラエウスはまた、毒牙を持つコブラとして描かれた女神ワジェトときわめて類似していた。

ラフーンのセンウセレト2世のピラミッド複合体で発見された金、ラピスラズリ、カーネリアン、そしてアマゾナイトで装飾されたウラエウス。

閏日　epagomenal

　古代エジプトの常用暦において毎年の終わり5日間を指す用語。1年を合計365日にするために30日間の月12個につけ加えられる。

ウンム・エル゠カアブ　Umm el-Qaab

　ティスの先王朝時代の支配者たちとその後継者である第1王朝の王たちや第2王朝の最後の2人の王が王墓の複合体を建造したアビドスのネクロポリス地域。それは、後の時代に冥界への入り口と同一視された人目を

アビドスのウンム・エル゠カアブ（「壺の母」）として知られるその地域は、エジプトの初期の王たちに埋葬地として選ばれた。地面は後の時代の信仰者たちによって残された土器片で覆われている。

引く崖の裂け目と直線上で並ぶことから、王家の埋葬地として選ばれたのかもしれない。その地域に対するアラビア語名は「壺の母」を意味し、オシリスの墓（実際にはジェルの墓）と考えられていたその地を訪れる巡礼者によって、奉納品として残された表層に散乱した大量の陶器破片に由来する。

Aグループ　A-Group

ヌビアの項を参照。

エジプシャン・ブルー　Egyptian blue

明らかに異なった形態ではあるが、ファイアンスやガラスと同類の原材料。フリットと呼ばれることもあるエジプシャン・ブルーは、石英、アルカリ、石灰、および1種類ないし複数の着色料（特に銅化合物）からなる。これらの材料が混ぜ合わされ、結晶塊全体が均一な色になって溶解するまで加熱された（中心部分と表層の色が異なるファイアンスとは別物である）。エジプシャン・ブルーは、手で扱うことができた。すなわち小像や小物を作るために型に押し込むこともできたのである。またすりつぶして顔料を作るのにも用いられた。最古の使用例は第4王朝で確認されているが、普及したのはプトレマイオス朝

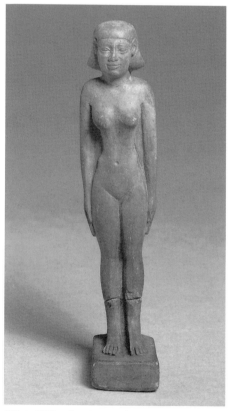

鋳造と手彫りの組み合わせを使用したフリットとしても知られているガラス質の原材料であるエジプシャン・ブルー製の初期プトレマイオス朝時代の裸の女性小像。

時代とローマ時代になってからであり、当時はカエルレウム（青色）として知られていた。

エジプト学　Egyptology

古代エジプトの言語、文学および文化についての研究。古代エジプト人たちは、自分たちの歴史を知っており、古い時代から残る記念建造物に興味を抱いた。トトモセ4世は、ギザにある夢の石碑の中で、彼がどのように大スフィンクスの周りから砂を除去したのかを詳細に述べているし、第19王朝のカーエムワセトは、メンフィスのネクロポリスにある古王国時代の記念物が建ち並ぶ中で一連の修復と発掘事業を行なった。エジプト文化についての最初の詳しい報告は、ヘロドトスによって記述されたが、それはファラオの文明に感化された古典古代世界の陶酔状態を反映している。

16世紀から18世紀にかけて多くのヨーロッパからの旅行者がエジプトについての報告と記念品を持ち帰ったが、近代における研究分野としてのエジプト学は、1798年のナポレオンによるエジプトへの調査団とともにはじまった。調査団の科学者および建築家たちは、現存する記念建造物を詳細に研究した。その成果——最初の広範囲にわたる正確な地図および図面一式——は、1809年から1822年にかけて全24巻に及ぶ膨大な研究、『エジプト誌』として出版された。

この素晴らしい事業は、研究者や好事家といった観客たちに古代エジプトの神秘の扉を開き、エジプト学の歴史の中で最も重要な1つの突破口、すなわちヒエログリフの解読のための道を開いた。ロゼッタ・ストーンの発

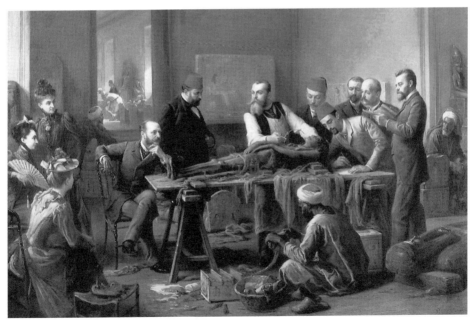

エジプト学黎明期の歴史は、様々な要人たちの前でミイラの解体を描いているポール・フィリッポトーの絵に記録されている。ミイラの頭部に身を乗り出している男性は、19世紀の著名なフランス人エジプト学者ジョルジュ・ダレッシーである。

見とその後の分析——例えばトーマス・ヤング（1773-1829年）による研究——を手がかりに、1822年にジャン＝フランソワ・シャンポリオン（1790-1832年）はヒエログリフの解読に成功した。

ナポレオンの調査団に続く、19世紀の最初の25年間は、考古学というよりもむしろ宝探しの時代であった。領事代理や冒険家たちは、ロンドン、パリ、ベルリンおよびトリノの大規模な博物館所蔵品用に遺物と記念建造物を持ち帰るためにヨーロッパの政府機関に雇われた。そのような収集家の先駆けは、英国総領事のヘンリー・ソルトのために働き、大英博物館に最大級の記念建造物を数多く持ち帰ったジョバンニ・ベルツォーニ（1778-1823年）であった。しかしながら、科学的手法を切り拓いたのは、ジョン・ガードナー・ウィルキンソン（1797-1875年）のような独立した研究者たちであった。1821年から1833年にかけてエジプトに滞在したウィルキンソンは、12年にわたって記念建造物の研究および碑文の忠実な複写を行なった。もう1つの大きな貢献は、カール・リヒャルト・レプシウス（1810-1884年）によってなされ、彼は1842年から1845年にかけて野心的で十分な装備が整えられたプロイセンの探検隊をエジプトとスーダンへと率いた。最終的に12巻本として出版された『エジプトとエチオピアの記念建造物』（1849-1859年）は、おそらく依然としてエジプト学史上最も大規模な業績とみなされている。

急速に増加する発掘とともに、遺跡が略奪、または破壊されるのを防ぐため、遺跡の管理と発掘規制を緊急に行なわなければならなかった。そこで1858年、エジプト総督はオーギュスト・マリエット（1821-1881年）をエジプトの遺跡の初代保存管理者に任命した。エジプト考古局を創設したマリエットは、より秩序のある研究と遺跡保存のための枠組みを創り出し、さらにカイロにエジプト考古学博物館を設立した。マリエットの仕事は、後継者であるガストン・マスペロ（1846-1916年）へと引き継がれた。マスペロは、考古学者たちに正式な研究報告書を作成すべきだと主張した。そしてヨーロッパの大学におけるエジプト学の最初の学術的ポスト設置に伴い、エジプト学は社会的地位を勝ち取った。

19世紀終盤は、科学の一分野としての考古学の誕生とエジプトにおける大いなる発掘の時代のはじまりであった。エジプト考古学の創始者はフリンダース・ピートリ（1853-1942年）である。彼はさらに極細部の価値と潜在的な重要性に気づいた最初の考古学者であり、彼の発掘報告書は考古学の出版物の新たな基準となった。彼はまたエジプトのほとんどの主要な遺跡で次世代の研究者たちのための地ならしをした。考古学の発展は、エジプトを本拠とする、発掘調査の調整のための国家的な研究機関の設立をもたらした。20世紀初期には、ドイツ、オランダ、フランスおよびアメリカの研究機関が創設された。各国機関による研究は現在も続いている。

ハワード・カーター（1874-1939年）とカーナーヴォン卿（1866-1923年）による1922年のトゥトアンクアムンの墓の発見は、国際的な脚光を浴び、以降、衰えることのないエジプト学への大衆の関心の波を生み出した。1960年代のアスワン・ハイダムの建設とその結果としてもたらされるヌビアにおける遺跡群への危険性は、救済考古学の大々的かつ国際的なキャンペーンの口火を切った。発掘状況を説明するために今やごく当たり前に用いられるようになった多くの専門

的技術と訓練を必要とする新しい科学的専門分野が初めてエジプト学にもたらされた。21世紀初頭において、エジプト学はおそらくその歴史上のどの時代よりも人気のあるものとなっている。

エジプト・マングース　ichneumon

害虫やヘビを捕食するのに長けていたため、古代エジプト人たちに重宝された「ファラオのネズミ」として知られるマングースの一種。葦の生えた湿地に生息し、しばしば鳥の卵を盗む場面が墓に描かれた。エジプト・マングースは、中王国時代に聖なる動物となった。ラメセス朝期になると、ヘビを殺す能力がアポフィスに対するラーの戦いと象徴的に関連したことから、冥界の精霊たちと結びついた。エジプト・マングースの青銅製像の多くは、末期王朝時代およびプトレマイオス朝時代からのものである。それらのいくつかは太陽円盤を身につけている。

視できる建造物の最古の部分、すなわち列柱室の西壁はプトレマイオス朝時代のものであり、同建造物の他の部分はローマ時代のものである。柱に刻まれた文字は、神殿で執り行なわれた様々な祭祀を描き、またクヌム神への讃歌も記録している。

神殿の大部分は、いまだ現代の町の下に横たわっている。小規模な発掘により、かつて神殿と河岸の波止場をむすんでいた行列のための道が明らかになった。それに関する碑文は、ローマ皇帝マルクス・アウレリウスの名前を挙げている。イウニト、もしくはタ＝セネトとして古代エジプト人に知られていたエスナは、ナイル・パーチ（学名ラテス・ニロティクス）に敬意を表したギリシア人によりラトポリスと改名された。というのも、同地にはナイル・パーチの神聖なネクロポリスがあったからである。このほか、旧石器時代の遺跡も見つかっている。エスナの石器技術に関する主要な痕跡である石製道具からは、狩猟や採集のみならず、作物の栽培も基礎にし

テーベ出土の末期王朝時代のエジプト・マングース像。「ファラオのネズミ」として知られるこの動物は、害虫やヘビを殺す性格のために古代エジプト人たちに重宝された。

エスナ　Esna

上エジプト南部のナイル河西岸に位置し、クヌム、ネイト、ヘカ（魔術の神）の三柱神のために捧げられた神殿が最も有名である。エスナの神殿はトトモセ3世の治世から文書の中で言及されている。しかしながら、目

エスナ神殿入り口にある精巧に装飾された柱頭のある柱。クヌム神に捧げられたその神殿は1世紀と2世紀のローマ時代の間に建造された。

た自給自足の混合様式であったことがわかる。

X グループ　X-Group
ヌビアの項参照。

エドフ　Edfu
エジプトの全時代の遺構が残っている上エジプト南方のナイル河西岸に位置する遺跡。初期王朝時代の墓は初期の町の存在を示している。エドフはヒエラコンポリスに代わって地域の最重要拠点となり、古王国時代にますます重要な町になった。古王国時代の町の周壁は、現在も相当の高さを保っている。主要なネクロポリスは第6王朝以前からのマスタバ墓を含んでいる。

今日、エドフにおいて最も目立つ建造物は、建造するのに180年（紀元前237-57年）かかったとされるエジプトで最も完全なままのかたちで残っているプトレマイオス朝時代のホルス神殿であり、ホルス神殿より前の時代に建てられたラメセス朝期の神殿は、プトレマイオス朝時代の建造物が南方を向いているのにもかかわらず、通常通りナイル河に向かう方向を示している。明暗が巧みに使われ、神殿内に神秘的な雰囲気を加えている。聖域の中の花崗岩製のナオスにはかつて地方のハヤブサ神の形をしたベフデトのホルスの神像が安置されていた。3体のホルスの巨大像が入り口の外側および列柱室に続く扉のそばに立っている。主神殿と外周壁を隔てている通路の壁は、広範囲にわたって文書で覆われている。ホルスとセトの争いのような重要な宗教的な神話を含んでいることはもちろん、碑文はまた毎年神殿において祝われていた数多くの儀式や祭祀についても記している。こうしたもののいくつかは、エドフとデンデラのハトホル神殿とを結びつけるものであった。主要建造物の近くには、荒れ果てた「マンミシ」がある。その向こうでは、発掘によりローマ時代やビザンツ時代の町の一部が露わになり、風呂や家なども発見された。

エドフにあるホルス神殿の列柱式中庭と入り口。エジプトで最も保存状態がよいこの神殿は、プトレマイオス8世から12世の治世の間に建造された。

エルカブ　Elkab

　上エジプト南部のナイル河東岸に位置する遺跡で、第二中間期および新王国時代の装飾された岩窟墓(がんくつぼ)やその壮大な末期王朝時代の町の周壁でよく知られている。イギリスやベルギーの考古学者たちによる発掘により先史時代初期からキリスト教時代までの人々の活動が明らかになっており、居住区、共同墓地、および神殿の遺跡などが見つかっている。またこの遺跡は、その近辺において野営地であると最初に確認された後期旧石器時代(「エルカビアン」)のフリント製品加工場の名称の由来となった。

　ネケブとして古代エジプト人に知られていたエルカブは、ナイル河谷(こく)から東方砂漠に至る重要なルートだったワディ・ヘルラルの河口(かこう)という立地から恩恵を受けていた。そのワディの岩の露出部分は、先史時代のペトログリフや後の時代の碑文で覆われ、後者は主に地方の神殿に仕えていた神官により刻まれた。またワディにはこの地方のハゲワシの女神ネケベトと「谷の入り口の貴婦人」であるハトホル女神のために捧げられたアメンホテプ3世の小神殿、クシュ総督セタウによってラメセス2世治世に建造された石の礼拝堂、さらにライオン女神のためのプトレマイオス朝時代の神殿もある。

　ネケベトは第1王朝以来、上エジプト全土の象徴的(もしくは「守護神」)女神として崇められていた。このことは、おそらくエルカブの政治的な重要性よりもむしろ、地理的な背景——上エジプトの地勢の典型である細長い耕作地とともに——を反映していた。とはいえ、大規模な先王朝時代の共同墓地とカーセケムウイの名が刻まれた花崗岩製石材(かこうがん)の発見は、エルカブが早い時代から中心地として栄えていたことを示唆している。最初の町は周壁に囲まれており、当時の壁の一部がいまも残っている。しかしながら、河による局地的な浸食や増大する人口のため居住区はさらに大きくなり、第30王朝には巨大で長方形の日乾(ひぼし)レンガによって囲まれるようになった。プトレマイオス朝時代およびローマ時代のオストラカや他の遺物は、その当時の経

供物台の前に座る墓主とその妻を描いたエルカブにある第18王朝のアハモセの墓出土のレリーフ。

72 エレクトラム

済や生活様式に対する有益な見解を提供している。例えばエルカブは当時、エイレイテュアスポリスと呼ばれ、ネクベトはギリシアの出産の女神エイレイテュイアと同一視されていた。

エルカブは第18王朝に大きく発展した。町の中心にあるネクベトの主神殿は、砂岩で再建された。トト神やソベク神に捧げられた小神殿が隣接して建てられ、加えて町の周壁の外にも神殿が建造された。町の後背にある岸壁には、アバナの息子アハモセやパヘリなど第17王朝および第18王朝の地方役人のために建てられた岩窟墓がある。ラメセス朝期にはさらに墓が建てられた。エルカブで最も新しい遺跡はコプト教の修道院の壁である。

エレクトラム electrum

東方砂漠やヌビアの山から得られた金と銀の合金で、自然にできたもの。エレクトラムを表わす古代エジプト語は「ジャム」であるが、以前は「純金」と訳されていた。エレクトラムは、おそらくその特別な輝きのため、王朝時代においては金よりも高価であったようだ。

エレファンティネ Elephantine

ナイル河に浮かぶ島で、第1急湍の入り口に位置し、現代の都市アスワンの近くに存在する。その場所に対する古代エジプト語（アブゥ）とギリシア語の名称は、象牙交易でのその町の役割を反映していた。1970年代からのドイツの発掘調査により、エレファンティネの歴史は明らかになった。それによれば、もともと2つの島であったのが、初期王朝時代の終わりに結合したとみられる。

先王朝時代以来、この地方の人々は、自然にできた花崗岩の丸石を備えた小さな祠堂に礼拝していた。ここで発見された多数の奉納品は、一風変わったハリネズミの飾り板を含んでおり、それは特殊な宗教的慣習を指し示しているかもしれない。その祠堂は古王国時代には、明らかにクヌム神やアヌケト神とともに、この地方の三柱神をなす女神サテトに捧げられていた。その祠堂は、継続的な再建や拡張を経て、第11王朝には最初の石造りの神殿が建造された。島の他の場所にあるクヌム神のための巨大な神殿は国家宗教の中心地となり、他方、この地方で神格化された英雄ヘカイブのための聖域は、第一中間期や中王国時代を通して民衆の崇拝を惹きつけた。ナイロメーターは、毎年のナイル河の氾濫の高さを測り、記録するために造られ、エジプトの神話によると、エレファンティネの地下に存在する洞窟に起源を持つとされた。

島の東側にある最も古い居住区は、先王朝時代に年代づけられており、時とともに徐々に拡大した。同地からは様々な時代の遺物が発見された。第1王朝初期における新しいエジプト国家としての最初の事業の1つは、主要な運輸の水路を監視するために、要塞をエレファンティネに建造することだった。このことは、エジプト南部の国境を守るための管理上および関税上の要衝としてのエレファンティネの重要性を反映しており、王朝時代を通してその役割は保たれた。第3王朝の終わりには、おそらくフニのためと考えられている花崗岩製の小さなピラミッドが関連する政府の建造物とともに建てられた。エレファンティネは、上エジプト第1ノモスの州都としての役割を果たし、それはヌビアへの交易や軍事遠征のための実質的な出発地点であった。末期王朝時代には、ユダヤ人傭兵の重要な共同体にとっての本拠地であった。

オアシス oasis

植物が恒常的に繁殖できるほど地下水面が地表近くにある砂漠によって囲まれた低地の肥沃な地域。エジプトの西方砂漠は、ナイル河谷と並行して広がるいくつものオアシスがある。これらのオアシスは、エジプトの先史時代と歴史時代を通じて開発された。主要なオアシスには、(北から南に向かって)シーワ、バハレイヤ、ファラフラ、ダクラ、カルガがある。

王位の象徴 royal regalia

歴史上の他の君主たちと同様に、古代エジプトでは、様々な象徴物は王と強い関連性を持ち、公の場において王権を表示し宣言するための図像として使用された。現存している遺物自体はひじょうに少ないが、その描写はエジプト美術にあふれている。あらゆる象徴性を身に帯びた王を描いた初期の儀礼用遺物としては、サソリ王の棍棒頭とナルメル王のパレットがある。王の装具のうち主要なものは、様々な種類の冠と被り物で、それぞれの装具は特定の意味を持っていた。先王朝時代初期から、最大の権力の象徴は杖または棒であった。役人の目印として、これはすでにエル＝オマリにある先史時代の墓において確認されている。杖は長くまっすぐな棒を持つ男のヒエログリフが「役人」という言葉を書くために使われたことから、地位と密接に結びつくものであった。王家との関連において、簡素な杖は多くの異なる笏、特に「ケレプ」笏(「支配」を意味する)と不思議な形をしたワス笏へと発展した。後者は他の2つの典型的な王権の象徴である牧杖と殻竿(または突き棒)と同様に、畜産業の習慣に由来するように思われる。両者は先王朝時代に確認されており、それぞれ王による人民の抑制と彼らを勇気づけるという王の役割を象徴している。王のキルトのベルトから吊り下げられて身に着けられた雄牛の尾は、同様にウシの遊牧の時期に遡り、王は野生のウシの強さ、活気、そして多産と強く結びついた。先王朝時代後期からサンダル持ちに任せていた王のサンダルは、君主の優越性とエジプトの敵からの必然的勝利を象徴している。それゆえ、カーセケムの勝利の石碑において、王は形容辞「外国に対して効果的なサンダル」と言及されている。類似した、しかしより明らかな軍国主義のメッセージは、最後の王の象徴、洋梨形をした棍棒頭によって伝えられた。敗北した捕虜を討つために掲げた腕に棍棒を持った王のイメージは、王権の最も力強く雄弁な1つの表現方法として、先王朝時代初期

トゥトアンクアムンの黄金製の内棺は、完全に揃った王位の象徴を持つ王を示す。牧杖と殻竿、ハゲワシと聖蛇ウラエウスで飾られたネメス頭巾、そして神聖なあごひげ。

74 王宮

からローマ時代の終わりまでの約 4000 年の期間使用された。

王宮 palace

先王朝時代後期から、王宮とその居住者である王の間には密接な象徴的な結びつきがあった。王の第 1 の名前を取り囲むセレクすなわち長方形の枠は、王宮ファサードを表現したものである。この独特の建築様式は、強大な王を含意する。第 18 王朝には、王宮を意味する言葉（ペル＝アア「大いなる家」）が王のペルソナに用いられるようになったが、これがファラオの語源である。

王宮は日乾レンガでつくられたが、あまり残存しておらず、王家の建物の元来の目的を特定するのは必ずしも容易ではない。主要な居住地としては、ヒエラコンポリスにある初期の王宮入り口の区域、アヴァリスの遺構、そして同様にアマルナの河岸にある北の王宮が挙げられる。儀式的な目的——セド祭、王の接見、または他国の高位の人との謁見など——で使用された建物には、アマルナにあるマルカタを含む、大王宮と王の邸宅、カンティールにあるセティ 1 世の王宮などがある。一時的な王家の滞在地——狩りの遠征、神殿への訪問時、または軍事遠征に使用——は、テーベ南部のコム・エル＝アブド、メディネト・ハブ、デイル・エル＝バラスおよびヌビアにて発見されている。王宮は、自然と王権理念に関するモチーフを混合したものが壁、天井および床に鮮明に装飾されていた。新王国時代には、多くの王宮に臨御の窓が組み込まれた。

王宮ファサード palace–façade

壁龕と控え壁が交互に並び、パネル状の外観をしている建築上の装飾様式。初期の王宮ファサード（ヒエラコンポリスの初期の王宮入り口の発掘により確認されている）を手本にした様式は、王権と堅く象徴的に結びついていた。セレクは王宮ファサード部分を表わしている。同様の建築上の様式は、初期王朝時代の身分の高い人々のマスタバ墓の外壁や、後の時代の王家の棺および石棺の外側の装飾にも使われた。

王家の谷 Valley of the Kings

新王国時代の間、エジプト王たちのために主たる埋葬地として用意されたデイル・エル＝バハリの背後の丘にあるテーベのネクロポリス。その場所は地理的に、象徴的に、そして安全性のために選択されたようである。その地元産の岩は高品質で、頑丈で、掘るのに適している。主谷にはおそらく宗教的なニュアンスを連想させるピラミッド型の頂きが聳え立っていた。またその地域は比較的孤立しており、墓への略奪や冒瀆に対してある程度の防御を備えていたため守りやすかった。実際にネクロポリスは、2 つにつながる涸れ谷からなる。つまり、王墓のほとんどがある主谷と遠くはなれたアメンホテプ 3 世とアイの墓がある西谷とである。墓は前に KV（King's Valley）あるいは WV（Western Valley）の文字を伴い 1 から 62 番まで番号がふられた。考古学者たちはまた 20 もの未完成の土坑と竪坑を発見している。

最古の墓（おそらく KV20）は、トトモセ 1 世のために用意されたが、デイル・エル＝メディーナからの通路に近い谷床の上に位置するもう 1 つの墓（KV39）をアメンホテプ 1 世の墓と考えている研究者もいる。一連の墓の最後（KV4）は、ラメセス 11 世のために用意された。ほぼ間違いなく、王家の谷における最良の墓は、精巧に造られた天文

図の描かれた天井を持つセティ1世のもの（KV17）であり、それは一連の小部屋と山の斜面の中へと深く切り込まれた下降通路を伴う新王国時代の王墓の典型的な特徴を備えている。見事な副葬品を伴いほとんど無傷で発見されたトゥトアンクアムンの墓は、たとえそれが最小規模の墓であったとしても、そしておそらく王の埋葬を保管する意図がまったくなかったのだとしても、まちがいなく王家の谷で最もよく知られたものである。谷の入り口近くに位置するラメセス2世の息子たちの墓（KV5）は、王家の谷の中のみならず、エジプト全土においても最大で、しかも最も精巧に造られたものである。そこにはアマルナ時代の終わりに年代づけられる未発見の王墓の可能性が残っている。

王家の谷において造墓の特権を認められた数少ない非王族出身の個人の中には、アメンホテプ3世の義理の親であったイウヤとチュウヤ、そして第19王朝の大臣であったバアイがいた。第21王朝において王たちのミイラは、さらなる冒瀆から保護する目的で、本来の埋葬室から2つの秘密の隠し場へと移された。1つ目のグループはアメンホテプ2世の墓に、そして2つ目のグループはデイル・エル＝バハリ近郊の大司祭ピネジェム2世の墓に再埋葬された。王家の谷は、エジプト最高の魅力の1つであり、かつてその場所に存在したに違いない財宝の気配を漂わせつつ、王の埋葬における壮麗なる墓の装飾をいまだ残している。

王権　kingship

王にまつわる概念は、おそらく古代エジプト文明において最重要事項であり、広範囲に影響を及ぼした。君主制は国家宗教の中心にあり、王の多種多様な役割は、エジプト美術

王家の谷の鳥瞰図は、大観光地となる以前のその地域が古代においてどのように見えていたかというイメージを与えてくれる。

において特に著しかったが、その一方で王の特別な社会的地位での祭事のために、ピラミッドや王家の谷の墓などの壮大な建造物群が造られた。支配者理念は先王朝時代にまでさかのぼることができ、それは王の称号に最もよく表わされている。それらは、ホルスとセトであれ、エジプトの国土の地理的な二分性であれ、あるいは古代エジプトの世界観において、その他数多く見られる独特の二元性の現われであれ、相反する力の調和および和解における王の象徴的役割を強調していた。王の第一の義務は、マアトの価値を維持し続け、神々および女神たちの信仰を保ち、そしてエジプトの敵を排除し続けることによって、国

土および創造された秩序の継続性を守ることであった。

王権理念の中心に横たわる難問は、王の免れることのできない死の運命と神に準じる地位とを調整する必要があったことである。ひじょうに早い段階から、王は明らかに神々と結びついていた。最古の王の称号であるホルス名は、王が聖なる神の地上における生まれ変わりであることを明確に示していた。しかし、第4王朝に導入された「ラーの息子」という称号は、最高神との関係において、明らかに王を従属的なものとみなしていた。王は生まれながらにして神々との会話の手段を持つ、実質的に人間と神々との間の仲介者的地位にあった。この概念のさらなる延長線上において、王権の要職の神性（変わることなく次王に受け継がれた王の「カー」によって）と個人の死すべき運命との間で線引きがなされたのである。この違いは、「王」のための2つの単語であるネスウト・ビィティに反映されているのかもしれない。

エジプト王は絶対君主であった。つまり国と政府の長であり、最高裁判官であり、軍の最高指揮官であり、そしてすべての信仰の大司祭でもあった。王自身が神の面前において必要不可欠な儀式を遂行する場面を表わすことによって、その理論を支持した神殿装飾にもかかわらず、実際には最後に挙げた大司祭に王を指名する権限が委託された。王権の要職は、通常父親から息子へと引き継がれた。しかしながら、理念的には、王位の継承は何よりも後継者の義務の実行、特に先王の葬儀および必要な儀式すべてを取り仕切ることによって決まった。このことは、新たな王はそれぞれオシリスと同一視された先王のために、ホルスとして振る舞うという考え方と一致している。それゆえにトゥトアンクアムン

の墓において、彼の後継者であるアイ——後継者に指名されてはいなかった——は、開口の儀式を行なっているところが描かれたのである。聖なる誕生の神話もまたハトシェプストによってなされたように、支配者の正統性を強化するために活用された。宮廷内の不測の事態、暗殺、政治的混乱期および君主制への反抗にもかかわらず、公的記録は、王権が神々の時代から連綿と続いてきたという考え方を推し進めた。驚くべきことに、その制度は3000年以上もの間、唯一許容されうる支配形態であり、エジプト文明を定義づける様相であった。

雄牛 bull

北アフリカや東地中海の多くの文化に共通するが、古代エジプト人も力や精力、豊穣を表わす象徴として雄牛を崇拝した。古代エジプト初期の宗教や観念における雄牛の重要性は、先史時代のウシの群れを連れて移動する生活からの名残であり、つまるところファラオの文明はそこから発展したのかもしれない。古代エジプト史の初期の段階から、雄牛は王権と密接な関係があった。ナルメル王のパレットにおいて、ナルメル王は、雄牛として描かれ、敵の要塞の壁を破壊し、異国人を足で踏みつけている。雄牛の尾は先王朝時代後期から古代エジプト文明の終焉期にかけて、重要な王位の象徴とされた。王はしばしば「強き雄牛」という異名を採った一方で、王宮の主要構成員たちのために造られたサッカラにある第1王朝のマスタバ墓の主要な正門には、粘土で造られた雄牛の頭が1列に並べられ装飾された。聖牛信仰は、ブト、メンフィス（聖牛アピス）、ヘリオポリス（ムネヴィスの聖牛）、アルマント（ブキスの聖牛）を中心として、エジプトにおいて人気となり

ピラミッドや巨大神殿とは異なる、古代エジプトの姿

The Complete Cities of Ancient Egypt

[ビジュアル版]

古代エジプト都市百科

王と神と民衆の生活

スティーヴン・スネイプ[著] 大城道則[監訳]

8月刊

【本書の特色】

❖ 砂に埋もれた古代エジプトの都市に迫る
❖〈集落考古学〉の研究成果や壁画・文書が明らかにする古代エジプト人の日常生活
❖ 250点におよぶ写真と地図を掲載

エジプトの歴史が始まった最古の都市ヒエラコンポリスから、ギリシア・ローマ世界の大都市アレクサンドリアまで。ナイル河をたどり、古代エジプトにおける都市生活を復元

ナイル河の洪水・水の確保・食料生産、スポーツ・余暇の活動・学校・労働・政治、死をとりまく儀礼・宗教……古代エジプトの日常生活へと読者を導く

● 内容目次
序 章 ✦ 古代エジプトの都市生活
第一章 ✦ 都市の興隆
都市とは何か?：エジプトにおける都市主義の起源：都市の所在地：都市の建設：町や都市を表すエジプト語：推定人口
第二章 ✦ 王とふとし神々のそのなかの都市

● 「監訳者あとがき」より

「いつの日か砂に埋もれた、あるいは現代都市の底に今も横たわる巨大な都市を白日の下にさらしてみたい。古代エジプト文明の実態とは、ナイル河という巨大な幹線を軸として、幾つもの都市が複雑にリンクした『都市文明複合体』であったのである。」

郵便はがき

1618780

料金受取人払郵便

落合局承認

4101

差出有効期間
平成29年3月
31日まで

切手を貼ら
ずにお出し
下さい

〔受取人〕
東京都新宿区
上落合
一—二九—七
ムサシヤビル5F

柊風舎
営業部 行

通　信　欄

図説 古代エジプト文明辞典 愛読者カード

上記図書をご購入いただきありがとうございます。今後の企画の参考にさせ
ていただくため、アンケートへのご協力をお願いいたします。

この本をなにで知りましたか

　1．書店で本を見て　2．他の本にはさまれたチラシ　3．小社からのDM
　4．人に聞いて　5．新聞雑誌の書評（紙・誌名　　　　　　　　　）
　6．広告を見て（紙・誌名　　　　　　　　）

購入された動機は

　1．テーマに関心がある　2．内容が面白そう　3．タイトル　4．装幀
　5．その他

購入された書店名　　　　　　　　市区　　　　　　　　書店
　　　　　　　　　　　　　　　　町村

■この本のご感想、あなたが興味をお持ちのテーマなど、ご自由にご記入ください。

フリガナ　　　　　　　　　　　　　　　　　　西暦
お名前　　　　　　　　　　　　　男　女（　　　年生）

ご住所　〒

電話番号　　　　　　　　メールアドレス

職業

※今後、あなたの個人情報を使って、柊風舎からのご案内などの送付に利用
することを、ご承諾いただけない方は、右の□に×印をご記入下さい。□

柊風舎 出版案内
しゅう ふう しゃ

東京都新宿区上落合1-29-7 ムサシヤビル5F
TEL 03(5337)3299 FAX 03(5337)3290
http://www.shufusha.co.jp/

Science Year by Year

【ビジュアル版】
世界科学史大年表

石器・火・鉄の使用、ペニシリンの発見、宇宙探査の始まり、インターネットの登場……世界を変えた発明・発見を年表とビジュアルで辿る壮大な旅！

本書の特色

・科学の歴史を年ごとに追い、大発見や大発明にいたる思想的な道筋および人物の相関関係を描き出す。

・詳細なイラスト、グラフをフルカラーで多数掲載。

・道具・機器のコレクションから、車輪やエンジン、ロボット工学などの発達史を紹介する特集ページも収録。

・人類の未来を見すえるのに最適な一冊。

・約6000項目の索引を完備。検索に便利。

ロバート・ウィンストン＝編
荒俣宏＝日本語版監修
藤井留美＝訳

B4変型判／上製／400ページ／フルカラー
定価：本体19,000円＋税
ISBN978-4-86498-025-8
〈呈内容見本〉

The Oxford Dictionary of Word Histories

オックスフォード
英単語由来大辞典

深く楽しく英語を学ぶ とっておきの辞典

英単語の由来についての興味深い話に触れながら、単語の歴史的由来や、元の意味・背景を知ることができる。難解に見える多くの単語の意味も理解でき、英語学習の質が高まる辞典。

本書の特色

・12,000語以上の英単語の"ライフヒストリー"

・「古英語」「中英語」「後期中英語」「16世紀後半」等、英単語の初出年代を示す

・ギリシア語、ラテン語、ゲルマン語、古フランス語、プロヴァンス語、アングロノルマンフランス語、英国中世ラテン語、スコットランド語、中オランダ語、中低地ドイツ語、スカンジナビア語、古ノルド語、インド=ヨーロッパ語……にまで言及

・シェイクスピアから現代作家まで、用例も収録

・英語学習の世界が広がる

グリニス・チャントレル=編
澤田治美=監訳

A5判／上製／1044ページ／ケース入り
定価：本体18,000円＋税
ISBN978-4-86498-000-5
〈呈内容見本〉

The Brain Book

【ビジュアル版】
脳と心と身体の図鑑

脳をスキャンし精査するように
脳の内部構造を明らかにする

神経細胞のしくみ、人間が無意識におこなっている運動の制御、睡眠の意義、アルコールや薬物が脳の機能に及ぼす影響、記憶を蓄え呼びさます脳の能力……さまざまな側面をもつ脳を理解するうえで必要な知識を、段階を踏んで提供する。

本書の特色
- 脳に関する最新の科学的研究と画期的な学説をわかりやすく紹介。

- 私たち人間が、周囲の世界にどう交感し、どう反応するかを解き明かす。

- さまざまな脳の機能障害についても説明。

- 250点近いフルカラー図版によって脳の機能のダイナミックな動きがすんなりと把握できる。

- 検索に便利な〈索引〉1500項目と理解を助ける〈用語解説〉200項目を収録。

ケン・アシュウェル=編
松元健二=監訳
尾澤和幸=訳

B4変型判／上製／352ページ／フルカラー
定価：本体15,000円＋税
ISBN978-4-86498-027-2
〈呈内容見本〉

Remarkable Plants That Shape Our World

【ビジュアル版】
世界有用植物誌
人類の暮らしを変えた驚異の植物

植物と人類の壮大な歴史ドラマ

本書の特色

・人類の歴史に密接に関わってきた80種以上の植物を8つのテーマに分け、それぞれの植物のルーツや利用法を紹介。文明の発展や日常生活（食べ物、住居、衣服、乗り物、薬剤など）に与えた影響を探る。

・キュー植物園所蔵の植物画を中心に約200枚の写真を掲載。

・学名280項目、植物名300項目、事項600項目の索引を完備。

目次
1　植物の栽培化　定住と農耕
2　味　単なる必要性を超えて
3　薬と毒　微妙なさじ加減
4　技術と支配力　原材料の世界
5　換金作物　収益を上げる
6　景観　植物の壮観な美
7　崇拝と憧れ　聖なるものから美の極致まで
8　自然の脅威　驚くべき植物の世界

ヘレン&ウィリアム・バイナム＝著
栗山節子＝訳

A4変型判／上製／240ページ／フルカラー
定価: 本体12,000円＋税
ISBN978-4-86498-032-6
〈呈内容見本〉

...
コン；カー；倉満；ゲジーラ
／州知事；セパク；デル；都市化
／ナイロメーター；農村化／ノモス／氾濫
／ピラミッド・タウン；離床都市／労働者の村／ワディ

都市行政：中王国時代の町と家；新王国時代；郊外
住宅：共同体の集会所；都市への配給；労働生活；水と公衆衛生；
学校；余暇；観光旅行
都市の犯罪；都市における死

第四章 ✦ ギリシア・ローマ時代
エジプトのギリシア・ローマ都市；エジプトの傍にあるアレクサンドリア；ギリシア・ローマ時代のファイユーム；ギリシア・ローマ時代の中エジプト

第五章 ✦ 古代エジプト都市の地名辞典
エレファンティネとアスワン；エジプト南部；テーベ；テーベ；コプトス地域；中エジプト；アマルナ——完全なる都市？；その他の中エジプトにある諸都市；ファイユーム；メンフィス；
移動する都市；ヘリオポリス——太陽の都市；メンフィス地方；
デルタ；北シナイ；オアシス；地中海沿岸；スビア

エピローグ
用語解説・索引

[著者]
スティーヴン・スネイプ (Steven Snape)
リヴァプール大学でエジプト考古学を教えている。エジプトの集落考古学は、彼の主要な研究テーマの1つであり、ザウイエト・ウンム・エル＝ニラカムにおけるラメセス朝期の要塞都市の発掘調査を通して着想を得た。

[監訳者]
大城道則 (おおしろ みちのり)
1968年生まれ。関西大学大学院文学研究科史学専攻専攻博士課程修了。博士（文学）。バーミンガム大学大学院エジプト学専攻修了。現在、駒澤大学文学部教授。スウォンジー大学歴史・古典学科名誉研究員。専攻は古代エジプト史。

[ビジュアル版] 古代エジプト都市百科 王と神と民衆の生活

●定価：本体 12,000 円＋税

冊　申し込みます

[Tel.]

[お名前]

[ご住所]

柊風舎　しゅうふうしゃ　〒161-0034 東京都新宿区上落合1-29-7 ムサシヤビル 5F Tel. 03-5337-3299 Fax. 03-5337-3290

注文書

書店名

- A4変型判／240ページ
- 定価：本体12,000円＋税
- ISBN978-4-86498-028-9

柊風舎

〒161-0034 東京都新宿区上落合1-29-7 ムサシヤビル5F　Tel. 03-5337-3299 Fax. 03-5337-3290

王族　77

野生の雄牛が、ラメセス3世によって彼の肉体的な武勇を知らしめるために捕獲されている様子を描いた、メディネト・ハブの葬祭神殿のレリーフ。

広まった。ナイル河の氾濫(はんらん)は雄牛に喩えられることもあった。おそらくエジプトの豊饒を再生するというその役割のゆえであろう。

王族　royal family

　初期王朝時代、王の親族——パアトの一員——は、政治におけるすべての主要な地位を保持していたようだ。後の時代には国の大きな役職は、王室生まれでない人々にも開かれていたが、王の親族はエジプトの歴史を通じて、政治的そして宗教的に重要な役割を果たしてきた。これは特に王自身の神話的役割を補足するために女性の原理を具体化した王妃に当てはまった。一定の期間、共同統治を行なうことは、王位の円滑な継承を確かなものとするために採用された。新王国時代と第三中間期双方の終わりに、王の年長の息子はしばしば軍隊の責任者に就くか、主要な信仰の1つ、特にメンフィスのプタハ神の大司

アマルナの私人の家出土の銘板は、アテンの守護光線の下にいる王族——アクエンアテン、ネフェルトイティ、そして彼らの年長の3人の娘たち——を示している。

祭に任命された。しかしながら、他の男性の親族は一般的に知られておらず、おそらく王座を争う深刻な競争者となるのを防ぐために故意に影響のある地位から排除された。新王国時代初期には、王たちは、一般の人々との違いと、シュウとテフヌトの役割を再演する王と彼の姉妹で妻でもある彼ら自身の神に準ずる地位を強調するためにしばしば自身の姉妹と結婚した。

王朝 dynasty

エジプトの歴史を支配家系、すなわち王朝ごとに伝統にしたがって区分するやり方は、紀元前3世紀に神官マネトによって考案された。彼が考えた王朝区分は30であったが、後に第2次ペルシア時代を包括するために31番目の王朝が加えられた。先王朝時代後期の王たちの時代を「第0王朝」として区分する研究者もいる。マネトの王朝区分は、古代の王名表から推察される歴代の統治者とかなり一致しており、王墓や首都の位置変化もふまえている。こうした王朝は必ずしも真の王朝ではなく（例えば家系の点から見て）、特に中間期においては、同時に複数の王が挙げられており、何人かの統治者たちの順序は重複したりしている。

王の称号 royal titles

エジプトの王の伝統的な肩書きは、5つの異なる称号と名前からなり、それぞれが王権概念の異なる側面を表わしている。最古のものでつねに卓越さを表わす称号は、先王朝時代後期に確認されているホルスの称号であった。それは王の即位時に採用され、王自身がハヤブサ神のこの世の化身であることを宣言したものであった。ホルス神の姿が上に乗ったセレクの内側に描かれたホルス名は、王が

自身の治世のはじめにおいて、こうでありたいと強調した神の特定の側面や特質を描いたものであった。第1王朝初期、さらに2つの王の称号の要素が導入された。両方とも王の即位時に王によって採用された。最初のものは二女神の称号と名前で、上下エジプトの守護神ネクベトとワジェトによって象徴される上エジプトと下エジプトの二国を統一する人という王の役割を表現している。2番目のものは混合した称号「ネスウト・ビィティ」（スゲとミツバチの者）とそれに伴う名前。これは王の役割に本来具わっている多くの様々な二元性を強調しているが、プトレマイオス朝時代のギリシア語翻訳はたんに「上下エジプト王」であった。古王国時代の半ばから、この称号に伴う名前は、習慣的に即位名（プレノメン）としてカルトゥーシュの中に書かれ、王の記念建造物に使用される主要な名前の1つとなった。4番目の王の称号である黄金のホルス名はまた初期王朝時代に初めて確認された。その正確な意味は不確かだが、セトを負かしたホルス（この文脈では王と同一視された）の神話的勝利をほのめかしたのかもしれない。なぜならセトの別名は、「ヌブトの者」または「黄金の者」であったからである。5番目で最後の王の称号の要素は、第4王朝初期にジェドエフラーによって導入された「ラーの息子名」であった。それは最高神の息子で後継者という王の地位を強調し、カルトゥーシュの中に記された王の誕生名（ノメン）に導入された。以上のように、5つすべての称号と名前は、古王国時代初期までに王の記念建造物に現われたにもかかわらず、完全な5重の称号の最終形は中王国時代まで確立されなかった。王名の選択には細心の注意がなされた。王の称号は正統性を表現し、またそれを授けたので、外国の統治者たちは、

5つ揃ったものを採用すること、そして既存の命名の伝統に従うのに苦心した。

カルナク、第12王朝のセンウセレト1世の白の礼拝堂から発見された最も重要な王の称号の1つを伴う碑文の細部。王権の役割の中で二元性を示す「ネスウト・ビィティ」（スゲとミツバチの者）。

王妃 queens

王の妻たちはしばしば多大な政治的影響を持つ重要な個人であったにもかかわらず、古代エジプトの言語では「王妃」にあたる言葉はない。それどころか、王家の女は一般的に統治者との関係によって、「偉大なる王の妻」（第一王妃、その称号は第12王朝後期に導入された）や「王の妻」（第二王妃）、そして「王の母」として示された。新王国時代において、特に偉大なる王の妻は、政治的、そして宗教的に王に次ぐ役割を果たした。

ネフェルトイティやネフェルトアリなど何人かの称号の保持者は、自身の権限において権力を誇示できた。他のアフリカの君主国のように、古代エジプトにおいて、第1王朝のメルネイトにはじまり、第18王朝のアハモセ・ネフェルトアリやティイを含む王の母は高い身分を享受した。しかしながら、ほとんどの王の配偶者たちはあまり知られていない。政略結婚で妻となった女性たちを含む側室は、ハーレムに彼女らの廷臣や使用人たちとともに暮らしていたようだ。

王位を自分の息子に継がせるためにそれぞれの妻は競い合っていたので、そのような施設には、政治的陰謀が付きものであったであろう。夫に対する王妃の陰謀の例は、第6王朝から第20王朝にかけて知られている。「女王」という言葉は厳密に女性の君主に適用されるものではない。例えばハトシェプストは一般的にマアトの原理に従うために彼女自身、男の姿で表わされた。それゆえ、「女性の王」という言葉が望ましい。

王妃の谷 Valley of the Queens

ラメセス朝期の王の妻たちや他の王家の近親の墓が散在しているメディネト・ハブの北西約1キロメートルにあるテーベのネクロポリス地区。竪坑墓は第18王朝初期の年代のものであるが、碑文を持つ最古の墓はラメセス1世の妻のために用意されたものであり、その周辺地域は第19王朝と第20王朝を通して埋葬のために使用された（それとは対照的に、第18王朝の王妃の中には王家の谷で夫とともに埋葬された者もいる）。王妃の谷には計80ほどの墓があり、そのうちの21基は碑文が刻まれていた。最もよく知られたものは、ラメセス2世の第一王妃であったネフェルトアリの墓であり、彼の治世に1つの村が職人たちが暮らすために谷の中央に建設された。王妃の谷から出土したミイラは、第20王朝後期における相次ぐ墓泥棒のために安全な場所へと移された。その後それらの墓は、第三中間期、末期王朝時代、そしてローマ時代に再利用された。

王名表　king-lists

　王権の観念は、神々から受け継がれ、正統な支配者から現在の支配者へと連綿として継承される制度を必要とした。こうした王政神話（王権神話）に従って、支配者一覧は神聖なる王位の継承を表わし、王の正当性を強化するために作成された。そのような一覧表で最古のものは、古王国時代後期に年代づけられているパレルモ・ストーンである。神官マネトによって、エジプトの歴史を編纂するために、こうした王名表が使用された可能性があるにもかかわらず、それらを事実に基づく史料とみなすことはできない。しかしながら、その代わりに王名表は、宮廷が理想的な王位継承の見解を推し進めるための道具であった。そのような信仰背景に由来する最も長大な2つの王名表がアビドスのセティ1世の神殿とラメセス2世の神殿に残っている。双方ともにメネスからはじまり、当代の王で終わる。この2つの王名表ではヒクソス、ハトシェプストおよびアマルナ時代の王たち、特にアクエンアテンのような理想からかけ離れた支配者たちは除外された。トトモセ3世は、カルナクに短い先祖の一覧表を作成した。さらに新王国時代後期における王の祖先崇拝の流行を示している短縮された王名表がサッカラの私人墓にある。このほか、数名の王名が記されたものが時折文章の中に含まれていることがある。ワディー・ハンママートにある中王国時代の採石場の碑文には、5人の王たちと第4王朝の王子たちの名前が刻まれている。王名表の中でも例外がトリノ王名表として知られているラメセス期のパピルスである。めずらしいことに、それは完璧なものを目指していたようで、現在はほとんどが失われてしまったけれども、ヒクソスの支配者たちまでが含まれている。

大いなる緑　Great Green
「ワジ＝ウェル」の項を参照。

セティ1世神殿の回廊の壁面に彫られたアビドス王名表。この一覧表は、セティと後にラメセス2世となる彼の息子を正当と認め、両者を先祖の長い血統と結びつけるための王家の祖先信仰の要であった。

オクシリンコス／エル゠バフナサ
Oxyrhynchus ／ el-Bahnasa

中エジプトにあるバハル・ユセフ運河の西岸に位置する遺跡。ギリシア人によって地元で信仰されている聖なる魚から名づけられた。同遺跡はピイの碑文の中で初めて言及され、第26王朝には上エジプト第19ノモスの州都になった。ここはローマ時代、バハレイヤ・オアシスと経済的に密接なつながりがあり重要であった。オクシリンコスは、プトレマイオス時代からイスラーム時代初期のものとされるギリシア語パピルスが何千枚も発見されたことで有名である。これらのパピルスには、文学、伝記、私的および公的書簡、初期キリスト教の重要な文書などがある。

オシリス Osiris

おそらくもともとは土壌の豊かさを具現化した地下の神であったが、古王国時代以降、オシリス信仰が広まるにつれて、徐々にソカルやケンティアメンティウなどの他の神々の属性を吸収したと思われる。エジプトの神学によると、オシリスはヘリオポリスの九柱神の一柱であり、創世神話の中で最もよく知られた存在であった。オシリスにまつわる一連の物語は古王国時代後期までに発展し、オシリス神話は王朝時代を通して人気を保ち続けた。その詳細はギリシア人の歴史家プルタルコスの著作に記されている。オシリス神話の中核は、弟セトによるオシリス殺害である。セトはオシリスの遺体をバラバラにして、各部位を国中にばら撒いた。それらの部位を集めたオシリスの未亡人イシスはバラバラになった遺体を集め、最初のミイラを作った。次に自らが妊娠できるようにオシリスに対して十分な性的興奮を与え、ホルスを身籠もった。やがて、息子ホルスは父の敵を討ち、セトか

オシリスの彩色レリーフ。王家の谷にある第18王朝のホルエムヘブの墓から出土。死者の王という彼の役割を意味するためにミイラの包帯が巻かれており、牧杖（ぼくじょう）と殻竿（からざお）を持っている。

ら王権を奪取した。このようにしてこの神話は、エジプト宗教の中で最も強力な2つの要素、来世信仰と王権理念とを結びつけた。第一中間期から、オシリスは、すべての死者が同一になることを望むきわめて重要な再生復活の神となった。加えて、オシリスと地下世界を旅する夜の太陽との同一視は、太陽と

来世に関するオシリス概念（太陽のように毎日復活すること）の融合をもたらした。また、オシリスは死者の裁判官を務め、心臓の計量儀礼を司り、正しき者が祝福された来世に行くことを歓迎すると信じられていた。彼は王位の象徴である牧杖（ぼくじょう）と殻竿（からざお）を持った男性として描かれたことから、通常ミイラの包帯から手を突き出していた（死した王および死者の王としての役割を象徴するために）。オシリスの皮膚は、白色、緑色（豊饒と再生の象徴）および黒色（大地の象徴）で着色され、通常はアテフ冠（白冠の両側面に大きな羽が付いたもの。さらにヒツジの角が付くこともある）を被った姿が描かれた。オシリス神信仰の中心地はアビドスであった。中王国時代には第1王朝のジェル王の墓がオシリスの墓とみなされており、巡礼地となった。オシリス祭は毎年アビドスで開催され、祭の間はオシリス神像が大行列に加わり、オシリス神話のエピソードが再現された。第19王朝には、アビドスのセティ1世神殿にオシリスの礼拝堂が置かれ、信仰の拠点としてオシレイオンが建設された。オシリスはデルタ地域のブシリスでも崇拝された。

オシリス柱　Osirid pillar

新王国時代の王家の葬祭神殿によく見られる建築上の特徴の1つ。四角い石柱の片面に、亡き王と結びつけられた巨大なオシリス神が彫刻されている。保存状態のよいオシリス柱の柱廊玄関は、デイル・エル＝バハリのハトシェプスト女王の記念建造物およびラメセウムの第2中庭において見られる。

オシリスの苗床　Osiris bed

新王国時代の王墓で発見された副葬品の1つで、オシリス神の形をした木製の枠からなる。それは土で満たされ、大麦の種が蒔かれている。墓の中での大麦の発芽は、オシリスの勝利——豊饒、植生、復活の神としての——と再生の約束を象徴している。現存するのは7例だけで、そのうちの1つはトゥ

トゥトアンクアムンの墓から出土したオシリスの苗床。復活の象徴であるこの儀式用具は、オシリス神の形をした木製の枠でできており、枠の中にナイル河の沈泥と種が満たされた。種が発芽すると「穀物ミイラ」となり、種は死を超越した生命の勝利を強調した。

トアンクアムン王墓から出土したものである。オシリスの苗床（なえどこ）の後の発展形として上部表面がオシリスの姿に彫られた陶製のレンガがある。

オシレイオン　Osireion

アビドスにある宗教建築物。セティ1世の神殿の裏にある。巨大な花崗岩（かこうがん）のブロックでつくられたこの建物は、かつて古王国時代まで遡ると思われていたが、現在ではセティ1世とメルエンプタハ王の治世のものであるとされている。建築は第4王朝の記念建築物を思い起こさせるため、昔日の印象を与える古風さを意図的に試みたものであろう。オシレイオンは王家の谷にある王墓を模して建設され、「門の書」に出てくる場面で装飾された長い下り廊下と「死者の書」の抜粋が書かれた横長の広間を備えていた。オシレイオンの中心部には10本の支柱が並ぶ赤色花崗岩の広間があり、原初の丘を象徴する水堀に囲まれた2つの基壇がある。この建物の正確な目的は現在も不明である。しかしオシリス神のための空墓であったと信じられている。

オストラカ　ostraca（単数形オストラコン）

短い文章の筆記や絵を描くのに使われた陶器の破片や石灰岩の破片。オストラカはパピルスよりもはるかに扱いやすく、特にデイル・エル゠メディナの住人たちによって、メモや書簡など多様に使用された。現存する何百点に及ぶ遺物により、公的な記録には現われない日常生活やユーモアと風刺などの実態に関する考察をもたらしてくれる。

オソルコン　Osorkon

第21、22、23王朝の5人の王たちが使用したリビア系の名前。彼らの正確な関係、統治年数、継承順位および第三中間期の編年そのものはさかんに議論されている。

オソルコン1世　Osorkon I [即位名セケムケペルラー・セテプエンラー：紀元前925-890年頃]

ショシェンク1世の後継者で第22王朝の2番目の王。彼はアトゥム神のための神殿を建て、ブバスティスでバステト神の神殿を増築した。

オソルコン2世　Osorkon II [即位名ウセルマアトラー・セテプエンアムン：紀元前875-835年頃]

タケロト1世（第22王朝）の息子にして後継者。上エジプトにおける彼の権力は、アムンの大司祭であるハルスィエセに脅かされていた。ハルスィエセの死後、オソルコンは、彼の息子の1人を大司祭として任命し、テーベ地域の王家支配を再び主張させた。しかしながら彼の治世後期に次の司祭職の権利者であるタケロト2世が王の称号を主張し、事実上対立する王朝を上エジプトに建てた。オソルコン2世は、タニスの神殿構内に墓を建てた。

オソルコン3世　Osorkon III [紀元前780-750年頃]

テーベ地域から統治した第23王朝の王の1人。テーベにおいて彼は以前アムン大司祭として仕えており、対立する派閥との長期にわたる権力闘争に巻き込まれていた（このことは「オソルコン王子年代記」として知られる碑文に記録されている）。彼の娘、シェプエンウェペト1世はアムンの神妻（しんさい）となった。

オソルコン 4 世 Osorkon IV [即位名アアケペルラー・セテプエンアムン：紀元前 735-715 年頃]

　第 22 王朝最後の王。ブバスティスとタニス周辺の限られたデルタ地帯を治めていた。彼の治世の間、エジプトはクシュの支配者ピイによって征服された。

「オソルコン王子年代記」 *Chronicle of Prince Osorkon*

　カルナクの「ブバスティス門」に彫られた自伝的碑文であり、タケロト 2 世の治世（第 23 王朝）において王権を狙い敵対するテーベの権力者たちの間で起こった政治的駆け引きと内乱とが記されている。タケロト 2 世の息子であったオソルコン王子が、どのようにアムン大司祭となったのかについて記されているが、ペドゥバスト 1 世（パディバステト 1 世／ペディバステト 1 世）が権力を掌握するとオソルコンは拘束された。つまりオソルコン王子は彼の敵対者たちを破り、権力の座に返り咲く以前に 2 度テーベより追放されたが、最終的には権力の座に戻った。この年代記は、第三中間期末期エジプトの内政を示す貴重な史料の 1 つである。

「男と彼のバーとの論争」 *Dispute of a Man with his Ba*

　第 12 王朝に編纂された有名な文書で、同時代の写しが唯一残存している。「生活に疲れた男」もしくはそのドイツ名「レーベンスミューデ」としても知られる、死にたいと願う男と不満を言うことを止めて楽しい日々を送るように諭す彼の「バー」との対話によって構成されている。作品の最後にある 4 つの絶妙な詩が、生きることの惨めさと死への賞賛とを嘆いている。

オヌリス／アンフル Onuris ／ Anhur

　戦争と狩猟の神。もともとティス地域の神であるが、後の時代にはセベンニトスが主要な信仰拠点となり、同地にはネクタネボ 2 世によってオヌリス神殿が建てられた。ある伝説によれば、オヌリスはラーの眼を取り戻すためにヌビアまで旅をした。オヌリスはまたホルスと関連づけられた。美術では、2 本または 4 本の長い羽飾りを乗せた短いカツラをつけ、顎ひげのある男性が立っている姿で描かれる。右手は槍を投げようとしているかのように上げられており、左手にはしばしば 1 本の縄を持っている。

雄羊 ram

　アムン、バネブジェデト、ヘリシェフ、クヌムの項参照。

オペト祭 Opet Festival

　新王国時代に最もよく知られたテーベで毎年行なわれていた宗教祭礼。もともとオペト祭のために建てられたルクソール神殿に、アムン、ムゥトおよびコンスの聖舟がカルナクから行列する祭礼で、2 週間から 4 週間続いた。この神殿にある列柱廊のレリーフには、行列が詳細に描かれている。第 18 王朝初期のオペト祭では、神像は神官たちの肩に担がれ、途中休憩所で休みを取りつつ、スフィンクスが並ぶ参道に沿って陸路を進んだ。第 18 王朝後期には、神像は小舟に乗せられてナイル河を遡上した。なかでもこの儀式では、とりわけ王権理念の核にある王の「カー」の神話を祝福した。最後に王はルクソール神殿の至聖所に入り、アムンの神像に内在する王の「カー」と一体となったのであろう。続いて王は大いなる称賛とともに神殿の前庭に現われ、「生けるすべての『カー』の第一人者」

となった。ホルエムヘブは王位継承に正当性を与えるために、自らの即位式をオペト祭と同時になるように予定を立てた。

トゥトアンクアムン治世におけるルクソール神殿のオペト祭のレリーフ。神官たちはアムン、ムゥトおよびコンスの聖舟をルクソールまでの川旅のためカルナクの波止場まで運んでいる。

オベリスク　Obelisk

丈の高い、針状の石造建築物。基礎部から先端にかけて徐々に先細になる。先端はピラミディオンのように彫刻された。また、オベリスクの持つ強い太陽の暗示的意味を強調するために、しばしば太陽光線を反射するように金箔が貼られた。最初のオベリスクは、ヘリオポリスのラー神殿に建設されたようである。残存する最古の例は、センウセレト１世の治世のものであり、現在でも町の中心にある。早くも古王国時代には、オベリス

クは墓とも関連づけられていた。大きくて重心が低い、硬い石造のオベリスクは、ニウセルラー王の太陽神殿の第一の建築的特徴であった。新王国時代には、カルナク神殿のハトシェプストのオベリスクやルクソール神殿のラメセス２世のオベリスク（２つのうち１つは現在パリにある）のように、しばしば２対のオベリスクが神殿の塔門前に建てられた。オベリスクの採石と輸送は、技術と工学の粋を見せつけた。ハトシェプストは、カルナクにある赤の礼拝堂やデイル・エル＝バハリの葬祭殿に描かれた壁画や文書において、オベリスクの運搬や建立という自らの偉業を誇っている。アスワンの花崗岩の採石場にある未完成のオベリスクを見ると、石材の切り出しは、岩の周囲に溝を刻んで、木製のテコ

カルナクのアムン＝ラー神殿にあるトトモセ１世の花崗岩オベリスク。彼の娘ハトシェプストによって建てられた他のオベリスクはヤシの木のすぐ後ろに見える。

棒や玄武岩の粉末を使って行なわれたことがわかる。末期王朝時代以降、副葬品としてオベリスク型のアミュレットが作られた。古代末期には、いくつかのエジプトのオベリスクがローマへと運ばれ、近代になるとロンドンやパリをはじめとする世界の主要都市へと輸送された。

オマリ、エル = Omari, el-

ヘルワンの項を参照。

泳ぐ人の洞窟　Cave of the Swimmers

ギルフ・ケビール台地の西側にあるワディ・スーラ遺跡に与えられた名称。崖の表面部の窪みに先史時代の壁画が描かれているが、特に有名なのは、泳ぐような仕草をした人々の絵である。正確な年代やこれらの絵画が意味することははっきりしないが、おそらく泳いでいるというよりもトランスのような宗教的経験に関するものだろう。

オリオン座　Orion

初期の来世信仰において重要な役割を担い、ピラミッド・テキストにおいて頻繁に言及された星座。クフの大ピラミッドにある「空気坑」の1つは、オリオン座の方角に向けられていたようだ。オリオン座、または同星座を構成する星の1つ（リゲル）は、しばしばソプデトとソペドとともにトライアドをなすサフ神としてエジプト人に崇拝された。

音楽　music

世俗的および宗教的な祭典において、音楽は儀式の重要な役割を担った。カスタネットやフルートといった楽器の演奏者たちは、先王朝時代から様々なものに描かれている。多

音楽と踊りは古代エジプトの宗教儀礼において重要な役割を担っていた。例えばカルナクにあるハトシェプストの赤の聖堂から出土した砂岩製レリーフの装飾にはハープ奏者、システルム奏者、曲芸師および踊り子が描かれている。

種多様な打楽器、管楽器および弦楽器が古代エジプトでは知られていた。それらには、ラトル〔振って音を出す楽器〕、鳴子、太鼓、タンバリンおよびシストラムなどもあれば、笛、フルート、そしてトランペットもあった。さらにはハープ（特に饗宴で人気があった）などもあった。竪琴やリュートは、レヴァントからもたらされた。楽譜はプトレマイオス朝時代初期まで確認されていない。音楽家の一団は、男女混合か女性だけで、古王国時代から知られている。女性の歌手やシストラム演奏者たちは、特にハトホルとイシスの神殿宗教で重要な役割を果たした。あらゆる時代の墓の装飾からは、今日と同じように、労働者たちが団結精神を生み出すために歌ったり、熱狂を維持するために歌ったということが窺える。

音訳　transliteration

古代エジプト語のローマ字アルファベット（いくつか特別な記号とアクセントを追加して）への翻訳。このすべてのエジプト学者によって使用される基準システムは、ヒエログリフの字体が使用できなかった場合でも、古代エジプト語を書くことといくつかの慣例に従って「発音」することを可能にした。

か行

開口の儀式　89

「カー」　ka

エジプト宗教において、人間や神に、彼または彼女に特別な性質、本性、気質を与える生命力。カーは高く持ち上げた両腕を意味するヒエログリフによって表わされた𝕌。「カー」は人の誕生とともに生じると信じられ、肉体と同時に轆轤（ろくろ）の上でクヌム神によって形作られた。個人の死後も、「カー」はそれが必要とした保護と食物とが準備されている限り生き続けた。墓は「カーの家」とみなされ、供養文は永遠に「カー」を養うことを目的として作られ、死者の彫像は「カー」を映すものとみなされた。来世信仰によれば、「カー」と「バー」がうまく結合すると、死者は「アク」に転じた。王の「カー」は特に重要であり、オペト祭が開催されている間祝福された。それは死すべき運命にある公職者（王）を半神の支配者へと変化させながら、各王からその後継者へと変化することなく受け継がれると信じられていた。

カー　Kha

第18王朝にデイル・エル＝メディーナで働いていた建築家兼現場監督。カーと彼の妻メリトの未盗掘の墓は、20世紀初頭にイタリアの調査隊によって発見された。同墓の埋葬品は、現在、トリノのエジプト考古学博物館にあり、デイル・エル＝メディーナの共同体の一員が身につけていた職人技法の種類と品質がわかる。

カア　Qaa［紀元前2800年頃］

第1王朝8番目にして最後の王。碑文が2度目の「セド」祭──この祭礼は一般的に王の即位30周年を祝い行なわれる──について言及していることと、北サッカラにある支配者層の共同墓地にある2つ以上の墓は彼の治世のものであることから、その治世はおそらく長いものであった。これらの墓からは交流がさかんであったとされるレヴァントから輸入された数多くの土器が出土した。一方アビドスにあるカアの墓出土の象牙製のゲーム棒は、縛られたアジア人捕虜の姿を表わしていた。カアの墓の建造物は、人身御供（ひとみごくう）の慣例が続いていたことを示している。印影は彼の後継者ヘテプセケムウイによって、彼の葬儀が監督されたことを裏づけている。デイル・シット・ダミアナのコプト村の壁は、おそらくアビドスにあるカアの葬祭周壁跡を組み込んでいる。カアについて言及している碑文がエルカブの近くのワディ・ヒッラルにおいても発見されている。

海軍　navy

軍隊、舟と船、ネカウ、海の民の項を参照。

開口の儀式　Opening of the mouth

死者およびその葬祭用の彫像に生命を与えるための儀式（それはあらゆる神殿において行なわれたようである）。確認されている最古の例は第4王朝のものだが、もっと前か

ら行なわれていたであろう。なぜならこの儀式で使用された儀式用フリント製ナイフ(「ペセシュ・ケフ」)の例が、先王朝時代から知られているからである。似たような儀式は、ピラミッド・テキストの中に描写されているが、開口の儀式における証拠のほとんどは、儀式が75に分かれた手順からなっていた新王国時代に遡る。第18王朝時代のレクミラの墓には、浄化、香を焚く、油を塗りこむこと、そして呪文などの儀式を含んだ最も古い完璧な儀式の写しがある。最も重要な行為は、口を開け、そして感覚を回復させるために、ミイラや彫像の様々な部分に特別な道具——隕鉄で作られたような——を用いて触れることであった。こうした方法により、ミイラと彫像は死者の「カー」に適した場となった。この儀式は、継承権を正当化するために死者の後継者によって執り行なわれるのが理想とされた。このため、アイは、トゥトアンクアムンの墓に自らが先王のミイラの口を開けている姿を描かせた。

階層的縮尺　hierarchical scaling

古代エジプト美術において、人間と神々の像との相対的な立場を示すために使用されたシステムで、特定の構図において、像を大きくしたり、その象徴的重要性を強調したりした。

サッカラにある第5王朝のカゲムニの墓のレリーフは、その場面における最重要な像(ここではカゲムニ)を従属する人物像たちよりも大きな縮尺で示すことによって、階層的縮尺の要点を例証している。

開口の儀式を死者のミイラに行なっているホルス。デイル・エル=メディーナにある第20王朝のインヘルカーの墓に描かれた壁画。

階段ピラミッド　Step Pyramid

サッカラにあるネチェリケト(ジョセル)王の葬祭記念物。20世紀初頭におけるその最初の発掘以来、全人生をその記念建造物に捧げたフランス人建築家ジャン・フィリップ・ロエール(1902-2001年)の指揮の下、

階段ピラミッド

修復と復元がなされた。それはいまだ古代さながらにサッカラ台地と周りの氾濫原に聳え立っている。建築家イムホテプによるこの階段ピラミッドは、表面加工された石材の大規模使用を実施した最古の建造物の1つであった。それはまた墓と葬祭殿という王の埋葬の2つの要素をたった1つの記念建造物に統合するという埋葬建築物における大革新を表わしたものであった。複合体の中心部は、元々マスタバとして設計されたピラミッド自体で、次に4段、最終的には6段のピラミッドへと2度にわたる計画の変更とともに拡大された。その地下室は、地下世界の水路を象徴している青色のファイアンス製のタイルと王としての儀礼を実行する王を表わしたレリーフのパネルで装飾されている。

そのピラミッドは、来世において各々特別な機能を果たすために計画された大規模な建造物の複合体によって囲まれている。厚い周壁の中に建てられた南の墓は、王の「カー」にとっての最終的な永眠の地を有するものであり、それゆえに第4王朝の王の葬祭複合体内の衛星ピラミッドの先駆的存在であった。周壁それ自体は、その記念建造物が王の持ちものであることを明確に示している王宮ファサード様式で装飾されていた。内側では形だけの王宮が永遠に王に仕えるために用意されると同時に、高い祭壇を持つピラミッドの正面の巨大な中庭は、王権の儀礼用の永遠の舞台としての役目を果たした。特に2組の馬蹄形の物体は、儀礼の場を意味していた。そこで王は捕虜たちを検査したり、エジプトの領土はすべて自分のものだと主張するためにその周りを闊歩したり走ったりした。複合体の東端に沿う小さな方の中庭は、「セド」祭用の配列で設置されていた。そこには上下エジプトの神々たち用の形だけの礼拝堂が並べられ、そして「セド祭」を意味するヒ

サッカラにあるジョセル王の階段ピラミッドは、第3王朝のはじまりにまで遡るエジプトで最古のピラミッドであり、記念碑的な規模において化粧石を用いて建てられた最も古い建造物の1つ。

エログリフとして使用されたものの描写である２つの王冠が置かれた壇を含んでいた。「北の家」と「南の家」として知られている２つの建造物は、その中で王がローブを着たり脱いだり、儀式の間に来客を受け入れたりしたであろうテントを張った建物を表わしている。ピラミッドの北側においては、セルダブが王の彫像を収納しており、そして大型の祭壇を伴う未完成の庭は、おそらく王の葬礼信仰に対する奉納物のために意図して造られた。複合体の西側は、連続した地下通路を覆っている巨大な石造建築物で占められている。それらは、より古い第２王朝の王墓であるかもしれない。明らかに階段ピラミッド自体の下にある部屋は、第１王朝と第２王朝の埋葬から奪われた石製容器で満たされていた。

　続く第３王朝の王たちもまたジョセルの記念建造物と同等ではないけれども、階段ピラミッドを建てた。これら後の例は、それぞれセケムケト王と名前の知られていない王、最もありそうなのはカーバ王であるが、によって建てられたサッカラとザウィエト・エル＝アリアンの未完成のピラミッド、そしてフニ王あるいはスネフェル王の治世に年代づけられたエレファンティネ、エドフ、エル＝クラ（ヒエラコンポリス近郊）、シンキ（アビドス近郊）、ザウィエト・エル＝アムウアト、そしてセイラにおける一連の小型の階段ピラミッドを含んでいる。それら一連のものの中に属するかもしれない遺構が最近アトリビスで明らかとなった。メイドゥムのピラミッドは、真正ピラミッドへと改造される前は本来階段状の造造物であった。

カイロ　Cairo

　現在のエジプトの首都。上エジプトと下エジプトが出会うデルタ頂部の戦略的要地に位置する。

カーウ／カーウ・エル＝ケビール／アンタエオポリス　Qau ／ Qau el-Kebir ／ Antaeopolis

　中エジプトのナイル河東岸にある遺跡。第12王朝の３人の連続した州知事（ウアフカー１世、イブ、そしてウアフカー２世）のために建てられた一連の壮大な墓でよく知られる。他の遺跡は古王国時代後期、末期王朝時代、そしてプトレマイオス朝時代とローマ時代の墓、新王国時代以降に使用された石切り場、そして破壊されたプトレマイオス朝時代の神殿跡を含む。

カヴェット・コーニス　cavetto cornice

　建物の頂上（神殿の塔門など）や物（石碑など）を装飾するために頻繁に用いられた凹みのある建築上の型。その特徴的な形は、原始的な葦の小屋の様子を模倣したものかもしれない。

カーエムワセト　Khaemwaset（「テーベに現われし者」の意）

　第19王朝ラメセス２世の第４王子。ラメセス２世と妻イセトノフェルトとの間に生まれた。彼の祖父セティ１世の治世に生まれた彼は、子供であったにもかかわらず、父親の軍事遠征に同行した。彼はメンフィスのプタハ神官となり、大司祭にまで上り詰めた。彼の職責には、アピス崇拝も含まれていた。これは聖なるウシの遺体をその後１千年間使用され続けたセラペウムに収容することでもあった。彼はまた父ラメセス２世のセド祭の責任者でもあった。「最初のエジプト学者」と称される彼は、エジプトの過去、特に

メンフィスのネクロポリスにある記念建造物に強い関心を示した。太陽神殿とピラミッド、特にウナスのピラミッドにある数多くの碑文は、彼の命令の下、実行された修復作業を記録している。彼はギザで発掘を指揮した可能性もある。近年アブシールのピラミッドを見下ろすサッカラにおいて、カーエムワセトの礼拝用の建造物が発見された。彼の墓はいまだその位置が不明であるが、父親よりも先に亡くなり、メンフィス地域に埋葬されたと考えられている。後の言い伝えでは、彼は魔術師として崇められた。

カエル frog

エジプトの水路や湿地において、日常的に見られ、その鳴き声を聞くことができるカエルは、繁殖期の後にはしばしば大量に出現する。そのため古代エジプト人たちは、1万の単位を表わすヒエログリフにオタマジャクシを用い、カエルを豊穣と創造の強力な象徴とみなした。ファイアンス製の小さなカエル型の像は、民間信仰においては豊穣の観念が中心的な価値を持つということを強調するために、初期の聖堂において奉納品として埋納された。第1王朝のものとされるエジプト産アラバスター製の巨大なカエルの像は、おそらくある神の崇拝像の役目を果たした。後の時代になると、カエルは通常分娩の最後の段階を取り仕切る出産の女神であるヘカトと同一視されるようになった。カエルたちはしばしば中王国時代の出産儀礼で用いられた「呪術用ワンド」の上に描かれた。カエル型の指輪の台座部とアミュレットは、受精率を高めるために女性たちによって身に着けられた。この慣習はアクエンアテンの宗教改革をも乗り越え、彼の治世の間、カエル型アミュレットはアマルナで製造されていた。

ローマの歴史家プリニウスによれば、古代エジプト人たちは、カエルは何度も再生を繰り返しながら自然と繁殖するものだと信じていた。最も重要な創世神話の1つにおいて、ヘルモポリスの八柱神を構成する8神のうち4神はカエルの頭部を持っている。カエルの形をした石製容器は先王朝時代からあったことが知られている。副葬品として、死者の再生を助けるために役立ったのだろう。同じ信仰の後の時代の類型は、ミイラの包帯の間に入れ込まれるカエル型アミュレットに反映されている。カエルはまた蘇りの象徴として、古王国時代および中王国時代の墓の中に見られる湿地の場面にも描かれている。新王国時代になると、「もう一度生まれ変わりたい」という願いを表現するために、カエルのヒエログリフを死者の名前の後に書くようになった。エジプトがキリスト教に改宗すると、カエルはコプト教徒によって再生の象徴としての地位を維持した。このことはファイユームのローマ都市カラニスから出土した陶器製ランプの装飾的モチーフにカエルが使われている理由の説明となるかもしれない。

奉納品と思われる先王朝時代の象牙製のカエル像。古代エジプト人たちは、カエルを豊穣と創造の象徴とみなした。

科学 science
天文学と占星術、数学、医学の項参照。

鏡 mirror
鏡は通常、銅または青銅の円盤を滑らかに磨いたもので、エジプトでは古王国時代以降確認されている。把手は、一般的にパピルスの茎、ハトホル女神、あるいは魅力的な女性像の形に作られた。魅力的な女性像は、鏡の持つ官能性に対するニュアンスを強調していた。

第18王朝の青銅製鏡の把手。両腕を挙げた裸の女性がかたどられている。

河岸神殿 valley temple
はんらんげん
氾濫原に位置したピラミッド複合体の一要素であり、傾斜している参道によって砂漠の台地にある建物（葬祭神殿とピラミッド）に通じている。最もよく保存されたその神殿の例は、ギザのカフラー王の河岸神殿である。河岸神殿は氾濫の間、水路もしくはナイル河につながっていた波止場によって船で乗り入れることができたと考えられている。いくつかの葬祭儀式やおそらくミイラ製作の作業が執り行なわれた場所はこの河岸神殿であったようだ。

家具 furniture
現代の基準からすると、古代エジプトの家屋にはわずかな家具しか備えられていないようであるが、木工および家具製作の技術には卓越したものがあった。遺物として残った例、あるいは墓の装飾の中に描かれた例から、あらゆる種類の家具が知られている。イスは裕福な人のためだけにあり、ほとんどの人々は低い簡単な腰掛けを使用していたようであ

アマルナ出土の簡単な木製格子細工が施された簡易腰掛け。新王国時代の庶民宅で発見された家具の一例。上部には織物でできた座席を固定するための穴が開けられている。

る。ベッドは木製の枠からなり、支えるための筵（むしろ）や皮製の編み紐で作られていた。ひじょうに手の込んだベッドには天蓋（てんがい）もあり、プライバシーの保護と害虫から身を守るために蚊帳（かや）が吊されていた。イス、スツールおよびベッドの脚部は、しばしばウシの蹄（ひづめ）、あるいは後の時代にはライオンの足やアヒルの頭部に似せて作られた。木製家具は、しばしば漆喰（しっくい）や着色で上塗りが施された。王の家具はより精巧で、象眼（ぞうがん）、化粧板、寄木（よせぎ）が用いられた。トゥトアンクアムンの墓から出土した副葬品には、テーブル、箱、チェスト、金メッキされた椅子、および引き伸ばしたカバとウシのような形をした儀礼用ベッドが含まれていた。ヘテプヘレスの埋葬設備には、軽くて分解可能な一組の旅行用携帯家具が含まれていた。こうした家具は、軍事遠征やそれ以外の王の旅行に使用されたに違いない。

角礫岩 breccia

石の項を参照。

「カーケペルラー・セネブの訴え」
Complaints of Khakheperra-seneb

センウセレト２世の治世、あるいはその直後に編纂された中王国時代の文学作品の１つであるが、現存するのは第18王朝の複写のみである。第12王朝の他の作品と同様に、比喩的表現を用いて無政府状態や国家の困窮を主題にしている。

カゲムニ Kagemni

第６王朝初期の高官。サッカラのテティのピラミッド側にある彼のマスタバ墓は、美しく装飾された部屋でよく知られている。

トゥトアンクアムンの墓から出土した折りたたみ式簡易ベッドは、第18王朝の王にしばしば好まれた持ち運び式家具の例を示している。

カシュタ　Kashta

　第三中間期（紀元前770–747年頃）のクシュの王。彼は下ヌビアをその統治下に置き、エジプト王の称号を名乗ったが、エジプトを支配したとまでは言えない。彼の前任者はアララで、後継者はピイであった。

カスル・イブリーム　Qasr Ibrim

　アスワンの238キロメートル南の下ヌビアにある遺跡。元々はナイル河の東岸に位置していたが、アスワン・ハイダムの建設以来、ナセル湖の岬に位置する。高い位置にあったために、絶え間ない増水から唯一逃れた下ヌビアの重要な遺跡で、織物、かご細工、皮製品、そして木製品を含む有機遺物が例外的に状態良く保存されていたことで知られている。カスル・イブリームは新王国時代に初めて占有され、この時期からの記念建造物は4つの岩窟礼拝堂を含んでいる。後の活動としては、タハルコによって建てられたものを含む第25王朝からメロエ時代の神殿、メロエ時代以降の共同墓地、ローマ軍の占領以降の広範囲にわたる遺物、そして8世紀のヌビアの聖堂によって知られている。この遺跡は19世紀になってようやく放棄された。

カスル・エル＝サグハ　Qasr el-Sagha

　ファイユーム低地の北部にある遺跡。考古学上の遺跡は、ファイユーム湖（ビルケト・カルーン）の岸に近い住居跡とさらに砂漠部の未完成で碑文を持たない石造りの神殿を含んでいる。中王国時代後期にまで遡る神殿は、おそらく砂漠地域に住むと信じられていた敵対勢力に対する呪術的保護のために建てられた。

ファイユームのカスル・エル＝サグハにある第12王朝の未完成の神殿は、一度も装飾されず、どの神に捧げられたのかはっきりしないままである。

課税　taxation

　先王朝時代後期以降、課税は古代エジプト国家の機能を根底から支えた。第1王朝はじめから知られるインク碑文は、すでに行政能率のために上エジプトと下エジプト別々に税が徴収されていたことを示している。非通貨経済において、課税は農業生産の割合の形を取った。初期王朝時代と古王国時代の間、2年ごとに行なわれたエジプトにある天然資源の国勢調査（パレルモ・ストーンに記録された）は、国が土地所有の面積や家畜の数を基にした課税の正確な水準を査定することを可能にした。税収は政府の代表者によって集められ、中央貯蔵所に一緒に持ってこられた。王の建造計画に資金を提供し、国の労働者に賃金を支払い、そして収穫が不作であった際には不足を軽減するために再分配された。税の不払いは鞭打ちで罰すべき深刻な罪であった。しかしながら、個人と組織は、王の法令によって税の支払いを免除される場合もあった。

カーセケム　Khasekhem

カーセケムウイの項を参照。

ヒエラコンポリスの神殿から出土したカーセケムの彫像。基壇には、「北の敵」と記された倒れ込む兵士の図像が刻まれている。それは彼が名前をカーセケムウイへと変更する以前である治世の前半の間に起こった内戦を示している。

カーセケムウイ　Khasekhemwy ［紀元前2675年頃］

第2王朝最後の王であり、初期王朝時代の最もよく知られている王の1人。彼は治世のはじめ頃、ホルス名カーセケム（「権力の出現」）を採用した。この段階では彼の権力は、上エジプトに限定されていたのかもしれない。はっきりとはしないが、後に国家の再統一にかかわる何らかの理由のため、彼は「セレク」の上にセト・アニマルを置き、名前を双数形のカーセケムウイ（「2つの権力の出現」の意）に変更した。彼の記念建造物はひじょうに多く残っており、印象的である。治世前半のものとされる3つの遺物がヒエラコンポリスのホルス神殿から見つかっている。すなわち対ヌビア戦闘を記録した戦勝石碑と2体の原寸大座像の3つである。後者の基壇にはおそらく下エジプトに対する戦闘の勝利を記念している「北の敵47,209人」と記された敵を殺害する図像が描かれている。

カーセケムウイは治世の後半にヒエラコンポリス（の「砦」）およびアビドス（のシュネト・エル＝ゼビブ）に印象的な日乾レンガ製の周壁を築き、ジェベレインとエルカブに神殿を建設した。レバノン沿岸部との継続的な交易活動のはじまりを示しているカーセケムウイの名前が記された石製容器の断片がビブロスの神殿で発見されている。このことは、パレルモ・ストーンの造船についての言及とシュネト・エル＝ゼビブのそばで最近発掘された数隻の杉製の船によって確認されている。

アビドスにあるカーセケムウイの墓は、磨いた石灰岩製石材が並べられた玄室を備えていたため、サッカラの階段ピラミッド建設の伏線となった。墓から発見された副葬品には、金の帯を持つ貴石の紅玉髄から作られた王笏、薄い金の板で覆われた2つの石灰岩製容器および最古の青銅製容器（水差しと甕）がある。カーセケムウイの妻ニマアトヘプは、次王ジョセルの母親であった。

カーター、ハワード　Carter, Howard

エジプト学の項を参照。

肩書き　titulary
王の称号の項参照。

ガチョウ　goose
先史時代から食糧（卵と肉）として飼われたガチョウは、古代エジプトの村や水路でよく見かけられた。ガチョウはしばしば古代エジプト美術で描かれた。その中でも最もよく知られているのは、メイドゥムにある第4王朝のネフェルマアトとアテトの墓から出土した様々な種類のガチョウが描かれたレリーフであろう。マガンもまたヒエログリフとして使用され、ゲブ神と密接な関係があった。ゲブは時折「偉大なる鳴き声」という形容辞を持つが、ゲブの娘であるイシスは「ガチョウの卵」と呼ばれることもあった。新王国時代には、ガチョウはアムン神に捧げられるものとみなされるようになった。ガチョウの一群はカルナク神殿の聖なる池で飼われていた。

割礼　circumcision
残存するミイラから判断すると、多くのエジプト人男性は割礼を施されていたようである。しかしこの慣習は決して普遍的なものではなかった。割礼は青年期のはじめに行なわれたと考えられ、おそらくは宗教的あるいは美的理由のみならず、衛生的な理由もあったと思われる。その手順は、サッカラの第6王朝アンクマホルの墓の壁のレリーフやカルナクのムウト神殿において描かれている。施術には湾曲したフリント製ナイフが使われたが、包皮を全部除去したのかどうかを確かめることは難しい。末期王朝時代以降は、儀礼的清めを理由に、すべての神官たちに割礼が施された。この慣習はローマ時代になると禁じられたが、神官は免除されなかった。古代エジプトで女性に対する割礼が行なわれた証拠はない。

カデシュ／ケデシェト／クドシュ
Qadesh ／ Qedeshet ／ Qudshu

第18王朝に信仰がエジプトへともたらされた聖なる恍惚感と性的喜びとに関連したシリアの女神。トライアドとして、ミンとレシェフとともに崇拝され、またハトホルやその他の近東の女神アナトとアスタルテと関連づけられた。この女神は一般的に花とヘビを掴み、ライオンの上に立った裸の状態で描かれる。

デイル・エル＝メディーナ出土の第19王朝のケフの石碑の上部は、両側にミン（左）とレシェフ（右）が配置されたアジアの女神カデシュを表わしている。

カデシュの戦い　Kadesh, Battle of
ラメセス2世治世下のエジプト軍とムワタリ王治世下のヒッタイトとの間の軍事衝突。ラメセス2世の治世第5年（おそらく紀元前1275年頃）に、シリア中央部のオロンテス川沿いのカデシュ（テル・ネビィ・メンド）近郊で起こった。この戦いに関するエジプト側の記述は13例あり、パピルスおよ

びラメセス2世の神殿群（ルクソール神殿、アブ・シンベルおよびラメセウムを含む）の壁の上に残っている。カデシュは、内陸シリアに至る道を展望する位置にあったことから、戦略的に重要な町であったため、同地方の主要国により熾烈な争奪戦が生じた。ラメセスは主力部隊をエジプト支配下にある地域を通って内陸路を北上させた。精鋭部隊の中の特別師団が沿岸部に沿って派遣された。部族民捕虜2人の誤情報によって惑わされたために、エジプトの正規軍は、陣形を整える前にヒッタイトによる奇襲攻撃を被った。精鋭部隊の到着はかろうじて敗北からエジプト人たちを救うことができた。戦いは翌日も続いたが、決着がつかずに終了した。その際にヒッタイトは、エジプト人を南へと追い返し、首尾よくレヴァントにおける彼ら（エジプト人）の2つの最北端の領地を奪取した。最終的にラメセス2世は、新しいヒッタイト王ハットゥシリス3世と平和条約を結んだ。曖昧な結果にもかかわらず、カデシュの戦いはエジプト側の記録ではラメセス2世の偉大なる勝利として表わされた。

カーナーヴォン卿　Carnavon, Lord
　エジプト学の項を参照。

カナーン　Canaan
　パレスティナの項を参照。

カノポス壺　canopic jars
　ミイラ製作中に取り除かれた内臓を納めるために使用された壺。カノポス（ギリシア神話におけるメネラオスの水先案内人）の象徴として、古代カノープスの住人によって崇拝された人頭壺の名をとって名づけられた。内臓を取り除く習慣は、第4王朝初期のヘテプヘレスの墓において初めて確認された。彼

カデシュの戦いの直後に描かれたアビドスにあるラメセス2世神殿のレリーフ。ヒッタイトとシリアの兵士たちおよびウマがオロンテス川の岸へと落ちている。

デイル・エル＝バハリの第21王朝の王女ネスコンスの埋葬のために作られた石灰岩製カノポス壺一式。上蓋は、それぞれホルスの4人の息子たちを表わしている（左から順に、ケベフセヌエフ、ドゥアムゥトエフ、ハピ、イムセティ）

女の臓器は4つに区分けされ、トラヴァーチン製の収蔵箱へ納められた。その後、肝臓・肺・胃・腸が、石製や土器製の壺にそれぞれ分けて納められ、内臓の象徴的守護者「ホルスの4人の息子たち」によって守られた。第一中間期の間に、カノポス壺の栓は、人の頭を象ったものが使用されはじめた。第18王朝後期以降、上蓋は守護神の頭（ヒヒ、ジャッカル、ハヤブサ、人間）を象ったものがより一般的になり、第19王朝において定番となった。第三中間期において、ミイラ化した臓器は通常体内に戻されたが、裕福な人物は代用品の壺一式を墓に埋葬した。王家のカノポス壺として知られる最後の品は、アプリエスのために作られたものであった。カノポス壺の製造はプトレマイオス朝時代まで続いたが、ローマ時代に終焉を迎えた。

カバ　hippopotamus

新王国時代まで、ナイル河にはカバが群棲しており、これら巨大な野獣は古い時代にはよく目にされたであろう。カバはバダリ期以降、エジプト美術で人気の題材となり、装飾主題として初期の彩色容器によく用いられた。カバは漁師たちや河を渡る人々に実際に危険をもたらしたことから、恐怖と畏怖の念で見られていた。王権と関係づけられるようになると、すなわち後の時代にセトに対するホルスの勝利（セト神はカバとして表わされることもあった）と結びつくようになると、カバの狩猟は、先王朝時代において象徴的な意味を持つ重要儀礼となった。このことは、古王国時代の数多くの私人墓に銛で貫かれたカバが描かれていることの理由となっている。こうした含意はあったものの、カバはまたその積極的な性質のために崇拝されもし

サッカラにある王女イドゥートの第5王朝の墓から出土した、雌のカバが子供を出産しているナイル河の一場面。

た。初期王朝時代に年代づけられている巨大な石灰岩製のカバの彫像は、おそらく崇拝用の神像であった。雌のカバは、タウェレト神と結びつくようになり、同時にファイアンス製のカバは、おそらくナイルの豊饒ひいては再生復活と関連づけられて、中王国時代に副葬品として人気を博した。

カーバ Khaba ［紀元前2600年頃］

第3王朝半ばの王。王朝における彼の位置づけは不明瞭であるが、おそらくセケムケトの後継者であった。彼についてはほとんど知られていないが、おそらくほんの数年間だけ統治した。ザウイエト・エル＝アリヤンにある未完成のピラミッド（「重層ピラミッド」）は、マスタバ近くで発見された名前が刻まれた石製容器に基づいて彼のものだと考えられている。カーバの名前はヒエラコンポリスとエレファンティネにおいて発見された封泥(ふうでい)にもある。

カババシュ Khababash ［紀元前335年頃］

第31王朝（第2次ペルシア時代）にペルシア人に対抗して、下エジプトを短期間支配したであろう短命の王。サッカラにおける聖牛アピスの埋葬は彼の治世に年代づけられている。彼はまたブトのウアジェト神殿に土地を寄進したことで知られる。

カフラー／カフレー／ケフレン Khafra／Khafre／Chephren ［紀元前2500年頃］

第4王朝4代目の王。おそらく彼の前任者ジェドエフラーの弟で、ギザに第2のピラミッドを建設することにより父親に対抗した。その保存状態が良好な河岸神殿には、下ヌビアの西方砂漠にあるジェベル・エル＝アシールの採石場で産出する閃緑岩(せんりょくがん)で彫られ

た数対の王の座像があった。一般的には、カフラーがもともとそこにあった岩山から大スフィンクスを彫り出したと推測されている。

ギザの河岸神殿出土のカフラーの閃緑(せんりょくがん)岩製彫像。王の後頭部に止まっているハヤブサは、この世における生まれ変わりである王を守護するホルス神を象徴している。

被り物 headdresses

王、女王、および神々によって被られた様々な冠の他に、古代エジプトでは、王の頭部を覆うものとして3つの基本型があったことが知られている。「アフネト」として知られる袋状の被り物は、両肩に垂らした飾りを持つ軽くてより精巧な「カアト」という被り物と同様に、第1王朝半ばから知られている。額を覆うように被った襞(ひだ)のある頭巾(ずきん)は「ネメス」と呼ばれ、ジョセル王の階段ピラミッド

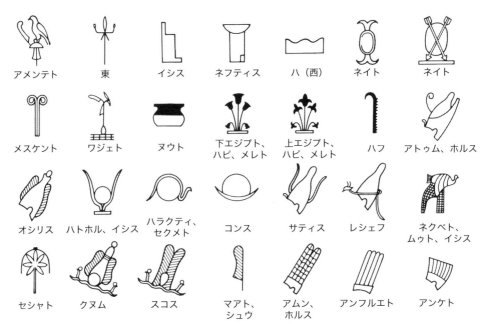

古代エジプトの多種多様な神々を名前によって特定できない場合、しばしば特徴的な被り物によって識別することができる。

複合体から出土した彼の彫像に描かれたものが最古例である。それは王のための最も一般的な頭巾の形態となり、王冠と組み合わせて身に着けられた。

カフーン　Kahun

ファイユームの東端にあるラフーン近くの周壁を持つ町。センウセレト2世の葬祭に仕える人々が住むために造られたが、それは独自の市長を持つ豊かな共同体へと発展した。カフーンはエジプトの居住地として完全なかたちで残存する数少ない例の1つであり、国家の基礎のすべての特徴を備えており、正確な碁盤の目状に配置されている。壁は町を東西の区域に分けている。西側は庶民用の簡素な住居施設からなり、東側は行政管理棟と官吏たち用の大規模な住宅であった。遺構および遺物の保存状態がきわめてよく、中王国時代の生活に関する豊富な資料をもたらしてくれる。ほとんどの家屋は、屋根に至る階段を備えた平屋であった。壁は漆喰が塗られ着色されていた。家屋の中で発見されたものは、私的な宗教に関するもの、工具、農業や機織り道具、ゲームや宝飾品を含んでいた。陶器の中にはクレタから輸入されたものや地方で作られた模倣品があった。大量のヒエラティックのパピルス文書には、最古の婦人科医学文書、宗教文書および個人的な手紙が含まれていた。その遺跡には、かなりの数の外国人たちが暮らしており、中王国時代の社会の国際的性格を示している。

カヘジェト　Qahedjet

フニの項参照。

上エジプト　Upper Egypt

メンフィスのちょうど南から第1急湍にかけてのナイル河谷を指す（時折、中エジプトという言葉がナイル河谷の北方の半分を指すために使われ、上エジプトはアシュートからアスワンまでの範囲のみを指す場合がある）。古代において、それは行政目的のために22のノモスに分けられていた。上エジプトの地形、つまり両砂漠に隣接した狭く細長い氾濫原は、デルタ地帯の広大な緑の広がりとは対照的であった。要するに、エジプト人の考えでは、それは二国のうちの1つであった（概してエジプトを構成した二元性）。図像学と神話学において、それは白冠、スイレン、ネケンの魂と関連していた（ペとネケンの魂を参照）。

先王朝時代、第一中間期、そして第二中間期の終わりには、国家（再）統合のための勢力が上エジプトからやってきた。その地域は、壮大な記念建造物等で有名であり、最近まで下エジプトよりはるかに集中的に研究されていた。その証拠の偏りは、歴史的事実よりもむしろエジプトの全歴史を通しての上エジプトの明らかな優越性を説明するかもしれない。

髪の毛とカツラ　hair and wigs

古代エジプト人たちは、自分たちの容姿に強い関心を持っており、髪は大事な要素であった。髪を飾る道具は副葬品に顕著に見られ、髪結い師たちはメンチュホテプ2世の妻カウイトの棺に描かれたように裕福な個人に雇われた。人工的な髪のエクステンションおよび毛染めとしてのヘンナの使用は、早くも先王朝時代のヒエラコンポリスで確認されている。カツラはしばしばひじょうに精巧に作られ、エジプトの歴史を通してエリート層によって愛用された。女性用の肩に掛かるような重いカツラは、彼女たちの性的魅力を増すと考えられていた。男性には一般的に短いカツラが好まれた。カツラは通常、植物の繊維を土台にして人間の髪の毛で作られた。カツラと髪はともにおそらく香料で香りづけされた。カツラ職人の工房がデイル・エル＝バハリで発見されている。髪形やカツラの形はファッションと同様に年齢や地位を反映しつつも、時代とともに変化した。子供たちは、青年期になるまで特徴的な「若者の髪房」と呼ばれる髪型をしていた。口ひげと短いあごひげは、古王国時代の高官たちに人気があった。新王国時代以降、神官たちは清めの儀式のために頭部を剃った。王は王位の象徴の一部として偽ひげを装着した。一方男性神たちの顎ひげはしばしば巻き毛で描かれた。頭に灰を被ったり、髪の毛を掻きむしったりすることは、喪に服する際の一般的な身振りであった。

カルナク出土の第18王朝のセンネフェルと彼の妻センナイの花崗閃緑岩製彫像は、古代エジプト人の精巧な髪の毛とカツラへの愛着を示している。

神を礼拝する婦人　Divine Adoratrice

新王国時代と第三中間期において、しばしば王族の年配女性が冠した宗教的称号。この称号の重要性は正確に判明していないが、アムン信仰と結びつけられた。ハトシェプスト

の治世において初めて登場するこの称号は、トトモセ3世によって彼の正妻の母に贈られた。第三中間期になると、アムンの神妻の官職とともに与えられるのが慣例となった。

カムゥトエフ　Kamutef（「自らの母親の雄牛」の意）

アムン＝ラー、ミン、または習合した神アムン＝ミンに使用される形容辞。神は母親の受胎を通して自らを創造するという考え方を表わしている。血はつながってはいないが、正統な祖先であるという概念なのである。アムン＝ミン＝カムゥトエフは、カルナクにあるセンウセレト1世の白の礼拝堂に描かれている。

カムディ　Khamudi［紀元前 1530-1520 年頃］

ヒクソスの第15王朝最後の王。彼がアハモセに倒されたことにより、エジプトが再統一され新王国時代がはじまった。

仮面　mask

エジプト美術においては、動物の仮面を着けた人間と動物の頭を持って擬人化された神々とを見分けるのは難しい。先王朝時代のパレット（マンチェスター博物館所蔵）には、鳥の一群の隣にダチョウの仮面を被っている男性が描かれている。また別のパレット（オックスフォードのアシュモレアン博物館所蔵）に描かれたジャッカルの頭をした人間が葦の横笛を吹いているものは、仮面を被った男性であるかどうかはっきりしない。しかし、最近発見されたヒエラコンポリス出土の先王朝時代の陶器製仮面は、明らかに初期宗教や葬送儀礼において、こうした遺物が一定の役割を果たしたことを示している。カフーン出土のカルトナージュ製ライオン仮面（中王国

時代のもの）や末期王朝時代の陶製ジャッカル仮面は、後の時代のものとしてはめずらしいものである。デンデラのハトホル神殿のレリーフは、明らかにジャッカルの仮面を被った神官を表わしており、少なくともプトレマイオス朝時代およびローマ時代には、神殿の儀式において仮面が使用されたことを裏づけている。

葬礼用仮面は、エジプト史を通して確認されている。有名な例としては、トゥトアンクアムンやプスセンネスの黄金の仮面から、ローマ時代のハワラやファイユームの「ミイラ肖像画」がある。葬儀であろうと宗教であろうと仮面の目的は同じで、身に着けた人物を死すべき運命から神々の地位へと変容させることにあった。

カモセ　Kamose［即位名ウアジケペルラー：紀元前 1541-1539 年頃］

第17王朝最後の王。タア2世の息子か弟であったカモセは、3年間統治しただけであるが、ヒクソスに対するテーベの闘争に決定的な貢献を果たした。北はクサエまでテーベの支配権を拡大したカモセの遠征の詳細は、カルナクに建てられた2つの石碑に刻まれている。同石碑にはヒクソスの同盟者であったクシュに対する軍事活動も記録されている。カモセは、ドゥラ・アブ・エル＝ナガでピラミッド型の墓に埋葬された。

殻竿　flail

王位の象徴の項を参照。

ガラス　glass

ファイアンスやエジプシャン・ブルーといったガラス性物質は、エジプトで早い時期から生産されていたが、ガラス自体を作る技術

ガラス 105

らくエジプトは東地中海の他地域へ輸出できるほど十分な量のガラスを生産したようである。ガラス工房は、アマルナとペル・ラメセスで発掘されている。既製品の青色ガラスの鋳塊（ちゅうかい）はレヴァントから輸入され、トルコの南海岸におけるウルブルンの難破船の積荷の中から見つかったが、ガラスの原材料——シリカ、アルカリ、および石灰——は、エジプトで容易に入手できた。めずらしい赤色のガラス鋳塊が、ペル・ラメセスで発見されている。ガラス製造の第1段階は、700〜850℃で諸原料を一緒に加熱することである。その結果できあがった透明な物質は、次に細や

第18王朝初頭の統一戦争時のヒクソスに対する軍事的成功を記念するために、カルナクのアムン＝ラー神殿にカモセによって建立された戦勝碑文。

は、第18王朝初期にようやく完成した。ガラスを意味するエジプト語が外国起源のものであったことから、おそらくガラスはレヴァントから輸入されたと思われる。アメンホテプ2世の副葬品には、様々な技術があったことを示すガラス製品が数多く含まれている。この時代、ガラスの原料は高価かつ貴重で、王家によって独占されていたと思われる。しかし、第18王朝の終わりまでには、おそ

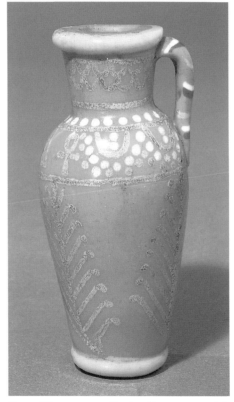

第18王朝のトトモセ3世の名が刻まれたテーベ出土の青ガラス製水差し。エジプト製のガラス容器の中で最も初期の作品として知られているもの。

かな粉末に砕かれ、着色や整形が可能な溶解ガラスを生成するために再度1000℃で加熱された。新王国時代末以降、ガラス生産はエジプトでは衰えたが、プトレマイオス朝時代およびローマ時代には再び活気づき、アレクサンドリアがガラス生産の中心地として名声を得た。

カラニス　Karanis

ファイユームの項を参照。

カラブシャ　Kalabsha

アスワンの南方50キロメートルの下ヌビアにあるナイル河西岸の遺跡。カラブシャにおける定住はアメンホテプ2世治世にはじまり、ローマ時代に建造されたヌビアの地方神マンドゥリスに捧げられた神殿でよく知られている。ナセル湖の水位の上昇から同神殿を救うため、1960年代に解体され、アスワン・ハイ・ダムのちょうど南に新たな地（新カラブシャ）として移築された。

カリア人　Carians

末期王朝時代に傭兵としてエジプトの軍隊に従軍した、ロードス島の対岸、小アジア（現在のトルコ）沿岸出身の人々。メンフィスに拠点を置いていたカリア人によって使用されたサッカラの共同墓地において、カリア語も記された2ヵ国語の石碑が多数見つかっている。

カルガ・オアシス　Kharga Oasis

ナイル河谷により近い西方砂漠の肥沃な地域。ダクラ・オアシスの東方にある。カルガ・オアシスは、すべての時代において、エジプト、他のオアシス群およびヌビアとの隊商路の中継地点として重要であった。メルエンラーの治世にイアムに遠征したハルクフは、カルガ経由のオアシスの道を使用した。第18王朝からティスの知事によって管理されていたカルガは、ラメセス2世の建築計画のための石材を供給した地域の1つとして、ルクソール神殿において名が挙げられている。第26王朝以前の考古学的な遺物遺構はほとんど発見されておらず、点在する先史時代の居住跡やペトログリフ、そして1つだけ見つかっている第4王朝の容器とオアシスの北の遺跡で中王国時代の土器が発見されているだけである。現存する主たる建造物には、ヒビスのアムン神殿、ローマ時代の一連の住居址と砦および装飾を施された日乾レンガ製の墓からなる初期キリスト教の共同墓地バガワットがある。

カルトゥーシュ　cartouche

第3王朝後期から王朝文化の終わりにかけての王名が記された楕円形の枠。カルトゥーシュ（「弾薬筒」のフランス語訳）とはナポレオンのエジプト遠征の際に、その形が薬包に似ていることから名づけられた。カルト

トゥトアンクアムン王墓出土の木箱。上部は王の名前と肩書に対するヒエログリフを含むカルトゥーシュの形となっている。

ゥーシュは結んだ紐の範囲を表わしたものであり、太陽によって囲まれているすべてを象徴しており、王の宇宙的役割を強調していた。現存する最古の例は、ベイト・カラフ出土の第3王朝サナクトの印章跡に記されている。第3王朝末期（フニの治世）以降、王の誕生名（第5王朝以降は即位名も）がカルトゥーシュの内側に書かれた。この事実は、初期の研究者たちが、古代エジプトの碑文に記された王名を理解する助けとなり、ヒエログリフの筆記の解読への道を切り開いた。その形が保護の意味を内包することから、カルトゥーシュの形は、新王国時代における王の石棺やトトモセ3世の埋葬室に採用された。

カルトナージュ　cartonnage

亜麻布やパピルスを漆喰で何層にも固めて作ったもの。パピエマシェ（張り子）と似ており、特にミイラマスク、ミイラのケースおよび人型の棺などの埋葬用品として用いられ、しばしば宗教的な描写や理想化した故人の姿が描かれたり金箔が貼られたりした。

カルナク　Karnak

テーベ（現在のルクソール）にあるナイル河東岸の巨大な宗教複合体で、古代エジプトの美術、彫刻および建築の最大の宝庫の1つである。カルナクの記念建造物は、継続して増改築が行なわれ、その期間は王朝時代のほとんど、すなわち中王国時代初期からローマ時代に渡っている。

アムン＝ラーに捧げられた主神殿は、古代エジプト語で「イペト・スウト」、つまり「選ばれし最良の土地」と呼ばれていた。目にすることができるほとんどの建造物は、新王国時代のものであるが、この神殿は第11王朝に創建された。中王国時代の神殿のうち残存するのは、当初再利用された一連の石材として発見され、現在はカルナクの野外博物館に建てられているセンウセレト1世の白の礼拝堂だけである。テーベの第18王朝の成立とともに、アムン＝ラーは、国家神に昇格された。彼の信仰拠点であったカルナクは、かつてない規模で王の活動の中心となった。広い土地が寄進されたカルナクは、国家にとって重要な経済活動の中心となった施設であり、その司祭職は国内で最も権力を持っていた。アムン＝ラー神殿は、儀式の際に用いられる2つの直線路に合わせて設計され、その交差点に聖なる池がある。主軸は東西方向に至聖所から本来は運河を経由してナイル河とつながっていた石造りの埠頭である神殿入り口へと延びている。第2の軸は北から南へと延びている。オベリスク（特にハトシェ

金箔が施されたアメンホテプ3世の義母チュウヤのカルトナージュ製ミイラマスク。王家の谷における彼女とその夫の墓より出土。

プストとトトモセ1世の)、聖堂、祭壇で飾られた塔門と中庭の連なりは、後継の王たちによって、特に第18王朝および第19王朝に建てられた。最も印象的なのは、セティ1世とラメセス2世の巨大な列柱室である。神殿の後方部にトトモセ3世は、自身のセド祭を祝うために豪華に装飾された祝祭殿を建造した。現在の花崗岩製の至聖所は、アレクサンドロス大王の後継者フィリップ・アリダエウスの治世に設置されたものである。

カルナクで2番目に大きな複合体は、女神ムゥトに捧げられたものである。この複合体はアムン神殿の境内と同じように、高い周壁に囲まれている。その中央には馬蹄形の湖がある。アメンホテプ3世によって献納されたライオンの姿をした数百体ものムゥトの

第2塔門とラメセス朝期の列柱室に向かって東方向を見た際のカルナクのアムン＝ラー神殿の前庭の光景。最前列にある巨大なパピルス型の円柱は、かつて第25王朝のタハルコ王によって建造されたキオスクの一部であった。

小像が神殿で発見された。スフィンクスの参道は、ムゥト神殿の複合体からルクソール神殿へと南に延びている。アメンホテプ3世によって造られた第3の区域には、モンチュ神に捧げられ、マアトのための小神殿などがある。これら3つの主要な囲い地以外に、プタハ、オペト、コンスに捧げられた小さな建造物もある。アクエンアテンは、カルナクの東周壁の外側に一連のアテン神殿を建造した。このアテン神殿はホルエムヘブによって解体され、そこに使われていた「タラタート」石材は、後の時代の建設（カルナクとルクソールで）で再利用された。これらのレリーフの再構築は、カルナクにおいて実行された大規模で国際的な記録、発掘、保存活動の中のほんの一例に過ぎない。

「カー」礼拝堂　*ka chapel*

　祭祀に参加するための機会と主神から再分配された奉納品を共有する機会を得るために、持ち主が死後に備えて用意した地方神殿の区域内に建てられた建物。ミニチュアの神殿のようなこの「カー」礼拝堂は、葬礼に備えて、専用の地所が寄進された。第6王朝の王たちは、いくつかの「カー」礼拝堂をブバスティス（テティとペピ2世）およびヒエラコンポリス（ペピ1世）に建てた。メンチュホテプ2世は、デンデラに「カー」礼拝堂を寄進した。アビドスのオシリス＝ケンティアメンティウ神殿は、古王国時代からラメセス朝期にかけての王の「カー」礼拝堂のための場所であった。私人の「カー」礼拝堂も確認されており、エレファンティネとダクラ・オアシスにある。「カー」礼拝堂という言葉は、「カー」が奉納品を手にすることができるように偽扉および供物台を備えた墓の上部構造にある部屋を意味する可能性もあ

る。

「彼の息子に対するある男の教訓」
Instruction of a Man for his Son

　第12王朝初期に編纂された知恵文学作品であるが、新王国時代の大量の断片からその存在が知られている。文章の完全な復元は困難である。もともとは「ケティの教訓」および「王党派の教え」と合わせて3部構成だった可能性もある。同作品は「王党派の教え」同様、王に対する忠誠心を強調している。また様々な状況で適切に話すことに重きが置かれている。

カワ　Kawa

　ケルマの南方55キロメートルにある上ヌビアのナイル河東岸の遺跡。タハルコによって建てられた聖堂などの遺跡が残っている。

灌漑　irrigation

　ナイル河谷における農業の成功は、堤防、水路および運河を用いて、氾濫の際の洪水の水を利用できるかどうかにかかっていた。ナイル河谷はおのずと数多の洪水調整池——ここにノモスができた——に分かれた。またそれゆえ灌漑は、大規模な国家的計画を除けば地方レベルで管理することができた。しかしながら、王権理念によれば、支配者は究極的にはエジプトの豊穣に対して責任を持っていた。そのためサソリ王の棍棒頭には先王朝時代後半のある王が灌漑儀礼を行なっている様子が描かれたし、第1王朝のある碑文には（国家が後押しした）メンフィス近郊の運河に関する記述がある。

　すべての時代のエジプトの碑文は、運河の掘削、堤防の修復、氾濫後の土地の境界線の復旧、およびその他の灌漑に関連する活動に

110 玩具

しばしば言及している。灌漑は、新たな技術、特に新王国時代のシャドゥフとプトレマイオス朝時代の畜力による水揚げ車（「サキヤ」）の導入によって、定期的な間隔で劇的に変化した。近代アスワンに2つのダムが建設されたことにより、毎年繰り返される灌漑は一変し、永久の灌漑が可能になった。

玩具　toys

　古代エジプト人たちはゲーム好きであったため、子供の玩具もあったようだ。しかしそれらを考古学上の記録から確認することはひじょうに困難である。墓で発見された小さな彫像と模型は、一般的に儀式用の物として解釈されている。住居跡から出土したものは、疑いなく玩具として分類される。それらは独楽、紐でできた球、そして可動部分のついた動物の木製模型を含んでいた。

岩窟墓　rock-cut tombs

　岩壁の表面に掘られた葬祭記念建造物は、古王国時代初期に人気になりはじめた。通常埋葬室は、竪坑によって届く墓礼拝堂の下に位置していたが、完全に分離している例もある。柱または支柱のある広間は、古王国時代後期以降から岩窟墓礼拝堂に共通する特徴となった。第一中間期と中王国時代の間、州侯や他の高官たちの岩窟墓は、建築と墓の装飾においてその土地の伝統をよく表わしながら、エジプト全土の遺跡において建設された。例として、中エジプトのアシュート、ベニ・ハサン、エル＝ベルシャ、メイル、そしてカーウの墓がある。新王国時代には、莫大な数の岩窟墓がテーベのネクロポリスに役人たち（貴族の墓）、王族（王妃の谷）、そして州侯（王家の谷）のために建てられた。岩窟墓は新王国時代以後も建てられ続けたが大幅に減少した。

カンティール　Qantir

　ペル・ラメセスの項参照。

カンビュセス　Cambyses［紀元前525-522年］

　前525年にエジプトを征服したペルシアの統治者であり、第一次ペルシア時代（第27王朝）をもたらした。カンビュセスはキュロス2世の息子で、アジアや地中海世界に勢力を拡大した強力なアケメネス朝の一員であった。アマシスの治世の終わりに初めてエジプトを震撼させたカンビュセスは、その次の王プサムテク3世に対しても侵略を行なった。プサムテクはペルシウムの戦いにおいて敗れて捕らえられ、勝者となったペルシア側によって処刑された。カンビュセスはメンフィスに進軍して都市を占領し、公式にエジプトをペルシア帝国に併合した。

　ファラオの形式や称号を採用したカンビュセスは、カルタゴやヌビアに対して侵略を展開したが不成功に終わった。シーワ・オアシスを占領しようとしたときのさらなる敗北は、西方砂漠で消えてしまったと言われる「カンビュセスの消えた軍隊」という伝説を生み出した。征服者であるペルシア人による大規模な圧政を示す同時代資料はほとんど残存しないが、カンビュセスの治世はエジプトの伝統に反すると後の時代において非難の的となった。おそらく彼が神殿の経済力を抑制したためであろう。実際に彼の治世の碑文によると、カンビュセスはサイスにおけるネイト神信仰を確立しなおし、行なわれるべきすべての儀式とともに、聖なるアピスの雄牛を埋葬する慣習を維持した。カンビュセスは、エジプトの統治者となって3年後の前522年、ペルシアへの帰路の途中でシリアで亡くなっ

た。

冠 crowns

　王家および宗教の象徴としての冠(かんむり)は、王権の異なる一面を強調し、特定の神を指し示す中心的な役割を担っていた。最も重要な冠は2つあり、先王朝時代から確認されている。

　白冠は、先端が球状の長い円錐(えんすい)形をしている。第1王朝以降、上エジプトと関連づけられるようになり、そしておそらく王権の神聖なる公儀を意味していたため、2つの冠のうちより重要とみなされた。

　赤冠は、後部が上に高く突き出た低い四角型であり、螺旋(らせん)の装飾がついている。ナガダに起源があると考えられるが、二国（上エジプトと下エジプト）の統合の後、赤冠は、下エジプト、およびネイト女神と結びつけられていった。赤冠は、おそらく王が日常的に用いた冠であったため、白冠よりも下級だったとみられる。第1王朝の半ば以降、白冠と赤冠は、上下エジプト両方を支配する王権の象徴として、二重冠として統合された。

　その他の冠として存在した青冠は、第二中間期における王家の図像において初めて描かれた。背の高いヘルメットのような形をしており、金の円盤で覆われていた。プタハ神が被っているぴったりとした帽子に似た、初期の帽子型の冠から発達したものだったのかもしれない。王はしばしば軍事に関する場面で青冠を被った姿で描かれるが、青冠の象徴性はより普遍的なものであったとみられる。

　王家の女性たちが被っている冠としては、ハゲワシ型の帽子（例えば、ネフェルトアリの墓で彼女が被っているようなもの）と有名なネフェルトイティの彩色胸像が被っている、上部が平らな装飾された冠などが挙げられる。王家の女性たちは、ハトホルやイシスなどの重要な女神と自らを同一視するために、雌牛の角やダチョウの羽根を身につけていた。ダチョウの羽根（神性を示す究極の印）は、典型的にアムン神やミン神などの神々が身につけていたものであった。より複雑な被り物は、白冠の両側に羽根、および頂上に小さな円盤がついているアテフ冠であった。神々と結びつけられたアテフ冠は、宗教儀式の際に王が身に着けた。三重のアテフ冠が初めて登場したのは、アクエンアテンの治世であった。さらに複合的な冠は、プトレマイオス朝時代とローマ時代に特に一般的になった。古代エジプト美術において、特別な王冠や神と関連づけられた髪飾りは、しばしば重要な識別要素であり、特定の属性を伝えることで別の神に変わることもできたのである。

　厳密には冠ではないけれども、王位の象徴の重要なものとして、様々な髪飾りがある。冠や被り物は、織物や金属を含む様々な材料からつくられたようだが、古代エジプト以来実際に残存しているものはない。

様々な冠が王権の特定の側面を示すために古代エジプト美術と彫刻において描写された。上段左から順に、白冠、赤冠、二重冠、アテフ冠および青冠。

キアン　Khyan [即位名セウセルエンラー：紀元前1610-1570年頃]

　第15王朝のヒクソスの王でアペピの先王。

約40年間エジプトを支配した。彼については、エジプトのジェベレインおよびブバスティスで神殿建築を実行したらしいこと、さらに遠方のクノッソス（クレタ）、ハットゥシャ（ヒッタイトの都）およびバグダードで発見された遺物が確認されている。キアンは、形容辞ヘカ・カスウト（「異国の支配者」）の代わりに、古代エジプト王が通常持つすべての王の称号を採用した最初のヒクソスの支配者であった。

キオスク　kiosk

透彫（すかしぼり）が施された側柱をともなう小規模な神殿。最もよい例はカルナクのセンウセレト1世の白の礼拝堂とフィラエのトラヤヌスのキオスクである。

ローマ皇帝トラヤヌスによってフィラエ島に建てられたキオスク。現在はアジルキイヤ島の側で隣接する建物に沿って移築されている。

飢饉　famine

エジプトは古代世界において農業生産力の高さで知られていたが、時々、氾濫（はんらん）の低水位期の延長や異常な高水位が作物の不足や飢饉を招いたことは疑いがない。しかし、このような出来事についての明瞭な言及はほとんどない。というのも、筆記は現実を記録するだけでなく、理想的秩序を永続させるものとして生み出された神聖な手段であったからだ。その上、文書記録を作った有力エリートにはエジプトの幸福に対する責任もあったので、公にも日常的にも失敗を認めたくなかったのである。とはいえ、時折飢えやその影響を垣間見ることができる。最も有名なものは、ウナス王のピラミッドへと続く参道にあるやせ

飢饉の影響で、やせ衰えたベドウィンの苦難を表わした石灰岩の断片。サッカラにある第5王朝ウナス王のピラミッド複合体の参道から出土。

衰えた人々のレリーフである。それは、飢饉が古王国時代の衰退原因の1つであった可能性を示唆している。続く第一中間期には、モアラのアンクティフィとエルカブのヘテピの墓の自伝に飢饉についての言及がある。第20王朝のパピルスは「ハイエナの年」について言及しており、これは飢饉の時期の遠回しな表現であったようだ。より疑わしいものとしては、サヘル島の「飢饉石碑」がある。7年間の飢饉について言及しているこの碑文は、第3王朝の支配者ジョセル王の法令とされているが、この碑文は実はプトレマイオス朝時代のものと推定され、言及された飢饉は起こっていなかったようである。

ギザ　Giza

現在のカイロ市の端にあるメンフィスのネクロポリス地域で、クフ、カフラー、メンカウラーの3つのピラミッド複合体と大スフィンクスがあることで有名である。この遺跡における古王国時代以前の活動は、先王朝時代の土器の発見および初期王朝時代の2基の巨大な墓によって明らかである。クフは史上最大で、唯一現存する世界の七不思議である彼のピラミッドの建造場所にギザ台地を選んだ。クフ王のピラミッドは、その配置と構造に驚くべき正確さを示し、3基の付属ピラミッド（おそらく王の妻たちのもの）と5つの船坑をともなっていた。5つのうち2つには、杉材製の艤装を解かれた2艘の太陽の船が埋められていた。現代になってギザで建設事業が行なわれた際、クフの参道が発見されたが、彼の河岸神殿はいまだ発見されていない。クフの大ピラミッドの西と東には、王族および高官たちの共同墓地がある。またクフの治世に年代づけられる彼の母ヘテプヘレスの墓もある。カフラーのピラミッド複合体は、いまも元位置に残る化粧石を持つ巨大ピラミッド、付属ピラミッド1基、5つの舟坑、葬祭神殿、参道の一部、保存状態良好の河岸神殿からなる。河岸神殿の隣には大スフィンクスがあり、通常カフラーの治世に年代づけられるが（少なくともその完成形は）、正確な年代に関しては議論の余地がある。この大スフィンクスは最初の記念碑的王像で、ホルエムアケトの像として新王国時代およ

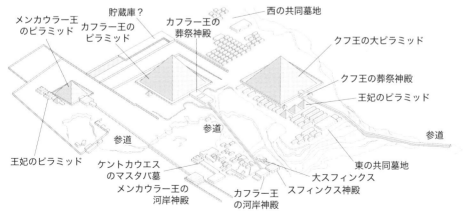

第4王朝の支配者たち、メンカウラー、カフラー、クフの3つのピラミッド複合体を示すギザ台地の復元図。それぞれのピラミッドは、古代のナイル河に隣接した河谷神殿へと下っていく長い参道を備えている。

び後の時代に崇められた。トトモセ4世は、その両前脚の間に巨大な石碑を建て、トゥトアンクアムンは近くに狩猟小屋を建てた。メンカウラーのピラミッドは、先の2基よりもかなり小さく、アスワン産の赤色花崗岩（かこうがん）で表面を部分的に覆っていた。その保存状態が良好なピラミッドからは、数多くのダイアドおよびトライアドの彫像が発見された。ギザのピラミッドを建設するために雇われた大量の労働者は、そこから近いギザ台地の麓の大きな町に住んでいた。この町は石製の周壁（「カラスの壁」）で囲まれ、パン製作所およびビール製造所を含む産業地区の役割を持っていた。すぐ近くにある労働者の共同墓地には、300基を超える墓がある。人骨の中には、背骨下部に圧迫の痕跡が見られるものもあり、これはおそらくピラミッド建造に必要とされた過酷な肉体労働の結果であろう。建材のほとんどを切り出したギザの採石場は、重要な考古遺跡でもある。

第26王朝の間、カフラーの参道の周りに造られた数多くの巨大な墓とともにギザは再び重要な共同墓地となった。

貴族の墓　Tombs of the Nobles

西テーベの墓地、特にドゥラ・アブ・エル＝ナガ、デイル・エル＝バハリ、コーカ、アサシフ、シェイク・アブド・エル＝クルナ、そしてクルネト・ムライにある新王国時代の高官のために建てられた岩窟墓群（がんくつぼ）につけられた共通の名前。

基礎埋蔵品　foundation deposits

呪術的保護を施すために、重要な位置、すなわち建物の基礎部の下に建造に先立って埋納された奉納の品々のことを指す。この習慣

ギザのメンカウラー、カフラー、クフのピラミッドは、古代エジプトの究極の記念建造物である。前面にあるのは王妃たちの小ピラミッド。

は、ふつう神殿、王宮、および要塞のような国家事業に限定されていた。地鎮祭の重要部分を占め、初期王朝時代からプトレマイオス朝時代にかけて実施されたことが確認されている。例えばデイル・エル゠バハリのハトシェプストの葬祭神殿は、儀礼道具が埋納されたレンガで裏打ちされた14の竪坑（たてこう）を備えていた。基礎埋蔵品は時期を特定するのにひじょうに役に立つものである。

キップス　cippus（複数形キッピ）

新王国時代からローマ時代にかけて確認されている、治癒、もしくは危険な動物に噛まれたり、刺されたりすることから守るために使われた特別な石碑。たいていワニの上に立ち、ヘビやサソリなどの危険な動物を両腕でつかんでいる裸の子供として表わされたホルス神が描かれている。キッピスにかけられた水は、癒しの効果があると信じられた。

キプロス　Cyprus

第二中間期から第19王朝までエジプトと交易上強いつながりがあった東地中海の島。エジプトの石製容器とスカラベがキプロスで発見されており、エジプトやヌビアの遺跡では、アヘン用の容器と考えられる基底部が輪形の特徴的な水差しなどキプロス製の陶器が見つかっている。しかしキプロスの主要な輸出物は銅であり、トルコ沖のウルブルンで沈んだ難破船から銅塊やエジプトの金細工が発見されている。

アマルナ文書に記されているアラシヤ国は、一般にキプロスだと考えられている。エジプトとの交流は、ラメセス朝期後期に中断したが、それは海の民によるキプロス襲撃が原因とされる。第26王朝にアプリエスがキプロスに対して軍事遠征を行ない、結果的にプトレマイオス朝の支配下に入った。

キヤ　Kiya

アクエンアテンの第2王妃。トゥトアンクアムンの母親であったと考える研究者もいる。彼女はアクエンアテンの治世初期にアマルナで傑出した存在であり、「すばらしき最愛の妻」というめずらしい称号を持っていた。またワインの荷札に、彼女は「気高い女性」とも書かれている。キヤのことを、エジプトとの関係強化のために嫁いだミタンニの王女タドゥケパと考える研究者もいたが、この説の根拠はない。彼女はネフェルトイティの台

ベス神の守護の下、多数の危険な動物たち（ヘビ、サソリ、ワニなど）に打ち勝つ子供の姿で表現されたホルス神が彫られたプトレマイオス朝時代初期のキップスの石碑。

頭の時期と一致するアクエンアテンの治世第11年以降にアマルナの記録から姿を消す。キヤの記念建造物は、メリトアテンによって奪取された。彼女の棺とカノポス壺は、王家の谷の王墓（KV55号墓）に再利用された。

王家の谷の第55号墓で発見されたカノポス壺の4組のうちの1つ。もともとはアクエンアテンの第2王妃キヤのものと思われるが、アマルナ時代末期に別の人物によって使われた。

九弓の敵　Nine Bows

エジプトの敵をさす古代エジプトの言葉。弓は敵の象徴であり、9という数字は「多数」を意味した。九弓の敵のモチーフは、足載せ台や玉座、サンダルをはじめとする王の備品によく用いられた。そのため王は自らの敵を象徴的に踏みつけることができたのだ。九弓によって表わされた敵の正確な構成は、時とともに変化したが、通常ヌビア人とリビア人とが含まれていた。

急湍　cataract

川底の地形の変動によるナイル河の急流地域。アスワンとカルトゥーム間に6ヵ所存在する。エレファンティネとサヘルの島々を含む第1急湍（きゅうたん）は、王朝時代を通してエジプトの南の国境であった。第2急湍の周囲には、第12王朝にクシュからエジプト国境を守るための一連の要塞が築かれた。

九柱神　ennead

9人の神の集合体（「9」を意味するギリシア語に由来）。古代エジプトの思想では、9という数は「たくさんの」という概念を意味していた（3×3、また大多数）。エジプト宗教の特徴は、9人の神々の集合体にいくつかの種類があることである。そのうち最も重要で「偉大な九柱神」として知られているのは、ヘリオポリスの創生神話において中心的な役割を果たした9人の神々で構成されている。つまりアトゥム（「九柱神の雄牛」として知られる）、シュウ、テフヌト、ゲブ、ヌウト、オシリス、イシス、セト、ネフティスである。

トゥトアンクアムンの第二の黄金の厨子（ずし）に描かれた図。本来ホルス神の立つ位置にトゥトアンクアムン自身が九柱神とともに表わされている。左から右に神々がラー、アトゥム、シュー、テフヌト、ゲブ、ヌウト、オシリス、イシス、トゥトアンクアムン（ホルス）と並ぶ。

キュービット　cubit

計量と計測の項を参照。

教育　education

古代エジプトでは、正規の学校教育は稀であった。人口の大部分は識字能力がなく、両親から実用技術を教わったようだ。また子供たちが自力で仕事を営むことができるようになるまで見習い期間制度があったようである。支配者階級（人口の１パーセントから５パーセントを占めていたと推定されている）を形成する少数の読み書きができるエリートに対しては、書記学校で読み書きの教育が施された。「ケミット」や「職業の風刺」といった文学作品は、教育目的で使われたり（おそらく書記の練習にも使われた）、他の職業を風刺する内容であったが、学校における訓練が厳しかったことを示唆する。知恵文学は読み書きだけでなく道徳を教えるのに役立った。書記育成の主要な方法の１つは、指定された課題教材を繰り返し書き写すことであった。正確に話すこともまたひじょうに重視された。

ほんの一握りのエリートだけが数学や天文学などの幅広い教育を受けることができたようである。こうした教育は政府機関（生命の家）に付属した学校や王宮自体において実施された。新王国時代には、ファラオに忠誠を誓った外国の君主の子息たちがエジプトに連れてこられ、ファラオの子供たちとともに王宮で教育を受けた。その結果、彼らはエジプトの文化価値を身につけたと考えられる。またこうしたやり方で諸外国の忠誠を維持したのであろう。

「驚異の物語」　*Tales of Wonder*（ウェストカー・パピルス）

中王国時代に編纂され、ヒクソス期に年代づけられている１つのパピルスに残された文学作品。第３王朝と第４王朝を舞台にした文書は、もともと少なくとも５つの呪術物語で構成されていたが、実際にはそのうちの３つが残っている。最初の物語では、架空の語り手はクフの息子、バウエフラー王子である。彼はスネフェルの王宮を舞台にした話を物語り、その話の中で王は若い女性の１人に彼を愉しませるために湖上で舟を漕ぐように命じた。漕ぎ手の１人が彼女の宝飾品の１つを水の中に落としてしまったとき、朗誦神官ジャジャエムアンクが、それを取って持ってきた。呪術によって、彼は湖の半分の水を他の半分の上で折りたたみ、そして宝飾品を持ち主のために取ってきたのだ。ホルデデフ王子（クフのもう１人の息子）によって語られた２番目と３番目の物語は、クフ自身の王宮が舞台であった。呪術師ジェディは自身の能力を証明するために召喚された。切断された囚人の頭（後の伝承で暴君とされたクフの評判を示している）をもとに戻すよう求められたジェディは異議を申し立て、その代わりにトリや雄牛に対して呪術を行なった。続いて第５王朝最初の３人の王として王位を継ぐ三兄弟の驚くべき誕生を予言した。

境界　frontiers

国境の項を参照。

教訓文学　didactic literature

知恵文学の項を参照。

共同統治　co-regency

２人の王が同時に統治する期間のこと。この慣習は、第12王朝にはじまり、先王存命

中に後継者が王位に就くことによって、先王から次代の王への権力の円滑な移行を確実なものとするためのものであった。共同統治は頻繁に行なわれていたとされるが、いまだに研究者たちの間で議論の的となっているケースもある。

キラ・エル゠ダッバ　Qila el-Dabba

ダクラ・オアシスの項参照。

ギリシア人　Greeks

アマシス、ミケーネの、ナウクラティス、プトレマイオス朝時代の項を参照。

ギルフ・エル゠ケビール　Gilf el-Kebir

リビアとの国境近くに位置するエジプト最南西の高い台地。特に泳ぐ人の洞窟と呼ばれる先史時代の岩絵で有名である。

金　gold

トゥトアンクアムンの黄金の財宝は、古代エジプトの富を象徴し、ファラオの文化における金の重要性を示している。実際に王墓内にある玄室(げんしつ)は、「黄金の家」と呼ばれていた。エジプトの宗教によれば、神々の肉体は金でできていた。永遠に変色しない輝く金属は、崇拝する神像や王の副葬品、およびオベリスクの頂上に輝きを加えるための理想的な素材であった。金は広く宝飾品に使用され、王家の事業に対する報酬（「名誉の金」）として官僚たちに支給された。世界最古の地図は、ラメセス4世治世に作られたワディ・ハンママートの金鉱山の地形図である。しかしながら、金を含有した岩の存在は東方砂漠で知られていたし、ひじょうに早い時期から採掘されてもいた。金の供給管理は、先王朝時代のヒエラコンポリスおよびナガダの発展と重要

性を説明するかもしれない。ナガダの古代名はヌブト（「黄金」）であったからだ。さらにひじょうに多くの埋蔵量がヌビア、ワディ・エル゠アラキとワディ・ガブガバで発見されている。金の新たな産地への接近手段を得るための欲望は、中王国時代と新王国時代のエジプトによるヌビア支配の主たる動機の1つであったのかもしれない。第18王朝のいくつかの墓には、貢物として金を捧げるヌビ

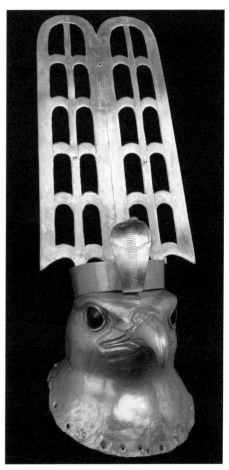

ヒエラコンポリスの神殿から出土した2枚の羽冠を持つ金製のハヤブサの頭部。第6王朝のものとされるこの金細工職人による傑作は、もともとホルス神の神像の木製土台上に据えられていた。

ア人たちが描かれている。採鉱の過酷で危険な作業は、しばしば囚人たちによって行なわれた。エジプトは、その豊富な金の保有量のため近東全域でよく知られた存在であり、大きな経済的・政治的影響力を与えたに違いない。アマルナ文書の1つにおいて、ミタンニの王はライバルであるエジプトに対し、「我が兄弟の国では、黄金はゴミと同じくらい溢れている」と書いている。

銀 silver

金属加工術の項参照。

近親相姦 incest

古代エジプト神話において特徴的な兄弟姉妹婚。特にヘリオポリスの創世神話に登場する9つの神々に著しい。夫が兄または弟、妻が姉または妹という組み合わせ（シュウとテフヌト、ゲブとヌウト、オシリスとイシス、セトとネフティス）は、近親相姦関係の神話上の前例であり、特に新王国時代およびプトレマイオス朝時代の王族の血族結婚を理解するうえで役立つ。その慣習はもっぱら王に限定されていたようであり、王の神としての地位と他の人間とは異なる点を強調することに利用された可能性もある。第17王朝末期または第18王朝初期に、3世代にわたって兄弟姉妹婚が続いた。タア2世とアハホテプ1世、アハモセ1世とアハモセ・ネフェルトアリ、およびアメンホテプ1世とメリトアムンである。

兄弟姉妹婚はまた、プトレマイオス朝時代の王族間では普通に行なわれた（例えばクレオパトラ6世は、彼女の兄弟であったプトレマイオス13世およびプトレマイオス14世と結婚した）。アクエンアテンはさらに一歩進めて、彼の娘の1人、または2人以上

との間に子供をもうけた。アマルナ時代末期には、トゥトアンクアムンは異母姉妹と結婚したが、その慣習は社会の中でそれほど珍しくなかったようだ。同じ両親を持つ者同士の近親婚は、ローマ時代にのみ広範囲に普及した。当時、こうした近親婚はエジプト文化の独自性を強調する一手段とみなされていたようである。早い時期における夫や妻に対する「兄弟」「姉妹」という用語の使用は、エジプト人の愛情表現を反映し、近親相姦を意味するというよりもむしろ敬意を指し示している。

金属加工術 metalworking

冶金技術の主要な拠点ではなかったが、それにもかかわらず古代エジプトは、自国内や隣国で見つかった金属のほとんどを抽出および加工処理するための技術が発達していた。そのうえ、特定の金加工所におけるエジプト人職人の作品は、おそらく古代世界において並ぶものがないほどであった。

銅はエジプトで最初に利用された金属であった。小さなビーズがバダリ期の墓で発見されている。大型の遺物は、先王朝時代後期に鋳型鋳造、焼きなましおよび冷間鍛造との組み合わせによって作り出された。銅鉱石は、マアディなどの交易拠点経由でパレスティナのティムナ地区から輸入されたり、シナイ半島や東方砂漠で採掘されたりした。ブヘンにある初期王朝時代の銅製錬跡は、金属鉱石の搾取が早い時点からエジプトがヌビアに興味を持った動機の1つであった可能性を示している。新王朝時代にエジプトは、ティムナの鉱山を支配し、またキプロスとの貿易から銅を得ていた。銅製品の製造は古王国時代に最盛期を迎え、ピラミッドの石材を切り出すために銅製の鑿が大量につくられた（硬石製

道具は、一般的に中王国時代と新王国時代にこの目的のために使用された）。メレルカおよびティの墓に描かれた場面は、坩堝で鉱石を熔かしているものなど銅加工の様々な工程を示している。ヒエラコンポリス出土のペピ1世やメルエンラーの銅像は、大型の金属加工品として数少ない遺物である。

銅と錫の合金である青銅は、第2王朝期のカーセケムウイの墓出土の容器が初出である。エジプトはおそらくシリアから錫の供給を得ており、錫の鋳塊が現在のトルコ南沿岸沖のウルブルンで1980年代に発見された青銅器時代の難破船の積荷から発見された。古王国時代以降は鋳造に失蠟法が用いられ、末期王朝時代には青銅製彫像の大量生産を効率的にするのに使用された。青銅を意味する言葉の初出は第18王朝の文書に見られ、この頃までには銅に代わって大部分が青銅となった。また、同時期におけるふいごの導入は、金属加工術を全般的に大発達させた。

銀はレヴァントから輸入しなければならず、その希少性ゆえ、金よりも高価であった（エレクトラム同様、金はエジプトとヌビアの国境内で容易に得られた）。銀細工の初期の例としては、ヘテプヘレスのブレスレットなどがある。中王国時代までには、おそらく近東との貿易が増えたため、銀はひじょうに広い範囲で確認されるようになり、金よりも価値が低くなったようである。エル=トゥードの財宝は、おそらくエーゲ海産の銀製の一括遺物を含んでおり、第12王朝の女性王族たちのために作られた銀製宝飾品がダハシュールとラフーンで発見された。銀は新王国時代にも容易に得られ、タニスの第21王朝と第22王朝の王たちの副葬品として広く用いられた。エジプトの宗教では、神々の骨は銀で、肉体は金でできているとされた。

鉄はエジプト人が最も利用しなかった鉱物である。隕鉄はバダリ期からビーズ製品として利用され、ヘマタイトなどの鉄鉱石は、化粧用顔料の重要な原料であった。しかし、鉄製錬に必要な先進技術は、末期王朝時代になるまでエジプトに導入されなかった。それ以前は、鉄製品は輸入されており、したがってその希少性ゆえひじょうに高価なものであった。アマルナ文書は、近東の支配者たち、特にヒッタイトによってアメンホテプ3世とアクエンアテンに送られた外交用の貢物について記している。トゥトアンクアムンの副葬品の中には鉄製短刀の刃があった。鉄製錬の

サッカラにあるニアンク・クヌムとクヌムホテプの第5王朝の墓の金属加工術の場面。4人の男性が金属を熔かすための坩堝に火を起こし、絶えずパイプから息を吹きかけている。一方、右の監督は金属がもう少しで鋳造の準備ができると伝えている。

最古の例は、紀元前6世紀のナウクラティスに見られるものである。ローマ時代になり、ようやく鉄製工具や鉄製武器がエジプトで一般的なものとなった。

古代エジプトの金属加工術は、タニスにある第21王朝のプスセンネス1世の墓から出土したこの銀器のような傑作を生み出した。

近東 Near East

レヴァントの項を参照。

空墓 cenotaph

特に宗教的重要地において、墓主が実際に埋葬された墓から離れた場所に造られた記念碑や葬祭建築物。例えば、アビドスにある参道沿いの数百に及ぶ空墓の礼拝堂は個人によって造られたものであり、他方オシレイオンは、オシリス神のために造られた壮大な空墓であった。

苦灰石 dolomite

石の項を参照。

クサエ／エル＝クシーヤ Cusae／el-Qusiya

中エジプト（古代エジプトのキス）のナイル河西岸に位置する遺跡の古典期の名称。上エジプトの第14州の州都であり、第二中間期にはヒクソスとテーベの支配地域の境界を形成した。中王国時代のクサエの州侯の墓がメイル遺跡の近辺にある。

楔形文字 cuneiform

メソポタミアのシュメール語やアッカド語の文字。特に粘土板に尖筆で文字を書くのに適していた。バビロニア語（アッカド語系）が紀元前2千年紀半ばに中近東の外交言語となった際に、楔形文字はレヴァント地方において、統治者間の往復書簡として幅広く使用されていた。そのためにアマルナ文書は楔形文字で記されている。

孔雀石 malachite

東方砂漠およびシナイ半島で産出する明るい緑色をした銅鉱石。先王朝時代の墓で発見されており、古王国時代中期まで化粧墨（アイライン）の主原料であったが、緑色のアイラインは、方鉛鉱を主原料とする黒色のアイラインに取って代わられた。孔雀石はまたエジプシャン・ブルーの原料の1つでもあったようだ。

クシュ Kush

上ヌビアの第3急湍地域にあった王国で、中王国時代と第二中間期の間、エジプトの主たる敵であった。歴代のクシュの王は、広大で肥沃な平原に加えて、ナイル河谷とサハラ以南のアフリカとを結ぶ重要な交易路を首都ケルマから管理した。クシュ側の文字記録は存在しない。そのためクシュの歴史および発

展は、エジプト側の資料で解明されなければならない。クシュという名称は、下ヌビア征服を記念してブヘンに建てられたセンウセレト１世の石碑に最初に言及されている。第12王朝において、この新たに併合した領土の防衛、およびクシュの脅威を押しとどめるという願望は、アスワンから第２急湍にかけて連なる要塞群の建設の第一の動機であったようである。両国の平和的共存は、第二中間期のはじまりとともに終焉を迎えた。クシュはエジプトが撤退すると、下ヌビアへと領土を広げ、カモセの石碑に記録されたように、続いてテーベの第17王朝の支配者たちと敵対するヒクソスの王たちと同盟を結んだ。近年、エルカブにおいて、北はクサエにまで及ぶ同時代のクシュによる大規模な上エジプト侵攻があったことが明らかになった。クシュはトトモセ１世によって打倒された。彼は最終的にケルマを征服し、ヌビア全土をエジプトの植民地とした。クシュ総督は、王の代理として全領域を支配したが、反乱鎮圧のため、引き続き断続的な軍事遠征が必要であった。新王国時代末期におけるエジプト軍の撤退は、クシュ王権の復活のための道を開いた。この幸運な逆転現象のため、ナパタ出身の歴代のクシュ王がエジプトを征服することに成功した。彼らは第25王朝の王としてエジプトを支配した。最後のクシュ王タヌタマニは、アッシリアによる侵略後、彼の故郷であるヌビアに撤退せざるをえなくなった。最終的にメロエを拠点としたクシュ王国は、紀元後４世紀まで、地域大国であり続けた。新王国時代のエジプトの文書の中で、クシュという言葉は、しばしばエジプト支配下のヌビアの南半分（北半分はワワトとして知られる）を指すのに用いられる。

クシュ総督／クシュの王子 Viceroy of Kush ／ King's Son of Kush

新王国時代におけるヌビアの統治者。その役職は、もとは軍事的な責任とともにカモセ、もしくはアハモセの下で設けられた。総督職は第18王朝初期にヌビアの主要な行政官として残されたままであったが、王によって任命され、直接王へ報告できる「クシュの大軍司令官」に権限は委任された。アメンホテプ３世の統治の間、総督に政治的権力と同じくらいかなりの経済力が与えられるとともに、南方のヌビアの金鉱山に対する責任もまた彼に任された。

第20王朝の終わりに、ヌビア総督パネヘスィは、ラメセス11世に対するクーデターを試みるために彼の影響力を行使したのかもしれない。第18王朝後期の間におけるヌビア総督（アクエンアテンやトゥトアンクアムンに仕えたアメンホテプのような）の墓は、その役職の主な役割のための証拠を提示してくれている。つまりそれは、税や貢物の取り立て、金採掘の組織編制である。行政的な業務において、ヌビア総督は２人の代理により補助され、そのうちの１人はクシュ（上ヌビア）に適した任務遂行力があり、もう１人はワワト（下ヌビア）に対し任務遂行力を持っていた。

クストゥル Qustul

ヌビアの項参照。

クセルクセス Xerxes ［紀元前486-466年］

第27王朝のペルシア人王で、第１次ペルシア時代の間に20年間エジプトを支配した。

クソイス／サクハ Xois ／ Sakha

デルタの中心にある遺跡。下エジプト第６

ノモスの州都で、初期王朝時代から重要な地であった。

クッシャイト　Kushite

クシュの領土に属するもの、あるいはその特徴を持つもの。

テーベ出土の第25王朝のアムンの神妻のレリーフ。高くなった小鼻部分と顔の下半分を縮めて表現するという明らかにクッシャイト美術の特徴を持つ。

屈折ピラミッド　Bent Pyramid

ダハシュールの項を参照。

クッベト・エル＝ハワ　Qubbet el-Hawa

アスワンの対岸に位置するナイル河西岸にある遺跡。低地砂漠を越えて北へ伸びている岩壁に掘られた一連の岩窟墓と急斜面の麓にあるより小さな墓のネクロポリスから構成されている。古王国時代後期から中王国時代まで、アスワンの州知事は、アスワンとエレファンティネを見下すことができる装飾された岩窟墓に埋葬された。最も有名なのは、ハルクフの墓（自伝の碑文をともなっている）とセンウセレト1世治世のアスワンの州知事であったサレンプトの墓である。最も重要な墓群は、断崖を駆け上がる道によって河とつながっている前庭を持つ。新王国時代の墓は少ない。

アスワンの対岸、クッベト・エル＝ハワの岩壁にある岩窟墓は河へと続く長い道を持っていた。ほとんどの墓は古王国時代と中王国時代のものである。

クッル、エル＝　Kurru, el-

第4急湍下流の上ヌビアにあるナイル河西岸の遺跡。同地はジェベル・バルカルの興隆以前の第25王朝の祖先たちの居住地であったようだ。巨大な王家のネクロポリスは、クシュ王たちの墳丘墓と、第25王朝の歴代の支配者たち——ピイ、シャバコ、シャビトゥコおよびタヌタマニ——のピラミッド型墓からなり、後者には王妃たちの墓と24基の馬の墓が備わっていた。各ピラミッドには、長い階段を下ったところにある地下の玄室と、装飾が省かれた葬礼用の礼拝堂が備わっていた。紀元前7世紀半ばに、エル＝クッルに代わってヌリが主要な王墓地となり、その後放棄された。

クドシュ Qudshu

カデシュの項参照。

クヌム Khnum

氾濫と結びつくヒツジの神。ピラミッド・テキストに最初言及された彼は、後に太陽神の「バー」とみなされるようになった。第18王朝初期から、彼はろくろの上で人間を作る創造神として崇拝された。クヌムの主要な崇拝拠点は、エレファンティネであり、サテトとアンケトとともに三柱神として崇められた。サヘル島にある飢餓石碑は、ナイル河の水位低下によって引き起こされた飢饉の最中に行なわれたクヌムへの懇願が記されている。この石碑はエスナのクヌム神殿と同様にプトレマイオス朝時代に年代づけられている。クヌムは長い角を持つヒツジ、あるいはヒツジの頭部を持つ男性として描かれた。

クヌムホテプ（2世） Khnumhotep (II)

第12王朝初期の州候。ベニ・ハサンにある彼の岩窟墓は、アジア人商人一行のエジプトへの到着を描いた場面で有名である。クヌムホテプ（3世）と呼ばれることもあるクヌムホテプの息子は、センウセレト2世治世に東方砂漠で仕え、大蔵大臣および宰相として高い地位にまで上り詰めた。彼はアメンエムハト3世の治世に死去し、ダハシュールの豪華な墓に埋葬された。その記念建造物の東側のファサードにある物語風の碑文は、ビブロスと北シリア沿岸の隣接する都市国家との間の軍事紛争におけるエジプトの関与を記録している。

エレファンティネのクヌム神殿の彩色レリーフ。氾濫と結びつくヒツジの頭部を持つ神と第18王朝のファラオであるトトモセ3世が描かれた。

供養文 125

クフ／ケオプス　Khufu／Cheops［紀元前2550年頃］

第4王朝2代目の王で、ギザの大ピラミッドの建造者として褒めたたえられている。その名声にもかかわらず、アビドス出土の小さな象牙製小像だけが彼を表現した唯一確かなものである。クフはハトヌブとシナイに採鉱のための遠征隊を派遣し、またビブロスにも遠征隊を派遣したことで知られている。中王国時代の「驚異の物語」の中で例示されるように、後世の伝承ではクフは暴君とされた。

アビドス出土のクフの象牙製小像。この小さな彫像(高さ約7.6センチメートル)は、大ピラミッドを建造した王の唯一確かな肖像である。

供物台　offering table

墓の主または神に捧げる食物と飲物などの供物が置かれた小さな石製テーブル。エジプトの歴史を通じて、供物台は葬祭用具の1つとして個人埋葬の重要な特色であった。死者の親族や葬祭神官が定期的に供物を供えられるように、供物台は墓のわかりやすい場所に置かれた。初期の供物台は1本脚で円形であったが、後の型は「供物」(敷き物の上に1斤のパン)を意味するヒエログリフを模したものだった。天板には、しばしば液体の供物のために溝が彫られ、また魔術的代用品として機能する飲食物の絵や供物の一覧、または供養文の写しが刻まれた。供養石碑には、供養物が山積みされたテーブルの前に座った死者が描かれている。中王国時代の魂の家は、供物台をベースとして派生したものである。供物台は信仰用の道具としてアマルナのアテン神殿の中庭で使用された。

食糧が高く積まれた4脚の供物台。デイル・エル＝バハリの女性神官ヘレ・ウベケトの第21王朝の葬祭パピルスより。

供養文　offering formula

葬祭の際に使用された定型の祈禱文であ

り、来世において死者の「カー」を維持するために、供物を請願するもの。初期王朝時代に偽扉に初めて現われたこの式文は、王朝時代を通じて使用され、プトレマイオス朝時代とローマ時代には、棺や葬送石碑に記された。それは万が一、実際の食物と飲物の現物による奉納がなくなっても、呪術によって奉納を確実にすることが意図されていた。祈禱文は、葬祭神（オシリスやアヌビス）へ供物を捧げることを死者が王に請願することからはじまる。それを受けて王は死者に供物を与えるのである。このことは王が死者と神々との仲介者であるという役割を強調しており、エジプトの国家経済の再分配システムを反映している。式文の半ばには、要求された供物の種類と量が一覧表にされおり、最初にパンとビールおよびしばしば雄牛やトリ、アラバスター、そして衣服などが含まれていた。祈禱文は、死者の肩書と名前で終わる。いくつかの例に見られるさらなる特徴として、「生者への懇願」があり、墓を訪れる者に対して、呪術が効力を持つように式文を読み上げるように求めていた。

カルナクにある新王国時代のアムン＝ラー神殿は、列柱室へと光をもたらすために壁面の上部にクリアストーリーの窓を使用している。

クラウディアヌス山　Mons Claudianus

ローマ皇帝アウグストゥスの治世に花崗岩と閃緑岩の採掘が始まり、5世紀まで継続された東方砂漠の遺跡。周壁の外にある井戸から水を引いていた要塞は、この遺跡を守るためにローマ時代に建てられた。

クリアストーリー　clerestory

下階に光を差し込ませる窓を持つ建物の上階部分。この建築的装置はカルナク神殿の列柱室で最も効果的に使用されている。

クリオスフィンクス　criosphinx

古代エジプト宗教において、ライオンの身体と雄羊の頭を合わせ持った動物。アムン神は時々この形で表現される。なかでも、カルナク神殿の参道脇に並ぶクリオスフィンクスの通りが最も有名である。

クルグス　Kurgus

上ヌビアの第4急湍にあるナイル河西岸の遺跡。そこにおいて、トトモセ1世とトトモセ3世は、エジプトの最南端の国境を定めるための碑文を刻んだ。

クルナ　Qurna

近くにあるセティ1世葬祭殿の名前を使っているテーベのネクロポリスの北端にある現代の町。

クルネト・ムライ　Qurnet Murai

アメンホテプ3世葬祭殿の裏、テーベの

クリオスフィンクスは、ライオンの身体と雄羊の頭を合わせ持った動物である。カルナク神殿へと続くクリオスフィンクスの通りは、神殿の主神であるアムン=ラーの属性を持った雄羊が並んでいる。

ネクロポリスの南側にある小さな丘。最古の埋葬例は、第11王朝の「サッフ墓」だが、埋葬の大半は何人かのクシュ総督の墓を含む第18王朝後期のものである。ハプの息子アメンホテプがここに埋葬されているかもしれないと考えられている。

第18王朝におけるこの遺跡の人気は、マルカタを含むアメンホテプ3世の記念建築物に近いことが影響しているのは疑いようもない。共同墓地はラメセス朝期の間に限定的に使用された。キリスト教時代にこの遺跡は聖マルコの修道院によって占められた。

クレオパトラ　Cleopatra

プトレマイオス朝時代におけるエジプトの7人の女王の名前。最後の1人（紀元前51-30年）がユリウス・カエサルとマルクス・アントニウスとの関係および劇的な最期を遂げたことで良く知られている。彼女は近代になるまでエジプトに永住した最後のエジプトの支配者でもあった。彼女は当初父親のプトレマイオス12世と共同統治を行ない、続いて彼女の兄弟であるプトレマイオス13世と共同統治を行なった。その後単独の支配者としてプトレマイオス13世が王位を継いだのである。彼女は紀元前48年にカエサルの後見によって権力の座に返り咲き、弟であり夫でもあったプトレマイオス14世と共同統治を行なった。ローマ訪問の2年後、クレオパトラは弟プトレマイオス14世を殺害し、カエサルとの子であるという息子（カエサリオン）を王位に就けた。続いて彼女は双子を出産し、マルクス・アントニウスと結婚した。紀元前30年、ローマがエジプトに宣戦布告すると、クレオパトラは屈辱的な敗北を避けるために自殺した。オクタヴィアヌス（後の皇帝アウグストゥス）は、個人的な領地としてエジプトを手に入れ、ローマ時代の先駆者となった。

クレタ　Crete

古王国時代以降、エジプトと散発的なつな

クレオパトラ7世の黒色玄武岩製の彫像にはウラエウスのヘビが3匹ついており、他のプトレマイオス朝の女王たちから彼女を区別している。この彫像は、彼女の神性を強調するため、もとは金メッキが施されていた。

がりを持ち続けたエーゲ海の島。エジプトの遺跡で発掘されたミノア型土器、クレタで見つかったエジプトの遺物、アヴァリスの第18王朝初期の王宮から出土した牛跳びの様子を描いたフレスコ画によって、定期的な交流が新王国時代にあったと確認される。先述のフレスコ画は文化交流がかなりの程度あったことを示しており、マルカタやアマルナの宮廷装飾という形で、後の王朝において繰り返される。ミノア時代のクレタ人とされるケフティフと呼ばれる土地から貢物を運んでいる人々がハトシェプストとトトモセ3世の治世における私人墓のいくつかに描かれている。紀元前14世紀以降、エーゲ海におけるエジプトの主要な貿易相手はクレタ人からミケーネ人に取って代わったが、テーベ出土のアメンホテプ3世の碑文は、クレタの土地の名前を列挙している。クレタとの交流は、紀元前1千年紀(第三中間期と末期王朝時代)に再開された。

クロコディロポリス　Crocodilopolis

メディネト・エル=ファイユームの項を参照。

グローブ　Gurob

ハーレムの項を参照。

西テーベにおける第18王朝時代の知事レクミラの墓に描かれた、貢物(金属鋳塊や特徴的なミノア土器など)を運ぶクレタの高官。

軍隊　army

　古代エジプト語における「軍隊」とは、目的が採掘・採石であれ、戦闘であれ、ともかく実質的には遠征の際に組織された男性の集団を意味していた。武力衝突の記録は初期王朝時代まで遡るが、常備軍ができたのは早くても中王国時代である。そして国家軍は新王国時代になってようやく組織された。中王国時代以前、兵士たちは、各ノモスで必要に応じて徴兵された。驚くべきことに、大規模な軍隊も同様の方法で組織された。例えば古王国時代の役人ウェニは、南パレスティナの遊牧民に対する軍事行動のために、エジプトの支配領域から数万人規模の軍隊を組織したことを自慢している。古王国時代でさえ、エジプトの兵士の大部分はヌビアをはじめとする外国の傭兵たちで編成されていた。傭兵は王朝時代を通じて、エジプト軍の重要な特徴であり続けた。

　古王国時代末期の政治的権威の失墜は、州知事たちが台頭し各々が独自に軍隊を保持するという状況を招いた。この傾向は、エジプトの再統一後の中王国時代後期まで続いたとはいえ、あらゆるエジプトの軍隊は、名目上はエジプト王の意のままに使用できるというものであった。つねに要員が配置された要塞間の連携に基づいていた第12王朝におけるヌビア全域への軍事植民は、より進歩した軍事基盤を求めた。この時期、軍隊は独自の行政組織（軍隊用の書記）を手に入れた。ヌビアのエジプト軍には、中央政府による十分な訓練と配給が行なわれた。軍隊は交易輸送の

軍隊の木製模型。第11王朝、アシュートのメセヘティの墓から出土。兵士たちは槍と大きな盾を持っている。おそらく来世において死者を守ることを意図しているのだろう。

護衛任務に加え、エジプトの国益を守るために、下ヌビア一帯で高度な監視活動を行なってエジプトの国益を守った。

第二中間期末期のヒクソスの追放により、エジプトは初めて東地中海の政争に巻き込まれることになった。国境の防御と帝国の成立は、初めてエジプトに常備軍の必要性を促した。それでもテーベにあるウセルハトの墓に描かれた一場面は、必要な時に人手を集める徴兵制が残っていたことを示している。

第18王朝における専門的な軍隊の創設には、王観念の新たな軍国主義的側面が反映されている。トトモセ1世やトトモセ3世のような支配者は、自らを戦争の指導者として描いた。特にトトモセ3世は、年代記にメギドの戦いを記し、王家のプロパガンダとして利用した。軍隊が徐々に国民生活で重要な役割を担うようになるにつれ、その力と影響力も増大した。熟練の兵士たちは、しばしば王によって与えられた首都近郊の広大な土地に住んでいたが、これは明らかに緊急の際の王の予備兵が準備されていたからであろう。第18王朝末期、軍隊の最高司令官であったホルエムヘブは、王家が断絶した後、自身の王位継承を主張し、最終的に王位に就いた。彼はやがて彼の後に軍隊の司令官となった者（ラメセス1世）を彼の後継者として指名した。

軍人出身であることから、ラメセス朝期は国家の有事の際における軍編成について余念がなかった。カデシュの戦いなどの記録を読むと、第19王朝の軍組織について、他の時代と比べてより詳しく知ることができる。最も基本的な単位は、50人で構成された小隊であった。この小隊5つで250人からなる強力な中隊となり、隊独自の書記と司令官がついた。20中隊で5000人の師団が組織され、

たいていは王子や王の腹心が指揮を執った。軍隊は全体で4つないし5つの師団で構成され、それぞれ主要な神にちなんで名づけられた。カデシュの戦いの師団はアムン、ラー、プタハ、セトと呼ばれた。軍事文書は、王自ら軍隊を率いて戦ったと記しているが、つねにそうであったわけではない。平和な時期、軍隊は実質的に北部地区と南部地区に分割され、いずれも王子が指揮にあたった。

エジプト史の大半を通じて、独立した海軍は存在しなかった。しかし、海戦のために訓練された兵士は存在し、こうした軍隊は海の民に対する戦いにおいて、ラメセス3世の下、大きな戦果をもたらした。末期王朝時代になると、エジプト軍はいっそう外国の傭兵に依存するようになった。傭兵の多くは、戦いでエジプト王に奉仕することによって自由を勝ち得た戦争捕虜たちであった。サイス軍に仕えた多くのギリシア人やフェニキア人は、増え続ける多民族の中で重要な地位を占めるようになった（舟と船、戦車の項を参照）。

継起編年法　sequence dating

イギリス人考古学者フリンダース・ピートリ（1853-1942年）によって創り出されたシステム。先王朝時代の墓から出土した大量の土器を主に基準として、相対的年代を割り当てた。この方法は、ナガダ、バラス、そしてディオスポリス・パルヴァにある共同墓地出土の副葬品の研究を基礎としている。特定の種類の土器は、徐々にではあるが継続的な様式の変化を遂げるので、これに類似した種類の土器を含む墓は、年代的に近いという仮定に基づいている。

警察　police

メジャイの項参照。

計量と計測　weights and measures

　古代エジプトにおける唯一の計量の単位は「デベン」であり、それは93.3グラムと同等であった。「デベン」は10「キテ」に分けられ、そのようなより小さい単位は銀や金の計量に使用された。非金属製品の価値は、また多くの「デベン」か「キテ」（銅の）の相当物として表わされていたらしく、要は物々交換や交易での用途のために「価格」の機能を果たしていたのである。長さの計測は、一般的にキュービット（52.4センチ、人の前腕の長さに相当）とそれを細分化した用語で表わされた。キュービットは、4本の指の幅の手のひら7つ分の広さであった。キュービットの長さは時代によって異なっていた。第26王朝まで職人たちが用いた方眼は、6つの手のひらの広さである「短いキュービット」であった。ペルシア時代においては、「王家のペルシア・キュービット」が時折使用された。より長い計測の場合、「イテル」（「河」）と呼ばれた長さの単位が使われた。それは20000キュービットで、ナイル河に沿って網で船を引っ張ることができる1日の距離に相当した。

　土地の測量には、100キュービットの計測単位（「タア」、「メフ＝タ」もしくは「ケト」）、1キュービットかける1キュービットを計る平方の対角線の長さに相当する1メレンとその2倍のレメンを使用した。土地の基本単位は「セチャト」（ギリシア語の「アルーラ」）であり、10000平方キュービットに相当した。容積や容量の単位は、「カル」（「1袋分」やブッシェル）であり、約75.2リットルに相当し、16ヘカトに分けられ、それぞれ10ヒヌウ（ヒンの複数形）を表わしていた。ヒンはさらに3分の1の単位（「カイ」）や32分の1の単位に細分された。

　墓の掘削では、「デニト」と呼ばれる体積の単位を使用し、1立方キュービットと一致した。先王朝時代以降に年代づけられる石や陶器、そして青銅製の錘（おもり）は、木製の計測尺として残っており、しばしば新たな情報をもたらしてくれる。

ケオプス　Cheops

　クフの項を参照。

「ケケル」フリーズ　kheker frieze

　第3王朝以降、筵（むしろ）の結び目の先端を定型化した表現として、美術と建築における装飾意匠に使用されたもの。それはエジプト宗教によると、葦（あし）の筵から造られ、原初の丘に立つ最初の聖堂を暗示している。

編んだ敷物の結び目の先端部を定型化した表現である「ケケル」フリーズは、サッカラにある第3王朝のジョセルの階段ピラミッド複合体の中の「南の家」のファサード上部を装飾している。

化粧墨　kohl

化粧品の項を参照。

化粧品　cosmetics

アイラインの強調をはじめとする化粧は、先王朝時代から続く古代エジプト文化の特徴であった。コール墨（目の化粧）は、美的理由だけでなく、目を保護するために施された。コールは主に方鉛鉱から作られ、銀色がかった黒色であった。古王国時代には、孔雀石をもとにした緑色の顔料も使用された。エジプトの女性は赤色黄土から作った紅を使用して唇や頬に化粧を施した。ヘンナは、髪の毛、手足のつめ、およびおそらくは乳首などの染料として用いられた。肌の状態を保つクリームや軟膏は人気があり、様々な植物の抽出物から作られた。

まるで生きているかのように彩色された、第4王朝の「王の知人」ネフェレトの石灰岩製の彫像。特にアイラインを強調する古代エジプトの化粧品の重要性を示している。

結婚　marriage

異性との独占的な関係を得ることは、古代エジプトの成人たちにとって理想であったのかもしれないが、公的な制度や婚礼の儀式の証拠はほとんど見つかっていない。夫婦として生きていくことを1人ないし複数の証人の前で宣言したようだが、社会からの承認が大きな問題であった。離婚や再婚は同様の方法で可能であった。他の文化に見られるような、結婚によって女性が法律上の権利または財産権を喪失するようなことはなく、女性が持参した財産の所有権のほか、通常は共同財産の3分の1が法によって保障されていた。末期王朝時代およびプトレマイオス朝時代には、夫婦の互いの財産権を明確にするために婚姻契約書が作成された。共同生活について法的な面からわかっていることはこれくらいである。

一夫多妻は違法ではなかったようだが、その代わり、大多数の人々にとっては非現実的で望ましいものではなかった。王は例外で、特に有力な外国勢力と同盟関係を結ぶため、しばしば複数の妻を持った。さらに新王国時代には、兄妹婚や父娘婚が複数の王のため認められたが、普通の国民には許されなかった。「ヘメト」という言葉は、通常「妻」と訳されるが、おそらく単純に「女性のパートナー」を意味したのであろう。男性と同義である「ヒ」（「夫」）は、古代エジプトの文字記録が本来男性側からのものであるため、めったに見られない。

ゲッソ　gesso

しばしば金箔が貼られた良質な漆喰の薄層。同技法は、カルトナージュ製品の製作によく使用された。

ケティ／アクトイ　Khety ／ Akhtoy

第一中間期と中王国時代初期によく知られ

た名前。ヘラクレオポリス出身の第9王朝・第10王朝（紀元前2100年頃）の何人かの王たちが用いた。彼らのうちの1人が「メリカラー王への教訓」の名も無き著者である。「職業の風刺」は、ケティと呼ばれたもう1人の異なる著者によるものである。

ケデシェト　Qedeshet

カデシュの項参照。

ゲブ　Geb

大地を具現化した神。シュウとテフヌトの息子にして、天空の女神ヌウトの兄であり夫でもあり、オシリス、イシス、セト、およびネフティスの父として、ヘリオポリスの九柱神の中でもきわめて重要な地位にあった。ゲブは大地の神として植物や多産と結びつけられたが、墓とも関連づけられた。彼はまた王権理念に対する重要な神であり、ピラミッド・テキストにおいて頻繁に言及されている。

ゲブは通常片方の腕を折り曲げて横たわる男性の姿で表わされたが、マガンあるいは頭部にマガンをのせた姿で表わされることもあった。また彼はしばしば緑色の肌をした神として描かれ、時折身体が植物で装飾されていることもある。普遍的な神であったので、彼は特定の宗教的拠点を持たなかった。

ケプリ　Khepri

創造神であり、スカラベの形で崇拝された。スカラベは糞玉の中から生まれることが観察されていたので、自然に発生するものと考えられていた。そのためアトゥム神と結びつけられた。さらに地面で前方に糞玉を押す習性は、夜明けの空に昇る太陽円盤との関係を暗示したことから、ラーの日の出の特徴と結びついた。ケプリはピラミッド・テキストで最初に言及され、スカラベ、あるいはスカラベの頭部を持つ男性として描かれた。

ケフレン　Chephren

カフラーの項を参照。

ケベフセヌエフ　Qebehesenuef

ホルスの息子たちの項参照。

「ケミィト」　Kemit

中王国時代初期に編纂され、新王国時代の写しが残っている書記の練習用教科書。ひじょうに良く知られた教科書で、「職業の風刺」の中で言及されている。「ケミィト」は3部構成であり、手紙を書く際に使用された挨拶の言葉、模範的な手紙での文章の終わり方、理想的な自伝に使用される選りすぐりの慣用句からなる。

ヘリオポリスから出土した第3王朝の石灰岩製レリーフの断片。身体にぴったりと合った服を着て座る大地の神ゲブが表わされている。

スカラベの頭部を持つ神ケプリ。王妃の谷にある第19王朝のネフェルトアリの墓からの彩色レリーフ。

ゲーム　games

　古代エジプト人たちは、数多くのボードゲームや運動競技を楽しんでいた。ボードゲームの中で特に有名なのは、「セネト」(通過)であった。これは2人用で、30個のマス目が10個ずつ3列に並んでいるボードを使用した。プレイヤーは同じ数のコマを持ち(通常7つ)、棒あるいは関節骨を投げ、それに従ってコマを動かした。このゲームは、来世での祝福された生活を勝ち取るために乗り越

ボードゲームは古代エジプトで人気があった。トゥトアンクムンの墓から発見された象牙が張り合わされたこの箱は、生前王によって使用されていたのかもしれない。

えなければならない困難に対する戦略と同じであるとみなされていたため、標準的な埋葬備品の1つであった。次に人気のあったボードゲームは、第1王朝から知られている「メン」（忍耐）であった。おそらくは競技ゲームで、「忍耐」を示すヒエログリフで描かれている細長い板の上で遊ばれた。このほか第一中間期以降に姿を消した初期のゲームとしては、とぐろを巻いたヘビの形をした丸い板の上で遊ぶ「メヘン」（ヘビ）があった。セネトと同じく、メヘンは葬礼に関する事柄に関連するものとして重要であったと思われる。20個のマス目がある2人用のボードゲームはレヴァントよりもたらされたが、そのルールは知られていない。

文章や美術に描かれた運動競技としては、アクロバット、弓矢、棒競技、ボクシング、水泳および競走があった。ベニ・ハサンの中王国時代の墓には、模擬戦争、ジャグリング、筏からの銛突き、および数多くのレスリングの型を詳細に描いたものがある。タハルコの治世には、軍隊がメンフィスからファイユームまでの競走に参加した。

「ケメト」　Kemet

エジプトを意味する古代エジプト語。「黒い土地」を意味し、対照的に砂漠を意味する「赤い土地」（デシュレト）を引き合いに出して、ナイル河谷の黒色の肥沃なシルト層のことを言う。

ゲルゼ期　Gerzean

先王朝時代の項を参照。

ケルマ　Kerma

第3急湍近くの上ヌビアにあるナイル河東岸に位置する遺跡。ケルマは、サハラ砂漠以南のアフリカ、紅海およびエジプトとの間の交易路にまたがる戦略的位置を占めていたので、おそらく第6王朝のエジプトの碑文に言及されているイアムの国であろうと思われる。同地は古王国時代後期から第二中間期の終わりまでのほとんどの間、明らかにクシュ王国の首都であった。現在は西と東の「デフファ」として知られる紀元前17世紀の2つの巨大な日乾レンガ製の構造物が建ち並んでいる。1つはおそらく居住地の中心にあった神殿の遺構で、もう1つは支配者層の人々の共同墓地に隣接する葬儀用の礼拝堂である。クシュの支配者たちの塚状の墓は、人身御供が行なわれていたことを明らかにした。町から北東に3キロメートルの砂漠のはずれにある、さらに遠方の共同墓地は、3万基以上の墓からなると推測されている。ケルマ

は、第二中間期における磨研チューリップ型容器と赤色黒頂土器（「ケルマ式土器」）を特徴とする紀元前2千年紀初期の上ヌビア文化の標識遺跡である。ケルマは、第18王朝初期におそらくヌビアを併合するためにトトモセ2世によって率いられた遠征の間に破壊された。

西テーベのクルナにある第17王朝の地位の高い女性の墓で発見された特徴的なケルマ式土器。土器を運ぶための植物繊維でできた手提げの残存部を現在も見ることができる。

ケンアムン　Kenamun

第18王朝の2人の高官の名前。1人はアメンホテプ2世の大家令で、メンフィス近郊の造船所の管理者であった。西テーベにある彼の墓はその装飾で良く知られ、また彼の「シャブティ」の1つは現存する最古のガラス彫刻である。もう1人のケンアムンは、アメンホテプ3世治世のテーベ市長であった。

言語　language

古代エジプトの言語は、アフロ＝アジア語族に属し、北アフリカのベルベル語およびトゥアレグ語と関係がある。外来語は、エジプトの全時代を通じて、特に近隣のセム語から入り込み、ローマ時代にはギリシア語の語彙が多数伝わった。我々にもたらされる古代エジプト語に関する証拠のほとんどは、体制側の書き言葉であるため、話し言葉の発展を正確にみきわめることは困難である。それでも中王国時代までに、話し言葉において、別々に独立していた文法要素が動詞の屈折語尾に取って代わったことで、話し言葉と書き言葉が大きく分岐したことは明らかである。紀元後3世紀にコプト語書体の導入がなされるまで、記述方式には母音が書かれなかったため、エジプト語がどのように発音されたかはほとんどわかっていない。

ケンジェル　Khendjer [即位名ウセルカラー：紀元前18世紀後半頃]

アジア起源とされる名前を持つ第13王朝の（16代目か17代目）王。彼の治世は4年だけであったが、数多くの記念建造物を残した。南サッカラにある彼のピラミッドは、完成されたものとしては、第13王朝唯一の記念建造物であり、ハワラにあるアメンエムハト3世の記念建造物から着想を得たものであった。ケンジェルの黒花崗岩製のピラミディオンの断片が彼のピラミッドのそばから発見されている。彼の名前はオシリス神とみなされ、聖なる場所とされていたアビドスのジェルの墓に供えられた石製ベッドに刻まれていた。

原初の丘　primeval mound

エジプト宗教で創世時に水の深淵から出現した最初の乾いた土地。タチェネン神を具現化した原初の丘は、創造と復活の双方における強力な象徴であり、エジプトの墓や神殿のデザインに影響を与えた。

アビドスにある第1王朝期のジェトの墓は、王の復活を手助けするための隠された塚を包含していた。同様にマスタバ墓やピラミッドの形は、意図的に原初の丘を思い出させた。創世神話によれば、原初の丘に生えた葦はハヤブサの神に留まる場所を与え、それゆえにすべての神殿にとっての模範としての役割を果たした。

早い時期から原初の丘を再現するために、神殿は神聖で清らかな砂の丘の上に建てられた。新王国時代と後の時代の神殿では、列柱室の柱は創世時の葦の湿地帯を象徴していた。原初の丘はオシリス信仰（多産と復活の神として）と結びつくようになり、そのためオシレイオンの中心には象徴としての島があった。

ケンティアメンティウ Khentiamentiu

古王国時代の終わりにその信仰と属性がオシリスに吸収されたアビドスの葬礼の神。死者の国の住人たちに言及する「西方にいる者たちの第一人者」という意味の名前を持つケンティアメンティウは、ジャッカルあるいはイヌの姿で描かれた。

ケントカウエス Khentkawes

サフラーとネフェルイルカラーの母親で第5王朝の祖と崇められた人物。彼女はメンカウラーの河岸神殿近くにあるギザの巨大な石造マスタバに埋葬された。彼女の葬祭複合体は、舟葬墓と彼女に供物を捧げる神官たちが居住するピラミッド都市を含んでいた。

紅玉髄 carnelian

東方砂漠全域において小石状で見つかる橙色の貴石（玉髄の一種）。その色は太陽との象徴的な結びつきを与えられ、宝飾品や象眼細工に好んで使われた。中王国時代における宝飾品には、しばしばトルコ石とラピスラズリと組み合わせた紅玉髄が使用された。

ダハシュールにある第12王朝の王女メレレトの墓から出土した胸飾り。中王国時代の技巧を示す素晴らしい事例であり、紅玉髄と深い青色のラピスラズリを象眼した黄金製である。

黄道十二宮 zodiac

古典的な12星座の十二宮図の絵で、バビロニアの占星術から採用され、プトレマイオス朝時代の間に初めてエジプトの神殿に描かれた。最も有名なものは、紀元前50年に年代づけられているデンデラのハトホル神殿屋上の部屋にあった天井のレリーフである。

香料 incense

宗教儀礼や人間の化粧に用いられた様々な芳香物質を指す一般的用語。香木の採取は第18王朝にハトシェプストの命を受けたプント遠征隊の主要目的であった。新王国時代の墓に描かれた壁画には、しばしば宴会においてカツラの頭頂部に香料を染みこませた円錐形の脂肪の塊を載せた女性客が描かれている。末期王朝時代のものとされる数個の吊り香炉（この中で香料を燃やした）が現存している。

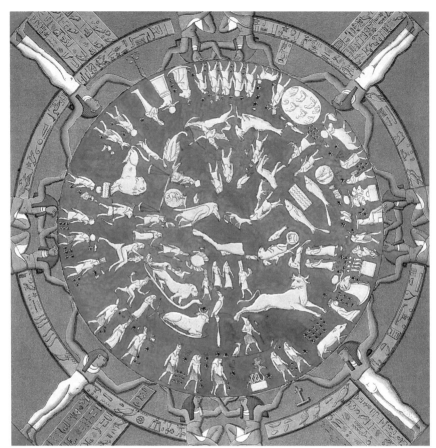

デンデラにあるハトホル神殿屋上の部屋の天井の黄道十二宮を描いたもの。ナポレオンの『エジプト誌』より。

テーベにある第18王朝のナクトの墓における壁画中の饗宴において、女性客たちはカツラの上に香料を染み込ませた円錐形(えんすい)の脂肪の塊を載せている。

国境　139

古王国時代　Old Kingdom［紀元前 2575–2125 年頃］

　古代エジプト史の大きな時代区分の 1 つで、初期王朝時代と第一中間期の間に当たる広い時代区分をさす。ピラミット時代に相当し、通常、第 4 王朝から第 8 王朝にかけてとされているが、第 3 王朝（紀元前 2650–2575 年頃）も含むとする研究者もいるし、第 6 王朝の終わり（紀元前 2175 年頃）までを古王国時代と考えている研究者もいる。古王国時代は強力な中央集権化の時代であり、ギザにおけるクフ王の大ピラミッドやサッカラの高官たちの壮麗な装飾墓に見られるように、宮廷文化が未曾有の発展を見せた時代であった。こうした建造物などに見られる驚異的な建築技術は、同時代に関する私たちの見方を決定づけるものだ。これとは対照的に、文字資料は乏しく、歴史上の事件に関する情報は限られている。第 5 王朝期のある地方のいたる所に岩窟墓（がんくつぼ）が出現していることから、大規模な地方自治が行なわれていたことが窺える。しかしながら、中央集権化した古王国時代の崩壊の背景にある真の原因については一致した意見がない。経済的、環境的および政治的要因すべてが影響しているのかもしれない。

コーカ　Khokhah

　アサシフとシェイク・アブド・エル＝クルナ間にあるテーベのネクロポリス地域。古王国時代のテーベの州候たちの墓、第一中間期、第 18 王朝および第 19 王朝の私人墓がある。特にハトシェプスト、トトモセ 3 世、アメンホテプ 3 世の治世の高官たちの墓として人気があった。

黒曜石　obsidian

　黒色の火山性のガラス。先王朝時代以降、黒曜石（こくようせき こうかい）は紅海周辺地域からエジプトにもたらされ、象眼細工（ぞうがん）や小物に使用された。

古拙時代　Archaic Period

　初期王朝時代の項を参照。

国境　borders

　古代エジプトの自然国境は、北は地中海、西と東は砂漠、南はナイル河第 1 急湍（きゅうたん）まで含んでいた。古代エジプト史の大半において、これらの障壁は、外国からの侵略や攻撃からエジプトを守っていたが、逆に古代エジプト人たちは、ナイル河谷からこれらの境界線（かこく）を越えて遠征と採掘をたびたび行なった。エジプトの自然国境は、様々な時代において、軍事的かつ経済的目的による要塞の建設によって強化された。エレファンティネの要塞は、エジプトのヌビアとの正式な国境を定めるためと定期的な交易のために第 1 王朝初期に建設された。第 12 王朝には、アメンエムハト 1 世がパレスティナの人々による大規模な移住活動から東デルタを防衛するために「支配者の壁」を建設した。一方でセンウセレト 3 世は一連の要塞群を建設し、セムナにクシュとエジプトの新たな南の国境を記した記念石碑を建て、交易団のエジプトによる管理を確保した。新王国時代において、ラメセス 2 世と他の統治者は、エジプト北西と北東の境界を砦によって強化し、リビアやレヴァントからの攻撃を別々に撃退することを企図した（例えばザウイエト・ウンム・エル＝ラカム）。エジプトの支配地域は、トトモセ 3 世の治世下において最大となり、メソポタミアのユーフラテス河畔と上ヌビアのクルグスに境界碑が建てられた。

子供 children

　古代エジプトでは出産や幼児期は危険だらけであったため、多くの非公式の宗教慣習があった。幼児の死亡率が高かったため、新生児を守るための呪術や魔術的道具が用いられた。子供たちは、一般的に3年以上もの長期間授乳を受けており、王家の子供たちの場合、乳母がこの役目を担っていたと考えられる。少なくとも古王国時代以降、子供たちは若者の髪房と呼ばれた特徴的な髪形をしており、おそらく裸が一般的であった。玩具やゲームもよく知られている。公式の学校教育は識字能力があるエリート階級の男児に限定されており、他の男児は彼らの父を見ることによって商いを学んだ。資料の大半が大人たちのために、大人たち自身によって作られたために、子供の地位を評価することは困難である。とはいえ、先王朝時代の裕福な子供の墓の存在は、ある程度地位の継承を示唆している。青年期は、幼児期の終わりとされていたが、大人の仲間入りをした際に、何か特別な祝いの儀式があったのかは不明である。

小人 dwarf

　発育障害を持っていた人々は、古代エジプトではめずらしい存在ではなく、しばしば宮廷内において地位や影響力を持っていたようである。彼らは歌や踊りに対して特別な才能があると考えられており、中世ヨーロッパにおける宮廷の道化師たちとたいして変わらない役割を果たしていたのかもしれない。第1王朝において、王の家臣たちはアビドスの王家の共同墓地に埋葬されたが、そこには何人かの小人たちも含まれていた。古王国時代の小人のセネブは高位の役職に就き、自身および家族の彫像を作ることが許された。クッベト・エル＝ハワにあるハルクフの墓の入り口に彫られた彼の自伝には、彼が指揮をとったヌビアへの外交使節団がどのようにしてヌビア遠征で、幼き王ペピ2世の娯楽のために、小人（おそらく中央アフリカに住むピグミー族）を連れて来たのかについて記されている。

古王国時代において宮廷に仕えた小人セネブと家族の集団彫像。精妙な構成であり、彼の足もとには小さな息子や娘が立っている。

コフィン・テキスト Coffin Texts

　1000を超える呪文の中より選ばれた中王国時代に棺上に描かれた文。文書形態は様々で、讃歌、祈禱文句、供物表、来世に関する記述、および死者の変身や昇天を助けるための呪文などからなる。ピラミッド・テキストより受け継がれたものもあれば、新たに作り出されたものもある。コフィン・テキストの出現や使用は、古王国時代末期以降に来世信仰が広く行き渡ったことを反映している（この過程は「来世の民衆化」と呼ばれる）。その信仰の主な要素は、太陽神との来世への旅とオシリスの面前で祝福されることの2点である。いくつかの文言は後に「死者の書」に組み込まれた。

エル゠ベルシャ出土の第12王朝セピの棺の内部。供物のフリーズ装飾と、コフィン・テキストから抜粋された呪文が記されている。

コプト教徒 Copts

　エジプトのキリスト教徒。エジプトがキリスト教国だった紀元後4世紀から8世紀のエジプトの人々、また、アラブに征服されて以降のキリスト教徒を指す言葉。「コプト」という言葉は、メンフィスの名称の1つであるフウト・カー・プタハという古代エジプト語（ギリシア語ではアイギュプトス）に由来すると考えられている。形容詞である「コプト」は言語、文学、キリスト教時代のエジプト文化を記すために使用される。またエジプトがキリスト教国だった時代（コプト時代）およびエジプト正教会（コプト正教会）のことも意味している。

コプト語 Coptic

　コプト教徒の項を参照。

コプトス／グフト／キフト Coptos／Guft／Qift)

　ルクソールの北東38キロメートルに位置する、上エジプトのナイル河東岸にある遺跡。

東方砂漠や紅海への通路であるワディ・ハンママートの入り口という戦略上の要地にあったコプトスは、古くからひじょうに重要視され、上エジプトの第5ノモスの州都でもあった。プトレマイオス朝時代やローマ時代には、インドとの交易のための主要な積み替え地点となった。また、エジプト史を通じて、コプトスはミン神の主要な宗教的拠点であり、先王朝時代後期のものとされる豊穣神の巨像が神殿の外壁から発掘されている。神殿に携わる人たちの賦役労働免除に関する法令は、古王国時代最末期における政治の様子を鮮やかに描写している。神殿に建てられた8つもの法令碑は、第8王朝最後の王の1人であるネテリバウ・ネフェルカウホル王によってたった1日で発布された。最初期の神殿構造物は第18王朝のものとされるが、他にも末期王朝時代、プトレマイオス朝時代およびローマ時代の神聖な建造物やキリスト教会が数多く存在する。19世紀末以降、多くの経験豊富な職人（グフティス）が、コプトス周辺の考古学調査の際に雇われた。

コブラ　cobra

　ヘビ、ウラエウス、ワジェトの項を参照。

コム・アブ・ビッロ　Kom Abu Billo

　西部デルタの遺跡。テレヌティスの町として知られ、プトレマイオス朝時代およびローマ時代に塩とナトロンの交易拠点として繁栄した。

コム・エル = アハマル　Kom el-Ahmar

　ヒエラコンポリスの項を参照。

コム・エル = ヒスン　Kom el-Hisn

　ナウクラティスの南方約12キロメートル

に位置する西部デルタの遺跡。町の丘状遺構は、「セバク」と呼ばれる遺跡荒らしによってほとんど損なわれてしまったが、古王国時代の家屋跡が残存している。同地は州によって支援されたウシ飼育の中心地であり、リビアへの交易拠点でもあった。中王国時代に、セクメト = ハトホルのための神殿が建設された。同時代の装飾墓が最近発見されている。新王国時代に下エジプト第3ノモスの州都となった。その共同墓地には、第一中間期から新王国時代までの墓が含まれている。

コム・オンボ　Kom Ombo

　上エジプト南部のナイル河東岸にある遺跡。ソベクとハロエリス（「年長のホルス」）の神殿でよく知られる。再利用された石材は、神殿が中王国時代に建設されたことを示しているが、遺跡に残存する遺物は、第18王朝以降のものである。保存状態が良好な装飾を持つ現在の神殿は、ナイル河を見下ろす高い場所に位置している。というのも、同神殿のほとんどがプトレマイオス朝時代とローマ時代に建造されたからである。二神を祀る神殿はエジプトではめずらしく、2つの主軸と2つの至聖所はその設計計画を反映している。また主神殿を三方から取り囲む回廊を持つ点もめずらしい。同神殿はハロエリスをワニの神ソベクよりも上位に置いていたものの、ミイラにされたワニが主神殿付近で発見されている。神殿の西側にはプトレマイオス朝時代の「マンミシ」が建っている。プトレマイオス朝時代にコム・オンボは、上エジプト第1ノモスの行政の中核となり、紅海経由でエチオピアからエジプトの軍隊のためにもたらされたゾウ用の市場の中心となった。さらに周辺地域における考古遺跡としては、先王朝時代の住居址とコプト教の教会がある。

プトレマイオス12世治世下に建造されたコム・オンボの神殿は、ソベク神およびハロエリス神の二神に捧げられためずらしいものである。

固有名詞集　Onomastica (単数形 Onomasticon)

　言葉の一覧からなる古代の文書で、参考文献としてまとめられ、書記教育に使われたと思われる。手本として植物、動物、都市および職業の一覧などが収録されている。

暦　calendar

　毎月の月の運動と毎年の氾濫周期を基にした古代エジプトの暦は、「アケト」（氾濫期）、「ペレト」（出穂期）、「シェムウ」（最盛期）の３つの季節に分けられていた。それぞれの季節は、等しく４ヵ月間（１ヵ月は30日）で構成され、１日は24区分あるいは24時間（日中と夜間で等しく12時間ずつ）に分けられていたために、いくつかの特殊な時間帯は、日中の長さや特定の時期によって変動した。そして１年の総計を365日とするために、年の終わりに閏日が５日間追加された。氾濫の始まりと一致するアケト第１の月の初日、つまり新年は、伝統的にシリウスと太陽が同時に現われるヘリアカル・ライジングによって特徴づけられた。しかしながら閏年がなかったため、公の暦は、徐々に自然の季節の周期との間にずれが生じた。結局、暦上の「氾濫」の月は、夏の乾季の間までずれてしまったが、ローマ時代の始まりとともに閏年が導入されたことで改善された。公の暦の日付は王の治世年で表記され、形式的にはＮ王の治世第Ｘ年、「アケト」／「ペレト」／「シェムウ」第Ｙの月、Ｚ日と記された。エジプト全土で一律の公の暦は行政目的で使用されたが、他方、月の厳密な観測を基に作られた太陰暦は、宗教的祭祀の日付を決定するのに使用された。観測はおそらく地域ごとに行なわれ、各々の町や都市がそれぞれの太陰暦を持っていた。

コンス　Khonsu

　複雑な２つの側面を持つ月神。ピラミッド・テキストおよびコフィン・テキストでは血に飢えた性格とされたが、後の時代には癒しの神として崇拝された。テーベ地域ではアムン

とムゥトの息子とみなされ、この関係は新王国時代に顕著となるコンス崇拝をもたらした。第20王朝にはコンス神殿が、カルナクのアムン神殿区域に建設された。コンスは他の子供神、特にシュウとホルスとに結びつけられるが、コム・オンボにおいてはソベクとハトホルの息子として崇拝された。通常、ハヤブサの頭部で、王笏を持ち、若者の髪房を身に着けたミイラの格好をした男性として描かれる。彼の特徴的な被り物は、三日月の上に満月を載せたものである。ヒヒの姿に描かれることもあった。

章であった。それゆえ、純粋に象徴的なものであった上製棍棒頭は、しばしば副葬品の中に含まれていた。上エジプト出土の最古の棍棒頭は、紀元前4千年紀初頭の墓の中で発見された。円錐型で、殴打のみならず撫斬りや切断にも使われた。双円錐型や洋梨型の棍棒頭は、紀元前4千年紀半ばに導入された。後者は下エジプトからもたらされたと考えられる。洋梨型の棍棒頭は、メリムダ・ベニ・サラーマの住居址の上部で発見されたおそらく近東起源の原型に由来するものである。洋梨型の棍棒頭は、ヒエラコンポリス出土のサソリ王やナルメル王の大型儀礼用棍棒頭から明らかなように、第1王朝はじめにかけて王権と密接に結びつくようになった。王が敵を打擲するという王の力を示す典型的なモチーフは、先王朝時代初期からローマ時代末期にかけて、エジプトの図像における特徴的な要素であった。

カルナクのコンス神殿から発見された花崗岩製彫像。アムンとムゥトの子供であるコンスは、若者の髪房を身につけている。その特徴は彫像の制作を命じたトゥトアンクアムンのものである。

棍棒頭　macehead

殴打用の武器。円盤型、双円錐型、または洋梨型の石塊からなり、木材、角、または象牙製の柄が取り付けられていた。先王朝時代初期から知られた棍棒頭は、権力の重要な標

長い杖、アンクおよび洋梨型の棍棒頭を手にしたトゥトアンクアムン王が女神ヌトの挨拶を受けている。王家の谷にある同王の玄室内の壁画より。

さ行

「サ」 sa

巻かれて折り曲げられた葦の敷物の記号で書かれた「保護」を意味するエジプト語。このヒエログリフは普段はアミュレットと呪術用として、特に中王国時代に使用された。新王国時代では一般的に他の護符的な記号、特に「アンク」と「ジェド」柱とともに描かれた。

採掘と採石　mining and quarrying

先史時代から、古代エジプト人たちは、ナイル河谷と隣接する砂漠の地質について詳細な知識を持っていた。彼らは、建築、彫刻、宝飾品、良品質の加工製品および貿易用の高級品といった幅広い目的をもって、多種多様な石と鉱物資源の採掘を行なった。採掘・採石が行なわれた遺跡のうち重要なものとしては、シナイ半島のワディ・マガラとセラビト・エル＝カディム（トルコ石）、ジェベル・ゼイト（方鉛鉱）、東方砂漠のワディ・ダラ（銅）、ワディ・ハンママート（シルト岩と金）、ワディ・エル＝フディ（アメジスト）、ヌビア砂漠のワディ・アラキほかの地域（金）、トゥーラ（石灰岩）、ハトヌブ（トラヴァーチン）、ジェベル・エル＝シルシラ（砂岩）、ア

ジェベル・エル＝シルシラの砂岩採石場は、石材を取り出したのと同じ採石工の鑿跡など採掘と採石の痕跡をとどめている。

スワン（花崗岩）、トシュカ近くの西方砂漠（ダイオライト）がある。東方砂漠地域のシカイトズバラ地域にあるエメラルド鉱山は、プトレマイオス朝時代に採掘がはじまり、上質の斑岩は、ローマ時代にポルフィライテス山で採石された。

　セラビト・エル＝カディムにある第12王朝のホルウェルラーによる石碑などの採掘と採石場にある碑文は、軍の方針で組織された採掘遠征隊の構成についての詳細を伝えてくれている。こうした遺跡（例えばアスワンの未完成のオベリスクのような）を研究することにより、石や鉱石を掘り出すために、古代エジプト人たちが用いた技術が明らかになる。露天掘りと表採が知られている。良質な鉱脈を得るために坑道が必要になることもあった。石灰岩のような軟らかい石は、銅製の道具を使用して切ることができた。硬い石を採石するには、粗粒玄武岩などのより硬い素材でできた石の叩き込具が必要であった。通常とられた方法は、周りに溝を掘り、その部分をさらに掘り下げていき、石材として取り出すというものであった。次にその石材は、木製のテコや楔を使用して持ち上げられ、それらを下に差し入れ、水をかけ膨張させられた。石そのものを火と水によって加熱と冷却をくり返すことで石材を切り出すこともあった。未加工の石材は、通常、ソリで川岸に運ばれる前に採石場で形が整えられ、そこから船で最終目的地に運ばれた。鉱石は、採石場で砕かれた後、その場で加工されるか、精製のために精錬場近くまで運ばれた。

祭祀　festivals

　祭祀はエジプトの宗教的風習に共通する特徴である。カルナクにあるトトモセ3世の祭祀広場は54の異なった祝日を記録しており、メディネト・ハブにある類似した碑文には60もの祝日に関する記述が見られる。国家的重要性を持つものであれ、ごく地域的なものであれ、ほとんどの祭祀は、年間行事であり、暦上あらかじめ決められた日に祝った。礼拝に関する文書により、いくつかの祭祀の詳細を復元することが可能である。祭祀の主な要素は一貫しており、信仰すべき神像が、ある場所から他の場所へと移動する際の行列であった。行列は民衆が神に近づく希少な機会であり、それによって国家宗教に参加することとなった。それはまた神託のための機会であったようだ。このような行事において神に捧げられた大量の食糧は、「奉納品返還」として、その後人々に再分配されたので、祭祀は民衆にとって日々の食糧が与えられる歓迎されるべきものであった。国で最も重要な祭祀は、新年祭とソカル祭であった。新王国時代のテーベでは、オペト祭と谷の美しき祭が最も重要な祭祀であった。ごく稀に執り行なわれたセド祭はまったく性格が異なり、王権の観念形態に焦点を合わせたものであった。

宰相　vizier

　古代エジプトの行政において最も上級の役人。宰相職に対するエジプト語は、「タイティー・ザブ・チャティ」であり、時折チャティと省略され、第3王朝初期に初めて確認された。この3語からなる完全な称号は、宮廷の司法上や行政の責任を兼ね備えた役割を示している。宰相は軍事や宗教的な事柄から離れて、政府の核において王の代理者として仕えた。政府機関の頂点に高官のための地位をつくることは、おそらく記念碑の建造計画の必要性を示しており、それは結果として、よりよい国家運営と効果的な官僚機構にとっ

ての必要条件であった。当初宰相は、一般的に王家の王子たちであった。その役職は第5王朝には、王家とは血のつながりのない人物にまで開かれた。政治的に不安定な時期、特に第13王朝では、短命の王たちの即位が続くという望ましくない傾向を防ぐために、政府はある程度の期間、継続して宰相職を置いていたようである。理論的にはすべての宰相は、王により任命されたけれども、実際にはある時期に世襲されるようになった。ペピ2世とセンウセレト1世の治世と第18王朝に再び、宰相職は地理上2つに分けられた。テーベを拠点とした南の宰相は、一般的にメンフィスを拠点とした北の宰相よりもよく知られている。レクミラの墓は、宰相の義務を記した重要な一連の文書を含んでいる。

サイス／サ・エル゠ハジャル Sais ／ Sa el-Hagar

デルタ西部にある遺跡。下エジプト第5ノモスの州都で、女神ネイトの主要な信仰中心地であり、第24王朝と第26王朝（後者はサイス朝時代として知られる）の勢力基盤であった。第1王朝以降の文書資料は、サイスがエジプトの歴史を通じて、最も重要なデルタの町の1つであったということを裏づけている。しかしながら数少ない考古学遺物しか見つかっておらず、ラメセス朝期より古いものがほとんどない。大部分が現代の村と周囲の畑に覆われているか、紀元後19世紀に破壊され、遺跡の中心部は現在大きな湖になっている。近年の調査は、畜産業や初期の穀物栽培の証拠を含んだ先王朝時代まで遡る居住の痕跡を明らかにした。

サイスの Saite

サイスの遺跡に属するもの、または特色。

「サイス朝時代」という用語は、サイス出身の王たちによる第26王朝（紀元前664-525年）を意味する。

サイヤーラ Seyala

ヌビアの項参照。

ザウイエト・ウンム・エル゠ラカム Zawiyet Umm el-Rakham

アレクサンドリアの西約300キロメートル、現在の町マルサ・マトゥーフ近郊の地中海沿岸遺跡。リビア人の侵入に対し、エジプトの西の国境を守るためにラメセス2世によって建てられた要塞が、発掘によって明らかになった。この遺跡はまた、デルタやメンフィスへ行く前に、クレタ島からの船の中継地点を備えることで、地中海交易における重要な役割を担った。

ザウイエト・エル゠アムワト／ザウイエト・エル゠メイティン、ザウイエト・スルタン Zawiyet el-Amwat ／ Zawiyet el-Meitin ／ Zawiyet Sultan

中エジプトのナイル河の東岸にある遺跡で、現在の都市ミニヤの対岸に位置する。その遺跡の記念建造物には、そのうちのいくつかが装飾された一連の古王国時代の岩窟墓と第3王朝の終わりに年代づけられる保存状態良好の階段ピラミッドがある。

ザウイエト・エル゠アリアン Zawiyet el-Aryan

ギザとアブシールの間に位置するメンフィスのネクロポリス地域。その遺跡は、先王朝時代後期、第1王朝初期、新王国時代、そしてローマ時代の墓の近くに、2つの未完成のピラミッドを持つ。「重層ピラミッド」と

して知られている建造時期の早い方は、その建築様式のため、第3王朝に年代づけられている。それは近くのマスタバで発見された王の「セレク」が刻まれた石製容器を根拠として、カーバのものであるとされている。時期が遅い方の記念建造物は、おそらく第4王朝に年代づけられ、ジェドエフラーとカフラーの間に短期間統治した短命の王によって建造が開始されたのかもしれない。その主な特徴は、長い傾斜の溝で、その底において考古学者たちは珍しい楕円形の花崗岩製の石棺を発見した。

ザウイエト・エル＝メイティン Zawiyet el-Meitin

ザウイエト・エル＝アムワトの項参照。

ザウイエト・スルタン Zawiyet Sultan

ザウイエト・エル＝アムワトの項参照。

魚と漁撈 fish and fishing

漁撈は先史時代以来、エジプトにおける重要な自給自足活動であった。ナイル河谷からの最古の美術――エルカブ近郊のエル＝ホシュの崖に描かれた紀元前5000年以前のものとされるペトログリフ――には、魚用の仕掛けと解釈されている奇妙な曲線画が描かれている。ナイル河のほか、地中海、紅海およびファイユームの湖は、魚が豊富であった。墓から発見された絵画資料は、エジプト人たちが様々な種類の魚に関する詳細な知識、魚を捕まえるために用いた様々な手段(例えば罠、網、縄および銛)を明らかにしている。富裕層は池で魚を飼った。またデイル・エル＝メディーナでは住民に配給される食糧を確保するために漁師が雇われた。しかし古代エジプトにおいて、魚は日常的な食糧として重要であった一方で、神格化され崇拝の対象となった点で、多義的な存在であったとも言える。例えば口中で稚魚を育てる習慣がアトゥム神との結びつきを暗示しているとされ、ティラピアは、崇拝対象となった。オキシリンコスおよびメンデスの女神ハト・メヒトといった地方の魚の神々も知られている。これとは対照的に、魚を獲ったり、食べたりすることは、末期王朝時代にタブーとなった。というのもエジプトの宗教によれば、切断されたオシリス神のペニスを魚が食べてしまったからであ

網と釣り糸を備えた葦船による魚と漁撈の場面。サッカラの第5王朝イドゥト王女の墓に描かれた詳細なレリーフ。

る。

サソリ　scorpion

　砂漠の端で生活している人々や働いている人々にとってつねに危険な存在であるサソリは、早い時期から恐れと尊敬の対象であった。おそらく刺されないように呪術的保護を得るために、小さなファイアンス製のサソリが奉納品として初期の神殿に置かれた。サソリ型のアミュレットは、同様の理由から作られた。サソリはセルケト女神として、またシェド神としても崇拝された。サソリや有害な生き物は、一般に末期王朝時代のキップス飾り板に描かれた。

サソリ　Scorpion

　慣例的に1人、またはそれ以上の先王朝時代後期の王たちに帰する名前。サソリは明らかに王の権力の隠喩であり、下ヌビアのジェベル・シェイク・スレイマンにある勝利の場面を含む様々な文脈に現れる。先王朝時代の権力を持った支配者(紀元前3150年頃)の墓であるアビドスのU-j墓出土の土器容器には、墓の所有者の名前と解釈されたサソリの模様を刻んだものがあった。同様にヒエラコンポリス(紀元前3000年頃)出土の棍棒頭に描かれた鋤(すき)の上のサソリは、灌漑(かんがい)の儀式を行なう王の印である。それが彼の名前、称号または王権の他の特質を表わしているかどうかは議論の余地がある。同じ王はまた、ミンシャト・アブ・オマル出土のサソリが描かれたセレクを持つ土器の印によって確認されるかもしれない。

サッカラ　Saqqara

　第1王朝からキリスト教時代までのエジプト史全体にわたって、エジプト中のどこよりも葬祭記念建造物の集中が見られるナイル河西岸にあるメンフィスのネクロポリス地域。初期王朝時代、古王国時代、新王国時代、そして末期王朝時代は、特に保存状態が良好。全体的として、さらに南のダハシュールとリシュトの遺跡に活動が集中した中王国時代からはサッカラにある記念建造物は少ない。広大な砂漠の端を占めているサッカラは、便宜上北から南まで5つの部分に分けられている。

　アブシールに接している最も北の部分は、最古の墓群を含んでいる。それらは古代のメンフィスの遺跡を見渡せる急斜面の端に位置している。特徴的な王宮ファサード様式で装飾されたこれらの巨大で壮大なマスタバは、初期王朝時代の間、支配者階級の人々のために建てられた。さらに砂漠の方では、ティのような高官のために建てられた精巧に装飾された古王国時代の墓やセラペウムを含む聖獣のネクロポリスがあった。北の中央サッカラは、テティのピラミッド複合体と隣接するカゲムニとメレルカのマスタバで占められている。近くの岩壁の表面は、アクエンアテンの

サソリ王の先王朝時代後期の儀式用棍棒頭の細部装飾(彼の顔正面にあるサソリのヒエログリフは、名前というよりも王の形容辞であったかもしれない)。

サッカラの広大なネクロポリスは、第3王朝ジョセル王の階段ピラミッド（左）と荒廃した第5王朝ウセルカフのピラミッド（右）を含む古代エジプト文明のほとんどの期間からの記念建造物からなる。

大臣アペル＝エルとトゥトアンクアムンの乳母マヤのものを含むアマルナ時代と第18王朝後期の岩窟墓が点在している。

　サッカラのネクロポリスの中央部分は、王家の葬祭記念建造物の大密集地を含んでいる。最も印象的なのは、それぞれ北東と南西の隅に位置する第5王朝のウセルカフとウナスのピラミッドをともなう第3王朝の階段ピラミッド複合体である。ウナスのピラミッド複合体の参道は、おそらく元々北と南に幾分か広がっていた、より広大な王の埋葬地の一部であった第2王朝の2つの王墓の上にある。これら初期の王墓の上部構造は、おそらくジョセル王の記念建造物の建設の際に再利用のために（または道を空けるために）取り除かれた。第5王朝の役人と王族のマスタバは、急斜面のふもとにある河岸神殿から、砂漠の高台にあるピラミッドへと導くウナスの参道の周りに集中している。そのさらに西には未完成のセケムケトの階段ピラミッド複合体の遺構、初期王朝時代に年代づけられている謎めいたギスル・エル＝ムディール、そして航空写真でもっともはっきりと見えるさらに謎めいた周壁がある。砂漠の奥にあるそれらの記念建造物の位置は、サッカラのネクロポリスへの通路が元々後の時代に使用されたように東からというよりもワディ・アブシールを通る北からであったことを示しているのかもしれない。末期王朝時代のいくつかの竪坑は、中央サッカラ、特にウセルカフとウナスの葬祭神殿のある地域に位置する。末期王朝時代とプトレマイオス朝時代の他の墓は、テティのピラミッドの周りとセラペウムへの道沿いに広がっている。

　ウナスの参道の南地域は、新王国時代の間、「道」に沿ってお互い向かい合っている、人目を引く神殿様式の墓を多数含む重要な家臣のための墓地であった。サッカラのこの地域での重大な再発見は、ホルエムヘブが王になる前に彼のために建てられた墓と他のトゥトアンクアムン治世の墓を含んでいる。近くには、キリスト教時代の主要な記念建造物であるアパ・エレミアの修道院がある。ダハシュールとの境である南サッカラは、古王国時代のすべての期間にわたる王の葬祭記念建造物をその特徴としている。重要な記念建造物には、第4王朝のシェプセスカフのマスタバ・エル＝ファラウン、第5王朝のイセシのピラミッド、第6王朝のペピ1世とペピ2世のピラミッド、そして第8王朝のイビのピ

ラミッドがある。

1世紀以上にわたる集中的な考古学発掘にもかかわらず、サッカラはほぼ毎年新たな驚きを明らかにし続けている。そしてさらに多くの墓がまだ発見されずに残っているのは明らかである。

「サッフ」墓　*saff tomb*

広く屋根のない前庭、支柱を持つファサードのある斜めの通路、そしてそれに対して垂直に崖の奥へと導かれるもう1つの通路からなるT字型の区画の岩窟墓の一種。墓の外観は一列の支柱のようであり、それゆえ名前は「サッフ」（アラビア語の「列」から）である。第一中間期の間、テーベ地域において人気のあった墓の形態であった。よく知られた3つの例は、第11王朝の最初の3人の王のためにエル＝タリフに建てられた（インテフ1世のサッフ・エル＝ダワバ、インテフ2世のサッフ・エル＝キサシヤ、そしてインテフ3世のサッフ・エル＝バカー）。また私人の「サッフ」墓がデンデラとアルマントにある。

サティス　Satis

サテトの項参照。

サテト／サティス　Satet／Satis

エレファンティネ島と密接に関連した女神。彼女はピラミッド・テキストに言及されており、またエジプトの南の国境の守護神であるとみなされていた。例年起こる洪水の勢いよく流れ出る水音は、エレファンティネにおいて最初に聞こえてきたことから、彼女はまた氾濫と結びつけられた。自然の巨大な花崗岩の間に位置するその島にある初期の礼拝堂は、古王国時代からサテトに捧げられてい

た。新王国時代には、この女神はクヌムとアンケトとともにトリアド（三柱神）として崇拝された。

サナクト／ザナクト　Sanakht／Zanakht
［紀元前2600年頃］

即位順が正確にはわかっていない第3王朝の王。おそらく彼は4番目の王でフニの先王であった。ワディ・マガラにある2つの岩窟壁画は、儀礼的動作（外国人の捕虜を討っている場面を含む）を実行しているサナクトを表わし、エジプト語の文書でトルコ石に言及した最古のものを含んでいる。エレファンティネ出土のこの王の名前が入った印影は、王の財産の管理に関する建物が島にあったことを示している。ベイト・カラフにある第3王朝のマスタバ出土のもう1つの印影は、カルトゥーシュの底部と向かい合うサナクトの「セレク」を表わしている（後者は最も早い例）。カルトゥーシュの中にあるその名前は、後の王名表から知られている第3王朝の統治者ネブカとして復元されている。それゆえ、サナクトとネブカは一般的に同一人物であるとみなされている。もしアブ・ラワシュのエル＝デイルとして知られる建物がそうでなければ、サナクトのものと確認された葬祭記念建造物は1つもない。

ザナクト　Zanakht

サナクトの項参照。

砂漠　deserts

古代エジプト人たちは、ナイル河の氾濫によってもたらされた黒い土地（ケメト）と、河の両側にある砂漠地帯である赤い土地（デシェレト）を区別していた。「砂漠」を意味するヒエログリフは、砂漠がナイル河沿いの

耕作地よりも高い位置に丘陵状に存在していることから、3つの山なりの形を表わしている。砂漠に対するエジプト人の態度は両義的であった。宗教上、西方砂漠は死者の土地とされ、一般的に無秩序や破壊の力の象徴とされた。カスル・エル＝サグハの神殿のような聖域は、そのような恐怖からエジプトを守るために建てられている。その一方で、砂漠は特に金や様々な石材などの重要な産地でもあった。初期王朝時代以降、あらゆる貴重品を手に入れるために、国家支援の下で採掘と採石のための遠征隊が砂漠へと送られた。砂漠を通るルートは、エジプトと隣接する国とのつながりや交易に対して決定的に重要であった。エジプト人たちは砂漠へ向かわねばならないとき、守護神であるミンとハトホルの加護を求めた。

　調査研究によって、紀元前3500年以前の先史時代の大半の間、砂漠は今日よりも湿度が高かったことが判明している。考古学的研究により、ナブタ・プラヤのような遺跡において、湿度の高かった時代に繁栄した先進的遊牧文化の形跡が明らかにされており、こうした先行文化が古代エジプト文明の基盤となったのかもしれない。だが、歴史時代になると、砂漠の辺境に生き残った人々は公のエジプトの観念によって軽視され、恐怖によるファラオの支配を強いられた。

サハトホル／シハトホル　Sahathor / Sihathor [即位名メンウェジャラー：紀元前17世紀初期]

　彼の兄弟ネフェルホテプ1世を継いだ第13王朝中頃の王。彼のもう1人の兄弟ソベクホテプ4世によって王位は継承された。

サフ　Sah

　オリオン座の項参照。

サフラー　Sahura [紀元前2425年頃]

　第5王朝2番目の王で、初めて葬祭神殿をアブシールに建設した。彼のピラミッドと彼に関連する建物は保存状態が良い。葬祭神殿は、赤い花崗岩（かこうがん）でできた16本の列柱と対照をなす黒い玄武岩（げんぶがん）の石材で道が敷き詰められていた。壁は王が敵を討つ場面を含む彩色されたレリーフで装飾されていた。

王の名前と称号を刻んだアブシールにある第5王朝サフラーのピラミッド神殿出土の花崗岩（かこうがん）石材。

サーポパード　serpopard

　先王朝時代後期と第1王朝初期の儀式用品に描かれた4本足と長いヘビのような首のある神話上の生き物につけられた名称。このモチーフはメソポタミアから取り入れられた。1対のサーポパードは、おそらく古代エジプトの世界観を特徴づける二元性を象徴する、ナルメル王のパレット中央部のくぼみを形作っている。

サリティス　Salitis

　マネトによる第15王朝最初のヒクソスの王。

サレンプト Sarenput

クッベト・エル＝ハワの項参照。

讃歌 hymns

特定の神を礼賛する文書は、古代エジプトで一般的であった。こうした讃歌は石碑、パピルス上に書かれた記録文書、および神殿や墓の壁に残存しており、エジプトの宗教を理解するための重要な資料となる。もともとは信仰活動の一部として、口頭での朗誦（ろうしょう）のために構成されたようである。「センウセレト3世への讃歌」のような文学作品を除けば、讃歌は3部構成で成り立っていたようだ。オシリスへの讃歌は、中王国時代と新王国時代に人気を博した。供養碑にしばしば刻まれたように、それらは死者の王、または冥界（めいかい）の支配者としての神々を賛美した。

ハピへの讃歌は、新王国時代に人気があったため大量の写本が残っている。讃歌は、豊穣をもたらす者として神々を褒め称え、氾濫（はんらん）の時期に朗誦されたのであろう。太陽への讃歌は、王家と私人に関する文脈の中で現われるので、すべての讃歌の中で最もよく残っており、通常、冥界を通り抜ける神の輝ける道を祝福するものである。太陽に対する特殊な讃歌の形態としては、数多くのラメセス朝期の王墓において刻まれた「ラーの連禱（れんとう）」がある。

エジプトの宗教文学で最も名高く、特別な位置を占めるのは、アマルナ期の間に創作された「アテン讃歌」である。「アテン讃歌」には2つの版がある。「アテン大讃歌」として知られる長い讃歌と「アテン小讃歌」として知られる短いものである。その讃歌は、あらゆる生命の源、および世界の維持者としてアテンを賛美するアクエンアテンの特殊な神学理論を反映している。

死 death

来世信仰、埋葬習慣の項を参照。

シアムン Siamun [即位名ネチェルケペルラー・セテプエンアムン：紀元前970–950年頃]

タニスの建設を行なった第21王朝6番目にして最後から2番目の王。彼の娘の1人は結婚でイスラエルのソロモン王に嫁いだようである。

シェイク・アブド・エル＝クルナ Sheikh Abd el-Qurna

エル＝コーカとクルネト・ムライの間にあるテーベのネクロポリスの中央地域。テーベの州知事と宰相のために建てられた最古の墓は、中王国時代初期にまで遡る。ラメセス朝時代の墓もいくつかあるが、墓地の最盛期は第18王朝（アメンホテプ4世の治世まで）であり、身分の高い人々の埋葬用にテーベのネクロポリスで最も人気の場所であった。重要な墓には、センエンムト、レクミラ、ケンアムン、そしてラモーセの墓がある。

シェイク・エル＝ベレド Sheikh el-Beled（「村長」の意）

サッカラ出土の主任朗誦（ろうしょう）神官カ＝アペルのほぼ等身大の像に与えられた通称。彼は権力を象徴する杖と笏（しゃく）を持った少し太った中年男性として表現された。エジプトイチジクの木から作られたその像は、古王国時代の彫刻の傑作の1つで、第4王朝後期のものであろうとされている。

シェシ Sheshi [即位名マアイブラー：紀元前17世紀後期]

レヴァントとヌビアのウロナルティの要塞から出土した数多くのスカラベ印章で確認さ

この太った像は労働者に彼らの村長を思い起こさせたことから、カ゠アペルの等身大木製像は、シェイク・エル゠ベレドというあだ名がつけられた。

れている第二中間期(第14または第15王朝)の王。

シェションク　Sheshonq
ショシェンクの項参照。

「シェスメト」帯　*shesmet* girdle
ビーズ製の前垂れが下がった帯。初期王朝時代における王の服装の一部（例えば、ナルメル王のパレットにあるように）で、特定の神々によっても着用された。

ジェト／ウァジィ／ワジィ／ゼト
Djet／Uadji／Wadji／Zet［紀元前2875年頃］

第1王朝4代目の王。彼の治世は比較的短かったようだが、宗教的図像が描かれた象牙製の櫛とアビドスの彼の墓より出土した王の葬祭石碑という、2つの初期エジプト美術における傑作を生み出した。様々な遺跡より

アビドスにおけるジェトの墓より出土した葬祭石碑の細部。王の名前は、ハヤブサの神ホルスの載るセレクの枠内の1匹のヘビのヒエログリフで表わされる。

出土した外国製土器は、レヴァントとの交易がさかんであったことを示している。ジェトの治世に建てられたその他の建造物には、タルカンとギザにある王宮ファサード装飾を伴ったマスタバ墓がある。

ジェドエフラー／ラージェドエフ
Djedefra／Radjedjef ［紀元前 2525 年頃］

　第4王朝3代目の王。クフの息子であり後継者として父の埋葬を監督した。彼の名前はギザにおけるクフの舟坑の1つを覆う石製の横梁（おうりょう）に記されていた。ジェドエフラーは、彼のピラミッド複合体建設にあたり、アブ・ラワシュという新たな地を選んだ。また、ヘリオポリスにおける太陽信仰と彼自身を結びつけるために「ラーの息子」という称号を持った最初の王でもあった。彼の治世は10年にも満たなかったため、彼のピラミッドは未完成のままである。アブ・ラワシュより出土した石製の王の頭部は、最古のスフィンクス型の彫像の一部であった可能性もある。

ジェドカラー　Djedkara
　イセシの項を参照。

「ジェド」柱　*djed* pillar

　3本ないし4本の横棒と側面が窪んだ支柱からなる「安定」を意味するヒエログリフで、おそらくは穀物を巻きつけた棒を表現している。この象徴はオシリスの背骨と同一視されたが、その起源はソカル神と結びついていた。新王国時代において「ジェド」柱が立

アブ・ラワシュにおけるピラミッド神殿より出土した、赤色珪岩（けいがん）製のジェドエフラーの頭部。この頭はおそらくスフィンクスの彫像に付随していた。

てられた祭式は、王家の儀礼において重要な要素であり、オシリスの再生と王権の安定の持続の双方を表わしていた。この祭式はテーベにおけるアメンホテプ3世の「セド」祭の一部として実施され、またアビドスのセティ1世神殿にも描かれてもいる。

イシス女神の手助けによって祭式の「ジェド」柱を立てる王が描かれた、アビドスのセティ1世神殿より出土した彩色レリーフ。

シェビトク　Shebitku

シャビトコの項参照。

シェプエンウェペト　Shepenwepet

オソルコン、ピイ、ルドアムンの項参照。

シェプセスカフ　Shepseskaf［紀元前2475年頃］

第4王朝の6番目にして最後の王。墓に関して、彼はピラミッドの伝統から逸脱し、代わりに南サッカラにマスタバ・エル゠ファラウンとして知られる独特な石棺形の葬祭記念建造物を建設した。

シェプセスカラー／イズィ　Shepseskara／Izi［紀元前2390年頃］

第5王朝6番目の王。

ジェフティホテプ　Djehutyhotep

アメンエムハト2世、センウセレト2世、センウセレト3世治世における上エジプト第15ノモスの州侯。デイル・エル゠ベルシャにある彼の墓は、巨大な彫像の輸送が描かれている壁画で有名である。

ジェベル・ウェイナト　Gebel Uweinat

ウェイナトの項を参照。

ジェベル・エル゠アラクのナイフ・ハンドル　Gebel el-Arak knife handle

アビドス近郊のジェベル・エル゠アラクでフランス人考古学者によって購入され、現在はパリのルーヴル美術館に所蔵されている。先王朝時代後期のものであるフリント製ナイフに附属するカバの象牙で作られた彫刻を持つ把手。把手上部に描かれた場面には、メソポタミアの図像の影響が見られる。一方の面は、2頭のライオンを引き離しているシュメールの服装をした男性によって支配された野生動物たちを描いている（「野獣の主」として知られるメソポタミアのモチーフ）。もう一方の面は、陸上および水上での戦闘を示している。水上での戦闘に加わっている船のうち2つは、メソポタミアの意匠である。

ジェベル・エル = シルシラ　Gebel el-Silsila

　上エジプトのアスワン北方65キロメートル、ナイル河両岸にある砂岩（さがん）の採石場および記念構造物を持つ遺跡。東岸にある先王朝時代の共同墓地と両岸にあるペトログリフは、この遺跡における早期の活動痕跡を示している。もともと東岸にあった石切場はすぐにエジプトにおける主要な砂岩の産地となり、第18王朝からローマ時代にかけて利用された。西岸には、一連の神殿や記念建造物を伴ったあらゆる時代の巨大な石碑があり、第19王朝および第20王朝に増築されたホルエムヘブのスペオスやショシェンク1世の巨大な供養碑も含まれている。

ジェベル・シェイク・スレイマン　Gebel Sheikh Suleiman

　ヌビアの項を参照。

ジェベル・ゼイト　Gebel Zeit

　紅海（こうかい）沿岸の山岳地帯のこと。中王国時代から新王国時代にかけての広範囲にわたる採鉱活動の遺跡がある。第12王朝以降、方鉛鉱（ほうえんこう）（硫化鉛（りゅうかえん））が通常テーベ地域から送り出されるエジプト遠征隊の主要な目的となった。最古の採掘場の石碑は、アメンエムハト3世治世のものであるが、活動がさかんだったのは第二中間期であった。同地には鉱山労働者の居住区と「方鉛鉱の女主人」ハトホル、「砂漠の主」ホルス、およびミンとプタハに捧げられた祀堂がある。

ジェベル・チャウティ　Gebel Tjauti

　ルクソールとファシュート間の古代の交通路を統括していた西方砂漠の遺跡。最近発見され、アメリカの考古学調査隊によって記録された。岩の表面の碑文には、おそらくエジプト統一における決定的な軍事衝突を記録している先王朝時代の巨大な絵画、第9王朝あるいは第10王朝に対して忠誠を誓っていたコプトス州侯チャウティによる一文を含む第一中間期の一連の重要な碑文、および中王国時代に砂漠の偵察兵によって書き残された落書きが見られる。

ジェベル・バルカル　Gebel Barkal

　ナパタの反対側、上ヌビアのナイル河東岸（その地域的には北方）に位置する遺跡。その第1の地形的特徴は、白冠を被ったウラエウス、あるいは勃起したペニスに似ていると信じられていたそびえ立つ尖った頂を持つ孤立した砂岩（さがん）の丘である。少なくとも第18王朝には聖なるものとされ、「清き山」として崇められた。そこはラーの眼である太陽神ウラエウスの本来の家とみなされていた。頂がアムン神の生殖能力の現われを思い起こさせるので、この遺跡はまたヌビアにおけるアムン神の主要な宗教拠点として神聖視された。アムン神への最初の神殿は、トトモセ3世によって建設され、セティ1世とラメセス2世がさらなる建設事業を引き継いだ。放置された時期もあったが、アムン神信仰と神殿は、第25王朝の土着のヌビア人王たちによって復興された。アララとカシュタは日乾（ひ）レンガ製（ぼし）の王宮を建設し、ピイは神殿の修復を行ない、タハルコは新しい建物を追加した。

　この遺跡はプサムテク2世軍の侵攻により痛手を被ったが、ヌビアの王権と密接な関係を持つ重要な宗教的拠点として残った。

ジェベレイン　Gebelein

　テーベの南方30キロメートルの上エジプ

「シェムウ」

聖なる山ジェベル・バルカルは、上ヌビアにあるナパタの遺跡の向こう側にそびえ立つ。エジプト人たちは、その山をアムン＝ラー神の南の棲家(すみか)であると信じた。

トに位置するナイル河西岸の遺跡。ナイル河に並行する2つの低い丘からなる。主な初期の居住区が丘の北側と西側にあり、初期王朝時代の保存状態の良好な陶器窯がその近くにある。丘の斜面において、歴代の考古学調査隊が先王朝時代の大規模な共同墓地を発掘している。そこで発見された遺物には、2つの重要な初期の小像とめずらしい彩色された麻布がある。第一中間期の数多くの墓には、第9王朝および第10王朝に対する内乱期に、第11王朝のテーベ軍に雇われたヌビア人傭兵(へい)のものがいくつか含まれている。南側と東側の丘にはハトホルに捧げられた神殿が建ち並んでいた。これらの神殿群は第2王朝頃に建造され、メンチュホテプ2世の治世に増築され、そしてローマ時代においてもまだ使用されていた。ハトホルに捧げられた神殿で占められている丘の麓には未発掘の居住地がある。

ジェベレインからの出土物の多くは現在トリノ・エジプト博物館にあり、貴重な第4王朝の行政パピルスやプトレマイオス朝時代にこの町にいた傭兵たちの生活を物語るデモティックとギリシア語で書かれたオストラカなどがある。

「シェムウ」　shemu
　暦の項参照。

ジェメ　Djeme
　メディネト・ハブの項を参照。

ジェル／ゼル　Djer／Zer [紀元前2900年頃]
　第1王朝3代目の王。アビドスのウンム・エル＝カアブにある彼の墓は、ハーレムの女性たちを含む、王家の家臣たちのために造られた317基もの付属墓によって囲まれている。シュネト・エル＝ゼビブの隣で発見された舟葬墓は、実質的にはジェルの葬祭周壁近辺に付随している。彼の治世の遺物は、黄金の柄がついたフリント製ナイフや、サッカラのマスタバ墓より出土した銅製用具の貯蔵品、エレファンティネより出土した頭部を欠いたファイアンス製の王の座像が挙げられ

る。象牙製ラベルは、王のブトとサイスへの訪問を示すとともに、彼の墓で発見された輸入土器はレヴァントとの交易を示している。

シェルデン　Sherden

海の民の項参照。

「シェン」　shen

永遠と保護を象徴する底で結ばれた縄でできた円のヒエログリフ。それはホルスまたはネクベトから王への献上場面でしばしばレリーフに描かれた。王の名前を囲んだカルトゥーシュはシェンが長く変形したものであった。

色彩　colour

古代エジプトの言語では、色彩は、ケム（黒色）、ヘジ（白色／銀色）、ワジ（青色／緑色）およびデシェル（赤色／オレンジ色／黄色）の4色を基礎とし、それぞれの色彩は、象徴的意味合いを含んでいた。黒色は肥沃な堆積土の色で、豊かさと再生を暗示するものである。それゆえオシリス神の姿をした王の彫像は、黒い肌で表わされた。黒色はまた来世とも関連しており、アヌビス神のような死に関する神々の色でもあった。白色は清浄と関連づけられた。緑色／青色は植物の色であり、それゆえ若返りの色でもあった。オシリス神は緑色の肌で表わされ、第26王朝にはしばしば棺の顔の部分が再生を促すために緑色に塗られた。このような色の象徴性はまた副葬品の中に見られるトルコ石とファイアンスの人気の高さを明らかにする。赤色／オレンジ色／黄色は二面性がある色であった。この種の色は必然的に太陽と関連づけられ、珪岩のような赤色の石は王権の太陽のイメージを強調する王家の彫像用に好まれた。紅玉髄もまた宝飾品として同様の象徴性を持っていた。赤色のインクは、パピルス文書では重要な名前を書き記す際に使用された。しかしながら、赤色は砂漠の色でもあった。そのためセト神と破壊の力とに関連づけられた。

エジプト人たちは青色に対する基本的な単語を持たなかったけれども、古王国時代にはラピスラズリを原料とする青色顔料が知られており、特にその色彩は夜空と関連づけられた。金は、色というより金属として神々の肉

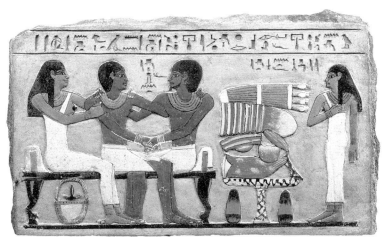

テーベ西岸アサシフにあるアメンエムハトの墓碑（中王国時代初期）。男女の肌の違いを、鮮やかな色彩を用いて表現している。

体と関連づけられた。エジプト美術におけるもう1つの色彩の重要な象徴性は、男性と女性の姿を区別していることである。男性は慣習的に赤茶色に日焼けして描かれたが、女性は主婦として家にいることが理想とされたことから、日焼けしていない黄色で表現された。

Cグループ　C-Group

ヌビアの項を参照。

「死者の書」　Book of the Dead

古代エジプト人たちによって「日の下に生まれ出でるための呪文」と呼ばれていた宗教文書に対してエジプト学者たちが付けた名称。新王国時代からローマ時代まで使用されたこの呪文集は約200の個別の章で構成されており、幸せな来世を得るために必要なすべての情報を死者に提供することを目的に生み出された。章の多くは初期のピラミッド・テキストとコフィン・テキストを引き継いだものである。選ばれた呪文が通常パピルス紙に書かれ、棺の中に納めるか、ミイラの包帯の間に挟むか、もしくは丸めてプタハ＝ソカル＝オシリスの小像に差し込まれた。

多くの写しが残っており、とりわけ精巧なものの中には彩色されたものもある（ヴィネット）。個々の呪文の抜粋はアミュレットやその他の儀式的な呪物に記した可能性もある。特に重要だったのは、第6章の「シャブティ」の呪文、一般的に心臓スカラベに記された第30章Aおよび第125章の心臓の計量に関わる呪文などであった。

死者への手紙　letters to the dead

古代エジプト人たちは、良くも悪くも死者の力が生者の生活に影響を与えると信じていた。それゆえ人々は助けを求めたり、許しを請うたりするために、亡くなった縁者とのやりとりを望んだ。古王国時代から新王国時代に年代づけられているこうした内容の手紙が20通弱ほど残っている。それらはたいていパピルスか土器の上に記され、指定された受取人の礼拝堂に置かれた。末期王朝時代には、死者個々人への手紙は、おそらく神々へ直接訴えることに取って代わられた。

テーベ出土の第18王朝ナクトの「死者の書」における一場面。葬祭パピルスのこの抜粋において、死者は夫人とともにナクトの家と庭を背景にオシリス神とマアト女神の前に描かれている。

シストルム sistrum（複数形シストラ）

宗教祭礼、特に神殿儀式において使用された通常女性によって演奏されるガラガラ。「音楽の女主」としての役割のため、ハトホルと密接な関連があった。柄はしばしばハトホルの頭部で装飾された。ナオス形と輪形の2種類のシストルムが確認されている。後者がより一般的であった。

第26王朝のナオスが上に載ったハトホルの顔形ファイアンス製シストルム。シストルムは宗教祭礼の間、ガラガラと音をたてて演奏されたり、回転させることもできた。

自伝 autobiographies

古代エジプト文学において人気のあったこのジャンルは、個人を理想化して記述し、彼の業績を激賞し、どんな欠点も無視した。それゆえ真実の自伝には程遠いものであった。こうした文書は、墓にきわめて頻繁に記され、現存する最古の例（ウェニとハルクフの自伝など）は、古王国時代後期のものとされる。これらの主な目的は、墓の主が望む自己像に永続性を与えることであったが、特別な出来事の詳細を教えてくれる自伝の碑文は、エジプトの歴史の重要な資料となりうる。例えばアンクティフィ、アバナの息子アハモセの自伝や、カルナクにおける「オソルコン王子年代記」などが挙げられる。

シナイ半島 Sinai

エジプト北東の国境をなす巨大な半島。紅海に突き出しているその半島は、アフリカ大陸とアジア大陸間を結ぶ陸の橋を形作る。シナイ半島北部、地中海沿岸の細長い部分（「ホルスの道」）は、先史時代からエジプトとレヴァント地方の間の主要な陸上の道として使用され、ラメセス2世の治世に防衛を強化された。エジプト人のシナイ半島との関わりは、特にワディ・マガラ、ワディ・カリト、そしてセラビト・エル゠カディム南西の遺跡におけるトルコ石と銅の採鉱に集中していた。特に中王国時代に行なわれた頻繁な採鉱遠征は、文化的特徴を隣国のパレスティナと共有していた地元住民との交流をエジプト人にもたらした。多くの碑文はシナイ半島とレヴァント地方において、「原シナイ文字」で書かれて発見された。ヒエログリフに起源を持つこの文字は、アルファベットの文字システムの発展における早期の段階を示している。シナイ半島における聖書との関係がある

162　シヌへ

遺跡は、シナイ山と聖カタリナ修道院（燃えるやぶの家と言われる）を含む。

シヌへ　Sinuhe
「シヌへの物語」の項参照。

「シヌへの物語」　*Tale of Sinuhe*
　第12王朝初期に編纂され、現存する古代エジプト文学の大傑作とみなされている有名な文書。これは異なる文章形態を組み合わせている洗練された作品である。何世紀にもわたって高い人気を保ち、数多くの写しに残っていることから、古典文学としてみなされていた。この架空の作品はセンウセレト1世の治世（紀元前1918-1875年頃）を舞台にしており、アメンエムハト1世の死の知らせを聞きエジプトを逃れた宮廷官僚シヌへの自伝として描かれた。レヴァントの地元パレスティナ住民の中で時を過ごした後、シヌへはついに王から恩赦をうけ、彼の故郷で最後の日々を過ごすべくエジプトへと戻った。

シハトホル　Sihathor
　サハトホルの項参照。

シプタハ　Siptah（「プタハの息子」の意）［即位名アクエンラー・セテプエンラー：紀元前1198-1193年頃］
　セティ2世の死去のために、少年として王位を継承した第19王朝7番目の王。出自は明らかではないが、アメンメセスの息子であった可能性がある。王家の谷にあるシプタハの墓（KV47）は未完成であった。6年という彼の短い治世の間、権力は主に高官バアイとセティ2世の未亡人であった王妃タウォスレトによって行使されたようである。後者はシプタハの死後、彼女自身ファラオであ

ると宣告した。

下エジプト　Lower Egypt
　古代エジプトの領土を構成する二重性を表わす二国の北半分。基本的にはナイル・デルタと同義語である下エジプトは、女神ワジェト、赤冠およびペの魂とともにエジプトの観念と結びついていた。その標章はパピルスの葦であった。行政上の理由で、上エジプトよりも少ないが、下エジプトはノモス（プトレマイオス朝時代には20区画）に分けられた。メンフィス周辺地域の下エジプト第1ノモスは、下エジプトと上エジプトとの間の暫定的な地域とみなされていた。

笏　sceptre
　王位の象徴の項参照。

ジャッカル　jackal
　ジャッカルは古王国時代、中王国時代および新王国時代の墓において、砂漠で狩りをする場面にしばしば描かれた。ジャッカルが低位砂漠の墓地を徘徊したり、あるいは崖の縁からじっと下をのぞいている様子は、古代エジプトにおいてよく見られた光景であったのであろう。ジャッカルを表現した最古のものは、上エジプトにあるエル＝アハイワ出土の先王朝時代の片岩製小像である。宗教図像の中で、ウェプワウェトやケンティアメンティウなど様々な神々がジャッカル（あるいは、品種が不明のイヌ）として描かれている。アヌビスと結びつけられた動物は、ジャッカルであったのかもしれないし、イヌ、キツネおよびジャッカルの要素を混合した生き物であったのかもしれない。

シャドゥフ　shaduf

ナイル河、または運河から畑へと水を引き上げるために使用された灌漑用の装置。垂直の杭に固定された片側の端にバケツともう片側につり合い錘(おもり)がついた長い水平の棒からなる。第18王朝に導入され、アマルナ時代の墓に初めて描かれた。

男性が庭園を灌漑(かんがい)する際に運河から水をくみ上げるのにシャドゥフを使っている。デイル・エル＝メディーナにある第19王朝のイプイの墓出土の場面。

シャバコ　Shabaqo　[即位名ネフェルカラー：紀元前715-702年頃]

第25王朝2番目の王。彼は自身の兄ピイの跡を継ぎ、第24王朝最後の王バクエンレンエフを打破することによって、エジプト全土を支配下に置くという目的を成し遂げた。シャバコはメンフィス、アビドス、そしてエスナにある神殿の増築を含む数多くの建築計画に着手した。彼の治世出土の最もよく知られている遺物は、古王国時代の原本の写本であると考えられているメンフィスの創世神話(「メンフィス神学」)を刻んだ玄武岩(げんぶがん)の平板「シャバコ・ストーン」である。第25王朝の宮廷文化の特色は、アルカイズム(懐古主義)の傾向を示している。シャバコは、エル＝クッルにあるクシュの共同王墓地において、ピラミッド型の墓に埋葬された。

シャビトコ／シェビトク　Shabitqo／Shebitku　[即位名ジェドカウラー：紀元前702-690年頃]

彼の叔父シャバコの王位を継いだ第25王朝の3番目の王。

「シャブティ」／「シャワブティ」／「ウシャブティ」　shabti／shawabti／ushabti

死者が来世において農作業または賦役(ふえき)労働を行なうよう召集された際に、死者の代理を務める役目をした葬祭用小像。古代エジプト語の「ウシャブティ」は「答える人」を意味し、墓の所有者に代わって仕事への召集に応じるのが「シャブティ」の義務であった。召使いの像から中王国時代に発展した「シャブティ」は副葬品に含まれた。最も古い例は蠟、泥または木製の粗末な小像で、後にそれらはミイラの形をした像として形作られ、第12王朝の終わりから、「シャブティ」の義務を明細に述べた「死者の書」第6章の『シャブティ』・テキスト」が刻まれた。第18王朝中頃から、「シャブティ」は農具を持って表わされた。アマルナ時代後、それらは日常的な服装で表わされた。「シャブティ」は第18王朝初期に王家のコンテクストに初めて言及され、王の葬祭装備に関して重要なものとなった。理想的な数は401体とみなされた——1年365日を通じて1日1体ずつ、そしてそれ以外にも10体で成り立つ1グループに対して1体の監督者がついた(365体＋36体＝401体)——が、セティ1世の墓には700体の「シャブティ」が準備されていた。第三

中間期と末期王朝時代では、膨大な数の像が王と私人の埋葬のために生産された。木または石で作製された見事なものもあったが、ほとんどはファイアンスで大量生産された。したがって「シャブティ」は、古代エジプトの最も一般的な種類の遺物の1つとなった。「シャブティ」は、最終的にプトレマイオス朝時代まで使用された。

西テーベにある第19王朝のヘヌトメヒトの墓出土の木製の「シャブティ」箱と小像。「シャブティ」は来世における死者のための代理として役立つために作られた。

「シャワブティ」 *shawabti*

「シャブティ」の項参照。

シャンポリオン、ジャン＝フランソワ
Champollion, Jean-François

エジプト学の項を参照。

シュウ Shu

空気と日光の神。ヘリオポリスの創世神話によると、シュウはアトゥムの息子で最初の神の夫妻（彼の妹で妻のテフヌト）の片割れであった。ピラミッド・テキストとコフィン・テキストにおいて知られていたが、新王国時代まで独立した信仰の中心はなかった。興味深いことにシュウの名前と像は、太陽光との強い連想により、アマルナ時代の間迫害から逃れた。アテンに与えられた正式な称号によれば、シュウは「太陽円盤に棲む」と言われていた。末期王朝時代には、彼とテフネトはレオントポリスにおいてライオンの姿で崇拝されていた。シュウは通常、大地の神ゲブから空の女神ヌトを分け隔てるためにヌトを持ち上げている、頭部に羽をつけた男性として描かれる。

「昨日と明日のライオン」の間にシュウ神が置かれたトゥトアンクアムン王墓出土の象牙（ぞうげ）の枕。この置物の象徴的意味は、王がそれを使用するときに王を太陽神ラーと同一視させた。

宗教 religion

たった1つの実態あるものとして「古代エジプト宗教」に言及することは誤解を招きやすいかもしれない。なぜならすべてではないかもしれないが、エジプトの歴史のほとんどにおいて、国家概念にかかわる神話や慣習

と非王族の私人である個人の範疇に属するそれらとの間には明らかな違いがあったからだ。

　国家宗教は明白に、そして圧倒的に秩序と混沌の間での永遠の葛藤とマアト（調和）を保つ王の役割と関係していた。国家宗教の中核は、神々とエジプトの民との間における契約への信仰であった。その信仰において、王は交信手段であり、神々の積極的な支援を維持するために神々の信仰を保つ義務があった。それゆえ、たとえ実際にはこの儀式が神官に委任されていたとしても、国家神殿におけるレリーフはつねに王が日々の儀式を行なっているところを表わした。国家の神学理論の深淵にあったのは、創世神話と王の最期の運命に関連した来世信仰であった。それらの様々な構造、特に国家宗教の中心部に横たわる王権概念は、エジプトの王宮文化に絶え間なく流れていた基本要素であり、美術と建築において一目瞭然であった。対照的に、大衆の大部分によって行なわれていた個人宗教——彼らの家屋や小さな共同体の礼拝堂で——は、多産、出産、かみ傷、刺し傷、そして他の苦痛からの保護などの根本的で普遍的な懸念に関することであった。たとえ現代の宗教、呪術、そして医術との間の区分が古代エジプト人たちによって認識されていなかったとしても、願いを確かなものとするために使用された工夫には、呪文、まじない、魔除け、そしてしばしば呪術として分類される幅広い習慣を含んでいた。

　エジプトの宗教は、神話と信仰の複雑な関係から構成されており、それらのいくつかは明らかに矛盾している。そして数多くの神々と魔物によって特徴づけられる。しかしながら、その制度は流動的なものであった。たとえ表面上は長い伝統に順応しているように見えたとしても、それはつねに新しい信心や信仰——新王国時代にレヴァントから輸入された神々や末期王朝時代に人気だった動物崇拝——に開かれていた。エジプト美術と筆記に内在する保守性は、変化する状況にうまく対応した動的宗教を覆い、3000年以上の間エジプト社会の中心に留まり続けた。

州侯　nomarch

　ノモスあるいは地方の州知事。この用語は、第6王朝から知られるエジプト語の肩書き「ノモスの大首長」を訳したものである。建前としては、すべての州知事は王によって任命されたが、実際には州知事の要職はしばしば一族内で世襲された。

習合　syncretism

　アムン＝ラーやプタハ＝ソカル＝オシリスなどの、2つまたはそれ以上の神々を1つの集中した崇拝へと結合させる神学上の行為。エジプト宗教独自の特徴であり、きわめて多様性に富んだパンテオンにおいて神々の間で形成された関係を容認したものである。

舟葬墓　boat burial

　死者を乗せて来世に旅立つ実物大の舟（現物か模型のどちらか）を埋葬する習慣は、第1王朝から見られる。同時代のサッカラ、アブ・ラワシュ、ヘルワンの高官たちの墓には、来世への旅の際に使う舟が1隻ないし複数埋葬された。またアビドスのジェル王の葬祭周壁の隣には、杉材で作られた12隻からなる船団が埋められていた。このような王の船の埋葬に関する初期の例は、ギザのクフ王の大ピラミッドに隣接する竪坑に埋められた有名な杉製の聖舟の先駆をなす。古王国時代後半のピラミッド複合体では、舟の形をし

た竪坑が実際の舟に取って代わったが、その呪術的目的は変わらなかった。

周柱式　peripteral
外部列柱によって囲まれた建物を示す建築学用語。

呪術　magic
宗教、呪術、医術という現代的な区分を古代エジプト人は意識していなかっただろう。ヘカ神として人格化された呪術力は、悪の力から身を守るためや病気の治療など、様々な目的のために行使されたのかもしれない。私的な、あるいは公的な場面において、呪文や呪いの言葉は、宗教的儀式の重要な要素であった。呪術的人形は繁殖力を高め、出産の無事を保障するために使用された。しかしながら、故意に手足などを切断すると、人形は狙われた被害者に災いをもたらすと考えられた。来世信仰においては、来世で死者を守ったり、「カー」のために永続的に食物を奉納することを保障したりするために、同様に呪術に頼っていた。中王国時代の「驚異の物語」（ウエストカー・パピルス）は、多くの呪術行為について記している。さらにラメセウムの真下から発掘された同時代の墓には、象牙の拍子木、仮面をつけた女性の小像、様々なパピルス文書およびヘビ型の青銅の棒が埋葬されていた。ウラエウスは、「ウェレト・ヘカウ」、つまり「偉大なる呪術師」と記されることもある。

呪術レンガ　magic bricks
副葬品の項を参照。

呪詛文書　execration texts
古王国時代後期から知られている文書で、エジプト人により敵とみなされていた人々と場所が挙げられている。エジプト人の信仰によると、誰かの名前を知ることは、彼らに対して権力を行使することを意味する。呪術は悪意のある力に打ち勝つために使用され、手足を括られた捕虜の小像や土器の水差しの上に書かれた文字が粉々に破壊されたようである。このことは、名指しされた敵の儀式的な破壊を実現した。呪詛文書は、たんに九弓の敵について言及しているにすぎないこともあるが、詳細な名前や場所を示している場合もある。しかしながら、いつも同じ敵の一覧が繰り返されたので、呪詛文書は、エジプト人たちの天敵を特定するのにあまり役に立たなかったことがわかる。

残存している文書のほとんどはメンフィス

呪術は、古代エジプト宗教儀礼の重要な要素であった。この木製小像は、第11王朝の呪術師長ヘテピのために作られた。

とテーベの共同墓地から出土している。中王国時代のミルギッサの要塞の出土遺物は、駐屯地を支援するために特別な呪術的防衛線を備えることを意図した可能性がある。それらには頭蓋骨に書かれた文書が含まれている。

シュネト・エル゠ゼビブ Shunet el-Zebib

アビドスにあるカーセケムウイの日乾レンガでできた葬祭周壁。町と向かい合う低地砂漠に設置されたこの周壁は、王宮ファサード建築を用いることによって王の地位を明確にしたものであった。それはエジプトにある現存する最古の建築物の1つで、アビドスにおいていまだ目立つ存在である。王の葬儀の準備はおそらくここで行なわれ、王に対する葬祭信仰の主要な地としての役割を果たした。形と機能において、それはヒエラコンポリスにある同年代の「砦」と密接な関係を持っていた。この周壁のそばで近年発見された、おそらく近くにあるジェルの周壁に属していたであろう12の小船からなる船隊は、初期の王の来世信仰に関する一側面を反映している。その建築物のアラビア語名——「干しぶどうの倉庫」——は、最近まで使用されていたことを反映している。

シュメールの Sumerian

シュメール人がアッカド帝国へと組み込まれてしまうまで（紀元前2300年頃）の紀元前4千年紀と3千年紀におけるメソポタミア南部の言語と文化。シュメール語は同族言語が知られていない。この地域において後に他の言語に採用された楔形文字を使用して初めて記された。シュメールは近東における文明の発祥地であった。洗練された建築と行政の都市は、ウルクとウルなどの遺跡において発見された。メソポタミア北部におけるシュメール文化の拠点は、先王朝時代後期の間

アビドスにある第2王朝後期カーセケムウイの葬祭周壁であるシュネト・エル゠ゼビブの壁龕状の東側ファサード。日乾レンガで建設されたこの周壁は、エジプトで最も古くから現存している建物の1つ。

にメソポタミア的発想とモチーフをエジプトへと広げることを促したのかもしれない。

主要埋蔵物　Main Deposit

ヒエラコンポリスの初期神殿において、1900年に発見された奉納品の集合体。サソリ王の棍棒頭とナルメル王のパレットなどエジプト史最初期の重要な王の遺物が含まれていた。これらの厳密な年代と発見時の正確な状況は、発掘時の記録管理がぞんざいであったため不確かである。

ヒエラコンポリスの主要埋蔵物から見つかった象牙製小像。その中で発見された他の数多くの遺物と同じく、この遺物もおそらく先王朝時代後期か第1王朝に年代づけられる。

狩猟　hunting

畜産業、農業および漁労と比較すると、食糧獲得の手段としての重要度は低いが、狩猟は王権や宗教において重要な役割を持つひじょうに象徴的な活動であった。とりわけ、トリであれ、砂漠の動物であれ、あるいはカバであれ、野生動物を狩ることは、王であれ、庶民であれ、荒れ狂う自然の力を超越した狩人の力量を証明するものであり、混沌に対する秩序の勝利の典型であった。それゆえ狩猟は、王の権威と死という究極の混沌に打ち勝つための強い願望の隠喩となった。先王朝時代以降、支配者たちは、自らを狩猟活動中の場面に描いた。初期の場面では、狩人はしばしば彼らが倒したいと望んだ動物の要素（角、ダチョウの羽）や模倣したいと望んだ動物の要素（イヌの尻尾）を組み込んだ特徴的な衣装を身に着けていた。新王国時代には、アメンホテプ3世が彼のライオン狩りを記録した記念スカラベを下賜した。トゥトアンクアムン王墓の備品の中には、狩猟と戦闘場面が描かれた箱（エジプトでは、野生動物は人間の敵とみなされていた）があった。ラメセス3世は、メディネト・ハブにおいて彼が野牛を狩っている場面を描かせた。古王国時代から、私人の墓の装飾には、たびたび砂漠や湿地での狩猟場面が描かれた。狩猟は追いかけ、待ち伏せ、罠を仕掛けるという連携からなっていた。第18王朝の王の狩猟場は、ソレブで発掘された。またトゥトアンクアムンはギザのスフィンクスのそばに狩猟小屋を建てた。ライオンなど特定の動物の狩猟は、王の特権であった可能性がある。

書記　scribe

古代エジプトにおいて読み書きができた支配者階級の人々に対する専門用語。王朝時代を通して、識字率はおそらく人口の10パーセント以下であり、そのほとんどは男性であった。女性の識字能力は新王国時代に確認されているが、第26王朝まで「女性の書記」

テーベのナイル河西岸にある第18王朝のナクトの墓の壁画。墓主が湿地で狩猟している場面を描いている。ナクトは、妻と子供たちをともなってパピルス製の小船に立ち、水鳥を打ち落とすために投げ棒を構えている。

に対する明確な用語は知られていない。読み書き能力は、権力をもたらし、国の高官への道を開いた。それゆえ名声を享受した書記は、「職業の風刺」などの文学作品や彫刻において描かれたのだ。古王国時代以降、エリートはしばしば彼ら自身を膝にパピルスの巻物を置き、あぐらをかきながら座った書記の姿勢で描かせた。書記は神殿に付属している学校（生命の家）で訓練を受けた」。「書記」のヒエログリフは、パレット、水用の壺、そして葦の筆などの書記の備品を表わしている。

初期王朝時代　Early Dynastic period［紀元前2950-2575年頃］

エジプト学者たちによって考案された古代エジプト史の大まかな区分の最初の段階。最初の王たちの3つの王朝（最初の2つとする研究者もいる）からなる。かつて古拙時代

第4王朝初期に年代づけられる彩色された石灰岩製の書記の座像。膝の上にパピルスの巻物を持って、手に筆記用の筆を持っている。

と呼ばれていた初期王朝時代は、王朝文明の形成期であり、行政、芸術、建築などすべてが急速な発展を遂げた。1970年代以降にエジプト中の遺跡で行なわれた発掘は、この重要な時期に新たな光を投げかけた。

気まぐれな保存状態と発掘作業のおかげで、ひじょうに古い時代であるにもかかわらず、第1王朝は初期王朝時代の中で最もよく解明されている時期でもある。大規模な記念構造物は、そのほとんどが日乾レンガで造られていたために、保存状態は特に良好というわけではない。しかしながら、アビドスの王墓から出土した数千もの小さな遺物と同時代のサッカラにおけるエリート階級の埋葬は、初期の王宮の文化的洗練性と職人たちの傑出した技術を証明している。骨製ラベルに記された筆記と印章の跡は、名前と肩書きとを記録しており、そのほとんどがしだいに複雑になりつつあった行政組織の発展を裏づけている。

第2王朝は、おそらくは深遠な政治的または宗教的変革を暗示している、アビドスからサッカラへの王のネクロポリスの移動によって特徴づけられている。第2王朝中盤における王統の断絶は、社会不安の時期を示唆しているのかもしれないが、秩序は比較的短期間で回復したようだ。第2王朝の終盤、特にカーセケムウイ王の治世は、王のための巨大な建造物計画を伴うピラミッド時代の到来を告げるものである。

第3王朝によってもたらされた初期王朝時代の終わりは、王宮における経済的・政治的権力の集中の結果可能となった一大事業である階段ピラミッド建造によって決定的となる。この過程は、古王国時代（紀元前2575–2125年頃）における大繁栄をもたらした。

「職業の風刺」 *Satire of the Trades*

中王国時代にまで遡ることができる文学作品ではあるが、第18王朝と第19王朝からの様々なパピルス写本に残っている。文書はドゥアケティと呼ばれる男から、彼の息子ペピを学校へと連れていく際に、息子へ語られた教訓として紹介される。書記の職は賞賛され、一方他のすべての職業は嘲笑され過小評価された。この理由のため、この作品は書記の練習用にひじょうに人気があった。

食事 diet

食物と飲物の項を参照。

植物相および動物相 flora and fauna

古代エジプトの植物や動物の生態についての証拠は、考古学、文書資料および美術資料から得られる。ナイル河谷や水が豊富な砂漠の谷では、草木や低木のような雑木が目立ち、アカシア、タマリスク、およびドームヤシのような小型の木々とともに点在していた。両河岸はエジプトイチジクやヤナギ、密集したアシの藪を含む湿地性植物の生息地となった。ロータスやパピルスは水辺や灌漑水路に自生した。農業のはじまりとともに、推定170種の新しい植物が持ち込まれ、移植された。さらにこの頃から古代エジプト史の中に穀物が現われるようになる。

多様な生態系の反映としてエジプトには野生動物が多い。低位砂漠に季節ごとに現われる草地は、捕食動物（ヒョウ、ライオンおよびハイエナ）と同様に、数多くのダチョウと狩猟動物（ゾウ、キリン、ハーテビースト、オックス、アダックス、野牛、アイベックス、ガゼル、野生ロバ、バーバリーシープ）を養っていた。ナイル河の氾濫原は、特に渉禽類や猛禽類といった大量の鳥類を惹きつけ、

カルナクにあるトトモセ3世の儀式用広間の「植物園」のレリーフには、パレスティナやシリアの遠征で王が出会った異国風の植物相や動物相が描かれている。

　75種類の異なった鳥類がエジプト美術の中で確認されている。ワニやカバのような水生動物と多種にわたる魚はナイル河で成長した。よく見られるサル類としては、ヒヒ、バーバーリーザル、アフリカミドリザルがいた。古くから家畜化された動物としては、ウシやヒツジ、ヤギ、ロバ、ブタ、ガチョウ、イヌおよびネコがいた。第二中間期に入るとウマが加わり、新王国時代にはラバ、ケッテイ、家禽（かきん）、さらに末期王朝時代にはラクダが加わった。

食物と飲物　food and drink

　古代エジプトにおける食事は、概ね社会的地位により異なっていたが、多彩でバランスがよく、栄養があった。すべての社会的階層が求めた食糧品は、パンとビールであった。これらは、多種にわたる野菜（タマネギやニンニク、キュウリ、ラディッシュ、レタス、セロリ、水生植物や水生塊茎（かいけい）も含む）や豆類（エンドウ、サヤエンドウ、レンズマメ）、果物（イチジク、ナツメヤシ、ブドウ、ワニナシ、ドームヤシの実）とともに食された。タンパク質は、乳製品（ミルク、バター、おそらくチーズも）や魚、家禽（アヒルおよびガチョウとその卵）によって摂取された。食肉（豚肉、羊肉、牛肉）は祭祀の場合を除き、主としてエリートのための贅沢品で、鶏の骨はプトレマイオス朝時代以前のエジプトの遺跡からは出土していない。古王国時代には、ツル、ハイエナ、オリックスなど様々な野生動物を食糧として飼育することが試みられた。ハリネズミやネズミも稀に食べられたと思われる。飲物やケーキの主な甘味料は、蜂蜜とイナゴマメガム〔東地中海地域に自生するイナゴマメに含まれる糖分〕であった。新しい食物は、新王国時代のオリーブをはじめ、様々な時代に交易を通じてもたらされた。食物を調理する方法は、乾燥、塩漬けから炙（あぶ）り焼き、網焼き、揚げ、煮込み、茹でにまで及んだ。ブドウ、ナツメヤシまたはイチジクから作られたワインは、裕福なエジプト人の間で人気のある飲物で、彼らはおそらく1日3度食事をしていた。一方、貧しい人々はふつう2食だけであった。

ショシェンク Shoshenq

第22王朝と第23王朝の6人または7人の王が持っていたリビア人名。彼らのお互いの関係、統治の年数、継承の順番、そして第三中間期の編年全体はしばしば議論の対象となっている。

ショシェンク1世 Shoshenq I [即位名ヘジケペルラー・セテプエンラー：紀元前945-925年頃]

ショシェンク1世は、リビアの大首長メシュウェシュの子孫であり、プセンネス2世（結婚により親族関係ができた）のもと、将軍として力を得た大オソルコンの甥であった。ショシェンク1世の即位は、リビア朝第22王朝のはじまりを示している。上エジプトにおける王の支配を再び主張するために、彼は自身の息子を軍司令官と兼ねたアムン大司祭に任命した。彼はパレスティナでエジプトの権力を回復させるために軍事行動を開始し、イスラエルとユダヤの王国を破り、その勝利をカルナクの「ブバスティス門」上において祝った。彼はおそらく聖書のシシャクと同一人物である。彼の治世は第三中間期における1つの頂点であった。

ショシェンク2世 Shoshenq II [即位名ヘカケペルラー・セテプエンラー：紀元前890年頃]

ショシェンク2世はオソルコン1世の息子で、彼と共同統治を行なった。しかしながら、父親より先に死去したことから、自身の権限で単独の王として統治することはなかった。彼の銀製の棺はタニスにあるプセンネス1世の墓で発見された。

ショシェンク3世 Shoshenq III [紀元前835-795年頃]

ショシェンク3世は、オソルコン2世の

タニスにある第22王朝の王ショシェンク2世の墓出土の黄金製の葬祭仮面。

後継者でおそらく息子であった。タニスから統治を行なった彼の権力は、デルタのいたるところで広く認識されていたようである。彼は存在が曖昧なショシェンク4世（紀元前795-785年頃）によって継承された。

ショシェンク5世 Shoshenq V [即位名アアケペルラー：紀元前775-735年頃]

ショシェンク5世は、第22王朝の最後から2番目の王。40年に近い長い治世は、考古学上の記録として、彼の故郷タニスにおいて特に豊富に確認されている。記念建造物はテーベのトライアドの神殿と王の「セド」祭を祝うための礼拝堂を含んでいる。

ショシェンク6世、7世 Shoshenq VI, VII [紀元前800-780年頃、紀元前725-715年頃]

ショシェンクの名前がついたさらなる2人の王が第23王朝で確認されている。

女性 women

　古代エジプトの考古学、文学、そして美術に関する証拠は、識字能力のある男性エリートの好みに偏っているので、女性たちの役割と地位について確かめることは困難である。女性の作家のものとみなすことができる文書は存在しないし、女性たちの立場は記録されていない。美術の中において、女性は一般的に母親、妻あるいは娘というような男性との関係を反映している従属的役割のみを特色とする。

　王族の中での女性の立場は、他の社会分野におけるよりも若干裏づけられている。各時代において、女性たちは宮廷で重要で強力な立場を保っていた。例えば第1王朝のメルネイト、第18王朝のイアフメス・ネフェルトアリ、ティイ、そしてネフェルトイティなどである。数人の王家の女性たち、特に第12王朝末期のソベクネフェルウ、第18王朝のハトシェプスト、そして第19王朝のタウォスレトは、王権の宣言さえもした。しかしながら、一般的な通念に順応させるために、彼女たちはたいていは自らを男性の支配者と同様に示してみせた。ハーレム施設は、王の妻たち、娘たち、そして彼女らの付添い人たちを支援するために存在したが、王位に対する策略の温床も備えていた。

　新王国時代、第三中間期、そして末期王朝時代に、つねに王女たちによって維持されたアムンの神妻(しんさい)の官職は、テーベ地域に多大な影響力をもたらし、しばしば政策の道具として使用された。上流階級の女性たちは、地方の神殿において踊り子や歌姫として仕えたようである。古王国時代には、女性たちは後の時代よりもより重要な行政上の肩書きを持っていた。

　一般庶民の間では、女性の役割はほとんど

古王国時代後期の女性神官イントカエスと彼女の娘のこの石灰岩製石碑は、古代エジプト社会における女性たちによる突出した役割を示している。

が家庭の活動に限定されていたようである。その一方、政治権力は男性の手に集中しており、男性の理想は女性が家庭に留まることであった。それゆえに、エジプト美術において、女性たちはいつも白っぽい黄色の肌で表わされるが、屋外で日の光に晒されている男性たちは日焼けした赤茶色の肌で表わされるのである。同様に女性の従属という男性観は、女性がしばしば着用した身体にぴったりと合う引き締まった衣服に反映されている。実際には、そのようなドレスは普段着としてはかなり実用的ではなかったようだ。新王国時代の「アニの教訓」という文書では、その(男性)読者に「彼女の家ではあなたの妻を管理するな」と忠告し、家庭問題では、女性たちが優位に立つと考えられていたことを示している。デイル・エル=メディーナで発掘され

た資料によると、女性たちはしばしば経済活動、特にいつの時代も女性と関係が深かった織物生産に従事することにより家計を補ったことが示されている。エジプトの法は、男女平等を正式に記してあった。例えば女性は財産を引き継ぐことができるし、彼女らの夫に対して不利な証言をすることもできた。そのような権利にもかかわらず、女性たちの地位は一般的に社会のあらゆる層で男性たちよりも低かったようだ。しかしながら、その状況は固定されたものではなく、女性の役割は疑いなくエジプト史の経過の間で変化した。

ジョセル／ゾセル Djoser / Zoser ［紀元前2650年頃］

第3王朝初代の王。同時代の碑文に記されたネチェリケトというホルス名を持つ人物と同一人物であることが、サッカラの新王国時代の落書きから明らかとなっている。通説ではイムホテプの設計とされる彼の埋葬複合体であるサッカラの階段ピラミッドでよく知られている。この複合体から出土した境界石碑は、ジョセルの妻とその2人の娘と思われる3人の王族女性の名前を記している。また彼の母ニマアトハプは、カーセケムウイの配偶者として知られている。

階段ピラミッド内部のジョセルの「セルダブ」より出土した彼の等身大の彫像は、王の絶大なる力のイメージを表現している。しかしながら、彼の治世について知られていることは比較的少なく、エジプトで残存しているその他の遺物もほとんどない。彼はベイト・カラフとエレファンティネおよびワディ・マガラのトルコ石鉱山より出土した碑文に言及されている。ヘリオポリスの聖堂から出土した遺物片は、太陽信仰の重要性が増したことを示唆していると考えられる。サヘル島にある飢饉石碑は、彼の治世に年代づけられたりするが、実際はプトレマイオス朝時代のものである。ジョセルは、後の世代によって、エジプト史の中でもきわめて重要な人物とされ、トリノ王名表（王名表の項を参照）における彼の名前は、新たな時代の始まりとなったことを示すために赤いインクで書かれている。事実、彼は王墓の建設地をアビドスからサッカラに移したし、彼自身の記念建造物はエジプト最初のピラミッドでもあった。

サッカラの彼の階段ピラミッドの下にある埋葬室より出土したジョセルのレリーフ。「セド」祭の一環である王の儀式的な走行の様子が描かれている。

シリア＝パレスティナ Syria-Palestine
レヴァントの項参照。

シリウス Sirius
ソプデトの項参照。

白冠 white crown
冠の項を参照。

シーワ・オアシス　Siwa Oasis

　カイロの西約560キロメートルに位置するリビア砂漠のオアシスのほぼ北西端。最も古い考古学上の遺跡は、第26王朝のアマシスとネクタネボ2世によって建てられたアムン神殿。アレクサンドロス大王は、神の息子、つまり正当なエジプト王としての承認を目的として、紀元前332年シーワのアモン（アムン）の神託を得るために訪れたと言われている。

新王国時代　New Kingdom［紀元前1539-1069年頃］

　エジプト学者が古代エジプト史を区分する際の重要な時期の1つで、第18王朝、第19王朝および第20王朝からなり、イアフメスの治世からラメセス11世の治世までをさす。強固な中央集権の時代であり、芸術と建築が円熟した黄金期であった。また特に日常生活をはじめとして、最もよく知られた時期の1つでもあった。第二中間期末期にヒクソスを追放したことにより、エジプトは自治権と自信を取り戻し、レヴァントの勢力図に介入しはじめた。新王国時代にはシリア・パレスティナにエジプト「帝国」が築かれ、頻繁な軍事行動により、ミタンニやヒッタイトをはじめとする競合する外国勢力のたび重なる侵攻を防いだ。エジプトはヌビアの大部分を併合および植民地化し、その地域（ヌビア）に埋蔵する金を搾取しつつ、一連の新しい都市と神殿を建設した。

　メンフィスは、新王国時代（アマルナ期は例外かもしれない）を通じてエジプトの主要な行政上の首都のままであったが、建築的・考古学的記録の大半はテーベの記念建造物が占めている。ナイル河東岸では、経済的にも政治的にも絶大な権力を持つようになったアムン＝ラー神官によって、巨大な神殿がルクソールとカルナクに建てられた。ナイル河西岸では、王たちが自分たちの葬祭神殿を建築し、主要な王家のネクロポリスとして王家の谷の建設に着手した。また王妃の谷がその他の王族の墓を収めるための場所となった。王家の墓の建設に従事した労働者たちを住まわせるためにデイル・エル＝メディーナ村が建設された一方、西テーベにある多数の共同墓地には貴族の墓のためのスペースが用意された。

　第18王朝の王家の家系は、ほとんどがアメンホテプとトトモセと呼ばれる複数の王たちからなる。その中の最重要人物が女性の王ハトシェプストである。第18王朝の終盤、アクエンアテンの治世には、芸術と宗教の慣習からの著しい逸脱がみられた。彼はアマルナに新都を建設し、アテン神を唯一神の地位へと引き上げた。前アマルナ時代の伝統が復活すると、第18王朝の王族唯一の生き残りであったホルエムヘブは、自らの後継者としてラメセス朝期の開始の幕開けとなる1人の仲間の軍将校を選んだ。そのため第19王朝は明らかに軍事的な性格を有していた。エジプト国内での大きな開発事業としては、ペル・ラメセスの建設があった。第20王朝になると、短命の王が続いたため王権の制度は弱体化した。結局、エジプトはラメセス11世の治世に行政上の目的のために分割され、第三中間期の政治的分裂の先駆けとなった。

神格化　deification

　王権理念はいくつかの方法で王を神とみなしたが、古代エジプトにおいて個人が公に神の地位を得ることは生前も死後も稀なことであった。しかしながら、この規範にも興味深い例外がある。デイル・エル＝メディーナの

創設者であるアメンホテプ1世とアハモセ・ネフェルトアリは、新王国時代を通じて村の住民によって崇拝されていた。第18王朝後期以降、王たちは現世における寿命のある1人の支配者とは対照的なものとして、彼らの公式な職務の神聖を強調しはじめた。古代エジプトの神々の領域外に位置するヌビアにおいて、君臨している王（少なくとも王権）の神格化は、新王国時代の宗教的特徴となった。ソレブにおけるアメンホテプ3世、セデインガにおけるアクエンアテン、アブ・シンベルにおけるラメセス2世らは、外見上の神としての地位を強調している。アクエンアテンは、さらに一歩踏み込んでアテン神との共同統治を強調することにより、巧みに自らを完全なる神の高みに上げた。末期王朝時代には、第3王朝と第18王朝の2人の高官、イムホテプとハプの息子アメンホテプが神格化され、大衆信仰の中で人気を得た。ローマ時代に入ると、ハドリアヌス帝は、ナイル河で溺死した愛人のアンティノオスを神格化し、アンティノオポリス市を彼に捧げた。

神官　priests

　エジプトの神々へ信仰、そして死した王および個人への葬送信仰に仕える人々で、彼らの多岐にわたる役割を反映する多種多様な称号を持っていた。神殿の神官を意味する基本的なエジプト語は、ヘム・ネチェル（「神の下僕」）であった。より専門的な役割は、「清める者たち」、朗誦神官、そして「衣装神官」（神像に服を着せるもの）などの用語によって示された。神官職の高位の者たちは、「第二預言者」（主に神殿運営の責任者）、「第一預言者」あるいは「大司祭」のような称号を持っていた。初期王朝時代に称号「ゼクエン

メディネト・ハブにあるラメセス3世の葬祭神殿、第一中庭に描かれた宗教行列に参加している式服を着た髪を剃った神官たち。

ウ゠アク」が王家の葬祭信仰に仕える神官のために作られた。

　新王国時代以前、ほとんどの神官は常勤の専門職ではなかったが、地域の共同体から選ばれ、フュレ・システムによって当番制で仕えた。支配者階級の女性たちは、ハトホルの女性神官として、また他の時代には、神殿の踊り子や楽師として仕えたようである。新王国時代には、かつてないほどの広大な土地を管理しはじめた主要な州の神殿、特にカルナクのアムン゠ラー神殿のように、政治的・経済的影響力の増大によって神官職の専門職化が起こった。

　あらゆる時代において、最も年長の神官だけが神像と接触することができた。大司祭は王の代役を果たした。理論上は、すべての神官は王の任命によって官職に就いた。しかしながら、実際には多くの官職は、特に地方では、時期によっては世襲となった。実際に政治権力を持った神官職の特殊な事例としては、新王国時代に最初に確認された称号で、第20王朝以降、伝統的に王の娘が授かったアムンの神妻（しんさい）がある。神妻の主な役割は、宗教的行事の際にアムンの配偶者として振る舞うことであった。

　神官はまた一定の規則、品行の規約、そしてタブーを遵守しなければならない。例えば、新王国時代では、清浄儀式の印として、頭髪を剃ることが求められた。ヘロドトスによれば、神官は割礼（かつれい）をし、職務の期間は性的交渉を控えなければならなかった。ある神官はセム神官（王位の継承と密接に関わる官職）がまとったヒョウ皮のように、特別な衣服を着用した。勤務の報酬として、神官は「奉納品の再分配」システムに従って、しばしば神殿や葬送儀礼において提供された品々を割り当てられたようだ。

真実の場　Place of Truth
　デイル・エル゠メディーナを参照。

人種　race
　現代における人種の概念は、古代エジプトの住民には容易に当てはめられない。エジプ

トゥトアンクアムン治世のヌビア総督フイのテーベの墓に描かれたこれらヌビア部族によって表わされたように、エジプト美術は異なる人種を明白に区分した。

ト人は肌の色の違いを認識しており、彼ら自身を黒い肌のヌビア人、青白い肌のレヴァントの人々と美術の中で慎重に区別していた。しかしながら、このような違いは文化的判断の中では副次的であるとみなされていた。もし外国人がエジプト文化を身につけたなら、その人物はエジプト人とみなされ、さらに高官職に就くこともできた。現代の彼らの子孫と同様に、古代エジプトの土着民は、デルタ地帯の多くの地中海人種から、南の上エジプトの多くのアフリカ人種まで、広範囲な人種的特長を見せていた。この分布範囲は、すでに先王朝時代の人口から明らかである。東方からの侵略者「王朝民族」が古代エジプト文明の基礎に大きな役割を果たしたとする学説は、考古学的証拠に欠け、現在はほとんど受け入れられていない。その説はもともとアフリカ大陸が外部からの影響なしに先進的な文明を作り出すことができないというヨーロッパの世界観が生み出した植民地主義の産物である。

心臓　heart

エジプト文化において、心臓は人間の身体の中の最も重要な臓器であり、感情と記憶の中心であり、英知と人格の源であると信じられていた。個人の本質を明らかにすることができると考えられていたことから、心臓はミイラ製作後も身体の中に残された。「心臓スカラベ」は、しばしばミイラの包帯の中、心臓そのものの上に置かれ、最後の審判において心臓の持ち主に対して行なわれる試問から心臓を守る呪文が刻まれた。また心臓の計量は、死者がマアトに従って人生を送ったかどうかを判断するための儀式であった。新王国時代には、心臓型のアミュレットが副葬品に入れられることもあった。古代エジプト人たちは、血液の循環における心臓の役割というものを理解していなかったようである。

第18王朝の将軍ジェフティの心臓スカラベの裏側。その文言は「死者の書」からの引用であり、彼に対する不利な証言から死者の心臓を守るために作られた。

心臓の計量　weighing of the heart

エジプトの宗教において、来世への適正を決定するために、死者の心臓とマアトの羽の重さを秤にかけるという冥界の入り口で催された儀式。もし心臓の方が軽ければ正しい人生を指し示し、死者はアヌビスによってオシリスの前に導かれ、冥界へと迎えられた。もし心臓が重ければ罪深い人生を指し示し、死者は近くで待っている怪物アムムウトに食べられたようだ。計量の結果は、儀式を取り仕切るトトによって文書に記録された。新王国時代では、「死者の書」のパピルスの写しに心臓の計量儀式の図を含めることが人気であった。時折、アヌビスは死者のために有利な結果を保証するため、天秤を調節する様子が示されている。

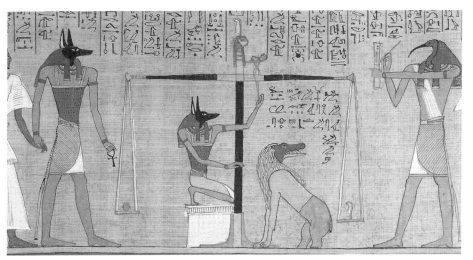

「死者の書」第125章に記載された心臓の計量場面が描かれた第19王朝フネフェルの葬祭パピルスからの装飾場面。

神託　oracles

　神に対して、重要な決定の承認や問いかけへの回答を求める行為。おそらくその起源は、中王国時代、あるいはそれ以前に遡るが、一般的になったのは新王国時代である。デイル・エル＝メディーナの住民は、もめごとを解決するために神格化されたアメンホテプ1世の神託に頻繁に頼った。もし1度目で望ましい決定が得られないときは、さらなる神託を求めたであろう。アレクサンドロス大王は、エジプトの王としての彼の正当性を確実なものとするために、シーワ・オアシスのアモンの神託を求めた。神殿において、神託の決定は動作、口頭、またはくじ引きによって伝えられたようだ。祭祀は大衆が神託を求める絶好の機会であった。行列で神の聖舟を運んでいる神官は、「はい」か「いいえ」を示すために舟をそれぞれの方向へ傾けた。末期王朝時代とプトレマイオス朝時代には、夢の中で神託を得るために「聖地」に寝ることもあった。第三中間期では、神託護符勅令が身を守

るものとして一般的に使われた。神託によって発せられた神の勅令が納められた小さな円筒型のアミュレットが害から守るために身に着けられた。

神殿　temple

　神または王の信仰を執り行なった建物。古代エジプトには基本的に2種類の神殿があった。一柱またはそれ以上の神々の崇拝のために建てられた礼拝用神殿と、死者個人、通常は王の信仰を保つために捧げられた葬祭神殿とである。新王国時代において、王の葬祭神殿は、正式には死去した王に捧げられたのではなく、アムン＝ラーの像に捧げられた。それゆえ神と王の間の区別を曖昧にしていた。神殿に対するエジプト語の言葉は、「フウト・ネチェル」（「神の家」）であり、このことは、その中に棲む神を収容し、そして世話をするための基本的な機能を伝えている。それゆえ、神殿儀礼は崇拝対象である神像をまるで生きているかのように扱って維持する

ことに集中していた。最も早い宗教建造物は、おそらく旗竿(ヒエログリフで「神」を意味する)によって見分けられるかなりもろい枝編み細工や木造の建造物であった。共同体の祠堂は、おそらく出入り口など重要な建築要素にだけ石材を使い、その他は日乾レンガによる質素な造りであった。カルナクよりも早い時期に建てられた神殿やカスル・エル゠サグハにある謎めいた建物などのように、恒久的な石材を使用した記念建造物の先駆けとなった神殿建設の国家による参入は中王国時代に本格的にはじまった。同時期に、神殿は出入りが制限され、一般庶民は高い壁によって入場できないようになった。祭祀の間だけ一般の人々は神殿建物の内部に入ったのかもしれないが、最も外側にあった中庭よりも内側に入ることはできなかった。

神殿建物の最盛期は、テーベの記念建造物を見てもわかるように新王国時代である。この時期の典型的な神殿は、一連の塔門と中庭で設計されており、オベリスクなどの特徴を備えている。そしてそのすべてが宗教活動における行列の重要性を反映して、儀式用の軸に沿って並べられていた。聖なる池はしばしば神殿構内に造られた。建物のそれぞれの建築要素は象徴的意味を持ち、創造された秩序が維持され、混沌を寄せつけない宇宙の縮図としての神殿の支配的な役割を強調した。それゆえ、塔門の形は故意に、死を拒み太陽が毎日再生するヒエログリフの「地平線」に似せて造られている。列柱室は至聖所と関連づけられる原初の丘の岸辺に成長する創世の葦の湿地を表現していた。この目的のために、神像を収容した神殿の最深部は、通常穢れのない砂の小山の上に、周辺の部屋よりも高くして建てられた。神殿の外壁は、マアトの擁護者としての役割と一致して、王が敵を討っている場面で装飾されていた。神殿構内を取り囲む周壁は、混沌の力に対抗する境界を形作っている。末期王朝時代には、パン・ベッディング(ヌンの項参照)が創世の水の深淵を思い起こさせるために使用された。

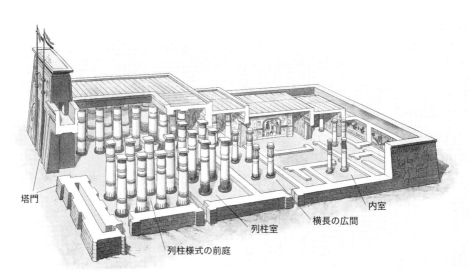

新王国時代の典型的なエジプト神殿を描いた透視図案。入り口の塔門、列柱様式の前庭、列柱室、横長の広間、内室を示している。

実際には、神殿での毎日の儀式は神官に委任されていたけれども、理論上、神の祭儀を維持し、神殿のレリーフに描かれたこれらの義務を実行することを示されたのは王であった。王の役割は、エジプトの連綿と続く繁栄と安全を確実にするために交わされた人間と神の領域の間の契約のようなものであった。主要な宗教的機能以上に、神殿はエジプト人の生活のあらゆる場面において重要であった。多くの神殿はエジプト中の広大な土地を管理していた制度上の土地所有者であった（少なくとも新王国には）。神殿は図書館、書記訓練のための学校（生命の家）、そして手工業生産のための作業場を備えていた。神殿は巨大な穀物庫を持ち、交易に従事し、そしてエジプトの国営経済にとって不可欠な要素であった。

神殿儀礼　temple ritual

新王国時代以前に神殿で行なわれていた儀式の証拠は乏しい。アブシール・パピルスは、ネフェルイルカラーの葬祭神殿における神官たちの毎日の活動を記録している。対照的に古王国時代と中王国時代における礼拝用神殿に関連した碑文またはレリーフはほとんどない。第18王朝以降、日々の儀式のかなり詳細な記述を提供する、神殿の壁に描かれた場面などの証拠が増えていった。信仰活動は神殿の内奥にある至聖所に収容された聖なる神像に集中していた。像は生きているものとみなされていたため（神殿は神像の家）、神官による日々の世話は必須であった。服を脱がせ、洗い、香油で清め、そして再び服を着せるというものであった。神官は神を満足させるために、食物と飲物の供物（後に神殿職員内で再分配される）を捧げた。ある神殿では、神像は生気を与える太陽光線を浴びるために、毎日の日の出の際に屋上まで上げられた。新王国時代の神殿における軸線に沿った設計は、神像を聖舟祠堂である場所から次の場所へと運んだ行列が儀式活動の重要な部分であったこと示している。祭祀では神像は付近にある他の聖地を訪れるために自身の神殿を離れたようである。

神話　mythology

古代エジプトの宗教を補強する物語の知識は、主に石碑、パピルスおよび神殿の碑文の断片的な記述から得られたものである。最もよく知られているものに創世神話と来世信仰があり、神話は王権と結びついた。第12王朝のイクヘルノフレトの石碑は、オシリスの神秘についての詳細な記述を含んでいる。それは中王国時代のアビドスで行なわれたオシリス神の生と死の神話的エピソードの再演であった。ラメセウム演劇パピルスは、同様に特別な機会に実演されたであろう様々な神話的エピソードを含んでいる。より長文のいくつかの物語的神話は、文学的な形態で残っており、それらは「ホルスとセトの争い」や「イシスと7匹のサソリの物語」を含んでいる。

数学　mathematics

現存する様々な数学文書、特に第二中間期のものとされる「リンド・パピルス」などで証明されているように、古代エジプト人は数字や幾何学の進んだ知識を持っていた。書記は何度も見本を書き写すことで数学を学んだようだ。位取り記数法は、1、10、100などと続く記号を使用した十進法であった。数の操作の基礎は、観念的な数学理論よりもむしろ、実用的な用途に置かれている。したがって、エジプト人たちは、複雑な公式を発明しなかったようで、その代わり、単純な計算を

重ねていたようだ。掛け算は、倍加の組み合わせ、割り算は2分の1にしたり、引き算したりすることによって解が求められた。一般的に分数は、分子が1に限定されており、3分の2や4分の3といった分数もよく使われた。より複雑な分数は簡単な分数の組み合わせで表わされた。計算方法は、円筒の量やピラミッド、あるいは円の面積を計算するために発明されたが、エジプト人はπ（パイ）を知らなかったようである。

スカラベ　scarab

糞球を転がすというフンコロガシの習性は、一日のはじめに太陽を天へと押しだすケプリ神の隠喩としてみられていたので、フンコロガシは日の出と結びつけられた。また糞球から現われる子供の虫の出現は、死の腐敗からの日々の復活という太陽の約束事と同じ意味を持つとされた。スカラベは古王国時代からプトレマイオス朝時代までアミュレットや宝飾品の型としてとても人気であった。また中王国時代には、スカラベ型印章が生産され、それらの持つ平らな底面は銘刻には理想的であった。アメンホテプ3世は、彼の治世の主要な出来事を祝うために一連の記念スカラベを発行した。スカラベの特殊化した形は「心臓スカラベ」で、一般に緑色石が使われ、「死者の書」の第30章bが刻まれた。これは埋葬の際に中王国時代後期以降から遺体の心臓の上に置かれた。知られている中で最大の例のスカラベは、カルナクにある聖なる池の隣にある石の彫刻である。

スネフェル　Sneferu　[紀元前2575年頃]

第4王朝最初の王。彼はフニと王妃メルエスアンクの息子でクフの父親であった。彼の治世はピラミッド建設の頂点である。スネフェルが建てた――あるいは少なくとも完成させた――ピラミッドは、メイドゥムにあるものとさらに2つの巨大なダハシュールのピラミッドである。セイラにある小さな階段ピラミッドもまた彼のものであると考えられている。ダハシュールにある彼の河岸神殿は、王の葬祭信仰を共有する国全体のつながりを象徴している供物を運搬する人と擬人化されたノモスとを描いたレリーフを含んでいた。シナイ半島の岩壁碑文は、スネフェルの治世の間の採鉱活動を示している。

スノフル　Snofru

スネフェルの項参照。

スフィンクス　sphinx

人間の頭部を持つライオンの身体からなる謎の怪物。変形種としてはヒツジの頭部を持つもの（クリオスフィンクス）やハヤブサの頭部を持つもの（ヒエラコスフィンクス）も知られており、さらにワニの尾を持つスフィンクスがアメンホテプ3世の葬祭神殿において確認されている。スフィンクスは王権の顕著な象徴であり、それ自体はしばしば「ネ

トゥトアンクアムン王墓出土の腕輪に付属するラピスラズリ製のスカラベ。甲虫は有力な復活の象徴で、王名を記すのに主要な要素であった。それゆえ頻繁に王の副葬品に現われる。

第4王朝以来、大スフィンクスはギザ墓地を守護しており、畏怖と憶測をもたらし続けた。一般的にカフラー王の治世に彫り出されたと信じられている。

メス」の被り物を被りながら、あるいは外国の敵を足で踏みつけながら表わされた。スフィンクスはまた太陽神と王とを関連づけさせる強い太陽のニュアンスを含んでいた。スフィンクスの像として知られている最古のものは、唯一頭部だけが残っている古王国時代のジェドエフラー王の治世ものである。第4王朝後半になると、ギザの大スフィンクスが王家のネクロポリスの守護神として機能するために基岩の小山から彫り出された。その年代と目的はいまだ特に異端の作家たちによって推測の的となっている。新王国時代において、スフィンクスはホルエムアケト神として崇拝され、カナンの砂漠の神ハウロンとも関連性を持つようになった。スフィンクスが並ぶ通路は、新王国時代と後の時代の主要な神聖な町、特にカルナクやルクソール神殿、そしてセラペウムにおいて一般的に見られた。「スフィンクス」という言葉は、エジプト語の言い回しのセシェブ・アンク（活ける像）のギリシア語なまりかもしれない。

スペオス speos
小さな岩窟神殿（「洞窟」を意味するギリシア語に由来）。

スペオス・アルテミドス Speos Artemidos
中エジプトにあるベニ・ハサンの真南、ナイル河東岸の涸れ谷に位置する岩窟神殿。ライオン女神パケトに捧げられたこの神殿は、女性の王ハトシェプストによって建設され、彼女の後継者トトモセ3世によって完成され、後にセティ1世によって占有された。8本のハトホル柱頭を持つ玄関は、短い廊下を通り至聖所へと導いた。

この神殿はファサード上部の碑文で有名であり、その碑文においてハトシェプストは、ヒクソスからエジプトを解放したと宣言した（彼女の即位と第二中間期の終わりとの間に存在した4人の王の治世を無視した）。

スメンクカラー　Smenkhkara［即位名アンクケペルウラー：紀元前1336-1332年頃］

アクエンアテンの王位を継いだ第18王朝11番目の王。短い治世は数多くの謎に満ちている。スメンクカラーはアクエンアテンの息子で、トゥトアンクアムンの兄であろうとかつては推測されていた。彼は王家の谷（KV55墓）における再埋葬で見つかった若い男性のミイラと同一視された。しかしながら、スメンクカラーと、夫の死後に王として権限を行使するために男性の姿で統治していたネフェルトイティとを同一視する研究者もいる。

スメンデス／ネスバネブジェデト　Smendes／Nesbanebdjedet［即位名ヘジケペルラー・セテプエンラー：紀元前1069-1045年頃］

第21王朝最初の王。ラメセス11世の死後、エジプトは事実上2つの国に分かれていた。おそらくラメセス11世の義理の息子であるスメンデスは、タニスから下エジプトを統治した。その一方で上エジプトはアムン大司祭ピネジェム1世によって統治された。スメンデスはウェンアムンの物語に言及されている。その王位はピネジェム1世の息子であったプスセンネス1世によって継がれた。

性　sexuality

古代エジプトは性的な事柄に対して比較的緩やかで、開かれた態度だった。性能力と多産は、民間宗教の重要な関心事であった。先王朝時代初期から性を象徴する事柄は、復活の意味を暗に含んでいたため、葬祭の場面において重要であった。雄牛と雄羊も同様にその多産と性的能力のために崇拝されていた。一方コプトスの多産の神（ミン）は、エジプトのパンテオンにおいて最も早くから知られていた神々の一柱だった。結婚を伴わない性生活、または同性愛は、理想的な振る舞いから逸脱したものだとみなされていたようで、「アニの教訓」は売春婦と係わり合いを持つなと忠告している。しかしながら、法によってこのような活動が罰せられたという証拠はどこにもない。儀式は純粋であるという理由のため、神官は彼らの神殿奉仕の期間、性的活動をひかえることが望まれた。

第19王朝の官能パピルスにある場面は、古代エジプト人が性に対して比較的活発で寛容であったことを示唆している。

聖舟　barque／bark

聖舟祠堂、太陽の船の項を参照。

聖獣　sacred animals

動物崇拝、アピス、ブキス、ムネヴィスの項参照。

聖舟祠堂　barque shrine

古代エジプトの宗教において、もともと神の像を収容していた祠堂に代わって据えられた内部に舟の模型を収納した祠堂。その聖舟は神殿の聖域に置かれ、重要な祝祭の行列の際に神官たちによって運ばれた。カルナク神殿からルクソール神殿へ向かう長い参道には、途中休憩するために小さな中継所が設け

られていたと思われる。

聖書との関係　biblical connections

　エジプトに関する言及は旧約・新訳聖書にも見られるが、古代エジプトの文献や考古資料の研究を通して、聖書におけるエジプトの記述を裏づけすることは、ひじょうに困難であり、いまだ決着はついておらず、賛否両論である。根本的な問題として、聖書と古代エジプトの文献とでは書かれた目的が違う点が挙げられる。聖書はその筆者が特に重要だと思った事実と寓意的な出来事を記してある一方で、エジプト人により書かれた記録は純粋にエジプト人の視点から見た世界が描かれている。さらに、旧約聖書に書かれた出来事の正確な年代を求めることは困難であり、発掘を通じて組み立てられたエジプトにおけるそれらの出来事に対する描写は、お互いに結びつかない。最大の関心はヨセフと出エジプト記に関する記述であるが、いまだこれらの出来事に最もふさわしい歴史背景に関するエジプト人側からの意見はない。モーセの一神教とアクエンアテン（紀元前1353-1336年頃）の宗教改革を結びつけようとした者もいたが、「イスラエル」という単語は、メルエンプタハ（紀元前1213-1204年頃）の治世のヒエログリフ碑文が初出であり、さらに王によって従属させられた国々と人々の名称を列挙した表の中においてであった。エジプトの文書と聖書テキストに見られる文体上の関連性は、古代近東の大部分に共通する文学的伝統を示唆する。しかし、それ以上ではないのである。

青銅　bronze

　金属加工術の項を参照。

聖なる池　sacred lake

　神殿周壁内にある、地下水が流れ込む人工的な溜め池。初期王朝時代以降に確認されているこのような溜め池は、神殿儀礼に関連する様々な目的のために使用された。それら溜め池は、奉献用に用意される清浄な水の水源、ガチョウまたはワニなどの聖獣の住処、そして聖舟と関連する儀式の場を提供した。列石と水へと導く一続きの階段を備えた聖なる池

カルナクの聖なる池の北西方向を望む景色。ここはアムン＝ラー神殿における宗教活動の重要な役割を果たしていたのであろう。

は、通常長方形であったが、カルナクにある
ムット複合体の蹄鉄型の特徴をしたもののよ
うに不規則な形のものもあった。

政府　government

　古代エジプトの行政は、王権の聖務によっ
て象徴的および構造的に統治されていた。王
は国の代表、政府の代表、軍の代表であり、
理論的にはすべての宗教の大司祭を兼任して
いた。たとえ実際には、日々のこれらの義務
のいくつかの行使が他の人物に委任されてい
たとしてもである。宮廷は国家機構と同義で
あり、官庁は王宮を囲む建物群にあった。王
宮と王の儀礼に関するあらゆる職務と同様
に、王室それ自体が王朝時代を通じて、王の
土地管理も含む政府の重要な部局であった。
初期王朝時代の間、宮廷内の高位役職は、す
べてではないにせよ、ほとんどが王族の一員
によって占められていた（今日の中東の君主
たちと同様に）。古王国時代においてのみ、
宰相を含む政府内の最高位が非王族出身者に
も開かれていた。エジプトの国内外の行政
は、特に新王国時代に複雑に発展したことも
あり、新たな役職が作られた。官僚機構の拡
大にともない、専門化が進んだのである。
　エジプトの国家創設から、経済管理は政府
の第一の関心事であった。筆記は主に経済行
政の道具として発展したようであり、政府機
構はとりわけ宮廷を維持するためと、王の建
造物計画に出資するための税の査定および徴
収に携わった。それゆえ宰相と監督官ととも
に、古王国時代に国の最高位の官職の1つ
であった「大蔵大臣」によって統括された国
庫は、国の最も重要な部局であった。国の経
済的富の定期的な国勢調査により、政府は徴
兵と税の徴収、農業と採鉱に必要な情報を得
られた。この歳入のうちのいくらかは、第2

次産業製品に使用され、残りは国の保管庫に
蓄えられた。国に雇われた人たちへの生産物
の再分配は重要な政府活動で、古代エジプト
の経済システムを根底から支えていた。
　地方行政は雛壇式に組織された。各地域は
町長が統治し、町議会が一定の裁判権を行使
した。大きな地域やノモスは、後に州侯とな
る行政官が王の代理として支配した。辺境地
域（砂漠地帯とオアシス群）にはそれぞれに
独自の統治者がいた。古王国時代も後半にな
ると、「上エジプトの監督官」の職が首都メ
ンフィスから遠く離れた国土のすべてにわた
り、王の権威を強化するために創設された。
新王国時代の北と南の官職に分けられた宰
相職も、まったくこれと同じ役割を果たし
た。しかしながら、エジプト政府の中央集権
的傾向は、中央の権力が弱まった時期に、再
び自己主張をしはじめた強固な地方と地域の
意識と緊張した関係にあった。
　征服された地域は個別に管理された。第
18王朝以前には「外国の監督官」で十分事
足りていたが、新王国時代のエジプト帝国の
構築には、より複雑な行政機構が必要であっ
た。レヴァントにあるエジプト北方の3つ
の属州はそれぞれ守備隊と地方の諸侯たちを
統括する知事を独自に擁していた。ヌビアで
は、クシュ総督が2人の代理人に責任を委
託しながら王の代理として支配した。地域社
会レベルでは、決定はエジプト植民地の市長、
もしくは地方のヌビアの族長によって下され
た。
　帝国の設立と並行して、常備軍の編成がな
された。このことは北部および南部の宰相の
協力を得た軍の最高司令官（しばしば王の長
男が就いた）による適切な政治的管理を必要
とした。同様に新王国時代には、増大する強
力な司祭権力を中央で制御するための組織的

な行政機構が創出された。しかしながら、実際には、主要な神殿は彼ら自身の職務に対して、高い自立度を保持していたと思われる。

王朝時代のあらゆる時期において、エジプト政府にとっての鍵は「記述」であった。読み書きができるエリートは支配者層を形成し、「書記」は「行政官」と同義であった。宮廷によって整備された政治機構は、広大な地域の効率的な管理の維持に驚くべき成功を治めたが、それは一方で比較的少人数しか使っていないということでもある。このシステムの効率の良さは、古代エジプト文明の継続に大いに貢献した。

生命の家　House of Life

神殿に付属する研究施設であり、神官たちはここで聖なる文書の読み方、模写および創作だけでなく、天文学と占星術、地理学、医術、数学、法学、神学、夢判断を学んだ。生命の家はエリートの子弟のための書記学校も兼ねていた。神殿の作業場を監視する役割を果たしていた可能性もある。よく似た関連施設に書物の家（神殿図書館）がある。

生命の家は、メンフィス、アクミム、コプトス、アビドス、エスナ、およびエドフに存在していたことが知られている。一例がアマルナで発掘されている。

セイラ　Seila

メイドゥムの西 18 キロメートル、ファイユーム地域の入り口にある遺跡。主な記念建造物は、スネフェルの治世に年代づけられている小さな階段ピラミッド。埋葬を欠いていることから、それはおそらく王の信仰の標識であったのであろう。トラヴァーチン製の祭壇はこのピラミッドの北側にて発見された。

石碑／ステラ　stela／stele（複数形ステラエ）

文書や絵が彩色されたり彫り込まれた、しばしば曲線を描く上部を持つ石製または木製の直立した銘板。葬祭、奉納、そして記念など様々な目的のためにエジプトの歴史を通して大量に生産された。第 1 王朝初期から知られる葬祭石碑は、一般的に死者の名前と称号を有していた。墓の所有者を識別するために役立つこの基本形態は、呪術的な機能とともに葬祭装備の重要な構成要素として発展した。それゆえに、第 2 王朝以降、墓主は一般的に食物と飲物が積み上げられた供物台の前に座って表わされた。中王国時代には、供養文がたいてい石碑の上部にそって刻まれた。両方とも来世における供物の永久的な供給を確実なものとするためにデザインされた。神々への祈りの言葉を刻んだ奉納用石碑は、個別の出来事に対して、望ましい結果を願う崇拝者によって捧げられた。中王国時代には、膨大な数がアビドスにある「大いなる神の台地」上に巡礼者によって建てられた。そのため、巡礼者たちはオシリスの例年行列に参加したのかもしれない。新王国時代に一般的であった特別な奉納石碑は耳の石碑で、神に祈願や願い事を聞くよう促すために人間の耳の像が彫られていた。

記念石碑は卓越した業績を示すため（例えば、セラビト・エル＝カディムへの採鉱遠征を記録したホルウェルラーの石碑やアマルナ時代の終わりに伝統的な信仰の復興を祝っているトゥトアンクアムンの復興石碑）、軍事的勝利を祝うため（例えば、メルエンプタハのイスラエル碑）、そして国境を確立するため（例えばセンウセレト 3 世のセムナ石碑やアマルナ周辺の境界碑）に作られた。

セクメト　Sekhmet

女性の神々の攻撃的な側面を擬人化し、疫病をもたらす者として懐柔されたライオンの女神。アメンホテプ3世によってカルナクにあるムゥトの複合体と西テーベにある彼の葬祭神殿に建てられた数多くのセクメト像は、疫病からエジプトを保護するために計画された宥和政策行為であったのかもしれない。セクメトは通常ライオンの頭部を持つ女性として描かれた。

第18王朝のアメンホテプ3世の治世の間にカルナクに建てられたライオンの女神セクメトのいくつもある花崗岩(かこうがん)の像の1つ。

セケムイブ（= ペルエンマアト）　Sekhemib (-Perenmaat)

ペルイブセンの項参照。

セケムケト　Sekhemkhet ［紀元前2625年頃］

おそらく第3王朝2番目の王。彼は、サッカラのジョセル王の記念建造物の南西に未完成の階段ピラミッド複合体を建てた。セケムケトの複合体の周壁の落書きはイムホテプの名前を示しており、同じ建築家が両方の計画の責任者であった可能性を示唆している。地下の部屋からの出土物は、トラヴァーチン製の石棺（発見時には中身がなかった）と黄金製の素晴らしい宝飾品一式を含んでいた。セケムケトは、ワディ・マガラにある岩壁画とエレファンティネ出土の印影において確認されている。

セケンエンラー・タア2世　Seqenenra Taa II

タアの項参照。

セケンエンラー・タア2世　Sekenenra Taa II

タアの項参照。

セシャト　Seshat

筆記と測量の女神。早い時期から、彼女は神殿建設の儀式に密接に関連しており、「縄張り」の儀式（神殿の設計を行なう）において王を手助けした。彼女はカーセケムウイの治世に年代づけられているヒエラコンポリス出土の装飾された石材に描かれている。古王国時代と中王国時代における彼女の役割は、外国人の捕虜の数と軍事行動の間に勝ち取った略奪品の量を記録することにまで広がった。新王国時代には、「セド」祭と密接な関連を持つようになり、王に与えられた期間を王に割り当て、聖なる「イシェド」の木の葉に王の名前を記録している姿が神殿レリーフにおいてしばしば描かれた。セシャトは丈の

長いヒョウ皮の衣服と7つの突起のある星と弓で覆われた飾り紐からなる被り物を身に着けた女性で表わされた。普遍的な神であったため、彼女は特定の信仰地を持たなかった。

鋸歯状のヤシの葉肋（「年」を意味するヒエログリフ）に王の統治年数を記している女神セシャトを表わしたルクソール神殿出土の第19王朝のレリーフ。

セセビ　Sesebi

第2急湍と第3急湍の間の上ヌビアにある遺跡。アクエンアテンによって建てられたこの遺跡は、おそらく特別な国営の共同体が中にあって周壁を持つ町と王の治世のはじめに建てられたテーベのトライアド（三柱神）に捧げられた巨大な神殿からなる。

セソストリス　Sesostris

センウセレト 1、2、3、4 世の項参照。

石棺　sarcophagus

埋葬において死体を保護する1つまたはそれ以上の木製の棺が入っている石の箱（ギリシア語の「肉を食べている」から）。最も古い例は、第3王朝の階段ピラミッドで発見された。新王国時代と第三中間期の間、石棺は王族の特権であった。

王家の谷のトトメス3世の墓にある砂岩でできた彼の石棺。玄室自体と同様に石棺はカルトゥーシュのような形をしている。

セティ1世／セトス　Seti I／Sethos（「セトの者」の意）[即位名メンマアトラー：紀元前1290-1279年頃]

第19王朝2番目の王で、おそらく共同統治の後、彼の父親ラメセス1世の跡を継いだ。彼はカルナクのレリーフに記録されているリビアとレヴァント地方に対する一連の軍事行動をはじめ、第19王朝の軍国的性質を継続した。彼はまたラメセス朝期の最も多産な建設者の1人であった。おそらく新しい王朝の正当性を強化するため、アビドスにある美しく装飾された神殿を建てた。そこに記された王名表は、メネスからセティ自身と彼の息子ラメセス2世までの完璧な王位継承を強調している。

カルナクにおいてセティは壮大な列柱室の

建設をはじめた。天体を表わした天井で有名な王家の谷にある彼の墓（KV17）は、おそらく新王国時代のすべての王墓の中で最も壮観であった。保存状態が最良の王族のミイラの1つであるその王のミイラは、再埋葬されたデイル・エル＝バハリの隠し場から見つかった。

セティ2世／セトス　Seti II／Sethos ［即位名ウセルケプルウラー・セテプエンラー：紀元前1204-1198年頃］

　第19王朝6番目の王。彼の治世は上エジプトとヌビアを支配した簒奪者アメンメセスによって中断された。セティ2世は、カルナクとラメセウムの建築作業に着手したが、王家の谷にある彼の墓（KV15）は完成することはなかった。最初に摂政の役目を務めたタウォスレト（セティの未亡人）とともにシプタハによって王位は継承された。

セデインガ　Sedeinga

　ソレブのちょうど北、上ヌビアにある遺跡。ティイへと捧げられたセデインガの神殿はタハルコによって修復された。

セト　Seth

　古代エジプト宗教において、善悪両方の意味を持つ混沌と無秩序の神。先王朝時代から祭礼が行なわれていたナガダにおいて崇拝されていたことから、最も早い時期に証明されている神々の一柱である。初期王朝時代において、王権理念に大きな役割を果たした。つまり、支配者はホルスとセト双方の化身として崇拝されたのである。ペルイブセンは、自身のセレク上にセト神を置くことでハヤブサの神によって以前享受されていた地位にセト神を引き上げた。セトはヘリオポリスの九柱

デイル・エル＝バハリにある王家のミイラ隠し場で再埋葬されているのが発見されたセティ1世のミイラ。この王の身体は特に保存状態がよく、第19王朝の防腐処置の高い技術の証である。

神の主要メンバーであった。しかしながら、古王国時代におけるオシリス神話の台頭とともに、オシリスの殺害者としてのセトの役割は、秩序を乱す破壊的なものであったとされ彼の像を神殿の壁に描くには、ヒエログリフの一文字としてでさえ、危険すぎるとみなす理由となった。しかし太陽信仰では、混沌に対する永遠の闘争において、太陽神ラーの重要な盟友の1人とみなされていた。セトは太陽の舟の船首に立ちながら、ヘビのアポフィスを銛で突き刺している。つまり創造の敵に対して攻撃を仕掛けているのだ。セトはエジプト人の世界観では、砂漠と外国という反抗勢力の2つの地と関連づけられた。彼はまたアジアとギリシアでそれぞれバアルとティフォンと同一視された嵐の神でもあった。

ラメセス朝期は、セティやセトナクトのような王の名前によって証明されるように、セト崇拝の再開によって特徴づけられる。しかしながら、末期王朝時代にもう一度セトに対しての見解は揺らいだ。つまり、彼は悪の権化とみなされ、多くの彫像は、セトによく似た他のより害のない神々に彫り直された。アジア人の神バアルとの類似性は、彼を東部デルタ地域において人気のある神としたが、王朝時代を通じて最大の信仰の中心地はナガダであった（このことはもともとその地域からやって来た第19王朝の王族にとってセトが重要であったことの説明となっている）。

セトは長く突き出た口先、真っ直ぐに立ち上がった四角い角のある耳、そして二又に分かれた尾を持つ奇妙な動物として描かれた。彼はまたいわゆる「セト・アニマル」の頭部を持つ人間として描かれることもあった。それはブタ、イヌ、ロバ、あるいはツチブタなどの様々な動物と同一視されたが、それらが混合した神話上の動物であり、おそらくセトの破壊的な性質と砂漠（神話に現われる生物の生息地と信じられていた）との密接な関係を反映している。神話学において、カバもまたセトの権化であるとみなされた。それゆえに銛を打つ者の動きは、無秩序の打倒に対する隠喩であった。

ホルス神（左）とセト神（右）に挨拶されているラメセス3世の花崗岩（かこうがん）彫像。敵同士の2神は王により仲裁されている。

ゼト Zet

ジェトの項参照。

「セド」祭 sed festival

通常王の即位30年を記念して行なう記念祝祭。王、神々そして民衆の間の相互関係を象徴するエジプト王権における最も重要な儀式の1つで、第1王朝初期に最初に確認されている。祭事の鍵となる要素の1つは、国全体にわたる王の権力の更新を示すための一対の領有標識の間を王が大またで歩くか、走

ったという「領土取り囲み」の儀式であった。階段ピラミッド出土のジョセル王のレリーフは、この儀式を行なっている王を表わしている。この若返りという主題は、「セド」祭の中心儀礼に反映された。つまり、上エジプトと下エジプトの支配者としての王の再即位である。それは2つの玉座と2つの階段が付属した「セド」祭のヒエログリフを表わす特別な祭壇において行なわれた。そのような祭壇の実例は、サッカラにあるジョセル王の「セド」祭用の中庭にある建物の中に現存しており、それは祭事における永遠の祝祭のために常設されていた。木材と筵でもって作られた一時的な構造物であったと思われるその儀式用の建物は、石材で複製されている。そこには、王へとそして王から神々へと敬意を表するために集められた、エジプトの様々な地方の神像を収容する一連の礼拝堂がある。エジプトの君主制の中心に存在する忠誠の絆を再確認するために、王はまた役人と民衆の委任を受け取ったのであろう。アメンホテプ3世の「セド」祭は、その際に掘られた巨大な人工の港（ビルケト・ハブ）での手の込んだ水上行列を含む他の多くの儀式で成り立っていた。「30年祭」としてギリシア語に翻訳されているが、「セド」祭が時々このような重要な段階にまだ達していない王たちによって挙行されたことは明らかである。例えば、アクエンアテンの「セド」祭は、彼の治世初期に行なわれたようである。

セトス　Sethos
セティ1、2世の項参照。

セトナクト　Sethnakht［即位名ウセルカウラー・メリアムン：紀元前1190-1187年頃］
第20王朝最初の王。第19王朝の終わりと位置づけられる王朝の紛争の後、権力を握ったが、2年しか統治することはなかった。彼の祖先は明らかではない。王権を宣言する前は東部デルタを本拠地にした軍隊の将軍であったようだ。彼は自身の継承の正当性をペル・ラメセスにある神殿で下されたセト神の神託によって示した。彼の息子ラメセス3世が彼の跡を継いだ。

「セネト」　senet
ゲームの項参照。

セネド　Sened［紀元前2700年頃］
短命で、実態の不明瞭な第2王朝の王。

「セバク」　sebakh
肥料として使用するために遺跡から持ち去られた古代の日乾レンガ。

セヘル　Sehel
エレファンティネの南、ナイル河第1急湍の地域にある島。そこにある岩の表面は中王国時代からプトレマイオス朝時代にわたる

第1急湍地域にあるエレファンティネの南、セヘル島の巨大な花崗岩は、古代エジプト史のあらゆる時期からの碑文で覆われている。

いくつもの碑文が刻まれており、それらの多くは地方女神アンケトに捧げられた。最も有名なのは、ジョセル王の治世に遡るとされているが、実際はプトレマイオス朝時代のものである「飢饉の石碑」である。ソベクホテプ3世は、この島に小さな礼拝堂を建て、一方プトレマイオス4世の神殿は、石材を再利用したことで知られている。碑文はペピ1世の治世において、急湍を通る船の航行を手助けするためのセヘル近くの運河の掘削を記録している。センウセレト3世は、ヌビアに対する軍事行動を容易にするために運河を掘り返し拡張した。

セベンニトス／サマンヌード
Sebennytos ／ Samannud
　ネクタネボ1世とマネトの故郷である中央デルタ北部にある遺跡。その地方の神殿文書は、おそらくマネトによるエジプト史のための主な情報源を提供した。主にオヌリス＝シュウへの神殿に属するこの遺跡における考古遺物は、第30王朝とプトレマイオス朝時代に年代づけられる。

セマイナ期　Semainean
　先王朝時代の項参照。

セムナ　Semna
　ヌビアの第2急湍地域の遺跡で、下ヌビアへの道を護衛していた戦略上重要な峡谷を支配していた。センウセレト1世は、セムナに要塞化した町を建て、一方センウセレト3世は、ここに形式上のエジプトの南の国境を定め、この地の防御を勧告する石碑を後世に建立した。国境を守り、船積みを監督するために4つの要塞が近接して建てられた（セムナ、セムナ南、西岸にあるウロナルティ、東岸にあるクンマ）。パピルス文書は、下ヌビアにおいてエジプト軍によって行なわれた監視作業とセムナ公式文書として知られているテーベにある駐屯本部への報告書について伝えている。

セメルケト　Semerkhet［紀元前2825年頃］
　第1王朝の7番目にして最後から2番目の王。彼の治世はおそらく短かった。彼は北サッカラにある高官たちの墓において名前の知られていない第1王朝唯一の統治者である。アビドスにあるセメルケト自身の墓は、王の玄室と同じ上部構造で覆われた付属墓によって囲まれていた。それは家臣の殉葬の明らかな証拠である。セメルケトの治世から唯一残っている記録物は、元々は王墓の前面に一対で建っていたものの1つである黒い花崗岩の葬祭石碑である。

セラピス　Serapis
　オシリスとアピスの信仰から習合を通して創造され、ギリシアの神ゼウス、ヘリオス、ハデス、アスクレピオス、そしてディオニソスの属性である太陽、葬祭、そして治癒によって影響を受けた豊穣と穀物の神。セラピスはプトレマイオス朝時代初期に初めて確認される。主要な信仰中心地は、学問の中心地として有名なアレクサンドリアのセラペウムであった。そこにおいて、配偶者であるイシスとともに崇拝されていた。セラピス信仰は、ローマ人たちによって採用され、ローマ世界のいたるところで人気となった。ある文書はブリテン島にあるセラピス神殿の名を挙げている。

セラビト・エル゠カディム　Serabit el-Khadim

　スエズ湾の東29キロメートル、シナイ半島南西の山岳部にある遺跡。中王国時代初期から新王国時代後期までの間、トルコ石採鉱遠征の中心地であった。周辺の丘陵部は「トルコ石台地」として知られていた。採鉱活動の痕跡は、岩盤深くまで掘りぬかれた鉱山と鉱夫の小屋である。「トルコ石の女主」として知られるハトホルへの神殿は、採鉱遠征隊の人々によってハトホルとソプドゥ「砂漠の道の守護者」に捧げられた数多くの岩壁に彫られた石碑と支柱なしで立つ石碑を含んでいる。セラビト・エル゠カディム出土の第二中間期のスカラベとテル・エル゠ヤフディヤ土器の水差しは、ヒクソス期の間もこの遺跡の活動が継続していたことを示している。原シナイ文字の例（原始的なアルファベット文字システム）がその周辺で発見されている。

セラペウム　Serapeum

　ミイラにした聖牛アピス（プトレマイオス朝時代にはセラピスと同一視された）の埋葬のために、第18王朝後期からプトレマイオス朝時代の終わりまで、使用されたサッカラにある地下埋葬所（カタコンベ）。長い回廊に続く第26王朝とその後の時代に使用された玄室（げんしつ）には、80トンほどの重さのある巨大な花崗岩（かこうがん）製の石棺が安置されていた。第30王朝には、スフィンクスの聖なる参道がセラペウムへの入り口として建てられた。この道はメンフィスからサッカラ台地にまで延びていた。また「セラペウム」という名称は、ローマ時代後期にキリスト教徒によって略奪さ

シナイ半島南西にあるセラビト・エル゠カディムのハトホル神殿。周辺で働いていた多くのトルコ石採鉱遠征隊のメンバーによってこの記念建造物は捧げられた。

れたアレクサンドリアにあるセラピス信仰の中心地に採用された。

ゼル Zer

ジェルの項参照。

セルケト／セルキス／セルケト
Selket／Selkis／Serket

サソリの女神であり、しばしば毒針や噛まれることからの保護または治療のために人々に祈願された。彼女の信仰は早くも第1王朝には確認されており、ピラミッド・テキストに言及されている。葬祭信仰において、セルケトは、棺の四隅とカノポス壺を守護する四女神の1人である。彼女はハヤブサの頭部を持つケベフセヌエフと結びつけられた。彼女は通常、頭上にサソリを載せた女性として描かれた。サソリはしばしば害をなくすために、足または毒針なしで表わされた。「セルケト神官」という称号は、宗教的役職というよりもサソリの毒針の治療に長けた者を意味していたのかもしれない。

「セルダブ」 serdab

死者の「カー」像を収容した古王国時代のマスタバにある部屋。しばしば壁に細い隙間、または1対ののぞき穴が用意されていた。その穴を通して「カー」は部屋に出入りでき、供物を得ることができた。最古の「セルダブ」（アラビア語の「地下貯蔵室」）は、ジョセル王の階段ピラミッドの北側に置かれ、等身大の王の像が納められた。

「セレク」 serekh

王のホルス名を囲んだ長方形の枠組み。王宮ファサード部分を表わしており、ハヤブサ

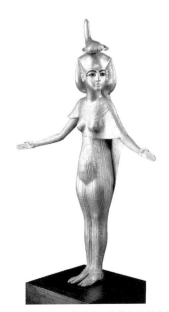

トゥトアンクアムン王墓出土の金箔をかぶせた木製のセルケト像。サソリの女神は、王のカノポス壺を守る四守護神の1人であった。

ハヤブサ神が上に載った「セレク」に描かれた第1王朝の王ジェトの名前は、アビドスにある彼の墓出土の象牙製櫛の装飾のほとんどを占めている。

が上に載っているセレクは、王がホルスのこの世における化身で、神は王に扮して王宮に住んでいるという、王権理念の中核をなす信仰を象徴した。

センウォスレト　Senwosret

センウセレト 1、2、3、4 世の項参照。

センウセレト 1 世　Senusret I [即位名ケペルカラー：紀元前 1918-1875 年頃]

第 12 王朝 2 番目の王。アメンエムハト 1 世の息子であり、10 年目まで父親と共同統治を行なった。彼の治世からの文学、特に「シヌへの物語」と「アメンエムハト 1 世の彼の息子に対する教訓」は、センウセレト 1 世が宮廷の陰謀により彼の父が殺害された後に、王位についた可能性を示唆している。彼は第 1 急湍(きゅうたん)からブヘンへとお互いに合図の届く距離内に一連の要塞を建て、下ヌビアにおけるエジプト支配の拡大政策を継続させた。また彼のオベリスクが現在もまだ建っているヘリオポリスの神殿、コプトス、ファイユーム地域のアブギグにおいて建築計画を実行した。カルナクに現存する最も状態のよい第 12 王朝のレリーフ装飾の例の 1 つである素晴らしい「白い礼拝堂」を建てた。リシュトにある彼のピラミッド複合体は、父親によって建てられた模範にならったものだが、主要な記念建造物の周りには、彼の妻たちと娘たちの驚くほどの数のピラミッドがある。リシュトで発見された彫刻は、一連の等身大の石灰岩の彫像と素晴らしい 2 つの木製の王像を含んでいる。現存している記念建造物のため、センウセレト 1 世は、中王国時代で最もよく知られている支配者の 1 人である。

リシュトにある彼のピラミッド複合体出土の彩色されたセンウセレト 1 世の木製像。王は白冠と単純な亜麻布(まふ)のキルトを身に着け、権力の象徴の杖を持っている。

センウセレト 2 世　Senusret II ［即位名カーケペルラー：紀元前 1842–1837 年頃］

第 12 王朝 4 番目の王で、おそらく短い共同統治の後アメンエムハト 2 世の跡を継いだ。現存している彼の主要な記念建造物は、ラフーンにあるピラミッド複合体とそれに付属するカフーンにある町である。王の葬祭複合体の位置は、ファイユームにおける第 12 王朝の関心の高さを示している。

センウセレト 3 世　Senusret III ［即位名カーカウラー：紀元前 1836–1818 年頃］

第 12 王朝 5 番目の王で、中王国時代の最も重要な統治者の 1 人。エジプト国内において、彼は州侯の権力を削減することで地方行政を再編成し、下エジプト、上エジプト、そしてヌビアそれぞれに責務を持つ 3 人の宰相を任命した。彼は一連の軍事行動によって抵抗勢力を鎮圧するために、大規模な船

メダムード出土のセンウセレト 3 世の花崗岩製頭部。半ば閉じられた目と陰気な表情は、この王の彫像の典型的で独特な特色である。

隊が第1急湍を迂回することを可能にするようセヘル島近くの運河を広げることによって、センウセレト1世の下ヌビアに対する軍事支配計画を精力的に遂行した。エジプトの下ヌビア征服は、戦略上重要な位置への新しい要塞の建設とセムナ峡谷に強固に要塞化された国境を設定することによって強化された。彼は後にヌビアで神格化され崇拝された。そして彼の行動の記憶は、「崇高なるセソストリス」の伝説として残った。レヴァント地方では、「セクメム」（おそらく現代のイスラエルのシェケム遺跡）に対して軍事行動を遂行した。彼の建築計画は、メダムードの神殿での活動、ジョセル王の階段ピラミッドを手本としたダハシュールにあるピラミッド複合体、そして空墓または王の実際の埋葬地のどちらかである南アビドスにある葬祭複合体を含んでいる。彫刻における独特な王の描写——陰気で、半開きの目、大きく突き出た耳、そして厳しげな表現——は、厭世観の描写と絶対的専制政治のイメージであると解釈された。これは懐古趣味、すなわちジョセル王の治世と初期の王権に立ち返るという意識的な試みであったのかもしれない。

センウセレト4世　Senusret IV［即位名スネフェルイブラー：紀元前17世紀中頃から後期］

　第二中間期後期（第16王朝と第17王朝）の短命な王。彼の権力はおそらく上エジプトに限定されていた。

センエンムト　Senenmut

　ハトシェプスト治世の間、アムンの大家令として仕えた第18王朝初期の高官。アルマント出身の身分の低い素性であった彼の経歴は、トトモセ2世治世の宮廷においてはじまった。彼の影響力は大きくなり、ハトシェプストの娘、ネフェルウラーの教育係となった。多くのセンエンムトの像は、膝の上で彼女をあやしている彼を表わしている。ある研究者は、ハトシェプストの愛人であったのではないかと推測するが、これに対する確かな証拠はない。王の建築家として、デイル・エル＝バハリの神殿を含む、テーベにおける国の建築計画を監督した。そこにおいて扉の裏の隠れた場所にあるレリーフに彼自身を描かせることで痕跡を残した。カルナクに建てられたハトシェプストのオベリスクの採石と輸送の責任者でもあったようである。彼はテーベのネクロポリスに彼自身のための2つの記念建造物を建てた。シェイク・アブト・エル＝クルナにある葬祭礼拝堂とデイル・エル＝バハリにある岩窟埋葬地である。後者は完成することはなかった。ネフェルウラーのおそらく早すぎる死の後、センエンムトはほとんどの記録から消えた。彼がハトシェプストより長生きできたかどうかは明らかではない。

先王朝時代　Predynastic period［紀元前5000-2950年頃］

　紀元前6千年紀にはじまり、エジプトが統一される第1王朝の開始（紀元前2950年頃）まで続いたエジプトの先史時代後半の時期。それは典型的なエジプト文明の種が植えつけられた大いなる革新と発展の期間であった。約3000年もの期間は、考古学者たちによって利便のために土器の様式とその他の遺物の形式の変化をもとにして、発展段階あるいは「文化」に分割された。

　先王朝時代のほとんどの間、異なった文化伝統が上エジプトと下エジプトに存在していたようである（しかしながらこの認識はおそらく、証拠の性質の違いによる——主として上エジプトでは共同墓地、下エジプトでは主

に居住跡)。上エジプトの発展段階はよく知られており、バダリ期の文化とともにはじまった。次に最初に確認された土地の名をとってフリンダーズ・ピートリによって名づけられた3つの発展段階が続く。つまり、アビドス近郊のエル＝アムラからのアムラー期、タルカン近郊のゲルザからのゲルゼ期、そして、ディオスポリス・パルヴァ近郊のセマイナからのセマイナ期である。現代の研究者たちは、上エジプトの重要な先王朝時代の遺跡に続いて、それらをナガダ文化——ナガダⅠ期（紀元前4000-3600年頃）、ナガダⅡ期（紀元前3600-3200年頃）、そしてナガダⅢ期（紀元前3200-2950年頃）と命名した。ナガダⅢ期は、王権の概念を含む王朝時代のエジプトの特徴の多くが急速に発展した国家形成期に相当しているために、「原王朝時代」と称される。

下エジプトの発展段階は、異なる地域からの多種多様な文化伝統を含んでいる。ファイユーム湖の湖畔で確認されたファイユームＡ文化は、最古の農業定住地を示している。紀元前5千年紀における他の重要な下エジプトの遺跡は、メリムダ・ベニ・サラーマとエル＝オマリを含む。先王朝時代における下エジプト文化の主要発展段階は、マアディ遺跡から名づけられた（「マアディ文化」または「ブト＝マアディ文化」）。そしてそれはおおよそ上エジプトのナガダⅠ期とナガダⅡ期初期の段階と一致する。ナガダⅡ期の後半期に、上エジプト文化の特色と技術革新、特に土器製造は北方へと拡大した。このことは、エジプトにおける政治的統一の何世紀も前に文化統一をもたらした。

戦車 chariot

ヒクソスの時代にレヴァントよりもたらされたと考えられている戦車は、第18王朝初期のアバナの息子アハモセの墓より出土した碑文や、アビドスより出土したアハモセのレリーフなどに最初に描かれている。エジプトの戦車は、4つもしくは8つの車軸にそれぞれ2つの車輪が付き、一対のウマによって牽引された。戦車は急襲や撤退を可能にした重要な軍事的発明であるとともに、狩猟やスポーツや王の行進に使用され、新王国時代の王

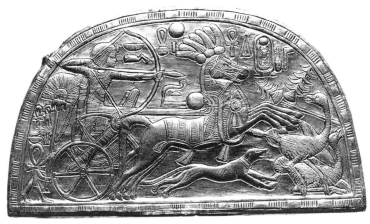

トゥトアンクアムンの墓より出土した、ダチョウ狩りをする王の様子が描かれた金装飾の扇。新王国時代を通じて戦車は戦争だけでなく狩りにも使われた。

の図像において重要な役割を担った。アマルナの墓では戦車に乗車して王の道に沿って都市の中心へ向かう王族が描かれている。現存する戦車の中で最もよく知られている例は、トゥトアンクアムンの墓で発見された。新王国時代のエジプトの軍隊は、マリヤンヌと呼ばれた戦車のエリート部隊を保持していた。

戦争　battles
カデシュの戦い、メギドの戦いの項を参照。

戦争　warfare
武器と戦争の項を参照。

センネフェル　Sennefer
アメンホテプ2世の治世にテーベ知事であった第18王朝の高官。彼の墓はシェイク・アブド・エル゠クルナにあり、その玄室はブドウの房とつるによく似た装飾を持つ天井絵で有名である。

閃緑岩　diorite
石材の項を参照。

象牙　ivory
バダリ期以降、古代エジプトの職人たちは、小像、ゲームの駒、ラベルおよび化粧道具のような小物を作り出すために象牙およびカバ牙（歯から獲る）の両方を使用した。高価な原材料である象牙（カバ牙も含む）は、つねに重要な交易商品であった。ゾウの牙は、エレファンティネ経由でヌビアから輸入されたが、象牙という言葉はしばしばアマルナ文書の中に見られる。

葬祭神殿　mortuary temple
メディネト・ハブ、ラメセウム、神殿の項を参照。

葬祭文書　funerary texts
「死者の書」、コフィン・テキスト、ピラミッド・テキストの項を参照。

草書体文字　cursive script
パピルスやオストラカに手書きによりインクで筆記された文字に使われる用語。ヒエラティック、デモティックおよび草書体のヒエ

雄ライオンと雌ライオンの形をした象牙製のゲームの駒。アブ・ラワシュにある第1王朝の役人の墓から出土した。

ログリフは、すべて草書体文字の事例である。最後に挙げた草書体のヒエログリフは、記念碑に使用されたヒエログリフと似た形だったが、書記の練習や宗教文書に使用された。

創世神話　creation myths

古代エジプト人は、世界の創造を説明するために３つの主な神話を有していた。それぞれが固有の起源を持っており、すべてが古代エジプト宗教を特徴づけている複雑な相互関係において重要な役割を果たしている。おそらく最もよく知られ、影響力があったのは、ヘリオポリスの九柱神の神話であった。自ら発生した創造の神アトゥムは、自身の体液から息子と娘（シュウとテフヌト）を生み出した。いくつかの神話においては、創造の行為として、唾を吐くことや自慰行為を挙げている。最初の神々の夫妻（シュウとテフヌトは兄妹にして夫婦）は、もう一組の兄妹にして夫婦であるゲブとヌトを生み出した。ゲブとヌトは、オシリス、イシス、セト、ネフティスを生んだ。

この基本的枠組みの延長線上に、オシリスとその妻イシスおよび息子のホルスの活躍を描いたオシリス神話がある。セトによるオシリスの殺害と権力闘争の結果としてのホルスの勝利は、世界の創造と王権の観念を強く物語的に結びつけた。第２の創世神話はヘルモポリスにおいて発達し、中王国時代に初めて言及される。それによると、原初の水ヌンより八柱神が生まれ、最終的に原初の丘と太陽神が生まれたとされる。第３の創世神話はメンフィスに起源があり、創造神プタハが、言葉によって秩序を生み出したとされる。このいわゆる「メンフィス神学」は、創世に関してより学術的な見解を示しており、おそらく新王国時代に発達した。

葬送コーン　funerary cone

副葬品の項を参照。

ソカル　Sokar

メンフィスのネクロポリスの神。エジプトの歴史のはじめから確認されているソカルの祭礼では、神の聖舟を引っ張って巡回する儀礼が行なわれていた。重要な祭礼として宗教暦に残り、メディネト・ハブにあるラメセス３世葬祭殿の壁に描かれた。ソカルはおそらく元来は大地の神であったが、古王国時代までにはオシリスと関連づけられた。それゆえに来世信仰とも結びついた。ソカルはピラミッド・テキストとコフィン・テキストにおいて葬祭の文脈の中で言及されているが、その一方でタニス出土のショシェンク２世の銀製の棺はソカルに似せて作られた。彼の信仰は、習合を通してもう一柱のメンフィス神プタハと密接に絡み合うようになった。プタハ＝ソカルは古王国時代に、プタハ＝ソカル＝オシリスは中王国時代には確認されている。ソカルはハヤブサの頭部を収容した舟を上部に置いた低い塚、またはハヤブサのミイラ形の姿で描かれた。

ソカルヘル　Sekerher ［紀元前 1620 年頃］

ヒクソス第 15 王朝の王、ほぼ間違いなくキアンの先王である。ソカルヘルは、エジプトの完全な王の称号を採用するよりも、彼自身をヘカ・カスウト（「異国の統治者」）と称した第 15 王朝最後の支配者である。ソカルヘルの側柱がアヴァリス遺跡の一部であるエズベット・ヘルミで発見された。

即位名／プレノメン　throne name／prenomen

王の称号の項参照。

202 測量

測量 measurement

計量と計測の項を参照。

ゾセル Zoser

ジョセルの項参照。

祖先の胸像 ancestor busts

祖先崇拝は古代エジプトにおける民間宗教の重要な特色であった。着衣した人間の姿をした小さな胸像は、そのような慣習のために作られたと考えられている。約150点が残存しているが、そのうちの1つはカフーンから出土した中王国時代のもので、残りの大半はデイル・エル＝メディーナの村から出土し新王国時代に属する。胸像のほとんどは、石や木、粘土（ねんど）で作られており、男性の祖先を描いている。

ソティス Sothis

ソプデトの項参照。

ソティス周期 Sothic cycle

年代の項参照。

ソプデト／ソティス Sopdet／Sothis

天狼星（てんろうせい）シリウスを擬人化した女神。彼女は第1王朝初期から確認されており——角の間に植物がある雌牛として描かれ——、このことはシリウスのヘリアカル・ライジングと暦上の新年のはじまりの関係が、この早い時期に確立されていたかもしれないことを示唆している。通常は頭に星が載った女性、または角が横について星が上に載った高い冠を被っている女性として描かれた。ソプデトはトライアド（三柱神）として、サフ（オリオン）とソプドゥとともに崇拝された。

ソプドゥ Sopdu

「東の主」として、パレスティナとのエジプト東部国境を擬人化したハヤブサ神。主要な信仰地は、東部デルタにあるペル＝ソプドゥで、シナイ半島のセラビト・エル＝カディムでも崇拝されていた。ホルスと結びついており、ピラミッド・テキストでは王の歯（「鋭い」という意味のソプドゥという名との言葉遊びで）とも関連していた。かがんだハヤブサ、または「シェスメト」帯とハヤブサの羽2本の髪飾りを付け、「ワス」笏（しゃく）と「アンク」、そして戦斧を持ったあごひげの男性として描かれた。

ソベク Sobek

水と豊穣に関連したワニの神。主要な初期の信仰拠点は、第1王朝から確認されているメディネト・エル＝ファイユーム（ギリシア語でクロコディロポリスとして知られていた）であった。後の時代にソベクの主要な神殿がコム・オンボに建てられた。両遺跡はワニを収容していた聖なる池を持っていたようだ。また他の多くの遺跡には、少し小さな祠堂があった。ソベク信仰は、ファイユーム全域で活発化した活動にともなって、中王国時代後期の何人かの統治者の名前（ソベクネフェルとソベクホテプなど）を反映していることからもわかるように、中王国時代に特に重要になっていった。新王国時代にソベクはアムン信仰と融合し、ソベク＝ラーとして太陽神と同一視されるようになった。これはなぜギリシア人がソベクと彼らの太陽神ヘリオスと結びついたかを説明する。ソベクは祠堂に腰掛けたワニ、または角のある太陽円盤と羽でできた被り物を身につけたワニ頭の男性のどちらかで描かれた。

コム・オンボにあるソベクに捧げられたプトレマイオス朝時代後期の神殿の壁に彫られたワニの神ソベクのレリーフ。神殿はワニを収容した聖なる池を備えていたようだ。

ソベクエムサフ　Sobekemsaf

第二中間期後期の2人の王の名前。1人はインテフ5世とインテフ6世の父であったとことが知られている。

ソベクネフェルウ　Sobekneferu［即位名ソベクカラー：紀元前1760-1755年頃］

第12王朝8番目にして最後の統治者。アメンエムハト3世の娘であり、マネトによると、彼女が跡を継いだアメンエムハト4世の妹であった。約3年という彼女の治世は、古代エジプトの歴史上自身の力で統治した女性を初めて確認できる例である。下ヌビアのクンマの要塞における増水の高さの記録は、彼女の治世に年代づけられているし、おそらくハワラにあるアメンエムハト3世の葬祭神殿を完成させる責任者でもあったようだ。彼女の墓ははっきりとは確認されていないが、マズグーナにあるピラミッドの1つであるかもしれない。

ソベクホテプ　Sobekhotep

ほとんどが短命であった中王国時代後期と第二中間期の8人の王が用いた名前。ソベクホテプ2世（即位名セケムラー・クタウイ：紀元前1700年頃）は、メダムードとデイル・エル＝バハリの神殿建築に着手した。ソベクホテプ3世（即位名セケムラー・セワジタウイ：紀元前1680年頃）の治世出土の重要な1対のパピルス文書は、テーベの宮廷における収入と支出の詳細を記載している。ソベクホテプ4世（即位名カーネフェルラー：紀元前1660年頃）は、彼の2人の兄弟ネフェルホテプ1世とサハトルとともに小規模な王朝を建てた。いくつかの神殿に増築を加え、いくつかは今も現存している巨大な像の建設を命じた。

ソレブ　Soleb

上ヌビアの第3急湍（きゅうたん）地域のナイル河西岸にある遺跡。主要な記念建造物は、カルナクのアムン＝ラーと神として祀られた王自身「ネブマアトラー、ヌビアの領主」に捧げられたアメンホテプ3世の神殿である。神殿は彼の「セド」祭の祝賀のために設置された。隣接した町は第18王朝後期のエジプト支配下におけるクシュの首都となった。そこにある共同墓地は、新王国時代とメロエ時代の埋葬を含んでいる。

た行

タア　Taa

　第17王朝終盤（紀元前1550年頃）の2人の王の名前。タア1世（即位名：セナクトエンラー）の跡をヒクソスの統治に抵抗するテーベ勢力を先導したタア2世（即位名セケンエンラー）が継いだ。タア2世は彼の頭蓋骨にパレスティナ様式の斧の刃による深い傷が見られることから、おそらくヒクソス軍との戦いの中で殺害された。カモセが彼の跡を継いだ。

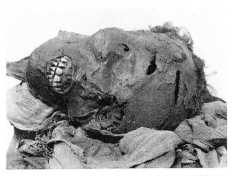

セケンエンラー・タア2世のミイラ化した頭部は、明らかに斧の刃によって与えられた致命的な外傷を示している。おそらくヒクソスとの戦いによって王が死んだことを示唆している。

第一中間期　First Intermediate Period [紀元前2125年頃-1975年頃]

　古代エジプト史上の時期の1つで、国を中央集権化した古王国時代の崩壊直後のこと。第一中間期の大部分を占めるヘラクレオポリス出身の第9王朝および第10王朝の王たち（実際は1つの支配家系であった）は、上エジプトにおいてでさえ、唯一正統な支配者であると広く認められていた。しかし、テーベ出身の敵対する一族の野心がついに内紛の勃発と長期にわたる両者間の戦いを引き起こした。結局、テーベ軍が勝利し、メンチュホテプ2世による新しい中央集権体制の下で再統一がなされ、中王国時代が幕を開けたのである。

　古王国時代末期の中央集権体制崩壊の原因は、依然としてまったく明らかになっていないが、ペピ2世の極端に長い統治後の同王朝の王位継承をめぐる騒動のほかに、気候的要因も含まれているようである。にもかかわらず、王宮の権力は、第8王朝の多くの短命な王によって一定期間維持されたため、これらの王は古王国時代に属するとされることもある。その後の国の明らかな政治分裂は、長く尾を引いた。特に上エジプトのノモスは、新たに自治権を獲得した。そのことはノモスの知事の豪華な埋葬と地方特有の伝統工芸の発達にも反映されている。豪華な埋葬と伝統工芸の発達は、中王国時代においても継続された。王の権力衰退のもう1つの結果としては、以前は王や王の側近に限られていた宗教思想や埋葬習慣が庶民に広がったことが挙げられる。オシリス信仰の隆盛とコフィン・テキストの発達は、この過程の側面として重要であり、「来世の民主化」とも呼ばれている。「ネフェルティの予言」や「イプウェルの訓戒」

といった、騒動や社会混乱の主題に焦点が当てられた文学作品は、かつて第一中間期に起こった出来事を表わしていると考えられていた。しかし現在では、続く中王国時代に作られた架空の話であることが知られている。

大オソルコン／オソコル Osorkon the Elder ／ Osorchor [即位名アアケペルラー・セテプエンラー：紀元前 975-970 年頃]

リビア人族長の息子で、アメンエムオペから引き継いで王（第 21 王朝）となった。

第三中間期 Third Intermediate Period [紀元前 1069-664 年頃]

新王国時代と末期王朝時代の間のエジプト歴史における時代区分。政治的分裂と国内の異なる地域において並立した支配者が同時に存在していたこの時代は、ラメセス 11 世の死に続く新王国時代における国の分裂にはじまり、第 26 王朝初頭の国の再統一で終わった。末期王朝時代に第 25 王朝を含める研究者もいる。

第三中間期は南北に分裂したタニス、ブバスティス、レオントポリス、そしてサイスのような都市から下エジプトを統治した、勢力のあるデルタの集団と上エジプトの支配を行使したテーベのアムン大司祭によって特徴づけられた。またこの時期は外国出身の統治者（特にリビア人とクシュ人）によって、エジプトの王座が占められていた時代であった。第三中間期の国内の編年、特に複数の王たちと対抗しあう王朝の正確な関係は現在もいまだ議論の的である。

第二中間期 Second Intermediate Period [紀元前 1650-1539 年頃]

第 13 王朝後期における中王国時代の行政

の崩壊と新王国時代のはじめの中央集権と国家統一の再開の間に相当する古代エジプトの歴史の時代区分。約 1 世紀半におよぶこの中断期は、政治的分裂と特にレヴァントから数多くの人々がデルタへ移住したことによって特徴づけられている。そのような圧力に直面して、メンフィスの宮廷は、第 14 王朝と一括りにされる一連の地方の支配者たちにデルタの統治を任せ、首都イチタウイを放棄した。続いて彼らは、アヴァリスから統治した外国人の王の家系によって取って代わられた。彼ら外国人の王たちの権限は、下エジプト全域と上エジプト北部へと拡大した。彼らは後のエジプトの伝統の中でおとしめられたヒクソス（紀元前 1630-1520 年頃）であった。彼らが国の北側を支配している間、南は複数の地方君主（第 16 王朝と認識されている）の支配下にあった。とりわけ強力な家系がテーベに現われた（第 17 王朝）。最終的にタア 1 世とタア 2 世の下、テーベの人々はヒクソスを追い出し、国家再統一を試みたことから、内戦が勃発した。戦いはカモセとアハモセの治世を通して数世代続いた。ヌビア人傭兵（パン・グレーブの人々として考古学上認識されている）の援助とともに、テーベ軍はついにヒクソスとクシュの連合軍に打ち勝った。このようにして再び中央集権化の時代がはじまった。

太陽 sun

アテン、アトゥム、ラー、太陽神殿の項参照。

太陽神殿 sun temple

太陽神ラーへの王の信心を表現する毎日の儀式が行なわれた石造記念建造物。太陽神殿は第 5 王朝の国家宗教特有のものであり、6 人の王によって建てられたことが知られてい

る。アブシールにあるウセルカフのものと、アブ・グラブにあるニウセルラーのもの2つだけが発掘により明らかにされている。後者は保存状態がより良好で、この記念建造物の主要な特徴を示している。その中心には、ベンベン石に似せてデザインされた頑丈な石造建築の巨大でずんぐりとしたオベリスクがあった。正面には食物と飲物の供物が進呈された石製の祭壇のある大きな中庭があった。多数のウシがその目的のためにこの場所で屠殺された。複合体の内部の部屋は、王権理念を表わした場面で装飾された。

太陽の舟　solar barque

　エジプト宗教において、太陽神と彼の従者が旅をした舟。先が上を向いた船首と内側へ曲がった船尾という特有の形をしていた。天空を横切る旅は朝の舟で行なわれ、冥界（めいかい）を通る船旅は夜の舟で行なわれた。両方の舟の実物大のものは、来世において王が使用できるようにギザにあるクフ王のピラミッドの隣に埋められた。

タウェレト　Taweret

　妊婦と幼い子供を守護する女神。彼女は民間宗教で最も人気のあった神々の一柱であり、呪術棒や枕、そして分娩台など出産に関連したものにしばしば描かれた。彼女の保護するという特性は、古王国時代以降知られるアミュレットとして理想的なものであった。またマルカタにおける王宮の装飾や北の空と関連していたことから、セティ1世の墓の天体を描いた天井部に特徴的に描かれた。彼女は垂れた乳房、ライオンの足、そしてワニの尻尾（または代わりにワニが彼女の背中に乗った）を持った妊娠したカバとして描かれた。彼女はしばしばヒエログリフの「保護」（「サ」）をもって表わされた。家庭の神であるタウェレトは正式な信仰神殿を持たなかった。

カルナクにある第26王朝のオシリス・ペデドアンク礼拝堂出土の女神タウェレトの像。出産における女性の守護神は妊娠したカバとして表わされた。

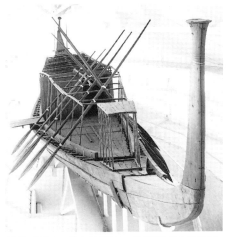

ギザにあるクフ王の大ピラミッドの隣にある坑において、ばらばらの状態で見つかった第4王朝のスギ材製の太陽の舟は、初期の舟建築の注目すべき例である。

タウォスレト／タウスレト／トゥオスレト　Tawosret／Tausret／Twosret [即位名サトラーメリトアムン：紀元前1198-1190年頃]

　第19王朝8番目にして最後の王。セティ2世の未亡人であった彼女は、最初若い王シプタハの摂政として統治したが、彼の死後自身の力でファラオとして統治した。王家の谷において建造が開始された彼女の墓（KV14）は、後継者セトナクトによって占有された。

タウスレト　Tausert
　タウォスレトの項参照。

タカ　hawk
　ハヤブサの項を参照。

ダクラ・オアシス　Dakhla Oasis
　最も研究が進んでいる西方砂漠のオアシスであり、王朝時代の大半の間、オアシス地域全体の行政の中心であった。イギリスとフランスの考古学者たちによる長期的な発掘調査の結果、古代エジプト文明における全時代の遺物が発見されている。

　現代の集落であるバシェンディは、その近辺で見つかった先史時代の文化名となった。発見された遺物は紀元前6千年紀まで遡り、フリント製の道具や武器、砥石、宝飾品、土器などが含まれる。同遺跡において後の時代の層から発見された輸入品や大量の家畜の骨は、混合経済や同時期の東のバダリ文化との交流を示している。こうした交流を通じて、バシェンディの人々は、ナイル河谷の文明の初期発展段階に貢献したのかもしれない。ダクラ・オアシスのいたるところに見られるペトログリフは、先王朝時代におけるさらなる活動を窺わせる。

　古王国時代には、キラ・エル＝ダッバの近くにある巨大なマスタバ墓群とともに、中心都市としてアイン・アシールが築かれた。2つの遺跡はまとめてバラットとして知られており、王宮から遠く離れた地方の都市生活に

太陽の通る道順（子供、スカラベ、太陽円盤、そして雄羊の頭部を持つ鳥として）を表わしている王家の谷にあるタウォスレトの玄室の彩色されたレリーフ。三角形は、太陽が毎晩旅をする闇とあの世の水の深淵を象徴している。

関する貴重な証拠をもたらしてくれる。バラットから支配したこの地域の統治者たちは、エジプト辺境における王朝文化の重要な拠点を管理した。発掘調査により、第6王朝後期に5世代にわたり統治者の公的住居として使われた王宮が発見されている。

ダクラ・オアシス全域から出土する遺物は、中王国時代と新王国時代の間もエジプトとの関係が継続していたことを示唆しているが、これらの時代における環境や詳しい活動状況を明らかにするための考古学的研究がまだ残されている。これとは対照的に、ローマ時代の建造物は詳細に研究されてきた。それらはアムヘイダ、ムゥト、イスマント（ローマ人にはトリミティス、モウティス、ケリスとして知られている）といった大きな3つの町にあり、例えば水路や、デイル・エル＝ハガルにおけるアムン、ムゥト、コンスのテーベの三柱神（トライアド）を祀った神殿およびオアシスの農作物を描いた複雑な装飾が施されたムザッワカのペト・オシリスの墓などが例として挙げられる。

タケロト　Takelot

第三中間期の3人の王に用いられたリビア人名。

タケロト1世　Takelot I [紀元前890-875年頃]

オソルコン1世（第22王朝）の後継者で、オソルコン2世の父親、しかし彼の治世についてはほとんど知られていない。

タケロト2世　Takelot II [紀元前840-815年頃]

オソルコン2世の治世にアムン大司祭として頭角を現わした。彼は王の称号を主張す

ることによって前のアムン大司祭をまね、事実上テーベを本所地にした対抗する王朝を建てた（第23王朝）。続いて彼は20年の間内戦を戦った王位を主張する対抗者（ペドゥバスト1世）に対処しなければならなかった。紛争の詳細は「オソルコン王子年代記」に記録され、タケロト2世の息子の手によってカルナクに刻み込まれた。

タケロト3世　Takelot III [紀元前750-735年頃]

当初父親オソルコン3世（第23王朝）と共同統治を行ない、後に20年以上単独の王として統治した。兄弟のルドアムンが跡を継いだ。

タテネン／タチェネン　Tatenen ／ Tatjenen

プタハ＝タテネンの項参照。

タニス／サン・エル＝ハガル　Tanis ／ San el-Hagar

第三中間期に王宮として重要さを増した北東デルタにある遺跡。初期の石材や彫像は、新王国時代の終わりにペル・ラメセス付近からこの遺跡へと持ってこられた。タニスの主要な記念建造物は、第21王朝と第22王朝に年代づけられている。それらは神殿構内に建設されたアムン神殿やいくつかの王墓を含んでいる。プスセンネス1世は新たな王家の埋葬地を開き、そしてもともとメルエンプタハのために作られた花崗岩（かこうがん）の石棺に埋葬された。壮観な副葬品とともに彼の墓は1930年代後半に発見された。アメンエムオペ、オソルコン2世、ショシェンク2世、そしてショシェンク3世を含む他の王たちはその付近に埋葬された。末期王朝時代には、タニスは下エジプトの第19ノモスの州都であ

った。神殿への増築はネクタネボ1世によって行なわれ、アスタルテ神殿は、プトレマイオス4世によってこの遺跡に建てられた。ローマ時代にはタニスの港は沈泥でふさがれ、そのことが町の衰退とその結果として起こった放棄を導いたのである。

谷の美しき祭 Beautiful Festival of the Valley

テーベ地区における主要な祭りの1つで、アムン、ムゥト、コンスの神像がカルナクからナイル河を渡り、デイル・エル゠バハリまで行進する行事。この祭りの起源は中王国時代まで遡るが、重要性を帯びるようになったのは新王国時代になってからのことである。親族の墓を訪れる機会であり、先祖への供養が行なわれた。

タヌタマニ Tanutamani [即位名バカラー：紀元前664-657年]

第25王朝5番目にして最後の王。彼の短い治世はアッシリアの増大する権力に左右された。紀元前664年にアッシリアの後ろ盾を得ていたサイス朝のネカウ（名目上は第26王朝最初の王）を負かしたタヌタマニは、デルタの小君主たちによって王と認識された。しかしながら、ちょうど1年後、アッシュール゠バニパルが先導したアッシリアの侵入によって倒され、南へと退却させられた。テーベの支配地域にある記念建造物においては、さらに6年間がタヌタマニの治世として記録されたが、一方下エジプトはアッシリアの臣下プサムテク1世によって統治された。タヌタマニはヌビアで亡くなり、エル゠クッルにあるピラミッド様式の墓に埋葬された。彼のその他の主要な記念建造物は、ジェベル・バルカルの神殿に建てられた石碑である。

ダバア、テル・エル＝ Daba, Tell el-

アヴァリスの項を参照。

ダハシュール Dahshur

カイロから約50キロメートル、サッカラの南にあるメンフィスのネクロポリスにあたる地域。同遺跡には、第4王朝のスネフェルによって建設された保存状態が良好なピラミッドが2基ある。屈折ピラミッドは、建設当初は真正ピラミッドとして設計されており、他のピラミッドよりも枠組みの石材がより良く残存している。この建造物は、角度が中間より上で突然変化しているが、おそらく構造的問題によるものであろう。北あるいは赤のピラミッドと呼ばれているものは、ギザにあるクフ王の大ピラミッドに次ぐ大きさである。ダハシュールには古王国時代のマスタバ墓を含む数多くの共同墓地や、現在は残存状態が劣悪ではあるが中王国時代の4つのピラミッド複合体がある。また、ほとんど研究されていないが、中央の石製の核の部分から四方に広がる壁とともに建築されたアメンエムハト2世の白のピラミッドも残存している。そしてその近くには王の第1王妃と4人の王女の墓がある。センウセレト3世のピラミッド（おそらく実際の埋葬地ではなく空墓であろう）は、その方位、設計、装飾において階段ピラミッドの影響を強く受けている。近接するマスタバ墓からは、センウセレト3世やアメンエムハト3世の娘たちのために用意された宝飾品や副葬品が見つかっている。アメンエムハト3世は、ダハシュールにも黒のピラミッドと呼ばれるピラミッドを造ったが、構造的欠陥から王の埋葬には使用されなかった。しかしながら、後に第13王朝の王アウイブラー・ホルのための埋葬地として使用された。ダハシュールには他にも、

ダハシュールにある第4王朝のスネフェル王の屈折ピラミッド。このピラミッドは最初真正ピラミッドとして建設されたが、建設中に構造的欠陥が明らかになり、ピラミッドの上部半分の傾斜を小さくする必要が生じた。

第13王朝の王家の墓であるアメニ・ケマウのピラミッド複合体が残存している。

タハルコ／タハルカ Taharqo / Taharqa
[即位名クラー・ネフェルテム：紀元前690-664年]

第25王朝4番目の王でピイの息子、そしてシャビトコの弟で後継者。彼は26年間統治し、その間にカルナクの第1中庭とメディネト・ハブをはじめとした数多くの建築計画に着手した。彼はまたアッシリア人の王エサルハッドンの治世に彼らアッシリア人によって試みられた侵攻に抵抗して、レヴァント地方にて広く軍事活動を展開した。しかしながら、彼らによる2度目の侵入はメンフィスまで到達し、エサルハッドンの後継者アッシュール・バニパルの軍は、南のテーベにまで侵攻し、タハルコをヌビアへと追いやった。アッシリア軍の撤退にともない、クシュは一時的に権力を回復した。上ヌビアのカワ神殿にて建てられた一連の石碑に、タハルコ

テーベ出土のタハルコの花崗閃緑岩でできた頭部。丸い顔、広い鼻、そして太い首は第25王朝の王の彫刻の特徴である。

は自身の治世のはじまりからの出来事を記録した。彼はナパタで死去し、ヌリにあるクシュ王族の墓地においてピラミッド型の墓に埋葬された。

タブー　taboo

　エジプト宗教は特定の風習と食物、そして日にちをマアトに有害であると認識した。それゆえ避けるのが最善であるとした。神官が頭髪を剃ることや性交渉を控えることによって、彼らの儀式の清潔さを保つことは、特別に重要であるとみなされていた。たとえそれらがつねに日常生活の中で保たれていなくても、このようなタブーは宗教的理由のために創り出された美術に反映されている。それゆえ、ブタ（セトとの結びつきにより）と魚（オシリス神話での彼らの役割により）は、儀式において不浄であるとみなされており、神殿装飾では滅多に重要な部分をなさなかったが、それらは日々の常食の一部として重要な位置を占めていた。タブーは場所によって異なり、また時が経つに連れて変化した。

魂の家　soul house

　第一中間期と中王国時代の間に作られた供物台の形態であり、簡単な土器の盆から食物と供物（ウシの前脚など）で埋め尽くされた家と中庭の模型など複雑なものに及んだ。魂の家は特に中エジプトのデイル・リフェ出土の副葬品に見られる特徴である。

「タラタート」　talataat

　アクエンアテンの治世の間、カルナクでの急速な建物建設のために使用された小さな砂岩の石材。後の時代の記念建造物の詰め物用に取り除かれ再利用された。数多くの例がカルナクの第9塔門、そして第10塔門（ホル

エムヘブによって建てられた）、ルクソール神殿、そしてメダムードにおいて発見されている。アマルナの建造物から出土した類似する石材（しかし厳密にはテーベに用いられた用語の「タラタート」とは異なる）は、アシュートとヘルモポリスにおいて知られている。石材の多くは装飾されており、本来の完全な状況を再現するための入念な作業は、アマルナ時代に対する重要な芸術の資料をもたらした。「タラタート」という用語は、石材の基本的な大きさについて言及しているのかもしれないし（アラビア語の「三手幅尺」）、イタリア語のタリャータ（「切られた石材」）の転訛なのかもしれない。

ダリウス　Darius

　エジプトを治めた3人のペルシア人王の名前。

ダリウス1世　Darius I [紀元前521-486年]

　第27王朝2代目の王であり、カンビュセスの後継者。彼の治世は、第1次ペルシア時代で最もよく資料が残っており、法律と行政改革に加え、ヒビス神殿の建立、ナイル河と紅海とを結ぶ運河を完成させたことが知られている。

ダリウス2世　Darius II [紀元前424-404年]

　エジプトの独立を再宣言したサイスのアミルタイオス以前の第27王朝5代目にして最後の王。

ダリウス3世　Darius III [紀元前335-332年]

　第31王朝（第2次ペルシア時代）3代目にして最後の王。アレクサンドロス大王がエジプトに侵入し、ペルシアの支配を終わらせたため、彼の統治は1年だけであった。

タリフ、エル = Tarif, el-

シェイク・アブド・エル = クルナの北約5キロメートルにあるテーベのネクロポリス最北端の地域。紀元前6千年紀まで遡る狩猟採集文化（タリフィアンと称された）のフリント製道具や土器などで構成されたテーベ地域最古の考古遺物はここで発見された。それは1000年以上もバダリ文化に先行したナイル河谷において発見された最古の土器であった。紀元前4千年紀の住居跡もまたエル = タリフで発掘された。この遺跡にある墓には、第4王朝のマスタバ、第11王朝の王インテフ1世、2世、そして3世の「サッフ」墓、それにいくつかの中王国時代の私人の墓がある。

タルカン Tarkhan

ファイユームへの入り口の近く、メンフィスの南約30キロメートルに位置するナイル河西岸の遺跡。砂漠の端にある広大なネクロポリスは、後のローマ時代の埋葬とともに、先王朝時代後期と第1王朝時代の数多くの墓を含んでいる。「谷の墓地」はほとんどが小さく、粗末な墓で構成されている。周辺の「丘の墓地」は大きく、裕福な墓で、王宮ファサード様式で装飾された数基のマスタバを含んでいた。タルカンでの埋葬は、王朝時代のはじめにエジプト統一と同時に生じた文化変化を記録していることから重要である。近辺の遺跡カフラ・アンマールにある日乾レンガの神殿は第三中間期に年代づけられている。

誕生殿 birth house

「マンミシ」の項を参照。

知恵文学 wisdom literature

明らかに教訓的な目的を持つ文書は、古代エジプトの文学作品の最も特徴的なジャンルの1つである。現存する作品には2つの分野がある。理想的な人生を生きるための一連のことわざや格言から成り立つセバイト（「教育」）は、「ホルジェドエフの教訓」、「プタハホテプの教訓」、「メリカラー王への教訓」、「アメンエムハト1世の彼の息子に対する教訓」、「アメンエムオペの教訓」、「アニの教訓」、そして「アンクシェションクイの教訓」のような作品を含んでいる。しばしば「国家の嘆き」のテーマに焦点をあてている、より思慮深い文学作品としては、「イプウェルの訓戒」、「カケペルラー・セネブの訴え」、「男と彼のバーとの論争」、そして、「ネフェルティの予言」がある。

畜牛 cattle

畜産業の項を参照。

畜産業 animal husbandry

ウシ、ヒツジ、ヤギ、ブタなどの最も重要な家畜化された動物は、古くからエジプトの経済において重要な役割を果たした。ウシはレヴァントからエジプトへと持ち込まれたか、もしくは北アフリカ原産のウシから家畜化されたのかもしれない。古王国時代末期までは長角牛が一般的に飼育されていたが、短角牛が持ち込まれて以降は後者が一般的となった。第18王朝にはアジアからエジプトにコブウシが持ち込まれた。ウシの遊牧はエジプト西方砂漠のナブタ・プラヤにおいて前8000年頃から確認されている。ナイル河谷の同時期の住居址とともに、東方砂漠における先王国時代のペトログリフ（岩絵）は、遊牧中心の生活様式であったことを示してい

る。このことは、エジプト文化におけるウシの像の重要性を説明しており、さらに牧畜の際に使用する牛追いの棒のような道具が後に権威の表象や王位の象徴になったという事実を説明するかもしれない。先王朝時代初期、ウシは主に再生産が可能な食糧資源(乳や血)を確保するためのものであり、食肉のための屠殺は特別な機会に限られていたと考えられる。後の時代でも、牛肉を食していたのは裕福な者たちに限られていた。ウシは食糧としてだけではなく、運搬用動物としても飼われていた。デルタ地帯の草地は、少なくとも第1王朝から重要な牧草地であった。王朝時代を通して、富裕階級の個人ないし集団は、多数のウシを所有していたが、それらには所有者を明らかにするために焼印が押された。ウシは富の象徴であったことから、資産の国勢調査は「ウシの頭数調査」と呼ばれていた。

ヒツジやヤギ(もともとは中近東より伝来)は、しばしば「小さいウシ」の名で一括りにされ、ウシの下位に位置づけられていた。それらは、乳・肉・羊毛を得るために飼育された。とりわけヤギは砂漠周辺の植物の乏しい荒地でも良く適応し、つねにヒツジよりも多かったと考えられる。ブタは文化的には相反する位置づけにあるにもかかわらず、古代エジプトの食生活の中で重要な位置を占めており、アマルナの職人村ではブタ飼育用の囲いが発掘されている。またブタは、神々への供物としては決して進呈されなかったにもかかわらず、新王国時代には神殿の財産リストにも含まれていた。アヒルとガチョウは先王朝時代から卵や肉のために飼育されており、レヴァントへの軍事遠征の際に初めて知られた養鶏は第18王朝にもたらされた。ウマは第二中間期に軍事的背景のもとにもたらされた。ロバは第三中間期にラクダがもたらされるまで主に荷物運搬のために使役された。

地図　map

自然や都市景観の図式表示と対照をなす、事実に基づいた地図は、古代エジプトでは比較的稀であった。東方砂漠の3つの遺跡にあるペトログリフ(ワディ・エル=アトワニやワディ・ウンム=サラーム、ワディ・アブ=ワシル)は、いずれも各地の地形と際立った類似性を示しており、おそらく地図ではないかと考えられる。これらの年代を特定することは難しいが、先王朝時代まで遡ることができるだろう。来世の想像上の地図は、中王国時代には棺に、後には墓に描かれたりした。しかし、初期の現世の地図のうち確証をもっ

古代エジプトの農業経済である畜産業は、幅広い他の文化圏と同じくひじょうに重要であった。第18王朝のテーベのネブアムンの墓の壁画は、頭数調査のために運ばれていくウシを示している。

て年代づけられるのは、第20王朝のラメセス4世治世のパピルスである。この地図はワディ・ハンママートのシルト岩採石場とビル・ウンム・ファワキールの金鉱山近辺を示している。これは、採掘遠征を容易にするためのものであったか、それを記念するためのものであろう。一方、王家の谷のラメセス4世墓の詳細な見取り図を示した同時期のパピルスもある。

中王国時代　Middle Kingdom［紀元前1975-1650年頃］

　エジプト史の時期区分の1つで、第11王朝中期のメンチュホテプ2世による国土再統一から、第13王朝後期にエジプトが再び政治的に分裂するまでを指すエジプト史の時期。しばしば第12王朝と同義に扱われる。中王国時代は、それゆえ、第一中間期の分裂後に続く強い中央政権の時代であった。また、偉大なる文化的成熟の時代でもあり、「シヌへの物語」など多くのエジプト文学の傑作が編纂された時代でもあった。同時代に好まれた作品の主題は「国民の苦悩」であり、文学作品だけではなく、センウセレト3世やアメンエムハト3世の王の彫刻にもまた反映されている。このような悩ましい不安感にもかかわらず、第12王朝は共同統治の実施により、これまででエジプトを支配した最も安定した王統の1つであった。

　中王国時代におけるエジプト国内での開発としては、新しい王都イチ＝タウイの建設、テーベ（最初期のカルナクにおける建築にともなう）の隆盛、そして「ファイユーム地方」における活動の高まりなどがある。砂漠地域の開発強化は、頻繁に行なわれたシナイ半島、ワディ・ハンママートおよびワディ・エル＝フディへの採掘と採石遠征と関係して

いる。外国からの攻撃に対してその境界を守るため、中王国時代の政府は北東デルタを防御する一連の砦を建設し、さらに交易路の管理を維持するためとクシュ王国の増加する脅威に対抗するため、下ヌビアに数多くの要塞群を建設した。古王国時代の伝統が王墓に再び用いられたが、中王国時代のピラミッドやその他の王の建造物はほとんど残存していない。保存状態が良好なものとしては、数多くの私人の岩窟墓がある。それらは地方色の強さと「来世の民主化」を反映している。

　第13王朝では、短命な支配者が続いたため王権は弱体化し、デルタへの移民の増加により衰亡の一途をたどった。メルネフェルラー・アイ（1世）治世後における首都イチ＝タウイの放棄は、実質的に国の中央集権の終わりと第二中間期のはじまりを示している。

チュウヤ　Tuyu

　イウヤの妻でアメンホテプ3世の正妻ティイの母。彼女は「アムンのハーレムの女主人」の司祭職を保持し、上質な副葬品が備えられた王家の谷にある墓に彼女の夫とともに埋葬された。

彫刻　sculpture

　古代エジプトにおける彫像の質は、他文明の中でも、古代あるいは現代と比べても、ほぼ間違いなく最高のレベルに達していた。現存している莫大な数の彫刻は、王朝文化におけるその重要性を示しており、長い期間にわたるエジプトの繁栄と安定を表わしている。作品の出来は、何世代にもわたって王の後援のもと磨かれたエジプトの職人の技術と想像力を示している。

　彫刻は第一に現実を記録するためというよりも、理想に対して永久不変を与えるという

宗教的理由のために作られた。それゆえ、王像は一般に実際の年齢と無関係に彼らを若く、そして筋骨たくましく描いた。この伝統から逸脱した心配でやつれた表情のセンウセレト３世の像と中性的な特徴のアクエンアテンの像はまた、特殊な概念の動機によって影響を受けたものである。私人は、もし男性なら、自身を書記の姿勢か（読み書きができる支配者階級の人々であることを示している）、または共同体内における太った（したがって繁栄し満足した）年長者として描かせたのであろう。女性の像は一般的ではないが、概して理想化した女性の美を表わした。

宗教的目的のための彫刻では勝手な逸脱の余地を認められず、作品は個人の芸術家によって生み出されたものではなかった。実際は、ほとんどがおそらく共同作品であり、親方によって定められた指針に従って助手たちによって造られた。彫刻の本来あるべき姿はほとんどの対象者を無名とした——実際の肖像画はひじょうに珍しかった——のであり、後に加えられた碑文の意味によって誰を描いたかがわかった。人間の姿は、直立、着座、またはひざまずいている状態を含む様々な姿勢、または彫刻できる部分が限定された１つの石塊の中で身体を圧縮するために、あごの真下に膝を寄せてうずくまっている姿勢で表現された（「方形座像」）。１対の像（ダイアド）は、夫妻または王と神を表わす際の一般的な形態であった。３つの像（トライアド）からなる集合像もまたよく知られている。人間の姿を彫刻するとき、四肢の間の石は取り除かれるよりも、偉大な厳格さを与えるためにしばしばそのまま残された。立像の後背柱は同様の目的に役立った。人間と神々の像と同様に動物の彫刻は、先王朝時代以降から見事なものが現存しているが、エジプトの職人の特別な技能を示すものであった。

その不変性のため石は最も珍重された彫刻の材料であった。石像は永遠に持続するようにと作られ、おそらく王の特権であり、私人には特別な意味の記念物であった。石の種類の違いは、特に象徴との関連性をもたらした（例えば、石の色彩から、赤い花崗岩(かこうがん)と珪岩(けいがん)は太陽と結びついた）。金属や木の彫刻はおそらくひじょうに一般的であったが、保存に適していなかったため、わずかしか見つかっていない。他に使用された材料には、粘土(ねんど)、象牙(ぞうげ)、そしてファイアンスがあった。出来上がった作品は一般的に彩色された。最高品質の彫刻は、水晶と黒曜石(こくようせき)による象眼細工(ぞうがん)の目と銀または金で作られた眉毛と他の顔の部分を備えていたようだ。

第18王朝初期に現われたエジプト彫刻の独特な形態が方形座像であり、それは碑文を記すことができる大きなスペースがあった。このセンネフェルの像は、トトモセ３世の治世のものである。

月　moon

暦、コンス、トトの項を参照。

罪と罰　crime and punishment

　古代エジプトにおける犯罪行為と裁判による制裁に関する証拠は、不十分で不完全である。文字資料からわかる犯罪は、ささいな窃盗から墓泥棒や王に対する陰謀罪（陰謀罪は、少なくともペピ1世とラメセス3世治世に知られている）といったより重大な犯罪までを含んでいる。罰則も同様に幅広い範囲に及んでいる。個人からの窃盗に対する刑罰は、盗んだ物の倍量を返すというものであった。国家財産に対する盗みはより厳しく罰せられ、鞭打ちや手足の切断などが行なわれた。古王国時代以降、鞭打ち刑は専門の役人たちによって執行された。また犯罪者とその家族の国外追放も厳しい罰則の1つであり、特にこの罰は政治犯に対して与えられた可能性がある。死刑は明らかに最も過酷な罪であり、国家反逆罪や神殿に対する冒瀆罪がこれに当たった。死刑囚は、自ら命を絶つかどうかの選択権を与えられたが、それができない場合は串刺し刑や火刑によって死に至らしめられた。一般的であったかどうか定かではないが、厳しい労働を含む禁固刑も存在した。しかしながら、もしある人が裁判から逃げ出したり、過酷な賦役労働を放棄したりすれば、彼の家族が国家によって禁固刑に処されたのかもしれない。罪を報告しなかったり、陰謀を隠したりすれば、同様に深刻な罪とみなされ、しかるべき刑罰が課せられた。

　古代エジプトにおける法典の存在は、議論されている最中である。刑罰は、おそらく社会的身分の違いに関係なく、前例に基づき、マアトに従って断行された。

ティ　Ty

　第5王朝の高官であり、ネフェルイルカラーとニウセルラーのピラミッド複合体と太陽神殿、そしてサフラーとネフェルエフラーの太陽神殿の監督者。サッカラにある保存状態が良好で美しく装飾された彼のマスタバには、作業場における職人、農業、畜産業、カバの狩猟、そして湿地での野鳥狩りといった重要な場面が描かれている。ティの「カー」像はその「セルダブ」で発見された。

ティイ　Tiye

　アメンホテプ3世の第1王妃。イウヤとチュウヤの娘（そしておそらくアイの姉妹）である彼女は、夫（紀元前1390-1353年頃）と息子のアクエンアテン（紀元前1353-1336年頃）の治世の間、宮廷で権力を持っていた人物であった。アクエンアテンは、アマルナにある王墓の主室に彼と彼の母親を並

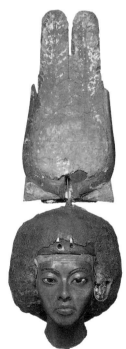

アブ・グラブのハーレムで発見されたティイの彫像の頭部。この小型彫刻の傑作は、象眼と金箔を施されたイチイ材から作られた。

べて埋葬するつもりであったと思われる。彼女の副葬品のいくつかは、おそらくアマルナから移された後、再埋葬が行なわれた王家の谷にある墓（KV55）で発見された。彼女は、アメンホテプ2世の墓に設けられた隠し場に再埋葬されたミイラの1つである「老婦人」として研究者たちに知られている。ティイの髪房は、彼女の孫であったトゥトアンクアムンの墓にあったミニチュアの棺で発見された。

「ティエト」の帯　tyet girdle

「イシスの結び目」としても知られている古王国時代から確認されている神聖な象徴。形は「アンク」記号に似ているが、両端は折れ曲がっている横向きの腕がついている。女神イシスと密接に関連しているティエトの帯は、しばしば「ジェド」柱（彼女の兄弟で夫のオシリスと関連づけられる）との組み合わせで使用された。これはまた女神ハトホル、そして赤色とも関連していた。それゆえ、ティエトの帯のアミュレットは、一般的に紅玉髄（ぎょくずい）、赤いファイアンスまたはガラスで作られた。

庭園　gardens

古代エジプトには、神殿庭園、私邸庭園、農園といった3つのタイプの庭があった。デイル・エル゠バハリにある神殿のように、「イシェド」の木（ワニナシ）をはじめとする並木が配されたものもある。個人所有の庭としては、第11王朝のメケトラーの墓の模型や新王国時代の墓の装飾が知られている。こうした庭はたいてい高い壁で囲まれており、木や花が植えられるとともに木陰が備えられていた。植物は果実や香水のために栽培された。ヤグルマギク、ポピーおよびヒナギクなどの花が植えられ、新王国時代にもたらされたザクロは、人気のある庭園樹となった。裕福な個人の庭は、魚、水鳥およびスイレン用の手の込んだプールの周りに配置された。個人や神殿所有の菜園用区画は、水路によって四角く区分され、ナイル河の近くに置かれた。こうした庭園には人力あるいは（第18王朝後期からは）シャドゥフを利用して灌漑（かんがい）された。

テーベ出土の第11王朝メケトラーの家および庭の木製模型。ここに示された理想的なエジプトの庭園は、中央のプールを取り囲む木陰を作る並木からなる。

ディオスポリス・パルヴァ　Diospolis Parva

現代のヒウとセマイナという村の間に位置する、上エジプト北方にあるナイル河西岸遺跡の総称。フリンダース・ピートリ（エジプト学の項を参照）は同地での発掘をふまえ、土器形式による継起編年法に基づいて、初めて先王朝時代の年代をまとめあげた。

ティス／ティニス　This／Thinis

初期王朝時代からの文書に言及されている上エジプト北部のナイル河西岸にあった町。

この町の正確な場所は確認されていないが、遺跡は現代の都市ギルガかエル゠ビルバ村付近の下に横たわっていると推定されている。マネトによると、第1王朝と第2王朝の王たちはティス出身であった。町の主要な共同墓地は2、3キロメートル南のアビドスとナイル河対岸のナガ・エル゠デイルに位置していた。先王朝時代後期に遡るアビドスの高位の人々の、あるいは王家の墓の存在は、ティスの支配者が国家統一の過程において、重要な役割を果たした人々であり、結局は第1王朝のはじまりにおいて、国全体の支配権を勝ち取ることになったことを示している。ティスの町は後に上エジプト第8ノモスの州都となった。

デイダムス／デディーム　Daydamus／Didyme

コプトスからベレニケに至る道の北端近くにある、プトレマイオス朝時代において東方砂漠に建設された一連の要塞の1つ。

ティニス　Thinis

ティスの項参照。

ティニスの　Thinite

ティスの遺跡に属するものまたは特徴。ティニス朝時代という用語は、第1王朝と第2王朝（紀元前2950-2650年頃）を記述する際に使用される。この時代の統治者の多くは、アビドスにあるティニス朝の王家の墓地に埋葬された。

デイル・エル゠バハリ　Deir el-Bahri

カルナクの川向う、テーベのナイル河西岸にある周囲を崖に取り囲まれた遺跡。メンチュホテプ2世は、同地を自身の葬祭殿の建設地とし、斬新な建造物を築いた（現在は廃

この地域で異彩を放つ第18王朝のハトシェプストの葬祭神殿は、デイル・エル゠バハリにあり、垂直の崖を切り崩して造られた高度な建設設計により知られている。

墟となっている)。その記念建造物は、柱のある低い入り口、中央の建物(ピラミッド、マスタバ墓、原初の丘など様々に復元されている)と6人の王妃の墓を取り囲む四面に柱廊を持つ入り口を伴う上段への傾斜路、玄室へと降下する傾斜路を伴う列柱廊、および石造の至聖所へと続く最古の列柱室からなる。また谷の美しき祭用の主要な舞台の1つとなったメンチュホテプの葬祭殿は、今日デイル・エル゠バハリを占拠している第18王朝の巨大建造物であるハトシェプストの葬祭神殿建造の手本となった。3つの柱廊テラスからなるこの記念建造物は、プント遠征を記録した場面を含む手の込んだレリーフで良く知られている。葬祭神殿には、アヌビス神、ハトホル神およびアムン神の礼拝堂がある。トトモセ3世によって建てられた小神殿がすぐ隣にある。メンチュホテプ2世、ハトシェプストおよびトトモセ3世の宮廷の高官たちは、丘の斜面に自らの墓を造った。有名な例はセンエンムトの墓と第三中間期に王家の谷から保護のために移された王族のミイラの隠し場である。

デイル・エル゠バラース Deir el-Ballas

テーベの北方45キロメートル、上エジプトにあるナイル河西岸の遺跡。第二中間期と第18王朝初期に年代づけられるこの遺跡は、一連の共同墓地、広大な集落地域および2つの巨大な建造物からなる。北の宮廷は王家の住居であると考えられているが、いわゆる南の宮廷は砦であろう。2つの建物はヒクソスに対する戦争の間、カモセとアハモセによって使用されていたと考えられている。

デイル・エル゠ベルシャ Deir el-Bersha

中エジプトにあるナイル河東岸の遺跡。古王国時代と中王国時代の岩窟墓、特に上エジプトの第15ノモスの州候たちの墓でよく知られている。第12王朝のジェフティホテプの墓は、巨大石像がハトヌブの石切場から運ばれる場面で有名である。同遺跡には第二中間期の墓もある。

デイル・エル゠メディーナ Deir el-Medina

テーベの王妃の谷の北方の崖に取り囲まれた所に位置するナイル河西岸の遺跡。主な特徴としては、王家の谷の王墓を建設する職人たちのために、アメンホテプ1世治世に作られた壁に囲まれた村が挙げられる。意図的に隔離され、厳重に防護されたこの村は、アクエンアテンの治世に短期的に閉鎖されたが、ラメセス朝期には拡大し、第20王朝末

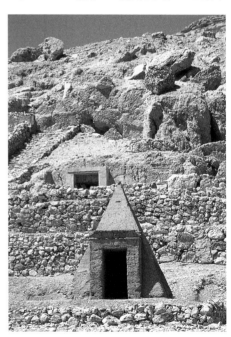

新王国時代には、デイル・エル゠メディーナの職人村にある私人墓の礼拝堂は、小型の日乾レンガのピラミッドによって特徴づけられた。

まで職人やその家族たちが住まわされた。職人たちは週はじめに村を出て、徒歩で崖を越えて王家の谷へ向かい、仕事の間は谷の近郊にキャンプを張って夜を過ごしたと考えられる。

デイル・エル＝メディーナから出土した数多くのオストラカは、新王国時代の社会的・経済的生活の様子を詳細に示している。村の近く（古代エジプト人たちに「真実の場」と呼ばれていた）には、不自然なほど豪華な装飾が施された墓がいくつか存在する。またアメンホテプ3世によって建立され、プトレマイオス朝時代に大々的に再建された神殿、末期王朝時代の墓や、現在の同地のアラビア語名（町の修道院）の由来となったコプト教の修道院も存在する。

デウェン　Dewen

デンの項を参照。

テオス／テコス／ジェホ／ジェド・ホル　Teos／Tachos／Djeho／Djed-her [即位名イルマアトエンラー：紀元前 365-360 年]

第30王朝2番目の王で、ネクタネボ1世を継承して短期間統治した。レヴァント地方における軍事行動を先導した後、テオスは甥のネクタネボ2世によって退位させられた。その後テオスはペルシアの宮廷に避難した。

手紙　letters

古代エジプトの往復書簡、例えば私的なもの、王のもの、外交に関するものの多くは、パピルス、粘土板、記念建造物に書き写されて現在にまで伝わっている。特に重要なものとしては、第11王朝の農民ヘカナクテと彼の家族との間の書簡、カフーン出土の私的な書簡、中王国時代のセムナ報告書（ヌビアの

エジプト軍とテーベにいる彼らの司令官との間の一連の軍事通信）、アマルナ文書およびデイル・エル＝メディーナから出土した大量の私的な手紙と簡単な覚書がある。国民のほとんどは読み書きができなかったので、手紙を書いたり読んだりする必要があるときには書記が雇われた。手紙を書くことは、例文や「ケミィト」のような教科書を学ぶことによって習得される1つの技能であった。公文書のための配達業務はあったに違いないが、私的な手紙はおそらく形式張らずに配達された。

デカン　decan

天文学と占星術の項を参照。

「テケヌ」　tekenu

特に新王国時代初期に私人の葬祭儀式に使用された意味不明の像。人間の頭のついた袋のようなもの（または、袋の中に入った人間）であり、通常、人またはウシに引かれたそりの上に置いて表わされた。「テケヌ」はミイラ作製がなされず、カノポス壺にも入れられていない死者の身体の部分の集まりであったと考えられているが、それは来世の復活になお必要なものであった。

鉄　iron

ヒッタイト、金属加工術の項を参照。

テティ　Teti [紀元前 2325 年頃]

第6王朝最初の王。サッカラにある彼のピラミッド複合体は、王妃のための2つの衛星ピラミッドを備えることによって第4王朝の習慣を復活させた。ピラミッドの真下にある王の玄室は、ピラミッド・テキストの写しが刻まれており、灰色の玄武岩でできた

石棺を収容していた。葬祭複合体はテティの義理の息子メレルカを含む、高官たちのマスタバによって囲まれている。マネトは、テティは殺されたと述べており、次の正統な王ペピ1世が王位につく前、一時的な簒奪者ウセルカラーがテティの跡を継いだのかもしれない。

テティシェリ　Tetisheri

タア1世の妻でタア2世の母親。彼女は宮廷において影響力を持っていた女性であり、死後は第18王朝の祖先として崇拝された。彼女の孫のアハモセ1世はアビドスに彼女のための空墓と葬祭所領を設置した。

デディーム　Didyme

デイダムスの項を参照。

デドゥモセ　Dedumose［1人の即位名はジェドヘテプラー、もう1人はジェドネフェルラー：紀元前1600年頃］

第二中間期後期（第16王朝あるいは17王朝）の2人の短命な王の名前。彼らの権威は上エジプトに限られていた。

テブトゥニス　Tebtunis

ファイユームの南端にある遺跡。おそらく中王国時代に建設され、プトレマイオス朝時代とローマ時代において主要な行政、経済そして宗教の中心地となった。この時期の生活はこの遺跡で発見された膨大な数のパピルス文書により明らかになっている。他の考古学遺構には、ローマ時代のキオスクと地元のワニ神に捧げられた信仰建造物がある。テブトゥニスは13世紀中頃までに放棄された。

テフナクト　Tefnakht［紀元前730-720年頃］

第24王朝の創設者で最初の王。サイスから統治した彼は、ピイがエジプト全体をクシュの統治下に置こうとしていた際に、彼の主な敵の1人であった。

テフヌト　Tefnut

湿気の女神。ヘリオポリスの九柱神の一柱であった彼女は、アトゥムの娘であり、またシュウの姉妹であり妻でもあった。それゆえに初めての神々の夫妻の片割れである。普遍的な神であったことから特定の信仰拠点を持っていなかったが、レオントポリスにおいて、ラーの眼の1つと同一視され、ライオンの姿で崇拝された。またウラエウスと関連しており、ピラミッド・テキストにおいてヘビとして登場する。

テーベ　Thebes

ナイル河両岸の広大な地域に広がる上エジプトにある遺跡。主要な居住地と礼拝用神殿は東岸に位置し、ネクロポリスと葬祭神殿は西岸に置かれた。テーベは古王国時代以降、上エジプトの第4ノモスの州都であったが、第11王朝と第12王朝の故国として中王国時代のはじめに最重要となった。ほんのわずかな中断期を除き、中王国時代、新王国時代、そして末期王朝時代を通じて王家の建設事業の計画が継続された。すべての期間——特に新王国時代、第18王朝がテーベ由来であったため——からの壮大で豊富な記念建造物に反映されているように、テーベは上エジプトの最も重要な都市へと変貌を遂げた。

東岸は、現在ルクソールの現代建築物で覆われているために、古代都市テーベの遺構はほとんど見られない。主要な記念建造物としては、数多くの塔門、中庭、そして祠堂のあ

るカルナクの大神殿がある。その南には、スフィンクスの参道によってかつてはつながっていたルクソール神殿がある。西岸は便宜上、異なる地形的特徴を持つ地域に分けられている。その地域は北から南に、エル=タリフ、クルナ、ドゥラ・アブ・エル=ナガ、王家の谷、デイル・エル=バハリ、アサシフ、エル=コーカ、シェイク・アブド・エル=クルナ、クルネト・ムライ、デイル・エル=メディーナ、王妃の谷、そしてマルカタからなる。重要な記念建造物と墓の集まりには、第11王朝の「サッフ」墓、メンチュホテプ2世の葬祭神殿、第4王朝から第26王朝までにわたる貴族の墓、新王国時代の王家の墓とそれらの建設に携わっていた労働者の村、ハトシェプストの神殿、ラメセウム、そしてメディネト・ハブのラメセス2世の葬祭神殿などの壮観な建物含む第18王朝から第20王朝の王家の葬祭神殿がある。末期王朝時代には、テーベは重要な行政の中心地としての地位を喪失したが、エジプトの最も重要な聖地の1つとしての役割は維持した。ワセトという名で古代エジプト人に知られていたが、ギリシア人によって、彼ら自身の同名の都市にちなみテーベと呼ばれた。今日、テーベの記念建造物は、エジプトの最も有名な観光地の1つとなっている。

テーベの俯瞰図、ナイル河の向こう側の遠方に西ネクロポリス、そして前景にカルナク神殿複合体がある。

テーベの Theban
　テーベの遺跡に属するもの、またはその特徴。

デベン deben
　計量と計測の項を参照。

テメノス temenos
　神の信仰地を取り囲む聖なる境界で、通常は神殿周壁によって制限された区域を指す用語。

デモティック demotic
　ヒエラティック由来の草書体。第26王朝までに、葬祭・宗教文書を除く大部分の文書でヒエラティックの代わりに使われるようになった。当初、商業や法律に関する文書にのみ使用されていたが、プトレマイオス朝時代に広まった（この名称は「民衆」を意味するギリシア語に由来する）。ローマ人によって統治されるまで、この文字はギリシア人によって使用されており、ロゼッタ・ストーンに彫られている3種類の文字のうちの1つでもある。すべてデモティックで書かれた現存する最も新しい通商文書は、紀元後175-176年のものである。ローマ時代になると、デモティックに代わってギリシア語が法律や行政用の言語として使われるようになった。最後のデモティックは紀元後452年にフィラエで記された碑文に残っている。デモティックのいくつかの記号はコプト文字として残った。

テル・アトリブ Tell Atrib
　アトリビスの項参照。

テル・エル＝アマルナ Tell el-Amarna
　アマルナの項参照。

プトレマイオス朝時代の間、一般的かつ行政用のエジプト語として使われたデモティックは、ロゼッタ・ストーンの真中部分に記されている。

テル・エル＝ダバア　Tell el-Daba

アヴァリスの項参照。

テル・エル＝バラムン　Tell el-Balamun

20世紀後半の発掘で末期王朝時代の神殿の基礎埋蔵品と第22王朝の支配者層の墓が発見された中央デルタの遺跡。

テル・エル＝ファライーン　Tell el-Fara'in

ブトの項参照。

テル・エル＝マスクータ　Tell el-Maskhuta

ワディ・トゥミラート付近、東部デルタにある遺跡。アラビア半島とアフリカの角への貿易ルートのために戦略上設けられたその入植地は、ヒクソス時代に初めて建設された。その後、ナイル河と紅海をつなぐために建てられた運河の管理地点と貿易拠点としてネカウ2世の下で再建設されるまでは、第18王朝から第26王朝の間放棄された。テル・エル＝マスクータは、その後ローマ時代まで居住地として残った。

テル・エル＝ムクダム　Tell el-Muqdam

レオントポリスの項参照。

テル・エル＝ヤフディヤ　Tell el-Yahudiya

ワディ・トゥミラート経由のシナイからメンフィスまでの戦略ルートを統制した、カイロの北東20キロメートルに位置する東部デルタの遺跡。主な特徴は、ヒクソスと関連した長方形の周壁を形づくる一連の巨大な土塁である。この遺跡は白い顔料で幾何学模様が刻まれた特徴的な小型の黒色土器の水差しにその名が由来する。「テル・エル＝ヤフディヤ土器」の容器は、東部デルタと東地中海のいたるところで発見されており、ヒクソス文化の1つの明らかな特色であった。テル・エル＝ヤフディヤにある他の遺跡としては、ラメセス3世の神殿とプトレマイオス朝時代に追放されたユダヤ教神官によって建設された居住跡と神殿がある。

デルタ　Delta

エジプトの最北部分（基本的には下エジプトと同義）で、ナイル河がいくつもの支流に分かれ、地中海へと注ぐ地域。その氾濫原が結果的に三角形になっており、ギリシア文字のデルタ（Δ）と似た形になっていることからこう呼ばれる。古代には、デルタを通るナイル河の主な支流は少なくとも5本あったが、今日では2本だけになっている。古代エジプト人たちは、おそらく茎（ナイル河谷）の上に開いた花の形とその地域との類似を認めていたので、デルタと植物のパピルスとを関連づけた。デルタ地帯の考古学は、実際的な理由（発掘すれば必ず水浸しになる）のために長らく敬遠されてきたが、近年頻繁に行なわれるようになっている。

テル・バスタ　Tell Basta

ブバスティスの項参照。

デン／デウェン／ウディム　Den／Dewen／Udimu ［紀元前2875年頃］

第1王朝5番目の王であり、初期王朝時代の中で最もよく実証されている王のうちの1人。おそらく幼少のうちに王位を継承し、治世初期の頃は母のメルネイトが摂政として振る舞っていたと考えられている。また彼は2回目の「セド」祭を祝うまで生きていた可能性がある。パレルモ・ストーンによると、長期間の治世において、彼は王の観念や建設の分野における重要な革新に尽力した。

彼は「ネスウト・ビィティ」という称号（王の称号の項を参照）を持った最初の王であり、二重冠を身につけた最初の王でもある。この2つの表現は、王の権威の二元性を表わしている。アビドスにあるデンの墓は、地下の埋葬室へ続く階段を持つ最初の墓であり、その埋葬室には、アスワン産の花崗岩が敷かれている。これは記念建造物に対する初期の石材使用例である。サッカラのセラペウム付近の墓の一群は、おそらくこの王の葬祭周壁を取り囲んでいた。王家の高官たちの墓は、アブ・ラワシュ、ヘルワンおよびサッカラに建設された。大蔵大臣ヘマカの墓には、最古のパピルス文書（といっても小さなものだが）として知られる遺物やいくつもの豪華な副葬品が納められた。高度な職人技術が、複雑な花柄模様から葦籠を模した一連の石製容器にまで見られる。輸入された壺が大量にあることから、エジプトとレヴァントの間のつながりが継続的かつ強力なものであったことが窺われる。デンの治世は、すべての分野において王朝文化の開花の始まりであったのであろう。

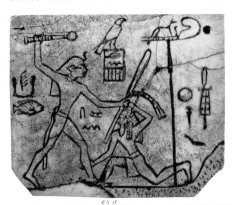

アビドスから出土した象牙製ラベル。デンが異国の敵を打ち負かしている場面が描かれており、「初めて東方人を討ったとき」と書き添えられている。ラベルはもともとサンダルに付いていたものである。

デンデラ Dendera

古王国時代に上エジプト第6ノモスの州都として栄えた、上エジプト北方にあるナイル河西岸の遺跡。今日、デンデラには保存状態の良いハトホル神殿があり、その正門や列柱室の柱の柱頭には、ハトホル神の頭部を象った装飾が施されている。神殿の地下室にある文書は、ペピ1世治世にこの地に建てられた建築物について言及しているが、再利用の石材に残された最も古い時代の王の名前は、中王国時代の王たちのものである（完全なかたちで残されているメンチュホテプ3世の礼拝堂は、現在カイロのエジプト考古学博物館にある）。

現存する建物は第30王朝からローマ時代のものである。外壁には、クレオパトラとその息子カエサリオンが描かれたレリーフが飾られている。屋上には、オシリスのための象徴的な葬祭礼拝堂が複数あり、そのうちの1つに初期の黄道十二宮が描かれている。この神殿は、エドフにおける神殿と類似しており、密接な宗教的関連性を持っていたことがわかる。日乾レンガ製の外周壁が主な建造物を取り囲んでおり、その内側には2つの「マンミシ」（誕生殿）、イシス小神殿および巡礼者のための療養所がある。

同地はキリスト教時代に至るまで宗教的重要性を保持し、聖域内にはバジリカ聖堂が建設された。近くの共同墓地には、古王国時代後期の重要なマスタバなど、初期王朝時代から第一中間期の墓が存在する。また末期王朝時代には、聖なる動物、特にウシが埋葬された。

天文学と占星術 astronomy and astrology

天空と星々は古くから精密に観測されていた。ナブタ・プラヤにある先史時代のストー

紀元後1世紀、ローマ皇帝アウグストゥスの治世に建設された、デンデラのハトホル神殿の正門。柱頭はハトホルの頭部で飾られ、それぞれは音楽と踊りを象徴したシストルム（ガラガラのような楽器）を身につけている。

ン・サークルは、夏季の日の出の方向と一致するようになっており、夏至と雨季を事前に知るために建造された。ゲルザ出土の先王朝時代のパレットは、両耳と頭上に星を持つ雌牛の女神を表現している。この女神は特別な星座を表わしているのかもしれない。特に古王国時代には、星々は、古代エジプトの宗教で重要な役割を持っていた。ヘリオポリスの最高神官の称号「偉大なる予言者」は天文学との関係を示唆し、それはまたヘリオポリスの聖なる「ベンベン」石が隕石であった可能性を示している。天文観測に基づく神殿やその他の神聖な建築物の区画設定である「縄張り」の実施（第2王朝後期には確認されている）に続いて、第4王朝のピラミッドは、周極星へと慎重に方向が合わせられた。これらはピラミッド・テキストにおいて死した王の魂と結びつけられた「不滅のもの」と同一視された。クフ王の大ピラミッドにおける4つの「星軸」は、シリウスと他の3つの重要な星座であるりゅう座、こぐま座、オリオン座に合わせられている。なかでもシリウ

セティ1世王墓の彩色された天井部は、天文学と占星術に関する場面で装飾されている。そこには古代エジプト形式の星座の描写が含まれている。

228　銅

スとオリオン座は、それぞれソプデトとハフという神々として崇拝された。ピラミッド・テキストは、王の天空における死後の生活に付き従う存在としてしばしば星に言及している。また、ピラミッドの回廊（かいろう）や部屋の天井部には星の意匠が施された。シリウスの伴日出（しゅつ）（ヘリアカル・ライジング）は、氾濫（はんらん）の始まりを告げるものであり、エジプトの民間暦における新年を意味した。

　古代エジプト人は、夜空における星々の運行について詳しかった。中王国時代には、しばしば棺に夜空を分かつ36の星々のグループ（デカン）の装飾が施された。後の時代の墓や神殿には天井部にこれらのデカンが描かれていた。例えば有名なセティ1世の墓のように、王家の谷のラメセス朝期の王墓には、天井部にこうした天体図が描かれている。中王国時代になると、エジプトの天文学には5つの惑星、水星・金星・火星・木星・土星の知識が加わった。エジプト人たちは、吉日（きちじつ）や厄日（やくび）という概念を持っていたにもかかわらず、純粋な占星術——星が人間の運命に影響を与えるという信仰——は、プトレマイオス朝時代まで宗教の要素ではなかったようだ。バビロニアの黄道十二宮が受け入れられたのは、せいぜい紀元後1世紀のことである。

銅　copper
金属加工術の項を参照。

ドゥアムゥトエフ　Duamutef
ホルスの息子たちの項を参照。

トゥオスレト　Twosret
タウォスレトの項参照。

トゥク・エル゠カラムス　Tukh el-Qaramus
世俗の建物と神聖な建物とで構成されたブバスティスの北、東部デルタにある遺跡。エジプトの北東の国境を守るために軍事駐屯地として役立った。新王国時代と第三中間期の間は人が住み、プトレマイオス朝時代初期に再建され、ローマ時代に放棄された。この遺跡はプトレマイオス朝時代初期に年代づけられている金の宝飾品と銀の神殿用の皿の貯蔵物で良く知られている。

トゥトアンクアムン　Tutankhamun（「アムン神の生きている姿」の意）[即位名ネブケペルラー：紀元前1332-1322年頃]
第18王朝第12代目の王。アクエンアテンの治世に誕生したことから、太陽円盤を讃えて、最初トゥトアンクアテン（「アテン神の完全なる姿」）と名づけられた。おそらく第2夫人のキヤから生まれたアクエンアテンの息子であり、異母姉妹であったアンクエスエンパアテン（アンクエスエンアムン）と結婚した。スメンクカラーの逝去後、トゥトアンクアテンは、まだ8歳か9歳のたんなる少年であったが王位を継承した。彼は自らの名前をテーベの神アムンによって支配された古い信仰の回復を示すトゥトアンクアムンへと変えた。この決断はカルナクに建てられた復興石碑の中に記録された。トゥトアンクアムンはまたルクソール神殿において列柱の装飾を実行した。王家の谷の西谷にある後にアイによって強奪された墓（KV23）の工事を開始したと推測されているが、主谷にあるおそらく王の遺体を収容することを意図しなかったであろうより小さな墓（KV62）に埋葬された。それはこの後者の墓が大人へと成長しつつあったトゥトアンクアムンの若過ぎる死を受けて、急場しのぎに使われたことを

明らかにしているようだ。このことから若き王がアイの命令により殺害されたことを提起する研究者もいる。しかしながら、2005年におけるトゥトアンクアムンのミイラのCTスキャンは、変死の証拠を発見するには至らなかった。トゥトアンクアムンの短い治世、そして「異端の」アマルナ時代との連想から、後の時代の王名表から名前が削除されたにも

王家の谷にある王墓出土のトゥトアンクアムンの黄金マスク。着色されたガラスと貴石で象眼され、王のミイラの顔を覆っていた。黄金は「神の肉」とみなされており、それゆえマスクは神としてのトゥトアンクアムンの復活を強調している。

かかわらず、1922 年にほとんど無傷の墓と豪華な副葬品が発見されたことにより、圧倒的な名声を勝ち取った。黄金の埋葬用仮面は古代エジプトの象徴となった。

トゥード、エル = Tod, el–

ルクソールの南 20 キロメートル、上エジプトに位置するナイル河東岸の遺跡。現存している遺跡は、古王国時代からイスラーム期にまで遡り、ローマ時代のキオスクを含んでいる。最も重要な記念建造物は、メンチュホテプ 2 世によって着工され、第 11 王朝、第 12 王朝、そして第 18 王朝の後の王たちによって装飾されたプトレマイオス朝時代に再建設がなされたモンチュ神殿である。

この遺跡にある中王国時代の神殿の床の真下で、考古学者たちは、アメンエムハト 2 世のカルトゥーシュが刻まれた 4 つの青銅の箱と財宝を発見した。このいわゆる「トゥードの遺宝」は、エーゲ海やアナトリアからの銀製の器、メソポタミアからのラピスラズリの円筒印章と金のインゴットからなり、第 12 王朝の間に行なわれた遠距離交易の範囲を示している。

トゥトモシス Tuthmosis

トトモセ 1、2、3、4 世の項参照。

トゥナ・エル = ジェベル Tuna el-Gebel

ヘルモポリスの西へと砂漠の端に沿って位置している中エジプトのナイル河西岸にある遺跡（末期王朝以降から主要な共同墓地として役に立った）。アマルナの都市の境界を示す境界碑の 1 つは、アクエンアテンの治世にトゥナ・エル = ジェベルに建てられた。またそこには高官の墓を含む、広大な共同墓地がある。最も知られている墓はペトオシリス

のものである。この遺跡の他の遺構には、末期王朝時代とプトレマイオス朝時代まで遡る、特にトキとヒヒ（トト神に捧げられた）に対する聖獣の埋葬地とローマ時代の町がある。

動物崇拝 animal cults

古代エジプト宗教の最も明確な特徴の 1 つは、特定の神々の権化とみなされていた特殊な動物に対して示された畏敬の念であった。聖牛アピスの崇拝は、最初ブトにおける聖なる雄牛信仰として初期王朝時代にすでに知られていた。ウシは先王朝時代から信仰の中心となり、王朝時代のエジプトの動物崇拝はこの伝統を受け継いだようだ。ブキスやムネヴィスの聖牛のように、信仰の対象にされた動物たちは、専属の神官たちによって世話され、盛大な埋葬儀式が執り行なわれた。動物崇拝はあらゆる種が崇められた末期王朝時代の頃に最盛期を迎えたが、特にハヤブサ・トキ・サル・ネコなどは莫大な数が育てられ、個々の崇拝者によって神への奉納供物として捧げられた。それらはミイラ化され、巨大な地下回廊に埋葬された。とくにサッカラの事例はよく知られている。動物崇拝は、その他の地域では、雄羊（ヘラクレオポリスやエスナにおいて）からワニ（メディネト・エル = ファイユームにおいて）まで幅広く存在した。

塔門 pylon

エジプトの神殿、または神殿様式の墓における儀式用の門。それぞれ蛇腹によって上部が装飾され、入り口の部分が一段低くなってつながり、しだいに先細りになる 2 つの塔で形作られた塔門は、2 つの丘の間からの日の出と日没という図式を描写したヒエログリフである「地平線」をまねている。それゆ

ドゥラ・アブ・エル＝ナガ　231

エドフにあるプトレマイオス朝時代のホルス神殿の入り口塔門。新王国時代と後の時代における他の神殿のように、入り口とつながる2つのしだいに細くなる塔は、日の出と日没の場所である「地平線」を意味するヒエログリフの記念碑的な演出を表現した。

え、塔門は復活と再生との結びつきを連想させる宗教建造物の象徴的建築において欠くことのできない重要な役割を果たしている。太陽神への儀式はしばしば神殿塔門の上で行なわれた。塔門は通常頑丈な瓦礫で内部が満たされたが、内部に階段通路や部屋を含んでいたものもあったかもしれない。外面の垂直の溝は旗柱を支え、塔門から突き出す大きな留め金とともにその場に固定するために設計された。塔門は庶民が見ることができる宗教建造物の代表であった。それゆえ神殿において塔門は王の力、すなわち王が敵を滅ぼしたり、儀礼の務めを果たすといった場面を示すレリーフでしばしば装飾された。最古の完全な塔門は、ラメセス朝期の葬祭神殿のものである。カルナクなどの最も重要な神殿群は、塔門と中庭の連続で構成されている。

トゥーラ　Tura

カイロ中央の南南東14キロメートル、メンフィスの反対側にあるナイル河東岸の遺跡。広大な共同墓地は、先王朝時代後期と初期王朝時代、末期王朝時代、そしてプトレマイオス朝時代とローマ時代の埋葬を含んでいる。採石場として最もよく知られており、上質な白い石灰岩は王の記念建造物、特にピラミッドの表面を覆う石材用に切り出された。

ドゥラ・アブ・エル＝ナガ　Dra Abu el-Naga

デイル・エル＝バハリへ向かう入り口部から、北の王家の谷へと続く涸れ谷の崖筋からなるテーベのネクロポリス地域。この地には、最もよく知られている第17王朝の王墓を含む、第二中間期から末期王朝時代の墓が存在

する。王家の埋葬地として王家の谷が開かれた後もドゥラ・アブ・エル゠ナガには、新王国時代を通じて私人墓が造られ、テーベ市長ケンアムンや第19王朝のアムン大司祭たちなどの墓がある。

トエリス Thoëris

タウェレトの項参照。

トキ ibis

長く曲がったくちばしを持つ渉禽（しょうきん）。古代エジプト美術では3種類が知られている。最も重要なのは、トト神の化身とみなされていたアフリカクロトキであった。末期王朝時代とプトレマイオス朝時代に飼育により繁殖し、何千体ものミイラが作られ、奉納品としてトゥナ・エル゠ジェベルとサッカラの地下回廊に安置された。ホオアカトキは、「アク」を意味するヒエログリフに使用され、動詞としては「輝く」の意味であった。レリーフに見られる3番目の種はブロンズトキであった。イビスという単語は、古代エジプト語「ヒブ」のギリシア語形である。

末期王朝時代、あるいはプトレマイオス朝時代に年代づけられるトキの青銅製小像。その鳥はトト神に捧げられた。青銅製の小像は奉納品として信者たちによって贈与された。

土器 pottery

先王朝時代初期以降からのエジプト全土における住居跡と共同墓地において、どんな状況下でも長く残存するという特徴のおかげで、土器は間違いなく最も一般的な種類の遺物である。土器は貯蔵、飲食、調理などに幅広く使用された。先王朝時代では、土器自体と時代によって変化するその様式の研究が、エジプト学者に文字資料がなくとも年代を考案することを可能とした（継起編年法）。後の歴史時代においてもまた、碑文のあるなしにかかわらず、土器の様式は年代を決定するのに役立った。土器の研究を専門とするある研究者たちは、異なる遺跡と年代との比較を可能にする世界的に認められているウィーン・システムによってエジプトの土器の分類を行なっている。

最も重要な基準は、どちらも土器製作に使用可能であったナイル河の沖積土（ちゅうせきど）、またはより珍しい石灰質の砂漠の泥灰土（でいかいど）（マール）という素材であった。焼くと赤茶に変色するナイルの陶器は、どの時代でも最も一般的なものであり、おそらく比較的単純な技術で生産できた。泥灰土は、さらに高温で焼くためのより専門的知識を必要とし、特徴的な黄褐色の土器を生産した。より詳細な分類基準は、火加減、技術、そして表面の調整を含んでいる。

最古の土器は完全に手作りであった。回転を与える装置は、パレスティナ様式の土器の現地製作のために紀元前4千年紀初期にブトにおいて使われた。しかしさらに後までエジプト伝統の国産の土器製造には使用されなかった。実際の轆轤（ろくろ）は古王国時代後期になって初めて紹介されたが、蹴轆轤（けろくろ）はペルシア時代やプトレマイオス時代まで現われなかった。

あらゆる種類の装飾土器（光沢、磨き、彩色）は、先王朝時代に人気だった。その後、陶製品は第18王朝後期の特徴的な青色彩色土器を除いて、単純でより実用的なものとなっていった。古王国時代、中王国時代、新王国時代などの強力な中央集権化の時代、土器様式は宮廷の影響を反映する傾向にあり、それゆえに、徐々に同種のものが国全体に広がった。他の時期には、地域ごとの様式が生まれ、地方の伝統が栄えた。輸入土器の研究はエジプトと他の地域との交易の証拠を提供する。

トト　Thoth

書記の守護神とみなされていた筆記と知識の神。トトは古代エジプト宗教で様々な役割を持っていた。王権理念においては、聖なる「イシェド」の木の葉に王の名前を描く神々の一柱（セシャトとともに）であった。来世信仰において、トトは心臓の計量の結果を記し、あの世における死者の守護者とみなされていた。トトはまた月と密接に結びつけられていたが、その一方ホルスとセトの神話において、神々の不和の仲介者としての役目を務めた。彼の信仰はトトモセ（「トトは生まれた」）と呼ばれた4人の王の名前に反映されているように、第18王朝で王家の愛顧を得た。主要なトトの信仰拠点は、ヘルモポリス（ギリシア人は彼らの神ヘルメスとトトを同一視した）であったが、ダグラ・オアシスとデルタにおいても崇拝されていた。トキとヒヒの両方の姿で描かれ、しばしば書記のパレットを持ったトキの頭部を持つ男性として描かれた。彼の月との結びつきは、満月と三日月を組み合わせたその特殊な髪飾りに反映されていた。

第18王朝期（上）と先王朝時代（下）の彩色土器は、古代エジプト史を通じての土器職人の技術と芸術性を示している。

カルナクにある第18王朝の祠堂出土の彩色されたレリーフに描かれた王ハトシェプスト（彼女の姿は故意に取り除かれている）を清めているトキの頭部を持つトト神。

トトモセ　Thutmose

アクエンアテン治世の間、アマルナに存在した王家の彫刻家で「名匠」。家屋と作業場は、1912年にドイツ隊によって発掘された。見つかったものには、完成までの様々な段階にある多くの試験的な作品、石膏鋳造（せっこう）、そして彫刻が含まれていた。最も有名なものは、現在ベルリンにあるネフェルトイティの彩色された胸像である。

トトモセ1世　Thutmose I（「トト神から生まれし者」の意）[即位名アアケペルカラー：紀元前1493-1481年頃]

第18王朝第3代目の王。彼は優れた軍事指導者であり、エジプトの交易路を守るためにレヴァントにおいて数々の軍事行動を指揮した。その過程で最初の広大なエジプト「帝国」を創り出した。メソポタミアのユーフラテス河沿岸に石碑を建てることを主張した。また遥か南の第4急湍（きゅうたん）までエジプトのヌビア支配を拡張した。彼は王家の谷の中心部に最初の墓を建設した（KV20、後に娘のハトシェプストによって奪われた）が、2番目の墓（KV38）は、過去の王の再埋葬のためにトトモセ3世によって建設されたのかもしれない。

トトモセ2世　Thutmose II[即位名アアケペルエンラー：紀元前1481-1479年頃]

第18王朝4代目の王であり、側室のムウトノフレトとトトモセ1世の息子で後継者。彼の治世は、ヌビアでの反乱をうまく鎮圧した軍事行動を祝うために治世第1年にアスワンに建てられた勝利の石碑以外には目ぼしいものはない。葬祭神殿を西テーベに建てたが、墓の位置は不明である。王位は、最初に若いトトモセ3世の摂政（せっしょう）であり、次に彼女自身の権利でもって王となった彼の未亡人ハトシェプストによって継承された。

トトモセ3世　Thutmose III[即位名メンケペルラー：紀元前1479-1425年頃]

第18王朝5代目の王であり、新王国時代の偉大なる支配者の1人とみなされている。あまり知られていない妻イシスとトトモセ2世の息子であり、まだ子供の頃に王位を引き継いだ。治世の初期、実権は摂政（せっしょう）とし

トトモセ3世 235

カルナクにあるアムン゠ラー神殿出土のトトモセ3世の像。左右対称でバランスよく、また美しく表現された髪飾り、ひげ、そしてキルトはこの像をエジプト彫刻の代表作の1つにした。

236　トトモセ4世

てふるまう義母ハトシェプストによって行使され、7年後彼女はすべての王の肩書きを引き継いで自身王を宣言した。20年後（紀元前1458年頃）、彼女の死後になってようやくトトモセ3世は、単独支配者として権力を引き継いだ。彼はおそらく祖父トトモセ1世の功績を意図的にまねようとして、レヴァントへの軍事遠征という重要な政策に乗り出した。有名なメギドの戦いを含んだ戦闘の詳細は、カルナクの壁に刻まれている。トトモセ3世は、近東への軍事遠征で目にした珍しい植物を描いた「植物園」レリーフを伴う贅沢な装飾の「祭祀場」をカルナク神殿に建築するために大幅に増築を施した。また西テーベのデイル・エル＝メディーナとメディネト・ハブ、デルタ地域のブトとその他の地域、そしてヌビアの各地の町で建築計画を実行に移した。王家の谷の彼の墓（KV34）にはカルトゥーシュ形の玄室があり、その壁は開かれたパピルス紙に似せた面に装飾されており、「アムドゥアト」からの場面が描かれていた。治世の後半にトトモセ3世は、ハトシェプストの名前と像を彼女の記念物から意図的に取り除く計画を開始した。個人的な復讐行動として解釈する研究者たちもいるが、この政策はむしろ王家の伝統に対する汚点として見られていた1つのエピソード——女性の王の統治——を消し去りたいという動機に基づくものなのかもしれない。

トトモセ4世　Thutmose IV [即位名メンケペルウラー：紀元前1400-1390年頃]

第18王朝8代目の王でアメンホテプ3世の息子。ギザの大スフィンクスの前足の間に建つ夢の石碑は、もしスフィンクスを露（あらわ）にするために砂を取り去るならば、王権を授けられるとした彼の夢の中での出来事を記している。外交的には、彼はミタンニの王女との婚姻を行なう一方で、レヴァント地域との平和的交渉政策を進めたが、ヌビアとは戦火を交えた。テーベにおける彼の記念建造物は、ナイル西岸の葬祭神殿と副葬品に戦車の断片を含む王家の谷の墓（KV43）である。

トトモセ朝期　Tuthmoside

トトモセ1世の治世（紀元前1493年頃）にはじまり、トトモセ4世の死（紀元前1390年頃）とともに終わった第18王朝初期に属する時期。

トライアド　triad

3つの集合体。この語が指すのは、それぞれ異なる3つの像で構成されている1つの彫像か（メンカウラー王のピラミッド神殿出土の有名な一群の彫像など）、父親、母親、そして子供という典型的な一家族を形成するために、神学によって関連づけられた三神の集まりかのどちらかである。神のトライアドは、新王国時代における国家宗教の著しい特色で、多様で複雑な独特のエジプトのパンテオンを合理的に説明することの補強となった。例としては、アムン、ムウト、そしてコンスからなるテーベの三柱神、第1急湍（きゅうたん）地域で崇拝されていたクヌム、アヌケト、そしてサテトの三柱神がある。

トラヴァーチン　travertine

半透明の黄色または明るい茶色の岩、しばしば縞模様を持ち、石製容器、彫刻、そして小さい建築資材に頻繁に使用された。この原材料はしばしば、誤って、「（エジプト）アラバスター」と呼ばれた。またはより正確に方解石（かいせき）と記載されている。エジプト中の遺跡、特にハトヌブにおいて採掘された。

奴隷 237

女神ハトホルとジャッカルのノモスを擬人化した女性を横に配置したメンカウラーの硬砂岩のトライアド。ギザにある王の葬祭神殿出土。

トリノ王名表　Turin Canon
　王名表の項参照。

トルコ石　turquoise
　古代エジプト人によってひじょうに尊重された不透明な淡い青、または緑がかった青の貴石（古代エジプト人はこれを「メフカト」と呼んだ）。先王朝時代以降から宝飾品として使用され、女神ハトホルと密接な関わりを持つようになった。南西シナイの遺跡において、トルコ石を採掘するための国家主導の遠征は第3王朝にはじまり、そして第12王朝に頂点に達した。ファイアンスは、トルコ石の安い模倣品として発展したのであろう。

奴隷　slaves
　ピラミッドは奴隷の集団によって建てられたというよく知られた（まったく間違っているが）説にもかかわらず、奴隷制度はプトレマイオス朝時代以前の古代エジプトではひじょうに珍しかった。主要な建築計画は賦役労働によって行なわれた。徴集された労働者、罪人、そして中王国時代以降は戦争捕虜によって採鉱と採石が行なわれた。母国への帰国は自由ではなかったが、それでも戦争捕虜は財産を所有することが可能で、最終的には土地を分配され、エジプトに永住することが許された。デイル・エル＝メディーナ出土の文書によれば、専門的ではない仕事のために個人を所有していた家庭がいくつかあった。しかしこのような人々は古代世界の感覚では奴隷ではなかったようだ。

な 行

ナイル河　Nile

　世界最長の河の1つであるナイル河は、ヴィクトリア湖とエチオピア高原の降雨を水源とする。ナイル河は概してヌビアとエジプトを通って北向きに流れ、6600キロメートル以上離れた地中海に注ぐ。ヌビア側の流域では、ナイル河の流れは、船の航行に危険を及ぼす数多くの岩の障壁（急湍(きゅうたん)）によって妨げられる。それにもかかわらず、ナイル河は古代における交通と情報伝達の大動脈であった。

　ナイル河は、エジプトとヌビアの主な地理的特徴を今も残しており、残りの不毛な乾燥地域を通り、豊かな氾濫原(はんらんげん)の狭い帯状地域の輪郭を明らかにしている。主流の位置は、氾濫原において時代とともに移動した。ナイル河は古代エジプト人に「イテルウ」（「河」）として知られていた。その生命を与える力ゆえ、ナイル河はハピ神として崇拝された。近代に至るまで、ナイル河の両岸から水が溢れ出して、毎年定期的に起こる氾濫は、土壌の豊かさを回復し、エジプトに恵みを与えた。著しい洪水や水位の低下は、飢饉と社会的・政治的構造の緊張感を引き起こした。

ナイロメーター　nilometer

　ナイル河の水位、特に氾濫(はんらん)の時期に到達した最高水位を計測するための仕組み。古代のナイロメーターには水面まで続く階段があった。エレファンティネとデンデラ、エスナ、コム・オンボおよびフィラエには実物が現存している。カイロにあるイスラーム期のナイロメーターは、階段の代わりに柱が使用されている。

エレファンティネ島にあるローマ時代のナイロメーター。階段横の刻み目により毎年のナイル河の増水を計測することができた。計測は主として課税を目的として行なわれた。

ナウクラティス／コム・ジィーフ　Naukratis ／ Kom Gi'eif

　アレクサンドリアの南東80キロメートルの北西デルタにある遺跡。古代にはナイル河のカノプス支流に位置し、運河によって河とつながっていた。ナウクラティスは戦略的に重要な位置にあったため、交易において重要な役割を果たした。末期王朝時代およびプトレマイオス朝時代、ナウクラティスは重要な

商業拠点であった。ナウクラティスで鋳造された銀貨と青銅貨は、王朝時代のエジプトで知られた貨幣鋳造の数少ない例である。第26王朝初期から、ナウクラティスには、ギリシア人たちが定住しはじめた。彼らはおそらくもともとプサムテク1世の軍隊に仕えていた傭兵であった。ヘロドトスによると、アマシスは、ギリシア商人たちに同地での定住および交易を許可した。また彼らにギリシアの神々を祀る神殿を建てるための土地を提供した。崇拝用の神殿には、アポロ神殿、アフロディーテ神殿、ヘラ神殿などがあったが、ネクタネボ1世は、同地のエジプト人地区にネイト神殿を建設した。アレクサンドリアが建設されるとナウクラティスの重要性は低下したが、エジプトにおける主要な3つのギリシア都市の1つとして存続した。

ナオス naos

神殿あるいは聖堂の最深部にある神像や聖舟祠堂を安置するための直方体型をした収納場所。よく知られた彫像形態（「ナオフォラス」）は、内側に描かれた神像とともに「ナオス」を持つ個人を表わすこともあった。

中エジプト Middle Egypt

北はベニ・スエフから、南はソハーグにかけてのナイル河谷中央部を指す現代になって

エドフにあるプトレマイオス朝時代のホルス神殿の最深部にあるナオスに向かって、列柱室と至聖所の柱間から見た景色。ナオスは神像または聖舟祠堂が収められていたようである。

用いられるようになった言葉。第一中間期の
ヘラクレオポリス朝の南部とほぼ一致する。
中エジプトは、中王国時代の岩窟墓を特徴と
し、ベニ・ハサン、エル゠ベルシャ、メイル、
カーウといった考古遺跡などがある。こうし
た遺跡に加えて保存状態のよい記念建造物が
あるにもかかわらず、同地域を訪れる人はあ
まりなく、カイロ、ルクソール、アスワンの
ような観光基盤を欠いている。

ナガ・エル゠デイル　Naga el-Deir

　アビドス近郊、上エジプトのナイル東岸に
ある遺跡。ナガ・エル゠デイルはナイル河を
挟んでティスがあったとされる場所の真向か
いに位置し、先王朝時代から現代に至るまで
ほぼ全時代の墓があり、同地の主要な共同墓
地の役目を果たした。最初期の墓は、人骨を
含む保存状態が良好な有機物を含んでいた。
重要な小物製品として、メソポタミアから輸
入された印章、エジプト出土の最古の金製の
宝飾品、初期王朝時代の円筒印章、ボタン型
印章および古王国時代の布地などがある。

ナガダ／ナカダ　Nagada／Naqada

　ルクソールの北27キロメートルの上エジ
プトのナイル河西岸に位置する遺跡。先王朝
時代の居住地と広範囲に広がる共同墓地でよ
く知られている。フリンダース・ピートリ（エ
ジプト学の項を参照）は最初、ナガダで遺物
を実見した際、誤って第一中間期のものとし
たが、後に先王朝時代のものであると気づき、
その重要性を認識した。上エジプトの先王朝
時代の文化伝統は、遺跡の名を取って「ナガ
ダ文化」と名づけられた。砂漠周辺部に点在
した小規模な村々は、紀元前4千年紀半ば
に氾濫原付近の巨大な居住地に取って代わら
れた。このことは、食糧自給の方法が畜産業
から農業に移行したことを反映していると思
われる。周壁を持つ南の町は、エジプト最古
の大規模な居住地の1つであり、地方の支
配者層と結びつく行政活動の拠点であった。
彼らの墓は、一般人の共同墓地から離れたと
ころにある特別な埋葬地（共同墓地T）にあ
った。どの階級の墓にも副葬品があることか
ら、先王朝時代の上エジプト社会において富
の増大と階層化が進んだことがわかる。

　ナガダの著しい繁栄は、ワディ・ハンママ
ートで採れる金鉱山への交通を管理すること
に基礎を置いていたようである。実際、ナガ
ダの古代名であったヌブトは「黄金」を意
味する。第1王朝になると、2つの巨大な王
墓がナカダに建てられた。そのうちの1つ
はネイトホテプ王妃のものであった。ナガダ
は初期王朝時代も依然として重要な拠点であ
り、第3王朝の終わりにはトゥク近郊に小
型の階段ピラミッドが建てられた。しかしな
がら、古王国時代以降、他の近隣の町、例え
ばコプトス、デンデラ、そしてテーベをはじ
めとする町の台頭により、地域拠点としての
ナガダの重要性は著しく低下した。ナガダは
セトの信仰拠点として残った。このセト神殿
は、王朝時代に定期的に増改築がなされた。

ナカダ　Naqada

　ナガダの項を参照。

ナガダ文化　Nagada Culture

　先王朝時代の項を参照。

ナクト　Nakht

　第18王朝半ば（おそらくトトモセ4世の
治世）の書記でありアムンの天体観測官であ
った。シェイク・アブド・エル゠クルナにあ
る彼の墓には素晴らしい装飾が施されてお

242　ナクトミン

り、農業の場面や宴会でもてなす場面などが描かれている。

ナクトミン　Nakhtmin

　アイの息子で短命に終わったアイ治世の後継者。ナクトミンは王位を継承することはなかった（代わりに王位はホルエムヘブが継承した）。

ナグ・ハマディ　Nag Hammadi

　アビドスの上流、上エジプトのナイル西岸にある遺跡。1945年に近郊で発見された13のパピルス文書写本（そのうち12は完全に残っていた）でよく知られている。紀元前4世紀のものとされるこれらの写しは、東方正教会によって異端とされたグノーシス主義として知られた活動に関する伝説や教義を含むことから、初期キリスト教の歴史にとってきわめて重要なものである。

ナトロン　natron

　天然に産出する炭酸ナトリウム、重炭酸ナトリウムおよび他の不純物の混合物。乾燥作用は清めの儀式とミイラ製作における重要な材料であった。また日常の衛生に石鹸の代わりとして使われた。またガラスおよび釉薬の製造に際してアルカリ性物質として使われた。エルカブと下エジプトにおいて産地が知られているという事実にもかかわらず、古代における主な原産地は西テーベのワディ・ナトゥルーン（「ナトロン」という言葉の由来となった）であった。ナトロンはプトレマイオス朝時代には王の専売対象であった。

ナパタ　Napata

　第4急湍南西の地域。上ヌビアのドンゴラ地方に沿いナイル河両岸にまたがってい

る。中心部はナイル河の南側にあり、共同墓地、あまり知られていない居住地および王宮らしきものがあった。ナイル河の北側にはジェベル・バルカルの聖域があった。ナパタは2つの重要な砂漠交易ルート（北はカワに通じ、南はメロエに通じる）が合流する交通の要衝であり、エジプトの支配下にあったヌビアの前哨地として、第18王朝初期に最初の定住が行なわれた。紀元前1千年紀にクシュ王国の首都として頭角を現わした。最終的にメロエによって首都の座を奪われたが、何世紀にもわたって重要な拠点として存続した。広義のナパタ地域には、エル＝クッルおよびヌリの王墓地、セナムの居住地、共同墓地も含まれる。

ナブタ・プラヤ　Nabta Playa

　アブ・シンベルの西方、西方砂漠の南東部にある遺跡。発掘調査により干上がって久しい季節湖（「プラヤ」）の湖畔周辺における先史時代の活動跡が明らかになった。注目すべき遺物に紀元前4500–4000年頃に年代づけられている一連の巨石建造物および列石などがある。最も驚くべきは、夏至の日に太陽が昇る方向を示すストーン・サークルとウシの形を巧みに模した砂に埋まった巨大な石板である。複数のウシの埋葬は、ウシが必要不可欠な資源であった人々の痕跡を明らかにしている。ナブタの遺物は、驚くほど早い時期に、高度な建築的・社会的発展があったことを示している。

名前　names

　古代エジプトにおいては、王や私人、あるいは建造物でさえも、名前の選択には深い意味があった。個人名は出生後すぐにつけられ、彼または彼女の固有性の基本要素と認識され

エジプトの南西砂漠地域のナブタ・プラヤにある新石器時代のストーン・サークルは、早くも紀元前5千年紀には、砂漠のウシ飼いたちが高度な天文知識を持っていたこと、および複雑な社会を形成していたことを窺わせる。

ていた。名前は、簡単な形容詞的なもの（例えばノフェレト〈美しい〉）であったり、より複雑な文構成（アンクエスエンアムン〈彼女はアムンのために生きる〉）であったりした。古王国時代から、長めの公的な名前と短めのあだ名という2つの名前を持つことはめずらしいことではなかった。名づけ方の流行り廃りは、しばしば宗教的・政治的発展を反映している。それゆえ、王をはじめ、多くの人々に神の名前、すなわち好みの神の名前を織り込んだ名前が与えられた。例えば、アメンエムハト（「アムンは先頭にある」）、ソベクホテプ（「ソベクは満足する」）、ホルエムヘブ（「ホルスは歓喜する」）、ラメセス（「ラーにより生まれし者」）などである。同様に私人の個人名は、例えばペピナクト・ヘカイブ（ペピ2世にならって）、カーケペルラー・セネブ（センウセレト2世の即位名であるカーケペルラーにならって）、アバナの息子アハモセ（アハモセにならって）のように当時の王にちなんでつけられたようである。王の称号は、5つの異なる肩書きと名称からなり、それぞれが王権の異なる側面を強調している。

個人名を知ることは、彼らに対して支配権を持つことであったことから、敵のリストには呪詛文書を記した。来世でこの世と同じ暮らしが営めるかどうかは、他者によって思い出されたり、語られたりする故人の「良き名前」によって決まる。記念建造物に自らの名前を付加することは、効果的にその力を使用することを意味した。反対に文書からの名前の抹消は消滅を意味した。トトモセ3世はハトシェプストの名前を彼女の記念建造物から削除した。おそらく女性が王になることはマアトに反すると考えられたためであろう。同様にアクエンアテンの信奉者たちは、アムンおよびその他の神々の名前をエジプト中の神殿から削除した。アクエンアテンが新たにはじめた宗教において、アテンが唯一の神であったからである。

ナルメル　Narmer［紀元前2950年頃］

　研究者たちが先王朝時代の終わり、あるいは第1王朝の開始時に設定するエジプト史最初期の王。彼は間違いなく第1王朝の後継の王たちによって、彼らの祖と認識されており、それゆえに伝説のメネス王と同一視されたのかもしれない。彼の名前は慣習的にナルメルと読まれるけれども、ほぼ確実に間違いである。アビドスのウンム・エル＝カアブにある2つの墓室（B17とB18）は、彼の墓であると考えられてきた。隣接する墓室は、本来巨大な埋葬複合体の一部であったのかもしれない。その墓から出土したラベルは、前かがみになり、敬意を表しているレヴァントの使者を示しているが、この場面が実際の出来事を表わしているのか、それとも理想的な出来事として表わされているのかを判断するのは難しい。ナルメルの名前は、南パレスティナ、東方砂漠およびエジプト中の遺跡で確認されている。ナルメル治世の最も有名な遺物は、ヒエラコンポリスで出土した儀礼用棍棒頭およびパレットである。

ナルメル王のパレット　Narmer Palette

　ヒエラコンポリスの主要埋蔵物から発見されたシルト岩製の儀式用のパレット。このパレットは初期エジプトを象徴する存在であり、王朝期のはじめにおけるエジプト王を描く際の美術表現の基本原則を示している。装飾は実際に行なわれた、あるいは儀式的な王権の活動に関することを表わしている。一方の面には、白冠を身につけたナルメル王が「パピルスの土地」（下エジプトまたはその東に隣接する地域）の住人とみられる捕虜を打ちすえている場面が描かれている。最近発見されたナルメル王のラベル（札）は、同じ出来事を記録したもののようである。もう一方の

ヒエラコンポリスのホルス神殿から出土した第1王朝初期のナルメル王のパレットは、王朝時代の最初におけるエジプトの宮廷美術の形式化と王の図像が最も重視されていたことを示している。

面では、赤冠を被った王が従者と王旗を従えて、斬首され2列に並べられた敵を検分している。エジプトの統一に関連した全体構成は、女神バトの2つの図像によって睥睨（へいげい）される。重要な点は、メソポタミアから取り入れられたサーポパードのモチーフが含まれることと、主要な図像を示すヒエログリフが使われていることである。

縄張りの儀式　stretching the cord

セシャトの項参照。

「難破した水夫の物語」　Tale of the Shipwrecked Sailor

中王国時代の活き活きとしたフィクション作品。任務が失敗に終わり、失意のうちに帰宅していた役人は、従者の1人からどのようにしたら大惨事が成功へと変わるかを考えるよう促された。従者は巨大なヘビが住む架空の島において彼が難破したときの物語を話した。

ニアンク・クヌムとクヌムホテプ　Niankh-khnum and Khnumhotep

ニウセルラーの治世（第5王朝）の2人の美容師。見事なレリーフで装飾されたサッカラにあるマスタバに埋葬された。2人兄弟の墓という名称でも知られている。

ニウセルラー／イニ　Niuserra／Ini [紀元前2385年頃]

第5王朝6代目の王であり、アブシールのピラミッド複合体の建設者。

二元性　duality

相反するものとの均衡を保つことで調和が生まれるという概念は、エジプト人の考えと

して基本的なものであった。こうした考え方は先王朝時代の儀礼用パレットに頻繁に描かれた一対の図像といった初期の美術表現に見てとれる。エジプト自体も上エジプトと下エジプトの二国、あるいは氾濫源（はんらんげん）である黒い土地と砂漠を意味する赤い土地など、二元性のうちに認識されていた。王の役割は、この2つの側面の均衡を保つことであった。ゆえに、王の称号や王位の象徴は、王の二重の役割を強調していた。宇宙規模の視点に立つと、世界は相反する2つの要素から構成されている。つまり生者の国と死者の国、天と地、および秩序（マアト）と混沌から成り立つとされた。この点からも、王は神と人間の領域を媒介し、また相克する力の均衡を保つ責任を有していた。

二国　Two Lands

エジプトの国を2つに分けたもの、すなわち上エジプトと下エジプト。それらは調和の取れた国土全体を一緒に形作っていた一対の非対称である地理的二元性と考えられていた。「二国」という用語は、古代エジプト語の「タアウイ」の文字通りの訳である。

西アジア　Asia, Western

アッシリア人、ヒッタイト、イスラエル、カデシュの戦い、レヴァント、メギドの戦い、メソポタミア、ミタンニ、シュメールののの項を参照。

二女神　Two Ladies

ネクベトとワジェトの二神は、上エジプトと下エジプトそれぞれの守護女神（または「後見人」）で、エジプト国家の地理的な二元性を象徴していた。王権理念での彼らの役割は、特に王の称号の1つとして、統一者として

246 二女神

エドフのホルス神殿のレリーフ。プトレマイオス8世は、上エジプトと下エジプトの守護的な神々によって王冠を受けている。右がネクベトで左がワジェトであり、エジプトの領土の二元性を象徴している。

の王の地位を強調するものであった。

偽扉　false door

　西方を向き、墓や葬祭神殿の構造内部に造られた象徴的な扉を表現したもの。生者の世界と死者の世界の間の接点の役を果たすために企図された。通常、石や木で形づくられた偽扉は、おそらく第１王朝のエリートたちの墓に見られる王宮ファサード装飾が起源と考えられている。偽扉が、墓の決まった特徴として初めて現れるのは古王国時代初期であり、王朝時代を通して、古代エジプトの葬祭建築物の重要な要素であり続けた。偽扉そのものは狭い壁龕（へきがん）で、来訪者が死者に供物を供える場所の前にある。例えばメルルカの墓のように、死者の等身大の像（彼の「カー」を表わしている）は、供物を受け取るために戸口から出てくる様子で表現されている。扉の上のまぐさには、死者の名前と肩書きとともに定型の供養文が刻まれていた。そこにはしばしば供物台の前に座っている死者が表わされていた。

ニトイクレト／ニトクリス　Nitiqret/ Nitocris

　エジプト史上のまったく異なる時代における２人の傑出した女性の名前。トリノ王名表とマネトは、第６王朝の終わり（紀元前2175年頃）に、おそらくペピ２世を継いだニトイクレトと呼ばれた女王を挙げているが、同時代の古王国時代の記録に言及されてはいない。２番目のニトイクレトは、第26王朝初期のプサムテク１世の娘であった。プサムテクのテーベ支配を確実なものとするため、彼女はシェプエンウェペトとアメンイルディスの最終的な後継者として、アムンの神妻（しんさい）に採用された。

ニトクリス　Nitocris

　ニトイクレトの項を参照。

ニネチェル　Ninetjer

　第２王朝３代目の王。サッカラにある彼の墓は、いくつかの地下回廊と現在は消滅してしまった上部構造で構成されていた。後者はおそらくジョセルの階段ピラミッド（階段ピラミッド下の玄室（げんしつ）では、再利用されたニネチェルの石製容器が見つかっている）への道を建設するために取り除かれた。サッカラとギザにはニネチェル治世の私人墓があることが知られている。ニネチェルの小像は、王の彫刻の最古の例の１つである。

ヌウト　Nut

　天空の女神。おそらく本来は天の河と同一視されていたこの女神は、大地の上に弧を描いて覆い被さっており、自身の身体で天空を作り出し、四肢を東西南北方位に延ばしていると信じられていた。同様に、死者の身体を覆い保護する棺の蓋と同一視された。ヘリオポリスの創世神話では、シュウとテフヌトの娘とされた。また彼女は毎夕沈む太陽を飲み込み、そして毎朝再びそれを産み出すという太陽周期の中で重要な役割を果たした。神殿や墓のレリーフの中には、太陽円盤が彼女の身体を通り抜けているところが描かれている。この毎日の再生との関連性は、ヌウトに重要な葬送との関わりを与えることとなり、ピラミッド・テキストでは、王の再生復活に関連して言及されている。

　通常、彼女は人間の姿で描かれるが、雌牛として表現されることもあった。天空の普遍的な神としてのヌウトは、特別な信仰拠点を持たなかったが、彼女のための聖堂は、エスナとエドフの神殿に建てられた。デンデラの

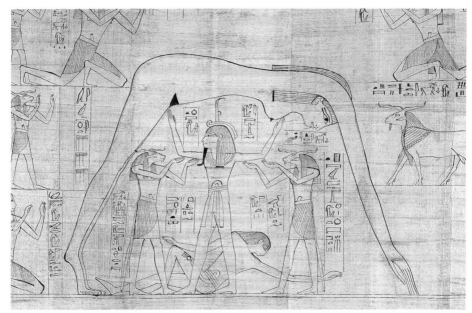

周りを神聖なあるいは呪術的な図像で取り囲まれ、大地の上に身体を弓なりになって覆いかぶさる天空の女神ヌウト。デイル・エル＝バハリ出土の第21王朝ネシタネブアシュアルの「死者の書」（葬祭文書）の一部。

列柱室の天井には、ヌウトの巨大なレリーフが彫られている。

ヌビア Nubia

ナイル河谷の南方に広がる、第1急潅(きゅうたん)から第6急潅までの砂漠部に接した地域。現在のエジプト最南端部およびスーダンからなる。第1急潅から第2急潅にかけての地域は、一般的に下ヌビア（古代エジプトのワワトに相当）として、第2急潅から第6急潅にかけての地域は、上ヌビア（クシュ）として知られている。サハラ砂漠以南の地域との交易ルートとして重要であるとともに、黒檀や象牙(ぞうげ)、銅や金といった高価な原材料の原産地でもあった。それゆえエジプトは南の隣国ヌビアに強い関心を持ち、各時代にヌビアを征服した。

先王朝文化におけるヌビアの影響は、土器形式や、ウシの埋葬などの共通の慣習に見て取れる。先王朝時代の末期にさしかかると、政治権力の拠点は、下ヌビア、特にサイヤーラとクストゥルで確立された。それらの先進文化は、Aグループと名づけられた。しかしながら、エジプトが統一国家への道を進むにつれ、エジプトの支配者たちはヌビアに対し軍事手段によって権威を押しつけはじめた。たび重なる軍事遠征があったことが第2急潅地域のジェベル・シェイク・スレイマンの碑文とヌビアに対する最古のエジプト名であるタ＝セティ（「弓兵の国」の意）と書かれた第1王朝のラベル（札）上の言及から窺える。一方、同時期以降のAグループの考古学的記録はない。おそらく度重なるエジプトの攻撃によって消滅したのであろう。

定期的な交易遠征以外には、初期王朝時代および古王国時代の間におけるエジプトとヌ

ビアとの関係は、あまり知られていない。第6王朝の官僚ウェニは、どのようにして大量のヌビア人たちをパレスティナへのエジプト軍遠征に従事させるために徴兵したのかを物語り調で語ったが、ハルクフの墓の碑文は、当時の下ヌビアで進行していた政治的展開を明らかにしてくれている。これらは、新王国時代の初頭まで下ヌビアの支配的文化として残っていたCグループという用語で知られる文化の出現と同一視することができる（Aグループとの間のBグループと名づけられた中間的文化段階の存在は、現在では否定されている。以前Bグループのものとされていた遺物は、現在Aグループの最終段階に属すると考えられている）。Cグループの人々は、ヌビア側のナイル河谷が農業に適していたにもかかわらず、畜産業を基盤とした牧歌的な生活様式をとり続けていたようである。

ヌビア人兵士は、第一中間期の内戦の間、テーベの軍隊で重要な役割を果たした。しかしながら、メンチュホテプ２世によるエジプト再統一後、南の隣人に対するエジプトの態度は一変した。中王国時代の特徴としては、互いに信号を送受信できる範囲で要塞群が建設されたことと、セムナの国境地帯の要塞化が挙げられる。その背景には、上ヌビアのケルマを拠点としたクシュ王国による脅威の増大があったようである。こうしたエジプト人たちの懸念は、根拠のあるものであったようだ。というのも、近年の調査により大規模なクシュの侵攻がエジプトであったことが明らかになったからである。クシュ軍は第二中間期の間に上エジプトの都市を荒らし、それはおそらくクサエの北にまで及んでいた。またカモセの石碑には、クシュとヒクソスとの間の軍事同盟が記されている。しかしながら、

別のヌビア人集団メジャイは、エジプト軍に傭兵として仕えていた。彼らの特徴的なパン・グレーヴ（平鍋型墳墓）は、上エジプトと下ヌビアで発見されている。

ヒクソスの駆逐後、第18王朝の王たちは、いち早くクシュを征服し、第４急湍（ジェベル・バルカル）までのヌビアを正式に併合した。新たな町と神殿がエジプトの境界線に沿って建設され、ヌビアは王に任命されたクシュ総督によって治められた。ヌビアの大規模なエジプト化は、本格的にはじまった。しかしながら、ヌビアの自治は永久に失われたわけではなかった。新王国時代の国家の崩壊に続いて、地方君主たちが権力を握り支配権を拡張しはじめたのである。

通常とは逆に、クシュの王たちの子孫はエジプトを征服し、第25王朝としてエジプトを支配した。彼らの故郷ナパタは、記念建造物で飾られた。支配者たち自身は、エジプトの埋葬習慣を採用し、エル゠クッルにピラミッド型C様式墓を建て、その後にはヌビアの故郷ヌリとメロエに戻った。エジプトは末期王朝時代およびその後の時代に連続して外国人に征服されたため、ヌビアはメロエ文化とXグループ文化（紀元後350-700年頃）を代表とする活気ある土着文化を持ち続けることができた。

ヌビアにおける考古学的関心は、1960年代に最高潮に達した。ユネスコが支援した国際救済使節団がナセル湖の水面上昇とその後に続くアスワン・ハイ・ダムの建設から、下ヌビアの建造物救済を求めたことからである。以来数十年、研究者たちは、たんに古代エジプトの最南端（古代エジプト人たち自身の好む見方であったようだ）としてではなく、それ自身が活発で躍動感のある文化の連続であるヌビアに目を向けはじめた。

テーベのメディネト・ハブにあるラメセス3世葬祭殿の王宮から出土したファイアンス製タイル。ヌビアからの捕虜が漆黒の肌と特徴的な衣装で表わされている。

ヌリ Nuri

ナパタの北東数キロメートル、上ヌビア第4急湍(きゅうたん)のナイル河東岸の左寄りに位置する遺跡。この地はエル=クッルが放棄された後、紀元前7世紀半ばから、紀元前3世紀初期までクシュの支配者たちの埋葬地であった。ネクロポリスは、第25王朝の王たちのピラミッド墓など少なくとも19の埋葬からなる。タハルコ(ヌリに埋葬された最初の王)と彼の後継者たちが埋葬された。これらの記念建造物は、ジェベル・バルカルの頂から望むことができる。王妃たちの墓は、王墓地から離れた場所にある。ヌリのクシュ王族の主たるネクロポリスとしての役割は、メロエに引き継がれた。

ヌン Nun

創世以前から存在していたと信じられていた混沌の海の神で、この神から原初の丘が出現した。ヘルモポリスの八柱神の一柱であったヌンは、ふつう否定的に捉えられた(ヌンの印象はよくなかった)。というのも、死産の子供や邪悪な人々の魂は、永遠にヌンの中にとどまったからである。神殿の周壁に好んで使用された波状(凹凸)に積まれたレンガ部分(「パン・ベッディング」)は、聖域の外側で何ものも寄せつけないヌンの水を象徴している。

ネイト Neith

戦争と狩猟の女神。古代エジプトの神々の中でも最古のうちの一柱である彼女の崇拝は、第1王朝のはじめから確認されている。ネイトは、第1王朝の女性王族であるネイトホテプ、ヘルネイトおよびメルネイトに使用された神の名前の部分に示されているように、王族と密な関係を持っていたようである。

アハ王のラベルには、盾および交差した矢のシンボルがあることから、ネイト神殿への王の参詣が描かれていることがわかる。古王国時代には、セトの配偶者にしてワニの神であるソベクの母親とみなされるようになった。彼女の母性と保護者的側面は、彼女の好戦的な性格よりも強調された。葬送に際して、ネイトは4人の女神（イシス、ネフティスおよびセルケトとともに）の一柱として棺とカノポス壺を守った。彼女は棺の東側面に描かれ、ドゥアムゥトエフと呼ばれるホルスの息子たちの1人とも関わりがあった。エジプト美術において、ネイトは古くからつねに赤冠を被った女性として描かれている。彼女の信仰拠点はサイスであった。第26王朝期にはサイスは突出した力を有しており、王は同地から選出された。彼女の好戦的側面のために、ネイトはギリシア人たちによって、彼らの女神アテナと同一視された。

ネイトホテプ　Neithhotep

エジプト史の最初期における重要な女性王族。おそらくはナルメルの妻で、アハの母であった。ナカダにある彼女の墓は、王宮ファサード様式で装飾された巨大なマスタバであった。彼女の名前からは、第1王朝におけるネイト崇拝の重要性が窺われる。

ネカウ1世／ネコ1世　Nekau I／Necho I [紀元前672-664年]

第26王朝の名目上の祖。サイスのネカウは、紀元前671年のアッシリアによるエジプト征服後にエジプトの封臣として権力を得た。ネカウはおそらく紀元前664年にタヌタマニとの戦いで殺害され、息子のプサムテク1世が彼の跡を継いだ。

女神ネイトの彩色レリーフ。ネイトは戦争および狩猟の女神であるのみならず保護の女神でもあった。王妃の谷にある第19王朝のネフェルトアリの墓から出土。

ネカウ2世／ネコ2世 Nekau II / Necho II [即位名ウェヘムイブラー：紀元前610-595年]

　ネカウ2世はプサムテク1世の息子であり、第26王朝3代目の王。彼はアッシリアの勢力衰退に乗じてイスラエル王国とユダ王国を支配下に収め、レヴァントにエジプト帝国を再建した。ヌビアへの軍事遠征を含む彼の軍事的成功は、ギリシア人とカリア人の傭兵に多くを負っていた。またネカウ2世は彼らとともに、エジプト最初の海軍を配備した。彼はギリシア人商人たちがデルタに定住することを奨励し、ナイル河と紅海を接続するためにワディ・トゥミラートに沿って運河を開削するとともに、新しい都市テル・エル＝マスクータを建設した。

ネクタネボ1世／ナクトネブエフ Nectanebo I / Nakhtnebef [即位名ケペルカラー：紀元前380-362年]

　第30王朝の祖であった彼は、軍人一家に生まれ、デルタのセベンニトスの支配者として権力を保持した。ハコルの死後、権力を掌握し、ネフェリテス2世の退位後、ついに王となった。ネクタネボ1世は、侵略してきたペルシア軍を首尾よく撃退した。さらに、おそらくは増大する外国の脅威に直面する土着のエジプト文化を強調するために聖なる動物崇拝を奨励した。彼はまたカルナク（彼が第一塔門を建てた地である）やフィラエなどエジプト中の神殿で大がかりな建築事業に着手した。

ネクタネボ2世／ナクトホルヘブ Nectanebo II / Nakhthorheb [即位名セネジェムイブラー：紀元前360-343年]

　近代以前のエジプトにおける最後の純粋なエジプト人支配者。彼は軍隊の支援を得て、

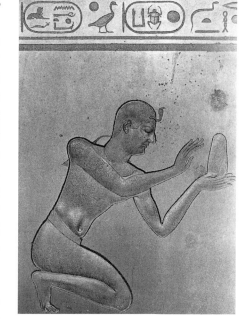

一斤のパンを奉献するネクタネボ1世。アレクサンドリアで出土した第30王朝の玄武岩製の壁面より。王の特徴的な鉤鼻（かぎばな）は、写実的に描こうとしたことを窺（うかが）わせる。

伯父のテオスが海外遠征に行っている間に、彼を権力の座から追い出した。ネクタネボはデルタのバハバイト・エル＝ハジャルに巨大なイシス神殿を建設し、アルマント、ブバスティスおよびサッカラ（セラペウム）に聖動物のネクロポリス建設を実施した。ペルシアの侵攻後も上エジプトの支配権を保持していたが、最終的にアルタクセルクセス3世の軍に降伏し、エジプトを追われた。

ネクベト Nekhbet

　エルカブのハゲワシの女神。第1王朝から上エジプトの守護神とみなされていた。もう一方の下エジプトのワジェトとともに、エジプトの国土の二元性を象徴する二女神の一翼を担った。ピラミッド・テキストでは白冠

と結びつけられており、また王を養育する役割を持つと信じられてもいた（そのため、後にギリシアの誕生の女神エイレイチュイアと同一視された）。通常は美術の中でハゲワシとして描かれるネクベトは、第18王朝期の王妃たちによって被られた二重のウラエウスであるコブラとして表わされることもあった。

ネクロポリス　necropolis（ギリシア語で「死者の町」の意。複数形ネクロポレイス）

通常2つ以上の墓からなる巨大な埋葬地。

ネケン　Nekhen

ヒエラコンポリスの項を参照。

ネコ　cat

先王朝時代から家庭のペットとして飼われていたネコは、しばしば中王国時代や新王国時代の私人の墓において、飼い主の椅子の下に座っている様子や狩猟につき従う様子が描かれている。また、ネコは大蛇アポフィスと戦うラーの化身、もしくは様々な神々の聖なる動物として宗教的な関わりを持っていた。末期王朝時代には多くのネコがミイラ化され、女神バステトへの供物として青銅製のネコの像が作られた。古代エジプト語におけるネコは、「ミウ（メウ）」という擬音で表わされた。

ネコ　Necho

ネカウの項を参照。

ネチェリケト　Netjerikhet

ジョセルの項を参照。

プトレマイオス朝時代のネコの青銅製彫像。2等分された鋳型で、ネコをミイラ化して保管する容器として、またバステト神へ奉納する捧げ物として使用された。

ネブイリラアウ　Nebirierau［紀元前17世紀半ばから後期］

第二中間期後半の1人か2人の短命の王の名前。支配権がおそらく上エジプトに限定されていた。

ネフェリテス1世／ネフアアルド　Nepherites I／Nefaarud［即位名バエンラー・メリネチェルウ：紀元前399-393年］

メンデスのネフェリテスは、アミルタイオスを退位させることにより、紀元前399年に王位を奪い、第29王朝を開いた。彼は6年間統治した後、メンデスで埋葬された。そして短命の王プサンムティスによって王位は継承された。

ネフェリテス2世　Nepherites II［紀元前380年］

ネフェリテス2世は、第29王朝4代目の

王にして同王朝最後の王。ネクタネボ1世による王位簒奪以前に彼は1年弱エジプトを統治した。

ネフェルイルカラー／カカイ
Neferirkara / Kakai ［紀元前2400年頃］

第5王朝3代目の王。アブシールにある彼のピラミッド複合体において、考古学者たちは、王の死後崇拝の手続きを詳細に述べたパピルス文書（「アブシール・パピルス文書」）を発見した。

ネフェルエフラー　Neferefra ［紀元前2390年頃］

第5王朝5代目の王。マスタバとして完成した彼のピラミッドは、アブシールにあり、発掘調査が行なわれている。王のミイラの断片が玄室で発見された。

「ネフェルティの予言」 Prophecy of Neferti

スネフェルの治世として描かれた文学作品であるが、編纂されたのは第12王朝初期である。様々な新王国時代の「ネフェルティの予言」の複写がパピルス、筆記用の板、オストラカに残されている。この作品はいかにして賢者ネフェルティが王を話術で楽しませるために呼び出され、そしてアメニ（アメンエムハト1世のことと思われる）と呼ばれる「南からの救世主」によって終わりがもたらされる内戦や紛争の未来について予言したのかを記述している。この作品は「国家の苦境」というテーマの好例であり、第12王朝で人気があった。

ネフェルテム　Nefertem

青色のロータス（睡蓮）に関連づけられた

ネフェルエフラーの小像の上半身。アブシールの彼のピラミッド跡から発見された。ハヤブサ神ホルスが王を護るように両翼で包んでいる。

トゥトアンクアムン王墓から出土した彩色木製胸像。ロータスの花から生まれ出たネフェルテム神としての若き王を表現している。

ネフェルテム 255

ラメセス2世最愛の妻ネフェルトアリが女神イシスに奉納している様子。王妃の谷にあるネフェルトアリの壮麗な墓より。

神。太陽神はロータスの花から生まれると信じられていたことから、太陽神とも関連づけられた。メンフィスではプタハとセクメトの息子として、ブトではワジェトの息子として崇拝されていた。ネフェルテムはまた王の記念建造物と崇拝用建造物と関連性があり、「二国の守護者」という形容辞を持っていた。ネフェルテムは睡蓮の花の頭飾りを被っている若者として描かれるが、2本の羽飾りと釣合い重りとともに描かれることもある。

ネフェルトアリ Nefertari(「美しき伴侶」の意)

ラメセス2世の第1王妃で、夫の治世の間、宮廷において突出した地位を得ていた人物。彼女からヒッタイト王への手紙がヒッタイトの都であったハットゥシャ(ボガズキョイ)において楔形文字(くさびがた)で保存されていた。ラメセス2世は、アブ・シンベル小神殿の装飾においてネフェルトアリを際立たせた。彼はまた彼女のために王妃の谷に、最も大きく、最も美しい装飾墓の1つ(QV66)を建設した。

ネフェルトイティ Nefertiti(「美女がやって来る」の意)

第18王朝後期のアクエンアテンの第1王妃。彼女の一族の素性は明らかではない。彼女はミタンニの王女であったと推測する研究者もいるが、彼女はイウヤ、チュウヤ、アイの一族と親族関係にあった可能性が高い。彼女の姉妹ムトノジェメトは、おそらくホルエムヘブの第1王妃となった同名の女性と同一人物である。ネフェルトイティは、アクエンアテンとの間に6人の娘をもうけ、王宮では政治および宗教においてひじょうに重要な役割を担っていた。このためアクエンアテン治世後半には、アクエンアテンとネフェルトイティによる共同統治が正式に確立されていた可能性がある。美術において、彼女はしばしば王と同等に表現され、異国の捕虜を打ちすえるという伝統的なポーズで描かれることさえあった。ネフェルトイティが自らの権利によって、――ネフェルネフェルアテンの名前で――アクエンアテンの死後王として短期間統治したという学説は、有力になりつつある。ネフェルトイティの埋葬は、場所が特定されていないが、おそらくテーベであろう。最もよく知られたネフェルトイティの肖像は、1912年にアマルナの彫刻師トトモセの工房で発見された彩色された胸像(現在、ベルリンのエジプト考古博物館所蔵)であり、同像はいつの時代も女性の美しさの象徴とみなされるものである。

アマルナの彫刻家トトモセの工房から出土したネフェルトイティの彩色石灰岩製胸像。おそらく彫刻家用の習作であったこの作品は、未完成ではあるが依然として女性の美の象徴である。

ネフェルホテプ　Neferhotep

中王国時代後期および第二中間期の3人の王が称した名前。第13王朝半ば、ネフェルホテプ1世（即位名カーセケムラー：紀元前17世紀初頭）は、彼の兄弟であったサハトホルとソベクホテプ4世とともに小規模な王朝を打ち立てた。ハワラ出土のアメンエムハト3世の同様の像に基づいて作られたネフェルホテプの像は、現在カイロのエジプト考古学博物館にある。

ネフティス　Nephthys

その起源も正確な役割もよくわかっていない女神。ヘリオポリスの九柱神の一員であるネフティスは、セト神の妹であり妻でもあったが、イシスの妹としての彼女の役割のほうが重要であった。2人の女神はともに死者の守護神であった。ネフティスは棺の頭部を守護し、イシスは足元を守護したのである。ネフティスは、ハピ（4人のホルスの息子たちのうちの1人）と、そして末期王朝時代にはアンケトと関連性があった。後の伝承では、ネフティスはアヌビスの母ともみなされていた。そして彼女は、死者の裁判の場面にしばしば現われる。彼女は頭部に彼女の名前を意味するヒエログリフ（「館の女主人」）を冠した姿で描かれた。ネフティスの信仰拠点は知られていない。

ネブラー／ラーネブ　Nebra／Raneb［紀元前2725年頃］

第2王朝2代目の王。王の「セレク」が彫り込まれた花崗岩製の供養石碑がメンフィ

イシスの妹の女神ネフティス。トトモセ4世の石棺に描かれた頭部のヒエログリフによって識別ができる。その2人の女神は、死者の守り神として機能した。

メンフィス出土のネブラーの花崗岩製の供養石碑。もともとそれはサッカラ近郊にあった王の墓の場所を示しているのであろう。

258　ネヘシ

ス近郊で出土した。おそらくそれは、ウナス王のピラミッド近くに位置する彼の墓だと考えられてきた一連の地下回廊のあるサッカラにもともとあったものであった。さらにネブラーの名前はアルマントの後背地である西方砂漠の岩壁に刻まれているのが見つかっている。それ以外には散発的に知られている程度である。

ネヘシ　Nehesy ［即位名アアセフラー：紀元前1640年頃］

　おそらく彼の祖先よりも肌の色が黒かったという言及のため、「ヌビアの」を意味する名前を持つ第13王朝あるいは第14王朝の王。メルエンプタハによって奪われたネヘシの彫像がレオントポリスで発見されている。ネヘシに関してはデルタのアヴァリスでも確認されており、同地に権力基盤を持っていた可能性がある。

「ネメス」　nemes

　被り物の項を参照。

年代　chronology

　エジプト先史時代（先王朝時代）の出来事や遺物の年代づけないし順序づけに最もよく使われる手法は、とりわけ土器に見られるように、様々な段階における漸進的な形態変化に基づいた相対年代学である。20世紀初頭にフリンダース・ピートリ（エジプト学の項を参照）によって確立された継起編年法は、折にふれて改良を重ねられてきたが、いまだに先王朝時代の幅広い文化的段階区分の基礎を成している。絶対年代、すなわち紀元前の暦の年代決定は、様々な科学的方法に頼っており、特に放射性炭素による年代測定や熱ルミネセンス法が知られている。

　第1王朝からはじまる歴史時代に関して、科学的分析はまだなお使用されるものの、大きな誤差が含まれるために、一般的に王名表を基礎におく歴史的な年代や暦、天文学的年代と比べると概して正確さに欠ける。エジプトの年代決定法は王の即位紀元年を基礎においており、西暦のような固定点を使わなかった。それゆえ歴史的年代は、第1王朝から続く歴代の王の正確な治世の長さを記した信頼度の高い王名表に大きく依存している。ただ残念なことに、それらの情報源は完璧ではないし、しばしば解釈も困難ではある。古王国時代の編年は、王の治世年と「ウシの頭数調査」の両方を基にしていた。この後者の行事は第6王朝において隔年であったが、毎年計測されるようになっていった。しかし古代エジプト史の全体像は、異なる勢力がエジプトを分割しそれぞれの地域を同時に支配していた3つの中間期の存在によりさらなる混乱を招いている。

　文字資料は、エジプト史においてシリウスのヘリアカル・ライジングが公の暦の初日と一致する5つの事例を記録している。（各記録に一致する1460〈360×4〉年間は、「ソティス周期」と呼ばれる）。現代の天文学の知識は、これらの発生の絶対的な年代を確定したが、計算は古代エジプト（メンフィス、テーベ、アスワン）の観測者が行なったものに頼っている。最終的には、正確な年代記を確立するための誤差が時を遡るごとに大きくなるという結果となった。後の年代は初期の日付よりも確かであり、エジプト史の中で確定している最も古い年代は前664年、つまり第26王朝がはじまった年である。

　エジプト学者たちは、長大なファラオの歴史をより扱いやすい時代に分割し、王朝を大まかに区分したマネトの王朝体系を採用し

た。つまり、先王朝時代、古王国時代、第一中間期、中王国時代、第二中間期、新王国時代、第三中間期、末王朝時代、およびその後に続くプトレマイオス朝時代とローマ時代を一括りとする時代区分にしたのである。

年代記 annals

エジプト統治において毎年執り行なわれる神聖な年間行事の記録。初期王朝時代と古王国時代におけるこれらの記録は、パレルモ・ストーンやいくつかの関連する断片に記されている。こうした碑文、もしくはそれらの本来の記述は、王名表を編集するために重要であったであろう。

パレルモ・ストーンは、初期王朝時代と古王国時代の年代記を断片的に記録している。完全な石碑は、王家の先祖崇拝の一環として神殿に掲げられたのだろう。

農業 agriculture

エジプトの繁栄は土壌の肥沃さに依拠している。エジプトにおける作物の栽培は、先史時代からナイル河谷の自然の貯水池であるファイユーム湖岸や、乾燥地域のオアシスや井戸の周辺ではじまった。農業の成功は、全時代を通じて、毎年の氾濫と季節と大いに関連があった。王朝時代、耕作地は、一般的にナイル河の氾濫原に位置していた。秋（9月～11月）、洪水がはじまると同時に、肥沃なシルト層で覆われた土地を耕し、新しい作物が植えられた。種は手でまかれ、家畜によって踏み馴らされた。冬と春（12月～5月）を通じて作物は育ち、再び氾濫が起こる前の夏（6月～7月）に収穫された。穀物の収穫には鎌が用いられ、脱穀は脱穀場で家畜によって行なわれた。そして脱穀された実は手作業で選別され、穀倉に蓄えられた。人工の灌漑設備によって、二期作が可能になった。新王国時代において導入された、シャドゥフ（水をくみ上げる装置）は、より簡単により広範囲に二期作を行なうことを可能にした。国土は過剰に作物を生み出し、生活の安心を保証することによって、王朝文明を強化した。王宮や国家建設事業は、すべての穀物の収穫高によって課せられた税制によって支えられた。理論上すべての土地は王へ帰属していたが、実際には、個人や神殿、その他の組織によって、小区画の売買や貸し借りが行なわれていた。主要な作物はエンマ麦（小麦の初期型）、大麦、亜麻である。脱穀が不要な小麦は、プトレマイオス朝時代になって導入された。おそらく土壌を改良することで生長する豆類は、一般の人々にとって重要な食糧源であったが、耕作に関しては若干の証拠しか存在しない。タマネギを含む野菜、豆、チシャ、ニンニクは高台につくられた小さな庭でも生

デイル・エル=メディーナにある第19王朝センネジェムの墓に描かれた農業の観念化された光景。穀類と亜麻の収穫を描いている。

長したが、成長期を通じて人の手による水やりが必要であった。

農業 farming

農業 agriculture、畜産業の項を参照。

ノモス nome

エジプトの行政区画。プトレマイオス朝時代に導入されたギリシア語であり、古代エジプト語の「セパト」と一致する。「セパト」は、もともと灌漑地のあった地域、おそらく自然にできた灌漑用窪地をナイル河谷の中で徴税目的に分割したものの1つに対して使用された言葉であった。

ノモスは初期王朝時代に確認されている。王朝時代のほとんどの間、上エジプトは、比較的境界がはっきりしていたそのような22の地域に分割されていた。下エジプトは、より流動的な20の地域に分割されていた。ノモスの州都は、中央政府の政策によって、時代とともに移転した。各ノモスは自らの印章や標章を有していた。王の葬祭神殿では、古王国時代をはじめとする王の葬祭神殿には、女性に擬人化されたノモスが王崇拝用の供物を運んでいるところが描かれ、国中の活動を象徴していた。

は行

「バー」 ba

エジプトの宗教において、明らかに異なる2つの意味を持つ概念。「バー」は現代的な感覚で言うと個性に近く、彼あるいは彼女を唯一無二のものたらしめる個人の一側面であった。それは来世信仰の中で重要な役割を担った。「バー」は「カー」と一体となり、姿を変えた魂(「アク」)となるために墓から抜け出して旅をすると信じられていた。それは人の頭をした鳥として描かれ、渡り鳥たちは墓と冥界の間を飛んでいる「バー」と同一視された。エジプト人たちは、肉体は永遠に生き続けるために毎夜「バー」と結合されなければならないと信じていた。また「バー」という言葉には、生物や無生物を具象化するような神の力や顕現という意味もあった。したがって、アピスの雄牛はオシリスの「バー」であり、ムネヴィスの雄牛はラーの「バー」と考えられていた。

バアイ Bay

第19王朝末期のシプタハ治世の大蔵大臣。バアイはシプタハ(サプタハ)が王位に就くのを支援した(バアイ自身の記述に拠れば)が、失脚し治世後半に処刑された。バアイは一般人にはめずらしく、王家の谷に墓(KV13)を持つという特権を与えられた。

「パアト」 pat

「レキト」すなわち民衆と対照をなす、支配者階級の人々のことを示す古代エジプトの言葉。この用語はもともと数少ない王の親族に対する称号がその起源だったのであろう。彼らはすべての高官から選ばれ、一代限りあるいは世襲の支配者層に属していた。この称号イリ・パアト(「パアトの一員」の意)は、一般的に初期王朝時代の官僚たちに広く保持され、おそらく特別な意味合いが薄れながらも後の時代まで使われ続けた。

バアル Baal

嵐の神であり、カナーン人たちにとって最も重要な神の1つ。バアル信仰は第18王朝までにエジプトに伝えられていた。エジプトの神々の中ではアナトの兄(弟)にして彼女の夫とみなされ、その破壊的性格からセトと

テーベにある第19王朝のアメンエムオネの墓の壁画に描かれた故人の「バー」。人間の顔が付いた鳥となって、ミイラ化した肉体の上をうろついている。

結びつけられた。そのため、カデシュの戦いを記した文書において、王はセトとバアルにたとえられている。バアル神の重要な宗教的拠点は、メンフィスと北デルタにあった。バアルは通常長髪でシリア人特有のあごひげを生やし、上に2本の角のついた円錐型の兜（えんすい・かぶと）を被り、剣などの武器を携帯する人間の姿で描かれた。

ハエ　fly

ハエはエジプトにもよくいるしつこい害虫であるが、王朝の歴史を通じて、象徴として重要な存在であった。エジプト美術では、ハエはいつも羽をたたみ、まるで上から見られているかのように描かれた。こうした特徴的な形をしたアミュレットは、早くも先王朝時代から作られ、使用者を害虫から守ることを企図させたのかもしれない。古王国時代や中王国時代には、ハエは子供の誕生儀式で使用される杖などの呪術用具に見られることもある。これはおそらく、ハエの多産な生殖習性にあやかろうとしたのであろう。新王国時代には、軍事活動での勇敢さに対して金製のハエが褒美として贈られており、それは逆の意味でしつこさというその虫の性質を反映している。アハホテプ女王の装飾品には3匹のハエがぶら下がった黄金の鎖が含まれていた。

パエンチェニ　Paentjeni［即位名セケムラー・クタウイ：紀元前17世紀後期］

第二中間期の短命な王。彼については1個の石碑から知られるのみである（現在、ロンドンの大英博物館所蔵）。「ティスの人」という意味の彼の名前は、その権威がティスおよびアビドス周辺地域に限定されていたことを窺わせる。

墓　tombs

先史時代と歴史時代のあらゆる期間において、最も基本的な墓の形態は、地面を掘り込み、続いておそらく低い小山で表面を特徴づけた単純な穴であった。先王朝時代後期に日乾（ひぼし）レンガを並べ、2つまたはそれ以上の独立した部屋に分けられたより複雑な墓が初めて出現した。これは異なる社会集団の間で貧富の差が拡大したという傾向を示している。それ以降、墓の大きさと精巧さが墓の所有者

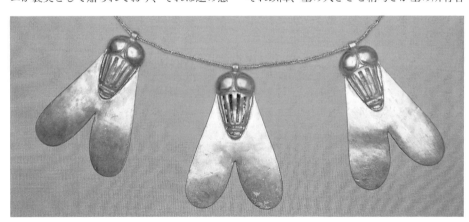

ハエは忍耐の象徴であったことから、戦場での勇敢さに対する褒賞として黄金のハエが与えられた。写真の装飾品はアハホテプ女王のもので、第18王朝のテーベの西にある彼女の墓で発見された。

の地位を反映した。地質要因はまた墓の建築構造を決定づけるために重要で、岩窟墓は多くの地域、特に中エジプトで好まれた。石材を並べて造られた墓室は第1王朝で初めて出現し、この早い時期に重要視されたのは下部構造であったようである。しかしながら第3王朝になると、その焦点はマスタバの上部構造内に収容された地上の墓室へと移った。特に食物と飲物が死者のために持ち込まれる供物礼拝堂は、墓における最も重要な要素となった。偽扉は墓の所有者が外部世界と連絡を取り合うことができるように用意され、供物礼拝堂はしばしば来世において呪術的な食物を用意するために精巧な場面でもって装飾された。

王家の墓——どの治世でも最も重要な建設計画であり、王権理念の国家による表明である——は、宗教の移り変わりと安全上の懸念を反映しながら、それ自体が発展し続けた。第1王朝では、王の葬祭複合体は、埋葬自体と葬祭信仰のための周壁（両方ともしばしば王の家臣の墓が取り囲んでいた）という2つの独立した要素から構成されていた。ジョセルの階段ピラミッドは、1つの記念建造物にそれら2つの要素を組み合わせ、後の古王国時代と中王国時代のピラミッド複合体への手本となった。

新王国時代には、墓泥棒を防ぎたいがために、王家の墓の設計において、可視性よりも安全性を優先するようになった。それゆえ長く狭い通路の墓は、王家の谷の崖に掘り込まれるようになり、一方低地砂漠にある葬祭神殿は、王の葬祭信仰に対するより公的な側面を持つようになった。第三中間期と末期王朝時代には、王家の墓は一般的に保護を重要視して神殿構内に建てられた。

墓の装飾　tomb decoration

死者とともに埋められた副葬品と同様に、墓の装飾は墓の所有者が再生に成功し、快適な来世を獲得することを確実にするという宗教的な目的にかなうものであった。知られている最古の墓の装飾の例は、ヒエラコンポリスにある先王朝時代の墓（第100号墓）で発見されている。その場面には、死者を永遠に留めるために、舟の行列や初期の王の肖

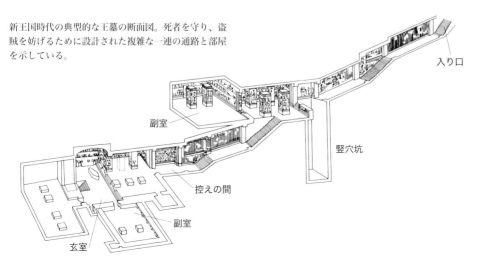

新王国時代の典型的な王墓の断面図。死者を守り、盗賊を妨げるために設計された複雑な一連の通路と部屋を示している。

像の要素などが描かれていた。第3王朝から、身分の高かった私人墓には、後に装飾の中心となる彩色された供物礼拝堂が用意された（玄室は通常装飾は施されなかった）。最もよく見られるモチーフは、食物と飲物の供物、さらに追加の供物を持ってきている供物運搬人、副葬品自体が破壊された場合にも永遠の食糧供給を約束するために、食物生産と手工業活動の場面が描かれている（この目的をかなえるために第一中間期と中王国時代初期に埋葬用模型へと取って代わられた）。例えばアビドスへの巡礼者などの宗教上の目的を同様に満たした墓の装飾様式は、頻繁に中王国時代の墓に描かれた。湿地または砂漠での狩猟の場面は、混沌に対する秩序の勝利の隠喩で、それゆえ死の克服をも意味した。魚を銛で刺す、またはアヒルを捕まえるといった特定の要素は、また強い性的隠喩を持っており、墓での復活に有益だと考えられていた。墓の所有者が何らかの義務を遂行している場面は、社会的な地位を反映し、より重要なことには、それを永続させるために描かれた。階層的縮尺は、死者の地位を強化するために使用された。

　徹底的な調査によって、描かれている「日常生活の場面」は、汚物や病気から解放され、空間と時間から抜け出した、ひじょうに理想化された生活の光景を記録していることが明らかになった。付随した人物——墓の所有者の家族を含む——は、補助的な役割で表わされた。たとえ墓が建てられたときに子供は成長していても、死者と彼らとの関係により、彼らはそれでもやはり子供として描かれた。アマルナ時代における私人墓の装飾は著しく伝統から逸脱していた。描写はアクエンアテンの宗教改革に従って、王と王族の活動に重点を置いている。あからさまに宗教的な場面をより重要視することは、末期王朝時代の私人墓の装飾を特徴づけている。王家の谷にある新王国時代の王の墓は、墓礼拝堂（その公的な役割は耕作地近くの葬祭神殿において行なわれた）を伴わない玄室であった。それゆえ、それらの装飾は王の復活を手助けするために、「死者の書」と他の来世の書からの神話的な場面と文書とを重点的に扱っている。

デイル・エル＝メディーナにある第19王朝パシェドゥの玄室は、入り口を守っている2つのジャッカル神アヌビスのしゃがんだ姿とともに私人の墓の装飾の好例を示している。

バクエンレンエフ／ボッコリス
Bakenrenef ／ Bocchoris [即位名ウアフカラー：紀元前720-715年頃]

　第24王朝2代目にして最後の王。彼の影響力は、出身地であったサイスに限定されていたと思われるが、後の歴史家たちは、彼の重要性を過大に評価した。彼の治世はシャバ

コによる征服によって終焉を迎えた。

パケト Pakhet

雌ライオンの女神。敵を震え上がらせる獰猛なハンターとみなされていた。彼女はそれゆえ他の雌ライオンの女神たち、とりわけセクメト神といくつもの特徴を共有していた。パケトが最初に確認されるのは中王国時代であり、コフィン・テキストでは、「鋭いかぎ爪のある」夜のハンターとしている（彼女の名前の意味は「ひっかく、または切り裂く女」）。新王国時代初期にパケトの小さな神殿がハトシェプスト女王とトトモセ3世によって、スペオス・アルテミドスに建てられた。聖なるネコの共同墓地が近くにあり、この地域はパケト信仰の拠点であったと思われる。

エジプトの神々の中で、パケトは彼女の聖なる配偶者であるホルスの一形態（パケト＝ホルス）と関連づけられる。ギリシア人はパケトを彼らの狩人の女神アルテミスと結びつけた（それゆえ「アルテミスの洞穴」、つまりスペオス・アルテミスという名前が彼女の神殿に与えられた）。パケトはエジプト美術ではあまり描かれていないが、雌ライオンの頭部を持った女性として表現された。パケトのアミュレットは御守として身につけられた。

ハゲワシ vulture

この巨大な猛禽類のうちの2種が古代エジプトにおいて知られていた。グリフォンハゲワシとエジプトハゲワシである。グリフォンハゲワシはより頻繁に描かれた。ヒエログリフとして、それは単語「ムゥト」（「母」）を書く際によく使われた。エジプトの美術において、それは、ネクベト、もしくはムゥトの表象の役目を果たし、一方で羽を広げたハゲワシは、王宮や神殿建造物の天井用に人気のあった保護のモチーフであった。エジプトハゲワシは、ヘブライ語の「アレフ」（たいてい英語の「a」で表示される）に一致する文字のためのヒエログリフであった。

ハコル／ハコリス Hakor / Hakoris [即位名クヌムマアトラー：紀元前393-380年]

第29王朝3代目の王。彼の治世は10年

アテフ冠を被ったハゲワシのネクベト女神を表現した金と象眼でできた胸飾り。王家の谷のトゥトアンクアムン王墓出土。

も続かず、1人あるいは複数の簒奪者によって妨げられた可能性がある。彼はキプロスでサラミスの支配者と同盟を結んだ。そしてブトの神殿用に2体のスフィンクス像の建造を命じた。

バシェンディ　Bashendi

ダクラ・オアシスの項を参照。

バスタ、テル　Basta, Tell

ブバスティスの項を参照。

バステト　Bastet

ブバスティス（「バステトの家」の意）を中心に信仰されたネコの姿をした神。ピラミッド・テキストでは、王の母にして子守り役として表わされ、後の時代には母性の象徴とみなされるようになった。またラーの娘ともみなされ、他のネコ科の神々のように、危険性と保護性の二面的性格を内包した神とされた。おそらくバステトはもともとライオンの神だったが、一般的にネコ、もしくはネコの頭をした女性として描かれた。バステト崇拝は末期王朝時代になると大人気となり、青銅製のネコ像の製造と奉納がさかんとなり、ネコのミイラのための特別な共同墓地がブバスティスやサッカラに建設された。

パセバカーエンニウト　Pasebakhaenniut

プスセンネス1世と2世の項を参照。

バダリ期　Badarian

先王朝時代（紀元前5000‒4000年頃）の上エジプト最古の文化層を指す用語。バダリという名は、同時代の遺物が初めて発見された中エジプトにおけるエル＝バダリ遺跡にちなんでおり、仕上げに小石で丁寧に磨かれた良質な手製の土器によって特徴づけられる。その他の典型的な副葬品として、小型象牙製品、最初期の化粧パレット、紅海産の貝殻から作られた宝飾品などがある。バダリ文化とナイル河東岸地域との接触は、ワディ・ハンママートと紅海沿岸で発掘された埋葬例によって明らかである。バダリ期の墓は規模や費用の多寡など様々であることから、社会がすでに不平等であり、一部の特権階級が権威と富を得ていたことを示唆している。それゆえバダリ文化は、最終的には王朝文明に至る系譜の起点をなしていると言える。

八柱神　Ogdoad

8つの神々の集合体。最も有名な八柱神は、ヘルモポリスの創世神話に登場する。八柱神は4組で構成され、創世の時点で存在し、原初の丘を創りだしたと信じられていた。各組はカエルの神とヘビの神からなり、異質な

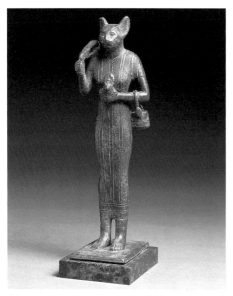

末期王朝時代のバステト女神の青銅製彫像。片手に籠を抱え、もう片方にシストルムを持っている。この神は危険と保護の特質を兼ね備えている。

創造力および原初の水の異質性を象徴した。つまり、ヌンとナウネトは不定性を、アムンとアマウネトは隠密性を、ヘフとハウヘトは永遠性を、そしてケクとカウケトは暗黒を表わしていた。

バト　Bat

先王朝時代と初期王朝時代において重要視された雌牛の神。雌牛の耳と角を持った女性として描かれるバトは天空を象徴し、ナルメル王のパレットに守護者として描かれている。バトは、上エジプト第7ノモスにおける地方神であり、ハトホル信仰に影響を及ぼしたが、最終的には中王国時代にハトホルに同化された。

第1王朝初期のナルメル王のパレットの上部に彫られた、雌牛の頭をした天空の女神バト。バトは守護者として王を見守っている。

ハトシェプスト　Hatshepsut（「高貴な貴人の第一人者」の意）〔即位名マアトカラー：紀元前1473-1458年頃〕

トトモセ1世の娘で、異母兄（後のトトモセ2世）と結婚し、娘ネフェルラーをもうけた。夫の死後、側室が産んだ彼の息子がトトモセ3世として王位に就き、異母姉妹のネフェルラーと結婚した。若い王と彼の妻はまだ子供であったので、ハトシェプストが摂政(せっしょう)の役を務めた。その後、彼女はすべての権力を引き継ぎ、王の称号を採用して、彼女自身が王として即位した。彼女は王位継承を正当化するために、彼女の生まれが神聖なるものであるという物語を作り、王権の伝統に従ってしばしば男性として（文書や像において）描かれた。

彼女の治世（厳密にはトトモセ3世との共同統治）は、高官センエンムトの活躍と、美術および建築における新たな手法と優美性によって特徴づけられる。彼女はスペオス・アルテミドスにエジプト初の岩窟神殿を建造した。その正面入り口には、ヒクソス討伐において彼女を賞賛する碑文がある。カルナクにおいて、彼女は一対のオベリスクの建造を命じ、第8塔門と美しく装飾された赤の聖堂を建造し、ルクソール神殿へ向かう行列用の道にいくつかの中間休息所を設けた。テーベの西で、彼女は（トトモセ3世とともに）メディネト・ハブにアムン小神殿と2基の墓を建造した。2つのうちの1つ（王家の谷のKV20号墓）は、トトモセ1世から奪取したものであったが、ハトシェプストの埋葬には使用されなかったようである。しかしながら、彼女の最も有名な記念建造物は、デイル・エル=バハリに建てられた彼女の葬祭神殿である。横に造られたメンチュホテプ2世の神殿を模倣したその贅を尽くした装飾には、プントへのエジプト遠征の場面が含まれている。

エジプトの国境を越えた活動は、ワディ・マガラとブヘンにおける聖堂の奉納やヌビアおよびレヴァントに対する軍事行動の編成によっていっそう明らかにされている。トトモセ3世の治世第20年以降、ハトシェプストは公の記録から姿を消す。トトモセ3世による単独統治の後半には、彼女の名前および像は、記念建造物から組織的に削除され、カルナクにある彼女のオベリスクを隠すために

壁が建てられた。こうした行動は、義母に対する王の復讐と解釈されてきたが、たんに王位継承順で例外とみなされたハトシェプストの即位を消去しようとする意志が動機であった可能性もある。

デイル・エル＝バハリの葬祭神殿出土のハトシェプストの着色された石灰岩製頭部。女性であるにもかかわらず、彼女は王権にかかわる伝統的な偽ひげをつけている。

ハトヌブ　Hatnub

　中エジプトの東方砂漠にあるトラヴァーチン（方解石）の採石場遺跡。アマルナの南東18キロメートルに位置し、古王国時代からローマ時代にかけてトラヴァーチンの主要な産地であった。ハトヌブ（古代エジプト語で「黄金の家」の意）は空積み式の道を介してナイル河谷につながっており、道のところどころには里程標があった。デイル・エル＝ベルシャにあるジェフティホテプの墓には、ハトヌブから巨像が運ばれている場面がある。採石場そのものは、3つの主な区画からなる。古代の遺物としては、彫り込まれたクフのカルトゥーシュ、採掘遠征の詳細を伝える碑文、および採石場で働く作業員用の石積み作りの小屋数棟などがある。

ハトホル　Hathor

　エジプト宗教の中で様々な役割を持つウシの女神。もともとは天空の神であった可能性もある。初期のウシの女神の表現は、両耳の位置に星が示されたが、こうした特徴を持つ像が、ハトホルなのか、あるいは古王国時代にその崇拝および図像がハトホルに包摂されたバトなのかを確かめるのは困難である。ハトホルは、ウシ、ウシの耳を持つ女性、あるいはウシの角と太陽円盤を組み合わせた被り物を持つ女性などのように、様々な姿で描かれた。第1王朝初期から知られ、「ホルスの家（すなわち棲家）」という意味の彼女の名前は、ホルス自身が天空神であったことから、天を暗示した。ハトホルは王権と密接に関係していた。というのも王はホルスの化身とみなされていたので、ハトホルは神の母となったからである（この役割は後の時代にはイシスのものとなった）。こうした点および太陽神との関連性において、ハトホルはピラミッド・テキストの中で際立つ存在である。プトレマイオス朝時代およびローマ時代のエドフにおいては、ハトホルはラーの娘にしてホルスの妻である「天空の女主人」として信仰された。

　ハトホルはまた音楽、歓喜、および性の女神でもあった（そのためギリシア人によってアフロディーテと同一視された）。音楽をともなう祝祭で使用されたシストラム（楽器の一種）は、しばしばメナト（女性が身に着けていた胸当て）の錘と同様に、ハトホルの頭部で装飾された。彼女は新生児を守るため

に祈願された神々の一柱であり、ハトホルを「エジプトイチジクの女主人」として信仰していたメンフィスでは、豊穣に関連づけられて崇拝された。こうした側面とは対照的に、エジプトの多くの女神と同じく、ハトホルには復讐心に燃える側面もあり、ある神話の中では人類を絶滅させるためにラーに派遣されている。

またハトホルはナイル河谷の外側でエジプト人の守護神として重要な役割を果たした。シナイ半島、特にセラビト・エル゠カディムでは「トルコ石の女主人」として崇拝され、ハトホルへの儀式はビブロスにおいて挙行された。古王国時代以降、エジプト国内でのハトホルの主要な崇拝拠点はデンデラであった。プトレマイオス朝時代における暦には、ハトホルを讃える祭祀が25種以上も挙げられている。ハトホルはまたテーベ西岸でも重要視されており、「西方の女主人」として葬送を司り、毎夕没する太陽を迎え、守ったとされる。デイル・エル゠バハリは早い時期からハトホルと結びついており、ウシのペトログリフが崖の高い箇所に彫られている。ハトシェプストは彼女の葬祭神殿の中にハトホルを祀る聖堂を組み込んだ。

バネブジェデト　Banebdjedet(「ジェデト／メンデスのヒツジの神」の意)

メンデスの雄羊の神。メンデスにおいてこの神は、ハトメヒトとハルポクラテスと並ぶ、三柱神(トライアド)の1人として崇拝された。たいてい雄羊もしくは雄羊の頭をした男性として描かれるが、新王国時代以降は、それぞれラー、オシリス、シュウ、ゲブを意味する4つの頭を持つ者として表わされた。他の雄羊の神と同じく強い精力をもたらすとされ、オシリスの「バー」とみなされた。

バハレイヤ・オアシス　Bahariya Oasis

西方砂漠の主なオアシス群の最北端に位置する地域。中王国時代のエジプトの文献資料に同地域に関する記述があり、カモセの碑文ではクシュの支配者との関係を築くためにヒクソスの王が使用した行路として言及されている。新王国時代には王家の建築計画のための重要な採石場であり、リビアからの攻撃に対するエジプトの前線としても重要であった。新王国時代の墓を除いて、この地域に現存している遺跡は、第26王朝とそれ以降の時代のものとされる。よく知られているのは、アプリエスとアマシスによって建てられた一連の礼拝堂とアレクサンドロス大王の神殿であり、黄金のミイラの谷とローマ時代の巨大なネクロポリスは、最近になって発見された。

柱頭にハトホル女神が配され、彩色を施された石灰岩製の柱。デイル・エル゠バハリにある第18王朝ハトシェプストの神殿内にあるハトホル聖堂から出土。ハトホルは人間とウシの特徴を併せ持つ姿で表わされている。

ハピ　Hapi

ホルスの息子たちの項を参照。

ハピ Hapy

　氾濫と豊穣をもたらす神。一般的にナイル河と結びつけられていたが、特にそのナイル河の氾濫と結びつけられた。エジプト美術においては、膨らんだ腹と垂れ下がった胸をした青色の肌を持つ男性として描かれた。彼は腰巻を身に着け、パピルスとロータスを運び、しばしば頭上にパピルスの束を載せた姿で描かれた。エジプト全土で崇拝されたが、特にナイル河の早瀬、とりわけジェベル・エル＝シルシラと第１急湍で人気があった。ハピの毎年の祭礼は、氾濫がはじまるときに執り行なわれた。第19王朝以降は、神殿のレリーフと彫像の台座にしばしば２人のハピの姿が描かれた。おそらく彼らはエジプトの地理的特徴を念頭に置き、ナイル河を寄り合わせた１本の糸とみなして強調している「統合」を意味するヒエログリフ記号をパピルスとロータスで縛っている。

第18王朝の西テーベにあるアメンホテプ３世の葬祭神殿におけるメムノンの巨像の側面に描かれたナイルの神ハピのレリーフ。

パピルス papyrus

　葦の一種、キペルスパピルスは、かつてはナイル河およびその支流の河岸沿いによく見られ、下エジプトを象徴する植物であった。宗教においては、創世の時に存在していたと信じられていた湿った状態と関わりがあった。このため、神殿内の柱はパピルス葦を模した彫刻が施されており、個々の葦が閉じていたり開いていたり（開花）、あるいは茎が束ねられていた。パピルスそのものは紙のような筆記材料を作るのに用いられた。紙を作るには、まずパピルスの茎の皮を剥き、髄を細長く削いだものを直角に重ねて２層にする。重ねた髄を叩いたあと、重しで圧縮して、乾かす。繊維が絡み合ったシートは、筆記用に表面を滑らかにするために小石で磨かれた。

　最初の頃は「巻物の内側」に書かれ、一方外側は何も書かれなかった。現存最古のパピルスの巻物（ミニチュア）は、サッカラの第１王朝のヘマカの墓において発見されたが、何も書かれていなかった。パピルスは布の繊維を原材料とした紙が導入される紀元８世紀ないし９世紀まで、公文書の主要な筆記材料として残った。再利用されたパピルスは、カルトナージュ製品の主な原料であった。パピルス葦は籠や簡単な舟（小船）を作るのにも使われた。

ハープ奏者の歌 Harper's Songs

「ハープ奏者の歌」の項を参照。

「ハープ奏者の歌」 Songs of the Harper

　来世信仰への疑念と現世の存在を楽しむことの勧めとによって特徴づけられる特殊な文書のジャンル。ハープ演奏者と関連したこのような抒情詩は、おそらく祝宴で歌われた歌をその起源としている。これらの詩は中王国時代と新王国時代の墓で発見されている。

ハプの息子アメンホテプ　Amenhotep son of Hapu

　第18王朝の高官で、アメンホテプ3世の治世において大出世を遂げた人物。アトリビスで生まれたハプの息子アメンホテプは、テーベの王宮へ移り、王の主任建築師の地位にまで昇進した。彼は王の葬祭神殿および同神殿入り口の巨大な彫像（メムノンの巨像）、ヌビアのソレブの神殿建設に携わった。王の特別な好意の証として、アメンホテプは西テーベの王の葬祭神殿の中に自身を祀る神殿の建設を許された。さらにカルナク神殿において彼自身の彫像を立てることも許され、彫像には彼の業績が記録された。おそらくテーベの西岸クルネト・ムライに埋葬され、人々の信仰の対象となった。彼は神格化され、死後3世紀にわたり敬愛された。末期王朝時代において、彼の持つ癒しの力のために第3王朝の高官イムホテプと並んで崇拝された。

パヘリ　Paheri

　第18王朝の官僚。エルカブにある彼の墓は、重要な碑文や精巧に施された装飾があり、収穫の段階を描いた農業の場面などが描かれている。

ハヤブサ　falcon

　しばしば、ナイル河谷の上を空高く飛んでいるのが目撃されるハヤブサは、近寄りがた

カルナクのアムン＝ラー神殿より出土したハプの息子アメンホテプの彫像。エジプトの書記の伝統的な姿勢は、読み書きができるエリートの一員であることを強調している。

プトレマイオス朝時代のエドフ神殿にある、ホルス神を表わす二重冠を被ったハヤブサの花崗岩製彫像。

い威厳に対する完璧なる隠喩表現であり、先史時代から天空の最高神ホルスと結びつけられた。初期の王とホルスとの同一化により、ハヤブサは王朝美術において、とりわけ王に関する文脈で広く使われるようになった。「バー」は、一般的に人間の頭部を持つハヤブサとして描かれ、羽で飾られた旗竿上のハヤブサは、西方の象徴でネクロポリスと結びつけられた。末期王朝時代には、膨大な数のハヤブサや他の鳥のミイラがサッカラの地下廊下に埋葬され、当時の動物崇拝の流行を窺わせる。ハヤブサはつねにホルスと密接に結びつけられていたが、モンチュやソカル神の聖なる鳥でもあり、時折ハトホルとも結びつけられた。

バラト　Balat
ダクラ・オアシスの項を参照。

バラムン、テル・エル＝　Balamun, Tel el-
テル・エル＝バラムンの項を参照。

ハリシェフ　Heryshef
ヘリシェフの項を参照。

ハリネズミ　hedgehog
ハリネズミは、先王朝時代以来、古代エジプト美術において人気のモチーフであった。ハリネズミには人を導く力があると信じられていた。そのため船首に取り付けられ、後ろを振り向いたハリネズミが描かれることもあった。身を守る際に丸くなる能力のため、ハリネズミは太陽を暗示した可能性もある。再生や呪術的保護との関連性は、中王国時代の副葬品の中にしばしばファイアンス製のハリネズミが含まれていることによって示されているように思われる。ハリネズミの飾り板は、エレファンティネの初期の神殿では一般的な奉納品であり、ハリネズミのアミュレットは新王国時代に人気を博した。末期王朝時代になると、アイシャドー用の容器がしばしばハリネズミ型に作られた。墓の装飾において、それらハリネズミたちは砂漠の狩猟場面の中や、おそらく食用だと思われるが、奉納品として籠で運ばれたりしている様子が描かれたりした。

第12王朝の墓から出土したファイアンス製ハリネズミ。このような模型は中王国時代の間、人気のある副葬品であったが、その正確な象徴性は依然として不明である。

ハルクフ　Harkhuf
エレファンティネ出身の第6王朝の高官。外国の監督官でメルエンラーおよびペピ2世の治世に、ヌビアへの遠征隊の責任を負っていた。クッベト・エル＝ハワにあるハルクフの岩窟墓（がんくつぼ）の入り口には、4度の遠征についての詳細を述べた自伝的碑文があり、それはエジプトのヌビアとの初期の関係について重要な内容を伝えている。最初の遠征において、ハルクフはサハラ砂漠以南の交易路を切り開くためにイアム国まで彼の父とともに行った。2度目の遠征には8ヵ月を要した。そして3度目には西方砂漠のリビア人たちと戦っていたイアムの君主の後を追った。ハルクフが記したエジプト国外の政治情勢は、Cグ

ループ統治下のヌビアの自治国家の台頭と結びつけることができる。4度目となった最後の遠征では、若き王ペピ2世のために小人（あるいはピグミー）を持ち帰った。ハルクフ宛ての王の興奮した手紙の写しが、その墓の碑文に含まれている。

ハルサフェス　Harsaphes

ヘラクレオポリスの項を参照。

ハルスィエセ　Harsiese（神）（「イシスの息子ホルス」の意）

血統や正統性が強調された子供のホルス。古代エジプト宗教によれば、ハルスィエセは、自らの王位継承を確実なものとするために、亡き父オシリスのために開口の儀式を執り行なった。

ハルスィエセ　Harsiese（官僚）

おそらくはショシェンク2世（第22王朝）の息子で、オソルコン2世（紀元前875年頃）の治世初期にテーベにおいてアムン大司祭に任命された。ハルスィエセは、第22王朝の直系とみなされていたことから、その後、第三中間期の早い時期に、ピネジェム1世の例にならい王の称号を要求した可能性がある。その理由として、ハルスィエセがハヤブサの頭部を模した石棺に入れられ、王の埋葬習慣を模倣しつつ、メディネト・ハブに埋葬されたことが挙げられる。

ハルポクラテス　Harpocrates（ホル・パ・ケレド、「子供のホルス」の意）

ピラミッド・テキストで「指を口にくわえる子供」として言及されている子供のホルス。古代エジプト宗教によれば、子供のホルスは、彼の叔父セトから身を守るために、母イシス

によってデルタの湿地にあるケミスで秘密裏に育てられた。ハルポクラテスは、一般的にイシスおよびオシリスに結びつけられるが、メダムードのモンチュとラートタウイといった他の大人の神々の夫婦とトライアド（三体像）を形成することもある。子供神はしばしば母親の膝に座った姿で描かれ、キップス碑の装飾の主要素であった。ハルポクラテスと密接な関係を持つのは、オシリスの息子および後継者としての彼の役割を強調しているハルスィエセとホル・ネジェ・イト・エフ（彼の父のために戦うホルス）であった。

ハト＝メヒト　Hat-Mehit

魚と漁撈の項を参照。

パレスティナ　Palestine

現代のイスラエルのガザ地区およびヨルダン川西岸に相当する地域に対して考古学者が使う用語。シリア・パレスティナまたはレヴァント地方と呼ばれる、より広域の地理区分の一部をなす。「パレスティナ」という用語は、「カナン」という言葉と互換性があり、特に近東の新王国時代におけるエジプト帝国の3区分の1つを指すこともある。

パレット　palette

古代エジプトのまったく別の2つの加工品に使われる用語。化粧用のパレットは平らな石で、ワディ・ハンママート産のシルト岩が最もよく使われ、アイシャドーや他の化粧用の鉱物性の顔料（方鉛鉱や孔雀石）をすり潰すのに使われた。このようなパレットは、先王朝時代に副葬品として一般的で、単純な菱形から精巧な動物型まで多種多様の形に彫刻された。第1王朝時代への過渡期には、王権を讃える複雑な場面が彫刻された儀式用

の大型のパレットが作られた。その最も有名な例がナルメル王のパレットである。「書記」や「筆記」というヒエログリフの基となった書記用のパレットは、長方形の木片で、真ん中に葦の筆およびペンを置く溝があり、端には固形顔料を置くためのくぼみがある。

先王朝時代後期の儀礼用パレット。混沌に対する秩序の勝利に関連するモチーフで装飾されており、真ん中のくぼみは、化粧用の砥石という本来の機能を窺わせる。

ハーレム　harem

王族の女性たちと彼女らの召使いのための施設で、エロチックな意味はない。機織との関連で第1王朝から言及されているように、ハーレムはおそらくつねに織物製作の中心であった。文書資料からは、ハーレムが独自の土地と運営組織を備え、税によって支援されていた国の重要な経済機構であったことがわかっている。新王国時代には、おそらく外国人の家臣の子弟を含む子供たちがハーレムで養育された。ハーレムで暮らしていた女性たちは、ウェニの自叙伝およびラメセス3世治世出土の裁判パピルスからわかるように、当代の王に対する陰謀に巻き込まれることもあった。ハーレムはしばしば王宮や別荘に付属していた。複数の文書は、メンフィスのハーレムに言及しているが、ファイユームの南東端にあるグローブでの発掘により、トトモセ3世によって建設され、第18王朝を通じて使用され続けたハーレムの建物の存在が明らかとなった。

パレルモ・ストーン　Palermo Stone

年代記が記された現存する最大の石の断片に与えられた名称で、現在はパレルモの考古学博物館に所蔵されている。この石は巨大な玄武岩の平板で、両面には第1王朝初期から第5王朝後半までの各王の治世での重要な出来事が刻まれている。年代記は水平の線と区画によって配列されており、各区画は1年に相当する。平板の大部分はすでに失われているものの、この石または類似の石の小断片6つが残存している。おそらくこの平板は、もともとは王位継承の継続性を強調するために神殿内に据えられたもので、そこに記された出来事は主として王権の儀式上の義務に関するものである。それゆえ類似の資料がおそらくマネトによって用いられてはいるが、この石の歴史への利用は制約がある。

ハワラ　Hawara

ファイユーム地域への入り口に位置する遺跡。アメンエムハト3世がダハシュールにある彼の記念建造物に構造上の問題が生じた後に、そこに第2のピラミッドを建造した。

ハワラのピラミッドの建築家たちは、ダハシュールでの経験から、その建造物に圧力を逃がす何らかの工夫を組み込むことを学んだ。このため、玄室は一塊の巨大な珪岩から掘り出された。このピラミッドにはもともとトゥーラ産石灰岩の表装があったが、古代に略奪され、日乾レンガの基礎が露わになっている。ハワラのピラミッド複合体は、中王国時代のものの中で最大で、最も洗練されている。同ピラミッドは南北を軸にとり、壁龕周壁に取り囲まれている。この２つの特徴は、ジョセル王の階段ピラミッドの影響を明らかに示している。葬祭神殿には多くの聖堂があり、古典期の叙述家たちに「迷宮」として知られていた。隣接する共同墓地には、中王国時代後期からローマ時代までの埋葬が複数ある。

パン bread

古代エジプト人の主食であるパンは一般的に食べ物の象徴であった。「供物」のためのヒエログリフは、筵の上の一斤のパンが描かれており、供養文はとりわけ死者のためにパンとビールを捧げることを述べている。パンはエンマ小麦から、時として大麦から作られた。脱穀を経た実はふるいにかけられ、鞍形の挽き臼の上で粉状にされた（回転式の臼はプトレマイオス朝時代になって導入された）。イースト菌は知られていたけれども、通常は発酵させずにオーヴンか燃えさしの中で焼かれた。型はしばしばパンの成形だけでなく焼成にも用いられており、古代エジプトの集落遺跡で見つかる最も一般的な土器の形式の１つである。パンは、目的に応じて様々な形のものが作られた。例えば、神殿や墓に供物として捧げられたパンは、一般的に細長い形をしている。古代エジプトの言語には、パンやケーキを表わす語彙が多数あった。

パン・グレーブ Pan Grave

中王国時代および第二中間期のエジプトにいたことが確認されている東ヌビアから来た半遊牧民族集団をさす用語。彼らの文化は、独特の遺物や埋葬習慣に表われている。飾り彫りが施された手製の土器、ブレスレットや紅海の貝殻を紐に通した宝飾品、衣服（特に革製のキルト）、ガゼル・ヒツジ・雄牛の角および彩色が施された頭蓋骨などの副葬品、パン・グレーブと呼ばれる特徴的な低い円形の墓――パン・グレーブという集団名はこれに由来する。上エジプトおよび下ヌビア全域の遺跡で発見されている――などがある。これらすべての特徴は、ヌビアのＣグループとケルマ文化、東方砂漠の遊牧民および古代エジプト人との接触を示唆している。パン＝グレーブの人々は、それゆえメジャイと同一視されていた。

パン・ベッディング pan bedding

ヌンの項を参照。

氾濫 inundation

毎年定期的に起こるナイル河の洪水。エチオピア高原の雨季がもたらす増水のため、ナイル両岸に水が溢れる現象。ナイル河の氾濫は、古代エジプトの暦では１年のはじまりの印であった。河の水位の上昇は、６月後半にまずアスワンで確認されたようである。そのためエジプト人たちは、氾濫はエレファンティネの下にある大きな洞窟からもたらされると信じていた。洪水は北へ広がり、９月にはメンフィスでピークに達する。氾濫はハピ神として崇拝された。年間の農業サイクルは洪水の時期に基づいて決められ、その土地の生産力の裏づけとなった。水は氾濫原を越えて広がったので、沈泥（シルト）が堆積し、

276　ビアフム

土壌の地力を取り戻した。一時的な洪水もまた数多くの人々を賦役労働のために集める機会を国に提供した。洪水が引きはじめると、水は簡単な灌漑技術を使用することで保水され水路に通された。

　毎年の氾濫の水位はナイロメーターにより測定され、また次の年に生産する予想収穫量のための有益な目安となった。それゆえ政府によって重要な情報とみなされており、パレルモ・ストーンの年代記の中で特に強調されている。1971年のアスワン・ハイ・ダムの完成は、毎年のナイルの氾濫に終止符を打った。

ビアフム　Biahmu

　アメンエムハト3世が宗教建築物と一組の巨大な王像を建てたファイユームの遺跡。現在その台座と数点の石の欠片のみが残存している。

ピアンキ　Piankhy

　ピイの項参照。

ピイ／ピアンキ／ピエ　Piye ／ Piankhy ／ Piya [即位名：ウセルマアトラー：紀元前747–715年頃]

　アララとカシュタの後継者であるクシュの統治者であり、エジプトの第25王朝最初の王とみなされている。彼の父の下ヌビアへの拡大成功を足がかりとして、ピイは上エジプトの支配権を掌握し、彼の妹アメンイルディス1世を現職のシェプエンウェペト1世に代わり、次のアムンの神妻として採用した。このことは結果として、テーベ地域の支配を保証するものであった。

　紀元前728年、テフナクトによる同盟軍と戦うために、ピイは北へ進軍し、反逆者たちを鎮圧した。彼は石碑において自身の勝利を祝っており、その複写がジェベル・バルカル、カルナク、そしてメンフィスに建てられた。その様式において、碑文は故意に古い時代の形式を模倣しており、第25王朝の王宮文化に特有の懐古主義傾向がはじまった。30年以上の統治の後、ピイはエル＝クッルにあるクシュ王家の共同墓地のピラミッド様式の墓に埋葬された。

ヒエラコンポリス／コム・エル＝アハマル　Hierakonpolis ／ Kom el-Ahmar

　上エジプト南部のナイル河西岸の遺跡。古代エジプト人たちにネケンとして知られ、先王朝時代における最も巨大な町の1つで、政治および文化の最も重要な拠点であった。考古学的遺構は、大きなワディ（涸れ谷）に沿って西方へと伸びる氾濫原と低位砂漠地域全域に及んでいる。最も目立つ建造物は、「砦」として知られるカーセケムウイの日乾レンガ製の葬祭周壁である。19世紀終盤以降に行なわれたヒエラコンポリスの発掘によって、エジプト文明初期のおびただしい数の遺物が発見された。初期の遺構としては、先王朝時代の彩色墓（第100号墓）やホルス神殿に付属する周壁を持つ町がある。同神殿で発見された奉納品の中には、金製のハヤブサ頭部を持つホルス神像、ペピ1世の等身大銅像、および主要埋蔵物として知られる初期の遺物の一群がある。

　近年の調査により、ゾウやウシの埋葬をともなう先王朝時代のエリートの共同墓地、ペトログリフと監視所、おそらくエジプトで現存する最古の神殿である儀礼所、土器製作所を含む居住区と商業区、および特徴的な王宮ファサード様式で装飾された初期の王宮が明らかになった。古王国時代、中王国時代、新

ヒエラコンポリスにある先王朝時代の岩窟墓（第100号墓）に描かれていた壁画。その場面は、おそらく葬送儀礼に関係し、王の権力と結びつくモチーフによって囲まれている船団からなる。

王国時代およびローマ時代の岩窟（がんくつ）墓、あるいはハトシェプスト、トトモセ3世、ラメセス11世による同神殿の増築は、エジプトの歴史を通じて、ヒエラコンポリスが重要な町であり続けたことを如実に示している。このことは、もっぱらホルスの主要な崇拝拠点としての役割によるものである（ゆえにギリシア名は「タカの町」の意）。しかしながら、ヒエラコンポリスは、徐々に近くのエドフによって地域の行政拠点としての輝きを失っていった。

ヒエラティック　Hieratic

初期王朝時代末期以降に使用されたヒエログリフ記号を基にした草書体文字のこと。パピルスおよびオストラカにペンで書くのにひ

デイル・エル＝メディーナ出土の「アメンエムハト1世の教訓」からの引用文を持つヒエラティックが書かれた石灰岩製オストラカ。

じょうに適していたことから、書記たちに学ばれた。第11王朝までは一般的に縦の列の中でつねに右から左へと縦書きされたが、その後水平に横書きされるようになった。中王国時代に発展した別の様式のヒエラティックである「実務用ヒエラティック」は、最終的にデモティックへと進化を遂げた。

ヒエログリフ　hierogriphs

古代エジプトの「象形文字（しょうけい）」筆記システムに使用された記号。最も古くに記されたヒエログリフは、紀元前3150年頃に年代づけられる、アビドスの先王朝時代の墓から出土した骨製ラベルに見られるものである。最も新しいものは、紀元後394年8月24日にフィラエ島で刻まれたヒエログリフであった。話し言葉にはかなりの変化が見られるのに、エジプトの筆記は3500年間にわたってひじょうに保守的な体系のままであり、識字率もかなり低かった。完全に形式化したヒエログリフは、主として神殿や葬祭記念物の壁に使用され（よってこれらの名前は、ギリシア語の「聖なる刻印」に由来する）、一方パピルスやオストラカにインクで書くのに適していた草書体文字の多くは、概して行政や法律、文学用に使われた。

ヒエログリフは子音だけを記した。記号に

は3種類の基本系があった。すなわち、音を伝える表音文字（単子音、あるいは2つないし3つの子音の組み合わせ）、意味を伝える表意文字、および先行する言葉に属する一般的概念や種類を表わすための決定詞である。ヒエログリフは語と語の間に句読点やスペースなしで書かれた。必要に応じて左から右または右から左へ横書き、あるいは縦書きも可能であった。筆記と美術は、効果的に融合していた。そのため、危険な動物（ヘビのような）を表わした個々の記号は、しばしばそれら自体が危害をもたらすことを防ぐために故意に切断された。

王朝時代に使用された記号の数は1000に満たなかったが、ヒエログリフの筆記が神官たちに保護され、それぞれの神殿が独自のシステムを発展させたプトレマイオス朝時代およびローマ時代には大幅に増加した（6000以上）。ヒエログリフを含む3種類の文字で同じ布告が刻まれたロゼッタ・ストーンにより可能になったヒエログリフの解読は、1822年にジャン=フランソワ・シャンポリオンによって見事完成された。それはエジプト学の歴史における金字塔となったのである。

サッカラ出土の第3王朝のヘシラーの木製板に刻まれたヒエログリフ。

ヒクソス　Hyksos

第二中間期（紀元前1630-1520年頃）にアヴァリスからエジプトを支配した外国起源の第15王朝の王たちの名称として使用された用語。ヘカウ・カスウト（「異国の支配者たち」）というエジプト語表現のギリシア語経由を由来とするので、その用語はときどき誤って中王国時代後期にデルタに定住していた類似の民族背景を持つ人々に対して言及する際に使用された。ヒクソスの支配者たちは、おそらくレヴァントのビブロス辺りの出身であった。エジプトにおける彼らの勢力範囲は、独特なテル・エル=ヤフディヤ式土器の分布によって特徴づけられる。第15王朝は6人の王が即位し、ほんの1世紀あまり統治したと考えられている。マネトによると、最初のヒクソスの支配者はサリティスで、彼はおそらくいくつかの小規模なデルタの州を統一し、続いてメンフィスを征服することに成功した。彼の後継者たちの中で最もよく知られているのは、キアンとアペピである。最後の王カムディは、アハモセの軍によって打ち倒された。碑文に言及されているその他のヒクソスの支配者たちには、シェシ、キアンの息子であったヤンナアシ（あるいはヤンサス=アデン）、ソカルヘルがいる。

名前と文化がエジプト様式ではないにもかかわらず、第15王朝の王たちは王の称号を用い、エジプトの政治および学問の形態を維持し（リンド・パピルスはこの時期のものである）、あらゆる伝統的宗教を保護した。ヒクソスの王たちによって崇拝された主たる神々は、セト（彼ら自身の神バアルと同一視された）、アナト、およびアスタルテであった。考古学的証拠を基に議論されていることであるが、ヒクソスは、南パレスティナの臣下に対して支配権を行使した可能性もある。

第15王朝は、レヴァントとの活発な交易を維持していた。ヒクソスの支配者の名前が記された遺物が、遠くはクレタのクノッソスや現在のイラクにあたるバグダードで発見されている。ヒクソスは後のエジプトの伝統の中で非難されているけれども、彼らは新王国時代における帝国の拡大のための道を開きつつ、近東の他の地域とエジプトとを強く結びつけることに成功した。彼らが直接的に文化におよぼした影響はデルタに限定されているが、長期的に見ると、彼らはウマ、戦車、および湾曲した剣の導入を通して、エジプトの軍事技術を一変させた。

ピグミー　pygmy
　小人の項参照。

Bグループ　B-Group
　ヌビアの項を参照。

美術　art
　古代エジプトの言語には「美術」という単語はなかったが、美術そのものは、宗教や観念と切り離せない重要な要素であった。ある主題を作品にして表現することは、主題に永続性を与えることを意味していた。それゆえエジプト美術は写実的ではなく、むしろ理想的な世界観を表現した。また伝統的に個人的な美術表現というものは存在しなかった。なぜなら古代エジプトにおける美術とは、創造された秩序を維持するという、広大で壮大な目的に役立ったからである。美術的表現は、先王朝時代末期に確立された表現規則（階層的縮尺など）を基盤としていた。美術は表象的というよりも図表的であり、描写対象は最も特徴的な方向から描かれた。このため西欧的視点から見ると、古代エジプト美術は奇妙に歪んだ図法であるという印象として映る。美術と筆記は一体化した表現方式であったと考えられ、現代的な区別は古代エジプト人によって理解されることはないであろう。エジプト美術に対するわれわれの知識は、せいぜい部分的なものである。最も顕著に残る例は、支配者階級のために用意された「公の美術」であった。ただし、そうした公の美術で残っているのは、石に彫られたレリーフや彫刻であり、木製などより脆い素材に描かれたものはそれほど残ってはいない。「大衆的」「民衆的」美術には華やかな伝統もあったはずだが、おそらくひじょうに性格が異なるものであった。とはいえ、地域的ないし地方的伝統が栄えた第一中間期や、アクエンアテンが既存の美的伝統を意図的に破壊したアマルナ時代には別の美術様式を垣間見ることができる。混合したギリシア・エジプト様式は、プトレマイオス朝時代初期の作品を特徴づけている。

第12王朝後期、アビドス出土のアメンエムハト・ネブウイの彩色された石灰岩製石碑は、古代エジプト美術の基本法則の好例である。

棺 coffin

　最古の葬送専用の遺体用容器は、単純な長方形の木製の箱で第1王朝には確認されている。棺はすぐに埋葬道具に欠かせないものとなった。婉曲的に「生命の主」として知られているが、その第1の機能は「カー」のための家を提供し、危害から肉体を保護することであった。第4王朝における縦長の棺の発展は、（横向きに縮こまった胎児型の姿勢よりもむしろ）足を伸ばした姿勢での埋葬を可能にした。古王国時代末期、再び横向けの姿勢での埋葬が習慣となった。墓中の棺の東側の面には、死者が日々の再生復活を約束された日の出を見るために両眼が描かれた。棺の外周は帯状に書かれた葬祭文書で装飾されるようになり、内側には墓に供えられる本物の食べ物の代わりとして、供物用の食物や飲物が描かれた。第一中間期になると、装飾が施された棺が墓の装飾に取って代わった。中王国時代において初めて、冥界の詳細な地図を含むコフィン・テキストが描かれるようになった。中王国時代の棺は、先行する時代の文化的分裂が影響してか、地域ごとの多様な棺の形式を示している。第17王朝と第18王朝初期において、テーベ地域は特徴的な人型の「リシ」（羽を描いた）棺が造られた。これらは、その後（王のものを除いて）国中で一般的な形状となった、その他の人型棺に取って代わられた。新王国時代の装飾墓の多くはフリーズ装飾（帯状装飾）が取り除かれており、そのため通常は棺の内部にも装飾は施されなかった。しかしながら、棺の装飾様式がオシリス神話や死者の復活を手助けする「死者の書」からの抜粋を中心とするようになった第三中間期には、その状況は再び逆転した。プトレマイオス朝時代とローマ時代には、カルトナージュ製のマスクがしばしば棺の代わりとしてミイラの包装に直接取りつけられた。

　棺は通常木製で、高い身分の者の棺は良質の輸入スギを使用した。中王国時代以降、裕福な者は概ね2つないし3つの棺を入れ子にして用意した。最も高価な棺は、ガラスや貴石が象眼され、王家の棺はしばしば金や銀で作製されていた。

テーベで出土した第26王朝初期のモンチュ・ベセンムゥトの棺内部に絵が描かれた。外側は来世での死者の復活を助ける文書で覆われている。

筆記　writing

　古代エジプトの筆記の起源はよくわかっていない。しかし先王朝時代後期（紀元前3150年頃）に年代づけられている最古の例は、完全に形づくられた記号で成り立ち、もうすでに高度に発展したシステムに属している。筆記の発想は、紀元前4千年紀後期のメソポタミアから借用され、その後エジプトの文字システムはかなり迅速に発展を遂げた可能性がある。しかしながら、各々のヒエログリフ記号は、エジプト人自身の世界から描き出されたものであり、その発展した筆記形態はエジプトの言語に理想的に適していた。最古の筆記の使用例は、基本的に商品の持ち主を記録するという経済的なものであった。先王朝時代の終盤に向かうにつれ、エジプト人たちは、王権理念を明白に示すという筆記の潜在能力を認識した。それゆえにヒエログリフは、ナルメル王のパレットのようなものの上で、王の美術における主役の名前を明示するために使用されたのだ。実質的に美術と筆記の間に公には区別は存在しなかった。両者ともが統一された1つのシステムの中の要素と認められていた。現存している最古の連続的な文章は、第2王朝後期と第3王朝初期に年代づけられている。

　その最初期から筆記は、表音文字（フォノグラム）と表意文字（ロゴグラム）の組み合わせを用いていた。異なる活字が異なる文脈の中で、そして異なる媒体上における使用のために発展した。草書体文字（ヒエログリフの、あるいはヒエラティック）は、パピルスの上に行政文書や文学の文章を書くのに最適であった。その一方で定型化されたヒエログリフは、一般的に宗教文書とその他の記念碑用の碑文に用いられた。古代エジプトの歴史を通して、書き言葉は保守的であり続けたが、話し言葉はより早い速度で発展した。筆記はつねに少数の支配者階級の所有物であった。つまり、人口の大部分は読み書きができなかったのである。

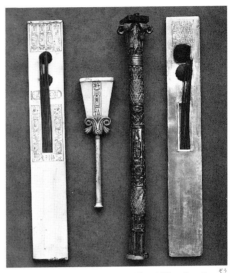

トゥトアンクアムン王墓出土の筆記用具の中には、象牙製（左）と金箔が施された木製（右）の2つのパレット、象牙製のパピルス研磨機、そして装飾された木製の筆入れがあった。

ヒッタイト　Hittites

　紀元前3千年紀に中央アナトリア（現代のトルコ）に定住していた起源不詳のインド＝ヨーロッパ語族。ヒクソス王キアンの名前が刻まれた壺片がヒッタイトの都ハットゥシャ（ボガズキョイ）で発見されていることから、エジプトとの接触は第二中間期にはじまったようである。ヒッタイトは、鉄の製錬技術を発見し、このひじょうに名高い原材料は新王国時代の間に少量がエジプトに輸入された。

　ヒッタイトは、トトモセ3世の治世にエジプトの文献で（ハッティとして）初めて記述され、特にヒッタイトによるミタンニ王国

の征服および併合の後は、その帝国的拡大は徐々に二大勢力に競合関係をもたらした。当初関係は良好であった。アクエンアテンは、ヒッタイトの支配者シュッピルリウマとの条約に調印した。そしてアマルナ時代の終わりに未亡人となったエジプト王妃（アンクエスエンアムンまたはネフェルトイティ）は、彼女の夫として、シュッピルリウマの息子の1人を要求する手紙をヒッタイトの支配者に送った。その王子は、エジプトへ向かう途中で婚姻が交わされることを阻止するために殺害された。それ以来、エジプトとヒッタイトとの関係は悪化し、ラメセス2世治世のカデシュの戦いで決定的となった。この戦いは膠着状態となったため、平和条約が結ばれた。新たな同盟は、ラメセスとヒッタイトの王女との政略結婚によって強固なものとなった。

　ヒッタイト軍は、その後エジプト軍に仕え、ペル・ラメセスに配置された。メルエンプタハは、飢饉の際にヒッタイトへ穀物補給品を送った。ヒッタイト帝国は、おそらく海の民による圧力によって紀元前13世紀に滅びた。メディネト・ハブのレリーフには、ヒッタイトの傭兵たちが海の民の味方をして戦っている様子が描かれている。

否定告白　negative confession

　新王国時代およびそれ以降の来世信仰において、新たに亡くなった人物が来世での復活の承認を得るために要求された、自らの潔白を述べる宣言のこと。「死者の書」に述べられているように、告白は42人の裁判官の面前で行なわれた。つまり、死者は、彼あるいは彼女がリストにある罪を犯さなかったことを宣言しなければならなかったのである。

人身御供　human sacrifice

　初期王朝時代に最もよく見られ、その後は稀になっていく慣習。アビドスの第1王朝の王墓群は、死んだばかりの王が来世に行くのに随伴させるために、この時期に家臣たちが大量に殺害されたことを示している。同時代のラベルもまた人身御供が儀式的な状況で起こったのかもしれないことを示している。アメンホテプ2世治世のある碑文は、カルナク神殿における7人のシリアの王子たちの儀礼的処刑に言及している。しかしながら、概してエジプト人たちは、「驚異の物語」──クフ王が捕虜の処刑を提案する暴君として描かれている──に示されているように、人を無差別に殺害することを忌み嫌っていたようだ。

　ヌビアでは、第二中間期の間、ケルマで王の埋葬に関連して人身御供が行なわれた。

ピトム　Pithom

　アトゥムの項参照。

ピートリ、フリンダーズ　Petrie, Flinders

　エジプト学の項を参照。

ピネジェム　Pinedjem

　第21王朝期（紀元前1069-945年頃）の2人のアムン大司祭の名前。ラメセス11世治世の後期に権力を握ったであろうピネジェム1世は、大司祭と軍隊の司令官という2つの役職を兼ね備えていた。彼は実質的にはスメンデス（おそらく彼のおじ）の治世の間、上エジプト南部のエル＝ヒバを支配し、彼が事実上地元の王と認識されていたテーベでは王の称号を用いた。彼の娘マアトカラーはアムンの神妻になり、一方彼の息子はプスセンネス1世として王位を継いだ。ピネジェム

2世は、ピネジェム1世の孫にあたり、プセンネス1世の甥である。シアムンの治世の間にピネジェム2世は、後にプセンネス2世として王になる彼の息子とアムン大司祭を交代した。

ヒバ、エル = Hiba, el-

ヘラクレオポリスの南方30キロメートル、中エジプトのナイル河東岸にある遺跡。新王国時代に基礎が築かれた同地は、第三中間期には重要な国境の町であり、第23王朝の間、テーベの支配者たちの要塞化した居住地であった。タケロト2世の治世第11年に、アムン大司祭で王の息子であったオソルコン王子は、テーベの反乱を鎮圧するために、エル＝ヒバから南へと船を進めた。今日、エル＝ヒバの遺跡は、ショシェンク1世によって建てられた神殿の残骸で覆われている。

ヒビス Hibis

カルガ・オアシスにある神殿遺跡。プサムテク2世により建造されはじめ、ダリウス1世、ハコル、および後の支配者たちにより増築された。第26王朝とペルシア時代のエジプトのものとしては唯一比較的損傷の少ない構造物である。同神殿はヒビスのアムン神と「ヒビスに棲むカルナクのアムン＝ラー」に捧げられた。神殿を取り囲む古代の町は、

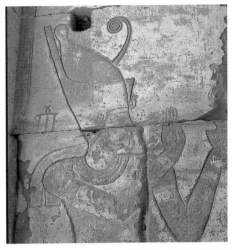

カルガ・オアシスのヒビスにあるアムン神殿のダリウス1世のレリーフ。エジプトにおけるペルシア時代の最も保存状態のよい建造物。

現代の耕作地の下にあり、発掘されたことがない。

ヒピースラル hypaethral

屋根の無い建物を表わす際に使用される「空に向かって開く」という意味の建築学用語（フィラエにあるトラヤヌスのキオスクのようなもの）。

ビブロス／ジュベイル Byblos / Jebail

レバノン沿岸の港。新石器時代に集落がつくられはじめ、後7世紀頃までほぼ継続し

サッカラ、ジョセル王の階段ピラミッド

メイドゥム、スネフェル（？）

ダハシュール、スネフェルの屈折ピラミッド

ダハシュール、スネフェルの赤いピラミッド

古王国時代を通じて、ピラミッドは特徴的な王の葬祭記念建造物であった。次ページにわたる一連の図は形態の発展を説明している。

て人が住んでいた。少なくとも初期王朝時代から、船舶建造用の高品質の木材をエジプトへ供給していた。カーセケムウイの名前入り石壺の破片が、エジプトとの直接的な関係を示す最初期の資料である。エジプトとの交流は古王国時代以降いっそう活発になり、油や樹脂、ワインなどの日用品が輸出された。ビブロスとエジプトの関係は第12王朝で特に強くなり、後にビブロスの土着の支配者は極度にエジプト化していった。アマルナ文書には軍事同盟を求めるビブロスの支配者からの手紙が含まれている。しかしながら新王国時代の終わりにはエジプトの影響力は低下し、第22王朝以降は親密な交流の証拠が見られなくなる。ビブロスは徐々に、シドンやティルスといった東地中海の他港との競争において重要性を失っていった。

ピマイ　Pimay [紀元前785–775年頃]

第22王朝後期の王。彼はショシェンク3世の息子であった。

病気　diseases

医術の項を参照。

平底船　skiff

舟と船、パピルスの項参照。

ピラミッド　pyramids

正四角形の基盤から先の尖った頂点へと建ち上がった4つの三角形の側面を持つ記念建造物。一般的には、第3王朝初頭から中王国時代の終わり、そして第25王朝での復興期において王家の墓に、またより規模の小さなものとして新王国時代のいくつかの私人墓の上部構造として採用されたものである。最もよく知られた例であるギザのピラミッド群は、唯一現存する古代世界の驚異であり、古代エジプト文明全体の代名詞となった。

最古のピラミッドであるジョセル王の階段ピラミッドはマスタバから発展した。第3王朝の後続の王墓もまた未完成ではあったが階段ピラミッドとして建てられた。いくつかの階段ピラミッドが王崇拝の指標として第3王朝の終わり、あるいは第4王朝のはじめに建てられた。平らな側面を持つ真正ピラミッドは、メイドゥムのピラミッドの階段部分に石材を嵌めこんだスネフェルの治世の新しいアイデアであった。スネフェルは、ダハシュールにさらに2つ巨大な記念建造物を建設したことで、偉大なピラミッド建設の時代の先駆けとなった。彼の息子のクフは、かつてないほどのピラミッド、ギザの大ピラミッドを建設した。その大きさ、東西南北に対しての配置の正確さ、そして複雑な一連の内部の部屋に、王の権力、建築的な洗練、そして

第5王朝

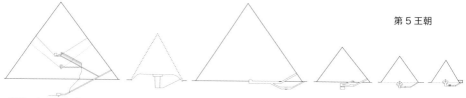

ギザ、クフの大ピラミッド　　アブ・ラワシュ、ジェデフラー　　ギザ、カフラー　　ギザ、メンカウラー　　サッカラ、ウセルカフ　　サッカラ、ウナス

技術的完成度の究極の表現が示されている。ほぼ同規模のピラミッドがクフの2代後の王であったカフラーによってギザに建造された。しかしその後、王家のピラミッドはかなり小規模化される傾向にあり、丁寧に建造されなくなった。第5王朝のピラミッドは、葬祭用の複合施設よりも他の部分の装飾を重視した。そしてピラミッド・テキストがウナスの治世に地下室のいくつかに刻まれるようになった。

第一中間期として知られる中断期の後、第12王朝のはじめにピラミッドの形態は王家の墓に再び採り入れられた。しかしながら、硬い石造りの構造物であった古王国時代の先王たちのものとは異なり、中王国時代のピラミッドは、崩壊しやすさの原因となっている石あるいは日乾レンガの瓦礫の核を囲むように建てられた。王家のピラミッドは、いつの時代もきれいに仕上げられた石材がはめ込まれた。通常はトゥーラ産の良質の白い石灰岩であったが、メンカウラーのピラミッドの場合は、アスワン産の赤色花崗岩であった。

ピラミッド建設には、建築や技術に関する専門知識だけではなく、大規模な労働力の動員と組織化が必要であった。これは小規模で常設の集団によって補われた賦役労働体制により達成された。ピラミッドはおそらく星の観測を利用して設置された。石材は石切り場から建設地へと橇や綱を使用しながら運ばれた。ピラミッドの高層部に届くことが求められた建設用傾斜路は、彼ら独自の工業技術における最大の偉業であろう。

ギザにあるクフの大ピラミッドは、記念葬祭建築の頂点を表わしている。完成した時から19世紀まで世界で一番高い建物であった。

古王国時代と中王国時代の典型的な王家のピラミッド複合体は、いくつかの異なる要素で構成されている。つまり、低位砂漠地域に位置し、上部構造の中や下に玄室が含まれているピラミッド本体、王家の崇拝の祝典のための隣接する葬祭神殿（ピラミッド神殿）、氾濫原へと降りていく葬祭神殿から続く参道、そしてピラミッド複合体で最も低い場所で川隣にあり、ナイルの氾濫の間、水路によって接岸が可能となる河岸神殿である。主なピラミッドの周りには、小型の付属ピラミッドが王の「カー」、あるいは彼の妻たちのために用意されたようだ。複数の舟葬墓（実際の船か船型の土坑）は、しばしば王の来世での生活のための設備をすべて揃えていた。

ピラミッド・テキスト　Pyramid Texts

古王国時代後期の9つの王族のピラミッドの玄室内部や通廊に刻まれたエジプトで知られた最古の宗教文書群。最も古いのが第5王朝のウナスのピラミッドにあり、時代的に新しいのは、第8王朝のイビ王のものである。文章は1000ほどある個々の「発話」——呪文、祈祷、そして長い節——で構成されたが、すべてを備えたピラミッドは1つもなかった。それらは王の来世での復活と神々の間における王の運命に関することが書かれている。様々な発話はおそらく異なる時期に構成されたものであり、明らかに異なる来世信仰を反映している。

いくつかの節は口伝によって伝承されたようで、王が神々の身体を食すと言われる「食

サッカラにあるテティの玄室の壁は、王の復活と来世での手助けを意図した神聖なる文字であるピラミッド・テキストからの抜粋が刻まれている。

人讃歌」は、すでにそれが記されたときには古いものになっていたのかもしれない。古王国時代後期に構成された後半部分は、オシリス信仰の隆盛を示している。「来世の民主化」として知られる過程の中で、ピラミッド・テキストのうち選ばれたものは、私人墓に埋葬するために採用され、それらはコフィン・テキストの基礎となった。

ピラミディオン　pyramidion

ピラミッドの頂上の冠石。古代エジプト語で「ベンベネト」と呼ばれ、総じてピラミッドと聖なる「ベンベン」石とを結びつけた。ピラミディオンは、太陽光線を反射するために黄金箔で覆われていたようだ。中王国時代には、しばしば王の称号や宗教的象徴がそれらに刻まれた。ダハシュールにあるアメンエムハト3世の記念建築物出土の黒い花崗岩(かこうがん)製ピラミディオンは、数あるピラミディオンの1つで、現在カイロのエジプト博物館に所蔵されている。

ダハシュールの第12王朝アメンエムハト3世のピラミッド出土の黒色花崗岩のピラミディオン。この冠石には王の名前と称号、そして太陽の象徴が刻まれている。

ピラメセス　Piramesse

ペル・ラメセスの項参照。

ビール　beer

古代エジプト人たちの主要な飲食物の1つであったビールは、ドロドロで栄養価は高かったが、アルコール度数は低めであった。主な原料は水と少しだけ焼いたパンである。これらを一緒にふるいで濾し、混ぜ合わせたものを発酵させる。発酵を促すため、ナツメヤシやハチミツの糖が加えられることもあった。出来上がったものは、ナツメヤシやハチミツ、ハーブなどを含んだ様々な調味料で味つけがなされた。ビール醸造の最古の痕跡は、ヒエラコンポリスの先王朝時代の町から出土している。エジプトの歴史を通じて、ビールは個々の家庭で作られていたが、国家的な産業として多くの職人がビール生産に携わっていた。

ビルケト・ハブ　Birket Habu

アメンホテプ3世、マルカタの項を参照。

ファイアンス　faience

石英砂(せきえいしゃ)（あるいは砕いた石英）、少量の石灰および植物の灰、あるいはナトロンからできている磁器の素材。これらの原料を混ぜ合わせて、釉薬(ゆうやく)をかけて焼成(しょうせい)すると、硬く光沢のある仕上がりとなった。ファイアンスは、先王朝時代からイスラム時代まで象眼(ぞうがん)や小物製品などに幅広く使われ、とりわけ「シャブティ」像によく利用された。エジプトのファイアンスはより厳密には「釉薬合成物」というべきものであるが、その見かけが中世イタリア（発祥はファエンツァ）で製作された錫(すず)釉をかけたガラス陶器に似ていることから、初期のエジプト学者たちによってファイアンスと名づけられた。古代エジプト語では「チェヘネト」で、「眩(まぶ)しい」という意味である。おそらくトルコ石やラピスラズリといった、

より高価な原材料の安価な代用品として使用されたと思われる。実際、エジプトのファイアンスはあらゆる色を作り出すことが可能であったが、ファイアンスには青緑色の色合いが最も一般的なものとされた。

　製作方法は2つの工程からなる。最初に本体の原料は水と混ぜられ、型に入れられた(素手または粘土型による成形)。指輪のほか小さな製品の型がアマルナやカンティールから数多く出土している。続いて次の3つの方法で施釉がなされた。釉薬の原料であるソーダ、石灰、シリカを本体の原料と混ぜ、製品が乾いて表面が風解した後に、ガラス状に溶かすために焼く風解過程法。製品を焼成中に表面に接着させるため、釉薬の原料の粉で包む浸炭法。余分なものは、慎重に研磨することで取り除かれた。そして製品が乾いているか、ペースト状の時に釉薬の原料が上塗りされ焼かれた塗布施釉法がある。

ファイユーム　Fayum

　西方砂漠の低地にあるファイユーム湖(モエリス湖、ビルケト・エル゠カルーン)を中心とした肥沃な地域。バハル・ユセフ運河を通じてナイル河からもたらされた大量の新鮮な水は、先史時代からファイユームを魅力的な定住地とした。発掘により、湖岸に狩猟採集民(ファイユームB)と初期農耕共同体(ファイユームA)があったことが明らかになっている。居住は紀元前5500年から紀元前4500年の間に集中していた。先王朝時代後期、初期王朝時代および古王国時代の遺物はわずかであるが、第12王朝には活動が活発化した。つまり王たちの灌漑の強化により耕作地が拡張され、さらに王家の私有地が設定され、新しい神々のための神殿が築かれた。

　中王国時代の記念建造物は、同地域に点在しており、アブギグ、ビアフム、ハワラ、メディネト・マアディおよびメディネト・エル゠ファイユームといった遺跡に見られる。最後に挙げた遺跡は、ワニの神ソベクの主たる宗教的拠点であった。新王国時代および第三中間期から発見された遺物はわずかであるが、関心の高まりはファイユームにおいて末期王朝時代以降に見られる。

　しばしばまるで生きているかのようだとされる有名な「ファイユーム・ポートレート」は、ミイラに取り付けた布や板の上に蠟画法で描かれ、プトレマイオス朝時代とローマ時代にとりわけ活動がさかんであった。いくつかの新しい都市が土地開拓事業の一環として、プトレマイオス2世によって建設された。カ

第22王朝のものとされるファイアンスで、高度な職人技で仕上げられた「カーナーヴォンの坏」。エジプト人たちはかなりの種類の製品を作るため、この陶製の素材を使用した。

ファイユーム 289

おそらくエル＝ルバイアット出土と思われるファイユームの肖像画。木板に描かれており、紀元後2世紀中頃のものと推定される。この肖像画はもともと女性のミイラにつけられていたようだ。

290　ファラオ

ラニス（コム・アウシーム）のように1世紀と2世紀に巨大な都市となったものもあるが、後に衰退し、4世紀になると放棄された。

ファラオ　pharaoh

　古代エジプトの王に使われた用語。この言葉は古代エジプトの「ペル・アア」（「大いなる家」、王宮）がギリシア語を経由したものに由来する。元来、王の宮廷に対して用いられていたが、第18王朝からは、王自身に言及するために使用された。それゆえに、新王国時代以前のエジプトの統治者への「ファラオ」の使用は、厳密にはそぐわないので避けるべきである。

ファラス　Faras

　アブ・シンベル近くのヌビアの遺跡で、コプト時代にはキリスト教徒の重要な拠点であった。大聖堂には多くの彩色壁画がある。

ファラフラ・オアシス　Farafra Oasis

　最大の窪地を有しているにもかかわらず、今日、西方砂漠で最も人口の少ないオアシス。古代エジプト人にタ＝イヘフ（「ウシの土地」）として知られており、おそらく、半遊牧の家畜牛を呼び戻すための場所として重要だったようだ。オアシスの中心部で発掘された紀元前7000年にまで遡る新石器時代の住居跡は、初期の穀物栽培を証明している。大規模な住居跡が残っており、ペトログリフもワディ・エル＝オベイド近くで発見されている。

　ファラフラ・オアシスは、第5王朝のエジプトの資料に初めて言及されていることから、上エジプトの第10ノモスと合同で行政管理されるようになったと考えられる。後の時代には、主にめずらしい原材料の産地とし

て有名であった。例えば中王国時代の「雄弁な農夫の物語」の中で、主人公はファラフラ・オアシスから木材を運び、第19王朝では、この地域はラメセス2世の建設事業のための石材を供給していた。同時期にはリビアからの侵入者に対抗する最前線としても機能した。

　同オアシスでは考古学的調査はほとんど行なわれておらず、王朝時代のものは皆無で、古代の遺物はほとんど発見されていない。最もよく知られているのは、ローマ時代のアイン・ジャロウとアイン・ビショイの岩窟墓である。

ファラーイン、テル・エル＝　Fara'in, Tell el-

　ブトの項を参照。

プイエムラー　Puyemra

　ハトシェプストとトトメス3世の治世におけるアムンの第二預言者で、テーベのネクロポリスのアサシフにおいて立派な装飾を施した墓に埋葬された。

フィラエ　Philae

　アスワンのちょうど南に位置するナイル河に浮かぶ島。アスワン・ハイ・ダムの建設に伴い、フィラエのもともとの島は現在沈んでいる。1970年、島の記念建築物は取り除かれ、隣のアギルキヤ島に再建された。この後者の島が現在一般的にフィラエとして言及されるものである。中王国時代の土器の破片がいくつかフィラエで発見されたが、島を占めるイシス神殿が有名である。

　タハルコの治世からの再利用された石材は、第25王朝の宗教活動を示している。その一方、第26王朝の遺構は、プサムテク2

フィラエ島の神殿建造物は、アスワン・ハイダムの建設後の水面上昇から守るために近くにあるアギルキヤ島へと移された。

世のキオスク、そしてアマシスの礼拝堂からの石材を含んでいる。しかしながら、現存している神殿は、第30王朝（ネクタネボ1世の治世）からローマ時代に遡るものである。ヌビアの神アレンスヌフィスへの小神殿は、その複合体の一部を形成している。フィラエのイシス信仰は、島が王朝文化の最後の拠点であったキリスト教時代でも生き残った。島は紀元後535年頃に最終的に放棄された。フィラエはまた紀元394年8月24日の日付を持つエジプト語のヒエログリフの最後の碑文が残った場所として重要であった。

プウェネ　Pwene

プントの項参照。

賦役労働　corvée labour

　一般大衆から徴集された人々による国家のための労働のこと。労働者たちは建築計画や灌漑作業、採掘遠征、軍事活動などに駆り出された。時折、特定施設の職員の賦役労働を免除する勅令が発布され、特に神殿の職員が対象となった。徴兵は政府機関によって認められていたが、実際に召集はしばしば地方役人によって強制的に行なわれた。古代エジプトにおいて、賦役労働はめずらしいことではなかったので、来世においても行なわれると信じられた。それゆえ、「シャブティ」人形は、死者の呼び出しに答えるために、そして死者の代わりにその仕事を行なわせるために作られた。

フェニキア人　Phoenicians

　紀元前1千年紀の間、カナン人に取って代わって、現代のレバノン沿岸地域を占領したセム語系の人々。高度な技術を持つ船乗りであり、商人であった彼らは、シドンとティルスの港湾都市を建設した。「シヌへの物語」のようなエジプト語の文書は、フェネクウとして彼らについて言及している。

フェニックス　phoenix

「ベヌウ」鳥の項参照。

ブキス　Buchis

　モンチュ神の化身として第26王朝以降テーベ地域で崇拝された聖なる雄牛。病気を癒すと信じられ、特に眼病に効果があるとされた。特別な闘技場において他のウシとの闘牛が行なわれた。サイス朝時代からローマ皇帝ディオクレティアヌス治世まで、継続してブキスの雄牛は、アルマントの砂漠の端に造られた彼ら専用の墓（ブケイオン）に埋葬された。

武器と戦争　weapons and warfare

　エジプトで出土する最古の人工遺物のいくつかは武器である。フリント製の鏃と槍先は、先史時代の資料に現われ、弓はもうすでに旧石器時代に発明されていた。先王朝時代からの遺物とペトログリフは、狩人たちが弓と矢、槍、投げ槍、そして簡単な戦闘用の棒で武装していたことを示している。その他の武器は、投げ棒、投石器、棒と棍棒（鎚矛）などがあった。梨型（洋梨型）の棍棒頭は永久に権威と結びつけられるようになった。すなわち、棍棒で敵を打ちつけている支配者のモチーフが典型的な王権のイメージとなったのである。古王国時代のレリーフは、フリン

トあるいは銅製の刃を持つ戦闘用斧の使用を示している。中王国時代の間におけるより進歩した金属加工術の発展は、さらに洗練された白兵戦用の短剣の生産を可能にした。剣は新王国時代に導入された。つまりラメセス朝期の神殿の壁に描かれたレリーフは、王に反り返った剣を進呈しているアムン神を示している。また新王国時代には、簡単な一刀彫の弓がより進歩した薄い木材、角と腱という複合素材からなる弓に取って代わられた。防御用の兵器は、身をかわす用の棒、盾、兜、そして青銅の鱗状のものを伴う鎖帷子を含んでいた。完全武装は、第26王朝のギリシア人傭兵によってようやく導入された。

　戦争は古代エジプトの価値体系において重要なテーマであり、エジプト史を通して繰り返された事例でもあった。第1王朝のはじめにおける国家の統一は、少なくとも部分的に、一連の軍事的征服によって起こったようだ。最近発見されたジェベル・チャウティの岩壁碑文は、そのような出来事の1つを記録したものかもしれない。二国が統一された時点で、エジプトの隣人たちは理論においても実際においてもその国の敵とみなされた。リビア、ヌビア、そしてパレスティナに対する軍事行動は、初期の王家の芸術の中に描かれ記録された。古王国時代の間、そして王朝時代を通して、定期的な軍事行動がエジプトの国境辺りの厄介な人々を抑止するため、そして交易路へのエジプトの交通手段を維持するために立ち上げられた。そのような軍事活動のために、地方を基盤として、一般民衆から軍隊が召集され、しばしばヌビアやその他の地からの傭兵によって補充された。中王国時代以降、退役軍人たちは土地の付与とその他の財産の報酬を受けることができた。外国で亡くなったエジプト人兵士の身体は、通常

埋葬のために本国に送還された。

エジプト国内での戦争は、第一中間期と第二中間期に顕著だが、新王国時代のレヴァントにおけるエジプト帝国は、征服地の管理を維持するための統一性を持つ軍事行動とその後の最初の職業的常備軍の創設を必要とした。トトモセ1世とトトモセ3世は、ラメセス2世が行なったように、近東において軍事活動の成功を収めた。互角の兵力間の大規模な会戦は比較的稀であった。最も有名なものはメギドの戦いとカデシュの戦いである。軍の戦略は、攻囲戦と破城槌で敵の町を攻撃することを組み込んでいた。敵の軍を混乱させるため、そして投降を強要するために、その土地の作物は意図的に燃やされた。そして一般市民は殺害されたか、戦争捕虜として捕らえられた。ヌビアに対する軍事活動は、通常冬と春の涼しい時期に実施されたが、レヴァントでの行動は夏に起こされた。

副葬品　funerary objects

古代エジプト文化における来世信仰の重要性は、死者の完全なる再生復活および永遠の存在となる手助けをするために必要な供物と備品を死者に準備することに多大なる注意が払われることを保証した点にある。副葬品の量と質は、個人の富と地位に比例した。埋葬用に特別に作られたものもあったが、故人の持ち物や生前に使用されていたものであるという理由で墓に埋納されたものもあった。最も基本的な必需品は、「カー」に栄養を与え、養うための食糧と飲物であり、多くの場合供物台に置かれた。葬儀用の備品は、しばしば化粧品や宝飾品（そして、第一中間期のような混乱期には武器も）のような個人的なものも含んでいた。

日用品のほかには、特定の儀礼の機能を持った特別なものが埋葬された。副葬品の目的は呪術的な方法で故人を守護し援助することであり、これらの人工遺物の性質と範囲は、信仰に応じて、時とともに変化した。先王朝時代には、小像が再生を助けることを目的に作られたのに対し、棍棒頭は故人の地位を反映し、それを保証した。古王国時代におけるミイラ製作の開始により、カノポス壺やミイラの包帯の中に置かれたアミュレットなどたくさんの副葬品が用いられるようになった。召使いの小像やその他の埋葬用模型は、墓の壁面に描かれた飲食準備の場面が破損した際の代用品として役立った。予備の頭部は、第4王朝および第5王朝のギザにおける埋葬の特殊例であった。古王国時代以降の豪華な埋葬には、肉体の代わりとして機能する彫像が特に求められた。

中王国時代初期以降は、来世信仰が幅広い社会階層に広まり、新たな多くの副葬品が生み出された。そのうち最もよく知られているのが「シャブティ」であった。精巧な埋葬用模型、カバ、ハリネズミおよびトビネズミの小像といった特徴を持つ埋葬も見られ、呪術棒のような儀礼用の道具もあった。こうした副葬品は出産と再生と関連づけられた。テーベのネクロポリスの墓の中には、時折入り口の上の部分に差し込まれた焼成済みの粘土製円錐型コーンを備えているものもある。これら葬祭コーンは、新王国時代に人気を博し、コーンに墓主の名前と肩書きを刻印することが一般的になった。第18王朝以降は、贅沢な埋葬にはつねに、オシリス神による裁きをうまく切り抜けること保証するために、「死者の書」をパピルスに写したものが備えられた。その他の特殊な備品は、悪の力から墓を守るための呪術レンガと復活を援助するためのオシリスの苗床を含んでいた。

エジプト史の最初期からローマ時代の終わりまで、故人の肉体を守護する第1のものは棺であった。王の埋葬には通常、石棺内部に数重の入れ子の棺が用いられた。

王家の谷第55号墓で見つかった副葬品には、アクエンアテンの名前のある呪術レンガがある。呪術レンガは、悪の力から墓を守る意図で作られた。

プサムテク1世　Psamtik I [即位名ウアフイブラー：紀元前664-610年]

彼の父であるサイスのネカウ1世が王名表にて先行するが、事実上第26王朝の最初の王。理論上、プサムテクはアッシリアの臣下であったが、彼はギリシア人とカリア人の傭兵たちの手助けによってデルタを支配した。彼の治世9年目までに、クシュの王たちは上エジプトから撤退しており、プサムテクはアッシリアへの忠誠のふりを捨てることで全土の統治者として認められた。古くからの慣習に従い、彼は自分の娘ニトイクレトを次のアムンの神妻に選び、彼のテーベ地域の支配を確固たるものとした。彼の治世はエジプト文化のルネサンスのように位置づけることができる。つまり彼は第25王朝の懐古様式を維持し、末期王朝時代における宗教の特徴であった聖なる動物崇拝を開始した。彼の王位はネカウ2世によって引き継がれた。

プサムテク2世　Psamtik II [即位名ネフェルイブラー：紀元前595-589年]

第26王朝の4番目の王で、ネカウ2世の息子であり後継者。プサムテク2世の名前はしばしば記念建築物で確認されており、彼に雇われた外国人傭兵たちはアブ・シンベルに落書きを残している。クシュ王の権力を抑制するために、彼は軍隊をヌビアの奥深くまで送った。彼の将軍の1人アマシスは、最終的にプサムテク2世の息子であり、後継者でもあったアプリエスを退位させた。

プサムテク3世　Psamtik III [即位名アンクカーエンラー：紀元前526-525年]

第26王朝7番目にして最後の王、そしてアマシスの息子で後継者。彼の6ヵ月だけの治世は、カンビュセスの侵略によって突然の終わりを迎える。プサムテクは勝者のペルシア人たちによって処刑された。

プサメティコス　Psammetichus

プサムテク1、2、3世の項参照。

プサンムティス　Psammuthis［即位名ウセルラー・セテプエンプタハ：紀元前393年］

第29王朝の短命の王。ネフェリテス1世の後継者。彼の統治は1年にも満たず、ハコルによって継承された。

ブシリス　Busiris

エジプトの9つの町に与えられたギリシア・ローマ名。最も有名なもの（アブ・シール・バナ）は、ナイル河のダミエッタ支流沿いの中央デルタに位置する。古王国時代から末期王朝時代までの間、下エジプト第9ノモスの州都であったブシリスは、オシリスが生まれた地とされ、彼の主要な宗教的拠点の1つであった。遺跡がわずかに発見されているのみで、正式な発掘調査は行なわれていない。

プスセンネス1世　Psusennes I［誕生名パセバカーエンニウト：即位名アアケペルラー・セテプエンアムン：紀元前1040-985年頃］

第21王朝の3番目の王。彼は下エジプトを支配した一方で、上エジプトのテーベの統治者と友好な関係を保った。彼の娘はテーベの大司祭と結婚した。彼自身もおそらくアムンの大司祭ピネジェム1世の息子であった。プスセンネスは彼の権力の基盤であったタニスに黄金の仮面や黄金の食器、そして精巧な宝飾品を含む豪華な副葬品とともに埋葬された。

プスセンネス2世　Psusennes II［誕生名パセバカーエンニウト：即位名ティトケペルウラー・セテプエンラー：紀元前950-945年頃］

第21王朝の7番目にして最後の王、そしてシアムンの後継者。彼はおそらくテーベの大司祭ピネジェム2世の息子であり、王位に就く以前に大司祭の役職を引き継いでいた。彼の死後、または存命の間に、プスセンネス2世の娘と結婚したオソルコン1世のように、第22王朝のリビア人統治者たちは下エジプトにおいて権力をふるった。

ブタ　pig

古代エジプトにおいてイノシシ属は曖昧な立場にあった。先王朝時代の謎めいた陶製の小像は、おそらく初期のブタ信仰を示唆しているブタの女神を描写している。しかしながら後の時代、明らかにタブーの主題としてブタはセト神と結びつけられた。それにもかかわらず、住居跡から発見された骨とアマルナの職人町のブタの檻は、豚肉が食事の重要な部分であったことを示している。第6王朝のカゲムニの墓の場面は、口移しで子豚にミルクを与えている農民を表わしている。しかしながら、ブタはセトとの関連性のために、めったにエジプト美術の中では描かれなかった。同様に、主要な神殿はブタの群れを所有していたが、それらは決して供物として奉納されなかった。ヘロドトスが彼のエジプトにおける物語を書くときまで、養豚者は明らかにエジプト社会における下級階層と考えられていた。

プタハ　Ptah

メンフィスの職人と創造の神。第1王朝に最初に確認された彼の信仰は、メンフィスの首都としての地位により国家が重要性を与

296 プタハ

プセンネス１世の黄金製の葬儀用仮面の細部装飾。タニスの彼の墓より出土。品質ではトゥトアンクアムンの仮面に優る。このすばらしい金細工の例は、ラピスラズリとガラスの象眼をともない、王のミイラの顔を覆ったまま元の位置で発見された。

彼の礼拝堂内に立った状態で描かれているプタハ神。王妃の谷、第20王朝のアメンヘルケペシェフ王子の墓から発見された彩色レリーフ。

えた。例えばプタハは、アブ・シンベルのラメセス2世神殿の至聖所に描かれた4つの国家神の一柱である。メンフィスの神官たちによって作られた創世神話（「メンフィス神学」）によれば、プタハは彼の思考と喋り言葉で世界を創造した。彼はセクメトとネフェルテムとともに三柱神（トライアド）として崇拝されていたが、他のメンフィスの神、冥界の神ソカルとオシリスとも密接な関連を持つようになった。第18王朝から、聖牛アピスはプタハのバーとみなされた。メンフィスのプタハ神殿への参拝者は、耳を象った石碑──人間の耳の像で装飾され、「聴力のプタハ神」に捧げられた──を奉納供物として残した。メンフィスの神殿の名前の1つフゥト゠カ゠プタハ（「プタハの「カー」の家」）は、現在の「エジプト」であるギリシア語の「アイギュプトス」の元だと考えられている。

プタハは身体にピッタリとした衣服と耳を露出した縁なし帽を被り、立った状態の男性の姿で描かれる。彼の両手は衣服から突き出ており、「アンク」と「ジェド」柱と「ワス」笏を組み合わせた杖を持っている。中王国時代以降から、プタハにはまっすぐに下に下がったあごひげが見られる。

プタハ＝ソカル＝オシリス　Ptah-Sokar-Osiris

冥界の２神であるソカルとオシリスとプタハとの習合から生み出された複合的な葬祭神。末期王朝時代に最初に確認されたプタハ＝ソカル＝オシリスは、立った状態の男性のミイラとして描かれている。その時期の私的な埋葬ではしばしば木製のプタハ＝ソカル＝オシリス神の小像が含まれていた。それはハヤブサで装飾された空洞のある台座に置かれ、穀物ミイラや「死者の書」の写しを内部に収容していた。

プタハ＝タテネン　Ptah-Tatenen

もう１つのメンフィスの神であるタテネンとプタハとの融合による複合神。タテネンは大地と植生の神で、ヌンの水から出現する原初の丘を象徴している。

「プタハホテプの教訓」　Instruction of Ptahhotep

おそらく第６王朝に編纂された知恵文学作品。残存する写しは中王国時代と新王国時代のものである。同作品はイセシ治世の宰相による語りのかたちをとり、マアトに従った暮らし方に関する37の格言からなる。社会における自分の立場を知ることの重要性と女性に対する男性の優越性は、古王国時代の構図を裏づけているようである。

「プタハホテプの教訓」　Maxims of Ptahhotep

イセシ治世の宰相のものとされる「知恵文学」の作品であるが、おそらく、中王国時代初期に編纂されたと考えられる。中王国時代と新王朝時代の複写が４つ残っている。37の独立した格言からなる長い文章で、序文と結びによって構成されている。格言では、自制心、節度、寛容さおよびマアトの美徳について焦点をあてながら、人間関係に触れている。何度も繰り返されている主題もある。

ブテフアムン　Butehamun

第20王朝末から第21王朝初頭にかけてのテーベの役人。彼は墓荒らしによって汚された新王国時代の王のミイラを修繕する責務を負った。ブテフアムンという名前は、ラメセス３世のミイラの包帯にも記されており、近年テーベの西にある砂漠の埋葬遺跡でも彼の名が発見された。

ブト／テル・エル＝ファラーイン　Buto／Tell el-Fara'in

先王朝時代からローマ時代までの遺跡が残る北西デルタの遺跡。２つの集落丘は、第１王朝初期からエジプトの文書で言及されている双子の都市（「ペ」と「デプ」）である可能性もある。主神殿の遺跡がある３つ目の丘では、新王国時代と末期王朝時代の王家の彫像や石碑が見つかった。現在の耕作地の端で行なわれた地下水汲み上げ装置を使用した近年の発掘調査により、地元住民に見られるパレスティナ的要素の痕跡を含め、先王朝時代の住居跡が明らかになった。紀元前４千年紀初頭、ブトは下エジプトの文化圏に属しており、上エジプトの土器様式の拡大は、エジプトの文化的統合の到来を告げる連続した考

古学的層位において図表化することができる。ブトは初期には沿岸に位置し、エジプトーレヴァント交易において理想的な立地であった。しかし今日では、デルタの沈降が進んだことによりいくぶん内陸に位置している。ローマ時代の土器窯の遺跡が現存している。

ブトにある新王国時代の神殿の周壁は、2つの主要な集落丘の間に位置する。この2つの集落はエジプトの文書に出てくるペとデブという双子の都市に相当するのかもしれない。

プトレマイオス　Ptolemy

プトレマイオス朝時代の項参照。

プトレマイオス朝時代　Ptolemaic period
[紀元前332-30年]

アレクサンドロス大王の征服からクレオパトラ7世の死までの3世紀にわたるエジプト史の時代区分。厳密に言えばアレクサンドロス、彼の異母兄弟フィリッポス・アリダエウスと彼の息子アレクサンドロス4世の治世は、マケドニア期（紀元前332-309年）として区別して分類すべきである。プトレマイオス王朝は、アレクサンドロス大王の将軍の1人で、エジプト宗教に敬意を持った政策を続け、セラピスの宗教を新たに開いたプトレマイオス1世ソテルによって確立された。彼と彼の後継者の王たちは、みなプトレマイオスの名を持ち、多くの神殿が再建または拡張された。プトレマイオス王たちは、行政目的にノモスのシステムを維持し、そして30以上もの新しい町がファイユームに作られた。プトレマイオス朝の支配に対する断続的な反乱は、アレクサンドリアにある首都から遠く離れたテーベ地域で発生した。ローマとの関わりが増えたことは、最終的にプトレマイオス王朝の終焉、そしてローマ時代のはじまりという結果をもたらした。

フニ　Huni [紀元前2600年頃]

第3王朝5代目の王にして最後の王。同時代の記念建造物にある彼のカルトゥーシュによってその存在を知られているが、おそらく石碑（現在はルーヴル美術館所蔵）にカヘジェトというホルス名が記された王と同一人物である。本来、王の崇拝や王の所有地の印であった一連の小型の階段ピラミッドは、フニのために建造されたのかもしれない。残存する例は、エレファンティネ（「フニの冠」と名づけられた）、南エドフ、ヒエラコンポリス近郊のエル＝クーラ、ナカダ近郊のトゥク、アビドス近郊のシンキ、およびザウイエト・エル＝アムワトにある。最近アトリビスで発掘された遺構は、これら一連の階段ピラミッドに属する可能性がある。セイラにある同様の記念建造物は、スネフェルの治世に年代づけられている。それらの建造物は地方政府の再編成と関係していると推察される。

フニの葬礼用の記念建造物は、完全には同定されていない。メイドゥムのピラミッドは、次王スネフェルが建造したとする落書きがあるが、フニのものと考えられている。スネフェルはただ完成させただけの可能性がある。パレルモ・ストーンに記された第5王朝の年代記には、フニの所有地に関する言及があり、彼の名声が死後も続いたことを示してい

300　船

る。

船　ships

舟と船の項参照。

舟と船　boats and ships

　ナイル河は古代エジプトにおける輸送や伝達のための大動脈であったために、舟はきわめて重要であった。舟は先王朝時代初期以降、美術の中に登場し、宗教をはじめとするエジプト文化のすべての面において重要な役割を果たした。太陽神は、昼には舟で天空を横断し、夜には冥界を渡って旅をすると信じられていたことから、聖舟祠堂と舟を用いた葬列は重要な宗教的活動であった。

　漁に出る際や河を渡る際には、パピルス葦を巻いて作った簡素な筏や軽量の平底船が使われた。長旅にはより頑丈で大型の船が必要だっただろう。とはいえ、河川輸送は、ナイル河の流れが南から北へと流れ、その一方で風向きはほとんど北から南へ吹くために比較的容易であった。それゆえ、上流への旅は帆の助けが必要であっただろうし、下流への旅では、帆を折りたたむか巻き上げるかして、オールを使って進んだと考えられる。船尾につく大きなオールは操舵に使用され、臨時の推進力となった。第2王朝におけるビブロスとの定期的な交易の確立は、良質の針葉樹をエジプトに供給できるようにし、遠洋航海用の船の建造を大いに促進した。新王国時代初期の大型船の残骸が、ワディ・ガワシスの紅海沿岸の洞窟から2005年に発見された。

　古代エジプトの言語には、100以上もの異なった舟に対する単語があり、文脈によって使い分けられた。同様に、船の描き方や埋葬用模型は比較的共通している。しかしながら、現存する船の例は稀である。よく知られた例外はアビドスにおけるシュネト・エル＝ゼビブの隣で発見された12隻の杉製の船団や、ギザにおけるクフの2隻の太陽の船である。後者は洗練された造船の技術を示している。船体はまず木製の厚板で組み立てられ、それらの板をつなぎ合わせるために、釘が用いられたり、一緒に縛られた。その次に外枠がはめ込まれたのである。またエジプト人たちは700トンを超える石材を運ぶための巨大なはしけや戦闘用の大型軍艦などを建造した。

ブバスティス／テル・バスタ　Bubastis／Tell Basta

　現代都市のザガジグの端に位置する、東部デルタにおける遺跡。古代においてナイル河のペルスィウム支流に位置し、エジプト―レヴァント交易の戦略的要所として繁栄した。先王朝時代後期に初めて言及されるブバスティスは、バステト女神の主要な宗教的拠点であり、第26王朝に発展した聖なるネコの共同墓地を伴っていた。テティとペピ1世の「カー」礼拝堂、古王国時代から第一中間期にかけての大共同墓地、市長の事務所や居住区、同族の共同墓地を含む中王国時代の巨大な行政複合施設、アメンエムハト3世とアメンホテプ3世の「セド」祭のために建てられた聖堂およびクシュ総監2名を含むラメセス朝期の役人たちの墓など、あらゆる時代の遺跡がこの地から発見された。ブバスティスは第22王朝の王たちの故郷として国中に知られる存在となった。バステトに捧げられた主神殿はこの時期のものである。またオソルコン2世は同地にアトゥム神殿を建設し、オソルコン3世はライオン神ミホスに捧げた神殿を建てた。もともとヘリオポリスに従属していたブバスティスは、末期王朝時代の間に下エジプト第18番ノモスの州都となっ

た。この遺跡はプトレマイオス朝時代にも繁栄を続け、ローマ時代にはさらに神殿建設がさかんになった。

ブヘン　Buhen

ナイル河第 2 急湍の北端に位置する下ヌビアの遺跡。居住地はエジプトの採掘遠征隊に役立てるために古王国時代に造られた。センウセレト 1 世治世には、下ヌビアの軍事的併合と占領の一環として要塞が建設された。この要塞は、側面を守るために出っ張った控壁（ひかえかべ）のついた巨大な城壁、厳重に強化された城門および弓兵のための狭間（さま）を伴う半円型の稜堡（りょうほ）によって守られていた。新王国時代にはさらなる国境の南下によって、ブヘンの戦略的重要性は縮小し、新しい町が要塞の城壁の外側に造られた。もともとはナイル河の西岸に位置していたこの遺跡は、1960 年代のアスワン・ハイ・ダムの建設の際、ナセル湖の水面下へと永久に失われた。

ブヘンにある中王国時代の要塞の遺跡（1960 年代の発掘調査時の写真）。ヌビア人や砂漠の遊牧民による攻撃に耐えるべく設計されていた。

フュレ　phyle

勤務制度の義務として、任命された期間勤めた神官や職人集団を意味する、エジプト語の「サア」（「見る」）のギリシア語翻訳。

舞踊　dancing

祝祭や宗教儀礼の重要な要素である舞踊は、古代エジプトではたいてい伴奏をもって行なわれた。同性の集団で行なわれたようであり、男性と女性が一緒に踊っている姿は見られない。特別な「ムウ」の踊り子たちは、葬祭行列で中心的役割を担った。

サッカラの第 19 王朝の石灰岩製のレリーフに彫られた伴奏つきで舞踊する女性集団。

プレノメン／即位名　prenomen ／ throne name

王の称号の項参照。

文学　literature

現在知られている古代エジプトの文書は、その全体のごく一部に違いないが、様々な種類のものが残存している。「文学」という用語は、書字すべてに用いられることがあるが、より正確には明らかに文学的特徴を持つものを指す。近代の学者たちによって定義された様々なジャンルは、文書の分類に役立つが、「シヌへの物語」のように、とりわけ 1 つの作品の中に様々なジャンルが組み込まれてい

るような作品もあるので、古代エジプト人たちにとって、そうした分類は重要な意味を持たなかったのかもしれない。

厳密な意味での文学は、構成の創造性や多様性が最も優れていた中王国時代において初めて確認される。「難破した水夫の物語」、「雄弁な農夫の物語」、「驚異の物語」および紛うことなき傑作である「シヌへの物語」のようなフィクション作品は、無名の著者たちの語り物や戯曲の才能を証明している。「国民のなげき」や人生の闇の部分のテーマを扱った作品は、特に中王国時代の王宮が舞台とされ、それらには、「ネフェルティの予言」、「イプウェルの訓戒」、「男と彼のバーとの論争」および驚嘆すべき作品である「アメンエムハト１世の彼の息子に対する教訓」などがある。新王国時代になると、文学作品は後期エジプト語で記されるようになる。「運命の王子の物語」や「ヨッパの占領」によって明らかなように、再び劇的な物語が人気となった。

デモティックで書かれた作品は、プトレマイオス朝時代に初めて現われ、なかにはフィクション説話の傑作もある。あらゆる時代において、文学は小規模な教養のある集団によって、彼らのために書かれた。そのため最も人気のある文書がどの程度知られていたのかを突き止めることは困難である。それにもかかわらず、古代エジプト人たちの文学的功績は、たとえしばしばそれらが彼らの美術や建築と比べて見劣りするとしても注目に値する。

プント／プウェネ　Punt／Pwene

エジプト人たちが古王国時代から新王国時代末にかけて交易のための遠征隊を派遣したエジプト南方の国。エジプト語の資料におけるプントに対する最古の言及は、イセシ王の治世にプントからもたらされた小人の話が記されたハルクフの墓からの碑文に見られる。エジプトからの遠征隊は陸路で移動する者もあったが、より通常の経路は海路で紅海沿岸からというものであった。

プントの正確な位置は確定していないが、東アフリカ、おそらく現代のエリトリアと東スーダンの近辺にあったようである。プントは特に香木のような異国風の商品の原産地としてだけではなく、黒檀、象牙、そしてサルでも知られていた。これに関しては、「難破した水夫の物語」に言及がなされている。デイル・エル＝バハリの神殿における有名なレリーフは、ハトシェプストの治世のプントへの遠征を記録している。それらはヤシの木の中にある高床式の家屋の上に巣箱のような住居を持つプント人たちの村、その土地特有の動植物、そしてグロテスクに肥ったように描かれたプントの支配者の妻を示している。

プントへの遠征を記録しているデイル・エル＝バハリにある第18王朝のハトシェプストの葬祭殿からのレリーフの断片。プントの支配者（右）は、肥った妻（中央）と従者（左）に付き添われている。

ベイト・エル＝ワリ　Beit el-Wali

もともとは下ヌビアのナイル河西岸に位置

していたが、ナセル湖の水面の上昇から保護するために、1960年代にアスワン・ハイ・ダム近辺に移された岩窟神殿。その神殿はラメセス2世により建立され、アムン＝ラーへ捧げられた。レリーフには、シリア人やヌビア人集落への攻撃を行なうエジプト人の様子が描かれたものもある。

ベイト・カラフ　Beit Khallaf

上エジプトにある遺跡で、第3王朝の共同墓地が建ち並んでおり、なかには巨大かつ印象的な2基の日乾レンガ製の墓もある。1つ目の墓であるマスタバ墓K1から、ネチェリケト（ジョセル）とニマアトハプ（カーセケムウイの妻）の名が記された印章の封泥が発見されている。K1はおそらくニマアトハプの墓であり、第3王朝の祖先にして、ジョセル王の母でもあったと考えられる彼女の重要性を表わしている。古代都市ティスにベイト・カラフが近いことから、ニマアトハプが、この地域出身の第1王朝の王たちの子孫の可能性もある。もう1つのマスタバ墓2Kは、サナクトの治世に年代づけられ、最初期のカルトゥーシュが刻まれた印章が発見されている。

ヘカイブ／ペピナクト・ヘカイブ
Heqaib / Pepinakht Heqaib

ペピ2世の治世の間、外国人の監督官であったために、ヌビアと東方砂漠との交渉事に関する責任を負っていた第6王朝後期の高官（おそらくハルクフの後任）。彼は下ヌビアにおいてエジプトの権限をさらに増すため2度の軍事遠征に参加した。エレファンティネにおける地域崇拝の中心的人物として、人間と神々との仲介者と崇められていた彼はクッベト・エル＝ハワに墓を建てた。彼

の聖域は、中王国時代の間、エリートと王族のメンバーによって保護されており、50を超える彫像と26もの石碑が発掘された。ソカルの例祭の間、ヘカイブの彫像は、エレファンティネ市街を運ばれた。

ヘカト　Heqat

出産、特に陣痛の最終段階と結びつくカエルの女神。「ヘカトの召使い」は、産婆の意味であったとも考えられる。この女神が最初に確認されるのはピラミッド・テキストの中であり、ワンドや鳴子のような出産に関わる中王国時代の呪術用品によく描かれた。ヘカトのアミュレットもまた人気があった。アビドスのセティ1世の神殿にあるレリーフには、ヘカトに奉納物を捧げる王が描かれている。アビドスの初期の神殿から出土した奉納供物からは、カエル信仰が特にこの地域において先王朝時代からさかんであったことが窺われる。ヘカトの神殿は、プトレマイオス朝時代にコプトス近郊のクスに建造されたが、彼女を讃える行列は、トゥナ・エル＝ジェベルにあるペトオシリスの墓の中で言及されている。彼女はしばしば創造者の側面を持つヒツジの神クヌムと結びつけられた。

ヘケト　Heket

ヘカトの項を参照。

ヘシラー　Hesira

第3王朝初期、ジョセル王治世の高官。彼の様々な役職の中には、王の書記の監督官および歯科医の長が含まれている。階段ピラミッドの北側にあるサッカラの彼のマスタバは、「セルダブ」を組み込んだ最初期のものの1つである。礼拝堂には、副葬品の壁画とヘシラーの像および一連の素晴らしい木製

パネルがあり、後者にはそれぞれ彼の名前と肩書きが彫られていた。

サッカラにある第3王朝のヘシラーの木製パネルの細部。このような6つのパネルは、もともと礼拝堂の回廊に沿う壁龕にはめ込まれていた。

ベス　Bes

目立たない神すなわち新王国時代や末期王朝時代に人気となった類似した多くの神々や魔物たちに対して与えられた名称。ベスは、ヘビから守ってくれる守り神として敬われたが、特に出産や子供たちと深い関わりがあった。タウェレト女神とともに、(国家宗教に対する)個人宗教において主要な役割を担った。これといった宗教的拠点はなかったが、家庭の神として人気を得ていた。ベスは、たてがみと大きな眼を持つ舌を出した小人のごとく描かれた。そのイメージはおそらく後ろ足で立ち上がった雄ライオンに由来しているのだろう。

守護神としての役割を示している短剣もしくは保護を意味するヒエログリフ(「サ」)を携えて表わされるベスは、しばしば豊穣の役割を強調する大きな腹と胸を持つ。また楽器を持ちながら踊る姿は、この神が祝い事を司ることを示唆している。

デンデラのプトレマイオス朝時代後期に建てられたハトホル神殿の壁に彫られたベス像。ベスは新王国時代以降、大衆の間で人気を得たが、それほど重要な神ではなかった。

ペット　pets

古代エジプト人たちは、様々な動物を友として、または愛玩のために飼った。バダリ期の人の墓に埋められたネコはおそらくペットであったであろう。ペットとしてのネコは、必ずと言っていいほど中王国時代以降の墓の装飾に見られる。イヌ、特にグレイハウンドなどの狩猟に適した品種は、先王朝時代から確認されている。新王国時代にはベルベット

モンキーやガゼル、そしてヒョウなどもペットとして人気があった。一方、すべての時代において、王はライオンやゾウなどの野生動物を専用の私的な動物園で飼育した。

ペットは古代エジプトのすべての社会階級において人気であった。トゥトアンクアムン王墓出土の小さな黄金の持ち運び式祭壇には、狩猟遠征の間、王の腰掛けにつながれた幼いライオンが描かれている。

ヘテプセケムウイ　Hetepsekhemwy ［紀元前2750年頃］

　第2王朝初代の王。彼の治世についてはほとんどわかっていない。アビドスのカアの墓から出土した封泥からは、ヘテプセケムウイが伝統的王墓地において、彼の先王の埋葬を執り行なったことが窺える。しかしながら、ヘテプセケムウイは、彼自身の墓を建造する新たな地としてサッカラを選んだ。南北軸に岩をくり貫いた地下通路からなる彼の墓は、上部構造と埋葬物のほとんどを古代に略奪されていた。ヘテプセケムウイの名前を持つ遺物は、ヘルワンとバダリで発見されている。そのほかに発見された遺物は、後の時代のペルイブセン、カーセケムウイ、およびメンカウラーの王墓で再利用された。

ヘテプヘレス　Hetepheres

　第4王朝初期の王妃でスネフェルの正妻にしてクフの母親。おそらくはフニの娘でもあったと思われる。ギザにある彼女の豪華な家具付きの墓には、持ち運び式の家具一式（現在はわずかに残った金箔の貼られた部分から復元されている）と最初期のカノポス容器1組があった。

ペドゥバスト　Pedubast

　第三中間期の2人の王の名前。ペドゥバスト1世（紀元前825-800年頃）は、テーベを本拠地とし、タケロト2世と真っ向から対抗して王の称号を要求し、タニスの王ショシェンク3世の援助を受けながら、20年にわたって内戦を起こした。ペドゥバスト2世（紀元前735-725年頃）は、タニスを本拠地とし、ショシェンク5世の後継者となったが、短命であった。

ペトオシリス　Petosiris

　プトレマイオス朝時代初頭のヘルモポリスのトト神の高級神官。ペトオシリスがトゥナ・エル＝ジェベルに自身、彼の父および兄弟のために建てた墓には、エジプトとギリシアの影響の混和が墓の建築と装飾に見られる。

ペとネケンの魂　souls of Pe and Nekhen

　エジプト宗教における先王朝時代の下エジプトと上エジプトそれぞれの統治者と関連のある聖なる魂（ペはブトの古代エジプト語の名称、ネケンはヒエラコンポリスの名称）。生きている王を手助けし、死した王に仕えると信じられていた。ペの魂はハヤブサ頭で表わされ、ネケンの魂はジャッカル頭で表わされた。ともに彼らはしばしばひざまずいたり、日の出を迎えたり、または王家の儀式に参加している姿で表わされる（例えば、ラメセス1世の墓で、彼らは王の再生した「バー」

を迎えている)。

ペトログリフ petroglyph

岩に施された彫刻。先史時代と歴史時代のすべての時期からのペトログリフは、ナイル河谷に隣接する断崖および東西砂漠においてもよく見られる。

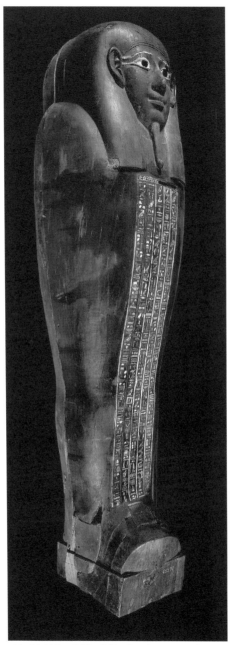

ペトオシリスの木製の内棺。トゥナ・エル=ジェベルにある彼の墓から出土。プトレマイオス朝時代初期に作られたもの。正面に書かれた5つの垂直列のヒエログリフは、彩色ガラスが象眼されている。

東方砂漠の中心部にある先王朝時代のペトログリフには、夏の雨の後の生草を食べている家畜化した動物が描かれている。

ベニ・ハサン Beni Hasan

中エジプトのナイル河東岸に位置する遺跡。石灰岩の岩壁に掘られた一連の中王国時代の岩窟墓は、上エジプト第16ノモスの州侯たちのために造られた。クヌムホテプ2世の墓に描かれたアジア人交易集団のエジプト到着を描いた有名な場面をはじめ、いくつかの墓には色鮮やかに描かれたレリーフが残

アジア人交易者たちのエジプト到着を描いたこのレリーフは、ベニ・ハサンにある第12王朝のクヌムホテプ2世の墓の一部である。

されている。岩壁の下の傾斜路上に造られた地位の低い者たちの埋葬地は、第11、12王朝における私人たちの埋葬習慣についての多くの情報を考古学者たちにもたらした。

「ベヌウ」鳥 benu bird

エジプトの宗教におけるヘリオポリスの聖なる鳥。ピラミッド・テキストにおいて最初アトゥムと結びつけられて言及されたベヌウ鳥は、ラーとオシリスの顕現とみなされるようになった。新王国時代には、2つの羽の冠

第19王朝アニのパピルスに描かれた、睡蓮(すいれん)を活けた水差しの横に立つ「ベヌウ」鳥。

毛を持ったサギとして「死者の書」にしばしば描かれた。「ベンベン」石と密接に関わっていたベヌウ鳥は、ギリシア神話の不死鳥フェニックスに影響を与えた。

ヘビ serpent

ヘビ snake の項参照。

ヘビ snake

人や家畜をつねに脅かす存在であるヘビは、古代エジプトで恐怖と畏怖の目で見られていた。危害をもたらす性質は必然的に悪に対する隠喩とされ、ヘビのアポフィスは創造された秩序に対立するものとして表わされた。しかしながら、エジプトのパンテオンは、数多くのヘビの神々を含んでいた。その力はよい目的のために使用することができ、もし適切に神々の怒りを鎮めることができるなら、ヘビの噛み傷からの保護を得ると信じられていた。ほとんどのヘビの神々は、メレトセゲル、レネヌテト、王家のウラエウス、ワジェト(最後の2神はコブラとして描かれた)などの女性神であった。しかしピラミッド・テキストは、ヘビ神ネヘブカウについても言及している。ヘビは原初の水ヌンと冥界(めいかい)と関連があった。ヘルモポリス八柱神のうちの4女神は、ヘビの頭を持って描かれた。セティ

1世の墓は、巨大なヘビ、すなわち存在と非存在の間のバランスを象徴する、おそらく世界を取り巻いていると信じられていたとぐろを持つ生き物で表わされた。ヘビはまた呪術と密接な関係を持っていた。ラメセウム出土の第13王朝の呪術師用ワンドは、ヘビのように形作られていた。一方末期王朝時代のキップスの飾り板は、ヘビと他の危険な生き物を掴んでいる幼児のホルスを表わした。医学パピルスにはヘビの噛み傷の治療法が記載されており、エジプト人が様々な種類のヘビとそれらの毒の効果の詳細な知識を持っていたことを示している。

ペピ1世　Pepi I [即位名メリラー：紀元前2310年頃]

第6王朝2番目の王。彼は少なくとも40年間統治し、アビドス、ブバスティス、デンデラおよびエレファンティネにおいて神殿建築を命じた。しかし彼の治世の重要建築物はほとんど残存していない。王の等身大の銅像がヒエラコンポリスにあるホルス神殿の至聖所で見つかっている。南サッカラにあるピラミッド・テキスト碑文を含む彼のピラミッド複合体は、メン=ネフェル（「揺るぎなく美しい」）と呼ばれ、メンフィスという名前の由来であると考えられている。

ペピ2世　Pepi II [即位名ネフェルカラー：紀元前2265年頃]

第6王朝4番目の王で、彼の異母兄であるメルエンラーの後継者。即位時ペピ2世は子供であった。アスワン州知事が彼のために連れてきた小人を見たいという熱望を述べた若き王からの手紙がクッベト・エル=ハワにあるハルクフの墓の入り口に書き写されている。王はおそらく90年以上にわたって統治した。明らかに後継者の大半は彼より先に死去したように思われるため、彼の死は王位継承の危機をもたらしたようである。南サッカラにある彼のピラミッド複合体には、王がスフィンクスの姿で敵を踏み潰したレリーフがあり、それはアブシールにあるサフラーのピラミッド複合体からの直接の写しである。

母アンクネスメリラーの膝に座った幼いペピ2世の方解石製像。第6王朝期の作品。少年王は小さな大人として表現されている。

ヘフ　Heh

無限の概念を具現化した神。ヘルモポリスの創世神話において、彼は妻ハウヘトとともに原初の八柱神の一柱であった。ヘフには宇宙的役割もあり、天空のウシの足を支え、夜明けに太陽の舟を空へと持ち上げた。しばし

ばアミュレットや王の図像の中に描かれたヘフは、神々しいひげをたくわえ、膝をつき、両手に刻み目のあるヤシの枝(ヒエログリフで「年」を意味する)を持っている男性像で表わされた。彼はしばしばヤシの枝を頭の上に載せたり、両腕に「アンク」記号を吊り下げている場合もあった。この神の像は、「100万」を意味するヒエログリフに使用され、「何百万年」にわたって支配するという王の願望と関係していた。

「ヘブセド」 hebsed
祭祀の項を参照。

ペフチャウアウイバスト Peftjauawybast
[紀元前735-725年頃]

ピイによって征服されるまで、上エジプトの北部を統治した第三中間期後期の王。

ベフベイト・エル＝ハガル Behbeit el-Hagar

セベンニトスの北方約10キロメートルに位置する中央デルタ北部の遺跡。第30王朝とプトレマイオス朝時代に建てられたイシス神殿の跡が残っている。

ヘミウヌウ Hemiunu

第4王朝の高官であり、宰相、王の大蔵大臣、王の書記の監督官、そして王のあらゆる建造計画の監督官としてクフに仕えた。その監督官として彼は大ピラミッド建造の指揮を執ったようである。ギザ(G4000)にある彼自身の墓には「セルダブ」があり、肉付きがよく満足げなヘミウヌウの座像がその中に納められていた。

ギザの墓から出土した第4王朝の宰相で建造物の監督者ヘミウヌウの石灰岩製座像。彼のふくよかさは世俗的な成功と裕福さを強調している。

ヘラクレオポリス／イフナスィア・エル＝メディーナ Herakleopolis / Ihnasya el-Medina

ファイユームの入り口近く、中王国時代のバハル・ユセフ運河東岸にある遺跡。ヒツジの神ヘリシェフ(ヘリシェフはギリシア人によって彼らの神ヘラクレスと同一視された。それゆえ町の名前はヘラクレオポリスなのである)の崇拝拠点として早くから重要であった。ヘラクレオポリスはまた上エジプト第20ノモスの州都でもあった。古代エジプト

名であるネン・ネスウは、王権理念との結び
つきを示していると思われる。その都市部は、
第一中間期には第9王朝および第10王朝の
本拠地として、第三中間期には王になる前の
ショシェンク1世のもともとの勢力拠点と
して著しく繁栄した。両時期の共同墓地は、
最近スペインの考古学者たちによって発掘さ
れた。ヘリシェフ神殿の建築作業は、ソベク
ネフェルウによって実行され、ラメセス朝期
にも行なわれた。修復は第26王朝において
なされた。

ヘリアカル・ライジング　heliacal rising

　天狼星シリウスを日の出直前に地平線の上
に見られるようになる期間のこと。ヘリアカ
ル・ライジングは伝統的にエジプトの民衆暦
で新年を知らせるものである。

ヘリオポリス／テル・ヒスン　Heliopolis ／ Tell Hisn

　デルタの最北端付近、現代のカイロの北東
端に位置する遺跡。ヤギおよびイヌの埋葬を
ともなう先王朝時代の共同墓地が遺跡の南側
部分で発掘された。ジョセルによって建てら
れた祠堂の断片は、宗教拠点としてのその初
期の重要性を裏づけている。ヘリオポリスは、
古王国時代にラーの主要な信仰拠点として頭
角を現した（ゆえにギリシア名は「太陽の都
市」）。その古代エジプト名は、イウヌ（『旧
約聖書』ではオン）であった。ヘリオポリス
は王朝時代を通じて、エジプトで最も重要な
宗教都市であり、その学問と神学的知識によ
り有名であった。ヘリオポリスの九柱神は最
もよく知られた創世神話の基盤となった。
　ヘリオポリスは、運河によってナイル河と
つながり、巨大な宗教建造物の複合体を形成
していた。アトゥムとラー・ホルアクティに

捧げられた主神殿の中心には「ベンベン」石
が置かれた。しかしベンベン石も神殿も残っ
てはいない。今日同遺跡は、現代の建物によ
って覆われており、ラメセス朝期の建造物と
ムネヴィスの雄牛の埋葬のほか、古代の遺物
はほとんど発掘されていない。唯一目立つ記
念物がセンウセレト1世のオベリスクであ
る。ヘリオポリスは、紀元前525年と343
年のペルシアによる侵略の際に破壊され、紀
元後1世紀には見捨てられた。ローマ時代
には、残っていた彫像やオベリスクがアレク
サンドリアとローマに持ち帰られた。中世に
なると、建物はカイロ建設のための格好の石
材供給地として利用された。

ヘリシェフ／アルサフェス／ハルサフェス／ハリシェフ　Herishef ／ Arsaphes ／ Harsaphes ／ Heryshef

　第1王朝から知られるヘラクレオポリス
のヒツジの神。「自らの湖の上に立つもの」
を意味する彼の名前は、当該地方の地形的な
特徴（おそらく聖なる池）に由来していると
思われる。

ペリシテ人　Philistines

　海の民の項参照。

ヘリホル　Herihor

　ラメセス11世治世の高官。第20王朝の
終盤に内政で中心的な役割を演じた。軍の将
軍職とアムン大司祭とを兼ねたヘリホルは、
エジプトの南半分、特にテーベ地域を中央の
管轄下に戻すことを王に託された。このこと
は、クシュ総督パネヘスィが鎮圧するのに完
全に失敗した暴動に続く出来事であった。
　ヘリホルは正式にパネヘスィを引き継ぎ、
最終的に宰相にもなった。こうして、彼は国

の最も重要な4つの官職を手にしたのである。カルナクのコンス神殿において、彼はカルトゥーシュの中に名前を書き込み、王の称号を採用することでさらに権力の中枢へと近づいた。彼の埋葬の際の備品もまた同じように王の印を引き継いだことを示している。ラメセス11世による彼の任命は、エジプトの行政上の分割を正式なものとし（下エジプトで同様に種々の職権を行使したスメンデスとともに）、第三中間期におけるエジプトの政治的分裂のきっかけをつくった。

ペルイブセン　Peribsen [紀元前2700年頃]

　第2王朝後期の王。エジプトの統治者の中では異質な存在で、通常「セレク」の上部にはホルス神を表わすハヤブサを置くが、ペルイブセンはその代わりにセト神を表わす動物を据えた。この驚くべき宗教上の変化の裏にある理由は知られていないが、国内の政治状況が関係していたのかもしれない。彼は王家のネクロポリスをアビドスに戻し、第1王朝初期の王たちの墓と似させて自身の墓を作った。ペルイブセンの埋葬儀礼は古王国時代初期のサッカラで行なわれているが、同時代の下エジプト出土の碑文にペルイブセンに関する言及がないことは特筆すべきである。

　同じ遺跡で、セケムイブ＝ペルエンマアトというホルス名を持つ王について言及した碑文が見つかった。同王の名はペルイブセンの墓の入り口とエレファンティネから出土した印影にもある。それゆえ多くの研究者が、この2人の王を同一人物とみなしている。この2種類の名前は、ペルイブセン治世の異なる時期、または異なる地域において使われた可能性がある。

ペルシア時代　Persian period

　アケメネス朝による支配を受けていた、エジプト史上の2つの時期を指す用語。第1次ペルシア時代は、第27王朝に相当し、紀元前525年のカンビュセスの侵攻後にはじまり、紀元前404年のエジプト人による自治が復活するまで続いた。比較的繁栄していた時期であったと思われる。伝統的なエジプト宗教は保持され、アムンへの新しい神殿がカルガ・オアシスのヒビスに建てられた。この時期の詳細は、元々サイスのネイト神殿に設置されていた碑文が刻まれたウジャホルレスネトの像から確認されている。第31王朝としても知られている第2次ペルシア時代は、紀元前343年のネクタネボ2世の死から、紀元前332年のアレクサンドロス大王の征服まで続いた。デモティックとアラビア語で書かれたおびただしい文書が両方の時期から残っている。

ベルシャ、デイル・エル ＝　Bersha, Deir el-

　デイル・エル＝ベルシャの項を参照。

ベルツォーニ、ジョヴァンニ　Belzoni, Giovanni

　エジプト学の項を参照。

ヘルネイト　Herneith

　おそらくジェルかジェトの妻であった第1王朝の女性王族。北サッカラにある彼女のマスタバは、デンの治世に完成され、王宮ファサード様式で装飾された。ライオンのフリーズで飾られた入り口上部にあるまぐさ石は、墓の装飾の最古の例の1つに数えられている。戸口近くに埋葬されたイヌは、最愛のペットであったのかもしれない。ヘルネイトの

ヘルモポリス／エル゠アシュムネイン
Hermopolis / el-Ashmunein

副葬品には、素晴らしい宝飾品が含まれていた。

デイル・エル゠ベルシャの対岸に位置する中エジプトのナイル河西岸の遺跡。同都市の古代名クムヌ（8つの町）は、エジプトの創世神話の1つの中核である八柱神としての地方の8人1組の神々に由来していた。ヘルモポリスは肥沃な氾濫原のほとんどを管理しており、上エジプト第15ノモスの州都でもあった。ヘルモポリスの州侯たちはデイル・エル゠ベルシャ、シェイク・サイード、およびトゥナ・エル゠ジェベルに埋葬された。

新王国時代以降、ヘルモポリスは運河によってナイル河とつながっていた。そのことはまたバハレイヤ・オアシスに至るルートの出発点としても重要であった。ヘルモポリスは、トト神の主要な崇拝拠点の1つであり、ギリシア人は彼らの神ヘルメスとトトとを同一視した（それが古典名である町の名の由来）。また第三中間期の小君主ニムロトの故郷でもあった。

アメンエムハト2世が建設したアムン神殿には記念門が残っている。ラメセス期の建物は、近隣のアマルナで建造物に使われていた「タラタート」の石材を大々的に再利用した。神殿全体の周壁は、第30王朝に再建された。現在残っている遺構には、巨大な珪岩製のヒヒ像（トト神に捧げられた）、あらゆる時期の神殿構造物、および中王国時代の共同墓地がある。プトレマイオス3世とベレニケ王妃のために建造され、捧げられたギリシア様式の神殿の上には、紀元後5世紀のキリスト教の大聖堂がある。

ヘルモポリスにある巨大な珪岩製のヒヒ像。アメンエムハト2世によって建造された地方神トトの神殿用として第18王朝に作製された。

ペル・ラメセス／カンティール
Per-Ramesses / Qantir

アヴァリスに隣接したデルタ北東部にあるナイル河のペルスィウム支流に位置する居住地。最も古い層で第18王朝のものとされるが、この遺跡は第19王朝の王家の祖先の故郷を示す目的で、伝承ではセティ1世によって創建された。この地はラメセス2世によって後に王家の居住地および主要都市として発展した。発掘により王宮、軍の兵舎、戦車用の小屋と作業場、アスタルテの礼拝堂、ヒッタイト人とミケーネ人の共同体の痕跡などが明らかになった。文書資料はこの都市が河岸に港湾施設を擁し、港町として栄え、ラメセス朝期の主要な都市神を祀る神殿があったことを示している。ペル・ラメセスは、第20王朝が終焉すると重要性が低下し、ついには放棄された。ペル・ラメセスの神殿の像

や石造建築物のほとんどは、第三中間期の間にタニスやブバスティスに移された。

ヘルワン　Helwan

　サッカラの対岸にあるナイル河東岸の遺跡。より正確にはエル＝マアサラあるいはエズベト・エル＝ワルダとして知られている。初期王朝時代にメンフィスの主たるネクロポリスとしての役割を果たし、第1王朝と第2王朝における簡単な土坑（どこう）から立派なマスタバ墓にまでわたる何万もの墓からなる。キリスト教時代には同地に修道院が建てられており、エル＝オマリ付近では先史時代の居住地および共同墓地が発掘されている。

「ペレト」　peret

　暦の項を参照。

ベレニケ／メディネト・エル＝ハラス
Berenike／Medinet el-Haras

　エジプトとアラビア、さらに遠方の地域との交易を容易にするために、紀元前3世紀にプトレマイオス2世によって建設された紅海沿岸（こうかい）の港。エドフ、後にコプトスへ向かう砂漠の交易路とも接続した。プトレマイオス朝時代には、軍事用に送られた象のための港であった。ローマ時代になると積荷は主に消費財となった。ここでは倉庫や産業地域、セラピス神殿が発掘されている。

ヘロドトス　Herodotus

　紀元前480年頃にハリカルナソスで生まれたギリシア人歴史家。ペルシアによるギリシア侵略を中心に描いた彼の9巻からなる『歴史』は、エジプトについての長い説明、例えばその歴史、地理、および文化などが記されている（第2巻すべてと第3巻の最初

の部分）。その内容の多くは、紀元前450年頃に彼が行なったエジプト訪問をもとにして描かれたようである。しかしながら、末期王朝時代の出来事についての重要な資料であるにもかかわらず、彼の報告の正確さには、明らかにムラが見られる。

「ベンベン」石　benben stone

　ヘリオポリスの神殿内に置かれていた聖なる石。太陽崇拝とエジプトの聖なる建造物において重要な役割を担っていた。エジプト美術において、ピラミッド、太陽神殿、オベリスクには、先端が尖り、円錐形（えんすい）のものとして描かれた「ベンベン」の形状が採り入れられた。この石は隕石（いんせき）だったのかもしれない。神話学において、この石は、天から落ちてきた星、もしくはラー＝アトゥムの精液が固まってできたと解釈され、「ベヌウ」鳥と関連づけられた。

法　law

　古代エジプトの法律制度に関する情報源は、パピルス、オストラカおよび墓の碑文に残された裁判や判決の記録からなる。最も基本的なこととして、古代エジプトの法は、マアトの概念に基礎が置かれていた。それゆえ、他の古代社会と比べると、エジプトは男女や身分の高低よりも前に法の下の平等が強調された。この原則に変化が生じたのは、エジプトの法と並行してギリシア人を優遇するギリシアの法律制度が運用されたプトレマイオス朝時代においてのみである。王朝時代の間、王は最高司法権力であり、勅令によって法律を制定することができた。実際のところは、王は宰相に権限を委託し、たとえ実行が困難であったとしても、不平を持つ者は誰でも嘆願する権利を持っていた。

314　方鉛鉱

現存していないが、法典があった可能性はある。少なくとも記録には前例と判決が残されているはずなので、最終判決は法的先例に基づいて行なうことができたようだ。裁判所（「ジャジャト」、「ケンベト」）は、古王国時代から知られ、それぞれの町は地方の議員で構成された独自の裁判所を持っていたので、行政と司法当局との間に大差はなかった。裁判所は段階的な機構を有していた。つまり、メンフィスの地方裁判所は、ヘリオポリスの上級裁判所の下に属し、デイル・エル゠メディーナの地方裁判所は、テーベの最高裁判所に属していた。上訴は宰相に任されたし、最終的には王に任された。困難な案件は、しばしば解決を神託に委ねられた。神託は新王国時代以降いっそう多用されるようになった。

様々な水準の罪と罰、あるいは相続や離婚に関する法律の証拠が残っているが、土地境界線をめぐる争いおよび保有権の問題がおそらく法廷に持ち込まれる案件のほとんどを占めていた。重要な商取引とその他の経済活動もまた、法律上の登録下にあったのかもしれない。刑事事件の場合、それぞれの側が判事の前で事情説明を行なった。目撃者の証言が聴取され、判決は「Aは正しく、Bは間違っている」という形で下された。すべての案件で、公判の手続きは書記によって記録された。

方鉛鉱　galena

古代エジプト人たちによって、目の縁取りのための黒色顔料として使用された硫化鉛。東方砂漠の遺跡、主にジェベル・ゼイトで採鉱された。

方形座像　block statue

彫刻の項を参照。

宝飾品　jewelry

古代エジプト人たちは、先王朝時代の最初期から装飾品や個人装飾の好みを示した。バダリ期の埋葬は、しばしば釉薬のかかったステアタイト（凍石）や貝殻、象牙を数珠つなぎにしたビーズを含んでいた。また金、銀、銅、およびファイアンス製の宝飾品も先王朝時代初期に確認されている。さらに多種多様な原材料が第1王朝に先立つ数世紀前に取り入れられた。古王国時代になると、紅玉髄、トルコ石およびラピスラズリが王家の宝飾品として定着し、このことは中王国時代に標準となった。高級品ではないものには、骨、象眼または子安貝を使用したようだ。原材料は、実用性、美しさ、象徴性などの理由から選ばれた。宝飾品の様式には長年にわたって好まれたものもあるが、流行り廃りもあった。最初の部類はビーズのネックレス、ブレスレット（腕輪）、アームレット（腕環・腕飾り）および飾り帯であった。ビーズのエプロン（前掛け）は、第1王朝で初めて確認されたが、幅広の首飾り（襟飾り）は、古王国時代初期から標準的な様式となった。中王国時代にはアンクレットが男女問わず流行したが、新王国時代には指輪と耳飾り（環状と差込型）に取って代わられ人気が落ちた。新王国時代の宝飾品は、総じて先の時代のものよりも精巧で派手であり、エーゲ海世界やレヴァントの様式の影響を受けた。数多くの素晴らしい例がトゥトアンクアムンの墓で発見された。宝飾品は王家のものであれ、私人のものであれ、宗教的象徴性に溢れていた。それはまた、身に着けた者の富と地位を示すために使用された。王家の宝石は、つねに最も精巧であり、ダハシュールとラフーンで発見された第12王朝の王女たちのために造られた作品はその好例であろう。第18王朝になると、寵臣には、

王家の厚遇の印として「名誉の黄金」が褒美として与えられた。

宝飾品の製作技術は、残存遺物と墓の装飾から再現することができる。宝飾品工房がメレルカの墓の中で描かれており、新王国時代のテーベの墓のいくつかにも同じ描写が含まれているからだ。アマルナ産業地区の発掘では、ファイアンス製の指輪、アミュレットおよびビーズを製作するための粘土の型が発見された。埋葬のために特別に作られた宝飾品もあり、残存する物のほとんどは墓から出土する。最高級の宝飾品は、神殿の工房で製作されたとみられる。

奉納 votive

祈禱、もしくは祝福を述べるために用意された儀式において神へ捧げたもの、もしくは与えたもの。

牧杖 crook

王位の象徴の項を参照。

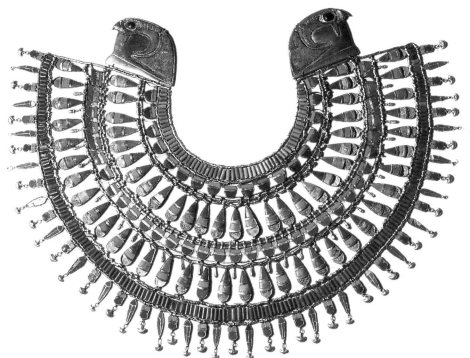

古代エジプトの宝飾品の例。(上) ラフーンのサトハトホルイウネト王女の墓から出土した胸飾りで、象徴的構図における金や紅玉髄、ラピスラズリ、トルコ石の組み合わせは、第12王朝の典型である。(下) 第18王朝トトモセ3世の妻のものとされるハヤブサの頭の肩飾りがついたビーズの襟飾り。

星　stars

天文学と占星術、暦、オリオン座、ソプデトの項参照。

ボッコリス　Bocchoris

バクエンレンエフの項を参照。

ボードゲーム　board games

ゲームの項を参照。

ホル　Hor［即位名アウイブラー：紀元前18世紀後期］

第13王朝の王で、アメンエムハト3世のピラミッドに近いダハシュールに埋葬された。彼の墓には、頭に「カー」を表わすヒエログリフをともなう裸の男性として表現された美しい王の「カー」の木製彫像が埋葬されていた。

ホルウェルラー　Horwerra

アメンエムハト3世治世初期に、シナイ半島南西にあるトルコ石鉱山への遠征隊を率いた第12王朝の役人。隊員およびその採掘作業における艱難辛苦など、この遠征の詳細はセラビト・エル=カディムにあるホルウェルラーによって建立された記念石碑の文章に述べられている。

ホルエムアケト　Horemakhet

ホルスの項を参照。

ホルエムヘブ　Horemheb（「歓喜の中のホルス」の意）［即位名ジェセルケペルウラー：紀元前1319-1292年頃］

第18王朝14代目にして最後の王。ヘラクレオポリス出身で、最初アクエンアテンの治世に頭角を現わし（もし彼がアマルナで知

ダハシュールの彼の墓で見つかったホルの木製像。像の頭部にある掲げられた両腕は、王の「カー」あるいは魂と同一視される。

られたパアテンエムヘブと同一人物であるなら)、トゥトアンクアムンの治世に軍の総司令官となった。皇太子に指名されていたが、おそらくアイによって仕掛けられた政変のため、トゥトアンクアムンの死後、王になることはできなかった。ホルエムヘブは、アイの死後ようやく王位を継承した。これには、軍隊内の支持基盤からの後押しと、おそらく第18王朝の王族(彼の妻ムゥトノジェメトは、ネフェルトイティの姉妹であったのかもしれない)からの支持があったことは疑いない。

彼の治世はアマルナ時代後の新たな時代のはじまりを示しており、軍隊との関係は、王権理念に新たな特徴をもたらした。即位を正当なものとするために、彼は即位式をオペト祭と同時期に行なうように調整した。続いて彼は大規模な行政改革計画に乗り出し、ルクソール、カルナク、およびジェベル・エル＝シルシラにおいて建築事業に着手した。彼は西テーベにあるアイの葬祭神殿を奪い、先王の記念建造物を破壊あるいは私物化するために、型通りのやり方を開始した。軍の将軍としては、彼はサッカラにレヴァントおよびヌビアにおける遠征での戦争捕虜を描いた詳細なレリーフを持つ精巧な墓を建造した。王としては、彼は王家の谷に初めて入り口から玄室まで軸線がまっすぐに設計された新たな墓(KV57)を建設した。

子供たちを幼くして亡くしたことから、ホルエムヘブは自身の後継者として、友人の軍人(後のラメセス1世)を指名した。それゆえにホルエムヘブの死後、彼は第19王朝の創始者として崇められた。ホルエムヘブへの個人崇拝は第30王朝まで執り行なわれた。

「ホルジェドエフの教訓」 Instruction of Hordedef

おそらく最古のものとして知られる第5王朝に編纂された知恵文学作品であるが、後の時代の写しによってのみから知られている。クフの息子のために作られた同作品は、結婚すること、家族を持つこと、そして早めの適切な埋葬の準備の重要性を強調している。

ホルス Horus

王権と密接に関連するハヤブサの神。もともとは「遠くにあるもの」という意味の名前を持つ天空の神であるホルスは、先王朝時代後期から王と結びつくようになった。空を滑空するハヤブサのイメージは、明らかにエジプトの支配者に対する隠喩に適すると考えられ、王はホルスの地上における生まれ変わりとみなされるようになった。このことは「セレク」に端的に表われており、王名を囲む枠の上にはホルスを意味するハヤブサが置かれている。カフラーの河岸神殿から出土した彼

サッカラにあるホルエムヘブの第18王朝の墓から出土した石灰岩製レリーフ。王から「名誉の金」(黄金の円盤の首飾り)を受け取るホルエムヘブをトゥトアンクアムン治世の軍の最高司令官として描いている。

の座像で、王の後頭部に留まっているハヤブサは同様の発想を伝えている。トリノ王名表において、エジプトの先王朝時代の支配者たちは、神と君主とのつながりを強調して、ホルスの従者たちと呼ばれている。

　古王国時代におけるオシリス神話の台頭は、それぞれの支配者が亡き先王（オシリスと同一視された）の息子あるいは後継者（ホルスと同一視された）として認められることによる継承の正当性を強化した。ハルスィエセ、ハルポクラテス、およびホル・ネジェ・イト・エフのようなホルスの特殊な形態は、ホルスのオシリスおよびイシスとの関係を強調するために生み出された。ホルスはまた王権の確立の際の具現化された敵との調停および均衡を表現するために、セトと一対になることもあった。エジプト神話によれば、ホルスは父オシリスの敵を討つために、叔父のセトと戦った。交戦中、ホルスは片目を失った。後にそれはハトホルによって「ウジャト」の眼として回復させられた。末期王朝時代には治癒能力が強調され、民間宗教においてキップスの飾り板が人気を博した。

　ホルスはヒエラコンポリス（「ネケンのホルス」）、エドフ（「エドフのホルス」）、レトポリス（「ホルス・ケンティ＝イルティ」）など、エジプト全土で様々な地方形態をもって崇拝され、デルタのベフデトでは有翼円盤のかたちをとっていたが、通常ハヤブサあるいはハヤブサの頭部を持つ男性として表現された。その天空と関連する性格（太陽と月は彼の両目と解釈されている）のため、ホルスはラー＝ホルアクティ（地平線のラー＝ホルス）として、習合を通じてラーと密接に結びついた。ホルスは特に日の出と結びつき、その姿はまたホルエムアケト（「地平線の中のホルス」）の別名を持った。新王国時代には、ギザの大スフィンクスがホルエムアケトの像として崇拝された。

王ホルエムヘブとハヤブサの頭部を持つ王権の神ホルスが一対になった石灰岩製の彫像。

ホルス名　Horus name
　王の称号の項を参照。

ホルスの従者たち　Followers of Horus
　トリノ王名表に出てくる、神々の時代からメネスの継承者の時代にかけてエジプトを支配した王たちを指す。実在の王、神話上の王からなる。

ホルスの道　Ways of Horus

シナイ半島の項参照。

ホルスの息子たち　Sons of Horus

カノポス壺の中に入れられた死者の内蔵を守護する4人の超自然的存在。王の来世への旅を手助けするとして、ピラミッド・テキストで初めて言及された。彼らのさらなる特別な役割は、第18王朝後期から来世信仰の重要な特徴となり、カノポス壺の蓋がホルスの4人の息子の頭部を象るようになった点である。4人の精霊はローマ時代まで副葬品上に描かれ続けた。肝臓を守った人頭のイムセティは南と関連し、イシスを守護した。肺を守ったヒヒ頭のハピは北と関連し、ネフティスを守護した。胃を守ったジャッカル頭のドゥアムウトエフは東と関連し、ネイトを守護した。腸を守ったハヤブサ頭のケベフセヌエフは西と関連し、セルケトを守護した。

ホル・ネジェ・イト・エフ　Hornedjitef

ハルポクラテス、ホルスの項を参照。

ポルフィライテス山　Mons Porphyrites

クラウディアヌス山の北50キロメートルにある東方砂漠の紅海丘陵に位置する遺跡。ここは紫色をした最高品質の斑岩の産地として知られるのみだが、ローマ時代およびビザンツ時代には彫刻や建築材としてそれは珍重された。同遺跡の遺物は1世紀から4世紀のものとされ、採石場、セラピス神殿をともなう要塞化された居住地および採石工人のための小規模な居住地などがある。ポルフィライテス山は、周辺地域のすべての軍事活動や採石作業を管理していた。

ま行

マアディ　Maadi

　カイロの中心から南へ約5キロメートルのナイル河東岸に位置する遺跡。現在マアディ遺跡は町の南部郊外にある。発掘調査により、下エジプトの文化的伝統を顕著に示す土器、黒玄武岩製容器、その他の遺物を特徴とする先王朝時代初期の重要な集落や共同墓地の存在が明らかになり、「マアディ文化」と名づけられた。ロバの埋葬例は、ワディ・ディグラ経由の隊商貿易が行なわれていたことを示している。集落から出土した遺物は、重要なパレスティナ製の輸入土器、銅のインゴットおよびパレスティナ型のフリント製品を含んでいたことから、マアディがパレスティナと密接な関係にあったことは明らかである。集落の一部にある半地下の住居は、エジプト人住民たちと共存していた地元住民のパレスティナ的要素を示しているようである。マアディとその近くのワディ・ディグラの共同墓地は、簡素な埋葬およびごくわずかの副葬品を特徴としている。子供はしばしば集落内に埋葬された。マアディの共同体は、付近に第1王朝期の小規模な共同墓地があることから、いくつかの集落が存続していたことが窺われるものの、紀元前4千年紀半ばには放棄されたと思われる。

マアディ文化　Maadi Culture

　先王朝時代の項を参照。

マアト　Maat

　宇宙秩序の概念や真理、正義を女神として具現化したもので、エジプトの道徳や宗教の中核を成すもの。あらゆる時代の「知恵文学」は、個人の節度と誠実な振る舞いを強調しており、心臓の計量の儀式（死者の審判）で心臓の重さをはかるのは、死者がマアトの理念に反する行ないをしたかどうかを判断するためであった。宰相は「マアトの神官」という称号を持っており、創造された秩序の後援者であり擁護者である王が、マアトの最高の守護者であったのと同様に、贔屓することなく平等に法を執行することが期待された。この王権の卓越した役割を強調するために、ハトシェプスト女王の戴冠式は、カルナク神殿のモンチュ神の神域内にあるマアト神殿において開催された。第20王朝には、同じ場所が

女神マアトの像が表されているタニス出土の花崗岩製の柱の細部。頭に羽を載せ座っている女性が「アンク」を持っている。ラメセス2世によって献納された。

王家の墓を盗掘したかどで告発された人々の審判のために使用された。アクエンアテンは、「マアトに従って生きる」者と自称した（もう1つの解釈は、「マアトに則って生きる」である）。王家の墓を造る任務にあった労働者たちが住んでいたデイル・エル゠メディーナ村は、古代エジプト人たちに「真実の場」（セト・マアト）として知られていた。女神としてのマアトは、ダチョウの羽を頭に載せ座っている女性か、羽だけで表現された。その崇拝は古王国時代以降に見られる。

埋葬習慣　burial customs

来世信仰、副葬品および墓は、埋葬と結びついた儀礼や儀式などよりもあらゆる点でより良い証拠となる。先史時代から、共同墓地の場所として好まれたのは、日が沈む方角にして死者の国とされたナイル河西岸であった。先王朝時代において、遺体は、子宮内の赤ん坊を想起させるような、手足を折り曲げた体勢で埋められた。この習慣は、おそらく故人の再生を願ったためと思われる。手足を伸ばした体勢での埋葬は、古王国時代以降より一般的となり、死者は日の出によって約束される再生を願うために東を向いた横向きの姿勢で埋葬された。古くから埋葬の特徴の1つは、死後の生活における信仰を示す副葬品であった。エジプトが第1王朝のはじめに統一国家へと歩みはじめたとき、大量の副葬品を埋めることは慣習となった。初期王朝時代以降、副葬品の量や質、および墓の大きさやその装飾が、人々の社会的階級の違いを如実に物語るようになった。埋葬習慣における最も重要な発展の1つは、古王国時代において死者の肉体を永遠に保存するために生み出されたミイラ製作が広く行なわれるようになったことである。

葬式自体は様々な儀礼を伴っていた。古王国時代には「赤壺壊し」と呼ばれる実態がよくわかっていない儀式が行なわれ、中王国時代には「テケヌ」と呼ばれる象徴的人形を使った儀式が行なわれることもあった。墓への葬列は、明らかに服喪のためのものであり、「ムウ」の踊り子たちが重要な役割を担っていた。棺は棒で支えられて空中に掲げられ、荷車で運ばれるか、もしくは人かウシに曳かれたそりに乗せられるかした。新王国時代の葬式の様子が詳しく描かれた絵には、泣き屋の集団や奉納品の運び手、お神酒、祈り手が描かれている。一度墓の中にミイラが入れられると、供物を食べて来世で生きながらえるように、開口の儀式が執り行なわれた。富裕な人々はたいてい生きている間に墓の準備をし、永続的な奉納品の供給を確実にするために、彼らの死後崇拝用の食糧を用意させることを最重要視した。

ジェベレインにある先王朝時代の墓は典型的なエジプトの埋葬習慣を示している。それは死者のための副葬品と肉体の保存である（写真の遺体は自然にミイラ化したものである）。

埋葬品　grave goods

副葬品の項を参照。

埋葬用模型　tomb models

エジプトの来世信仰の重要な特色は、墓に埋葬された物が呪術的に蘇るゆえに、描かれ

た物と人の代わりを務めるという観念であった。このため、先王朝時代以来、副葬品に模型が含まれていた。最も単純な模型は、土器容器や穀物蔵とともに食物と飲物を描いたものや、ベッド、家屋、そして舟もまたかなり一般的であった。古王国時代には、来世において熟練を必要としない仕事を行なうために、しばしば高い身分の人々の墓に召使いの小像が含まれていた。単体であった人物の像は、徐々に食物の用意、手工業生産と牧畜というより複雑な場面に取って代わられた。この種の集団模型は、第一中間期と中王国時代初期に一般的となった。精巧な舟はまた、死者をアビドスへの死後の巡礼に参加させるために埋葬に含まれていた。最も有名な埋葬用模型は、テーベにあるメケトラーの墓で発見された。埋葬用模型は中王国時代後期には人気が衰え、それらの機能は大幅に「シャブティ」像に取って代わられるようになった。

マイヘルペリ　Maiherpri

　第18王朝半ばの高官。王宮の養育施設で育ち、王の右側の扇持ちであった。彼の身体的特徴は、彼がヌビア人を祖先に持つことを示している。1899年に発見された王家の谷にある損傷の少ない、おそらくアメンホテプ2世かトトモセ4世治世のものと思われる彼の墓からは、「死者の書」の複写、皮製の矢筒および腰布を含むみごとな副葬品が発見された。

マーウェル　Merwel

　マンドゥリスの項を参照。

マズグーナ　Mazghuna

　ナイル河西岸にある遺跡で、ダハシュールの南方4キロメートルに位置する。メンフ

第11王朝のメケトラーのテーベ埋葬は、この食糧を運んでいる女性の召使いの彩色された木製像を含む数多くの埋葬用模型を収容していた。

ィスのネクロポリスの最南端に位置し、中王国時代の2基のピラミッドがあるが、現在は破壊されている。この2基のピラミッドをアメンエムハト4世とソベクネフェルウのものと考える研究者もいるが、これらは第13王朝のものと推定される。

マスタバ　mastaba

　古代エジプトの墓の形式。日乾レンガ製や石製の長方形型上部構造を持ち、わずかに内部へ傾斜し上部は狭くなっている壁を持つ。マスタバという呼び名はアラビア語由来で、典型的なエジプト人の家の外に置いてある「ベンチ」に外観が似ている。第1王朝と第2王朝の王墓は、マスタバ状の上部構造を持っていたと考えられるが、残っているものはない。マスタバは初期王朝時代と古王国時代を通じて、私人のために造られた。精巧に内部の部屋を装飾したものの好例がいくつかサッカラにある。玄室と貯蔵室は地下に位置し、竪穴を通って入室する。中王国時代には、岩窟墓がマスタバに代わって、個人の葬送記念物として使われるようになったが、アブシールなどメンフィスのネクロポリスでは、引き続きマスタバが造られた。新王国時代の建築物や末期王朝時代の下エジプトやアビドスの墓には、マスタバの伝統がかなり受け継がれている。

マスタバ・エル＝ファラウン　Mastabat el-Fara'un

　シェプセスカフのためにサッカラ南部に建てられた巨大な石棺型の石造葬送記念建造物。

マスペロ、ガストン　Maspero, Gaston

　エジプト学の項を参照。

町と都市　towns and cities

　墓や神殿の数に比べると、比較的少数の居住地しか発掘されていないことから、古代エジプトにおける都市生活の状況はいまだ部分的にしかわかっていない。近年、考古学者たちは彼らの注意を町や都市へと徐々に向けつつあり、アヴァリス、ダクラ・オアシスにあるバラト、ブト、エレファンティネ、そしてペル・ラメセス等の遺跡において重要な成果を上げている。すべての時期において、都市化の過程は地理的そして政治的要因に大きく左右されてきた。最も古いいくつかの町は、貿易ルートと資源の開拓のために、戦略上の要所として発展した。それゆえ、砂漠の端に位置した初期の家屋群に取って代わり、壁に囲まれた居住地が先王朝時代後期にナガダやヒエラコンポリスにおいて発展した。ナイル河谷に沿って、王都と宗教的拠点、地方都市、そしてより小規模な村々からなる居住地の序列があったようだ。しかしながら、古代エジプトは近東の他の地域で発見されたような密度の濃い都市共同体を欠いていたようである。

　集中的に発掘された居住地は、おそらく典型的なものではなかった。ほとんどがピラミッド都市（カフーンのような）と労働者の村（デイル・エル＝メディーナのような）で占められていて、長方形の平面と格子状の道からなっていた。アマルナでさえ王家の都市として設計され、極端に急いで建設されたものであった。時とともに有機的に発展した居住地は、それほど残存状況がよくない。

末期王朝時代　Late Period［紀元前664-332年］

　エジプト学者たちによる大まかな時代区分の最後の期間。第三中間期の終わりから、ア

レクサンドロス大王によるエジプト征服までの数世紀をさす。第26王朝のはじめまで本当の意味で統一がなされていなかったが、末期王朝時代に第25王朝を含む研究者もいる。またサイス朝期〔第26王朝〕を別扱いして、末期王朝時代の開始を第27王朝からとする研究者もいる。

概して末期王朝時代は、数多く残存している記念建造物のおかげで記録が豊富であるが、新王国時代ほど研究は進んでいない。先の第三中間期と同様に、末期王朝時代は、エジプトの全住民内の様々な異民族の隆盛により特徴づけられる。また個人信仰とともに動物崇拝がさかんになった時代でもあった。宮廷文化は創造性を求めて古王国時代を回顧し、古風な様式を生み出した。

マネト　Manetho

紀元前3世紀初頭のセベンニトスのエジプト人神官で、プトレマイオス2世に最初期から第30王朝終わりまでのエジプトの歴史を編纂するよう命じられた。「アイギプティアカ」(『エジプト誌』)という題がついたその著書は、おそらく神殿記録に重きを置いて記されたようだ。二次資料としてのみ現存しており、ユダヤ人歴史家のヨセフスと3人の初期キリスト教徒の著述家(ユリウス・アフリカヌス、エウセビオスおよびシンケルスと呼ばれることもあるゲオルギウス)のものがある。マネトは、現在でもエジプト学者たちによって利用されている王朝区分の考案者としてよく知られている。

魔物　demons

下位の神々やその他のより些細な超自然的存在に対してエジプト学者たちによって使われる用語。こうした存在は、アムムウトやその他の混沌の力を象徴する魔物たちと同じく冥界と関わりを持ち、世界の端に住んでいると信じられた。彼らの善の側面は、長いナイフを使って太陽神を守る存在として、しばしば「死者の書」に描かれた。ライオンの女神セクメト神の従者たちは、2番目に大きな魔物の集団であった。それらはセクメト神の邪悪な側面の象徴であり、毎年1年の終わりに特に活発になると考えられていた。彼らと対極にあるのがオシリスの従者たちであっ

王妃の谷における第19王朝のネフェルトアリの墓の装飾されたレリーフ。冥界の魔物の1体を示しており、夜の旅の間に太陽神を守るための1組のナイフを持っている。

た。

マヤ　Maya

トゥトアンクアムン治世中の大蔵大臣。豪華に造られたレリーフや彩色された装飾を持つマヤの墓は、1980年代にサッカラで再発見された。

サッカラにある第18王朝のマヤの墓出土の彩色石灰岩製レリーフ。祈りのために手を挙げている場面が表わされた。マヤはトゥトアンクアムン治世の間、大蔵大臣として仕えていた。

マリエット、オーギュスト　Mariette, Auguste

エジプト学の項を参照。

マール　marl

土器の項を参照。

マルカタ　Malkata

西テーベの南端に存在する遺跡。アメンホテプ3世が自身の「セド」祭の祝典用に造った複合施設。彼の治世第29年と30年（紀元前1360年頃）に建造されたその建物群は、厨房、貯蔵庫および宮廷役人たちの大邸宅を含む居住地区によって取り囲まれた4つの王宮からなる。彩色された漆喰の断片は、王宮の建物の豊かな装飾を示している。マルカタの東に隣接する巨大な人造湖である「ビルケト・ハブ」は、おそらく水上の儀式を開催するために同時期に建設された。

マンドゥリス／マーウェル　Mandulis／Merwel

下ヌビアの太陽神。通常、ギリシア語名のマンドゥリスとして知られる。下ヌビア全土で崇拝されていたが、ローマ時代初期にマン

ドゥリスに捧げられた神殿(現在はアスワン・ハイ・ダム近くに移設されている)があったカラブシャで最も知られている。フィラエにあるマンドゥリスの聖堂は、同神をイシスの片割れと呼び、ギリシアの太陽神ヘリオスと関連があるとしている。また後の史料は、マンドゥリスをホルス神およびギリシアの神アポロと同一視し、太陽との関係を暗示している。

マンドゥリスは、通常ヒツジの角、太陽円盤およびコブラ、さらにこれらを囲む細長い羽飾りからなる冠を被る男性として描かれる。また彼は同じ特徴を持つ冠を被った人間の頭部を持つ鳥としても表わされる。

「マンミシ」 *mammisi*

女神の結婚とその子供の誕生を祝うための神殿建造物。おそらくデイル・エル゠バハリやルクソール神殿にある建物のような初期の「神の誕生」聖堂が起源であり、デンデラ、エドフおよびフィラエにある「マンミシ」が知られている。プトレマイオス朝時代になると、それらはたいてい主神殿に対して直角をなすように配置され、柱と柱の間に障壁を伴う小型の周柱式神殿の形態を取るようになった。コプト語に由来する「マンミシ」という用語は、ジャン゠フランソワ・シャンポリオン（エジプト学の項を参照）によって作り出され、「誕生殿」と同じ意味で使われる。

ミイラ mummy

ミイラ製作の項を参照。

ミイラ製作 mummification

乾燥剤および様々な処理を施すことによって遺体の腐敗を防ぐ方法。先王朝時代には、砂漠表層に浅い穴を掘って遺体を埋め、自然乾燥によって防腐処理したようだ。肉体保存の必要性は、すぐにエジプト人の来世信仰の中核の1つとなった。樹脂を浸み込ませた包帯で死者を包む行為は、おそらく儀礼上の理由でバダリ期にはすでに行なわれており、

第11王朝の土地管理人ウアフのミイラを開封したところ。ミイラ製作の最終段階を逆順で見ることができる。

死者の身体をミイラ製作している場面を描いためずらしい場面。エル゠ヒバ出土の末期王朝時代のジェドバスティウエフアンクの彩色棺から。

ヒエラコンポリスとアダイマの先王朝時代の墓で確認されている。先王朝時代後期にレンガ貼りの棺や玄室が増え、自然乾燥に支障が出ると、人為的な防腐処理法が発達した。第2王朝には、頭からつま先まで全身が樹脂の浸み込んだ包帯で包まれた。体内はすぐに腐敗したけれども、外見は包帯を巻くことによって維持された。最初の真正ミイラ——ミイラ（mummy）」という呼び名は、ムミア（mummia「瀝青」の意）に由来する。多数のミイラが黒っぽい外見であることによる——は、おそらく古王国時代初期に作り出された。内臓の除去は、腐敗を防ぐための重要な工程で、第4王朝初期のヘテプヘレスの埋葬において確認されている。発掘されたうち最古のミイラはメイドゥム出土で第5王朝に年代づけられている。

ミイラ製作過程の詳細は、ミイラそのものの研究およびヘロドトスの著作の記述から確認することができる。まず、遺体をナトロンを満たした浴槽の中で洗浄し、清める。次に内臓は、腹部に入れた切れ目から取り除かれた。安価な方法の場合、肛門から取り除かれた。心臓のみ遺体に戻され、残りの臓器はたいてい洗浄され、ナトロンに漬けられたあと、専用のカノポス壺に入れられた。しかしながら、第三中間期には、すべての内臓が通常ミイラ製作過程の終わりに遺体に戻されるようになった。中王国時代初頭以降は、脳は鋭い鉤状の道具を用いて鼻腔から掻きだされた。胴体のほうは、体内およびその周囲に乾燥ナトロンが詰められて乾燥させられた。この作業が終わると、体腔に香料が詰められ、切開部が縫合された。新王国時代と第21王朝には、体腔を膨らませ、生きているかのような外見を保つために、藁束や樹脂を浸み込ませた亜麻布製の包帯がしばしば身体の空洞内に置かれた。最後に樹脂およびその他の軟膏に浸した亜麻布製の包帯が全身に巻き付けられた。遺体を包むためには大量の包帯が必要であり、その過程には数日かかったに違いない。アミュレットは、身体に対する呪術的保護をもたらすために包帯の中に置かれた。古典期の叙述家たちの説明によると、ミイラ製作の全工程には、いずれの段階にも儀式があり、通常70日程度かかった。多大な時間と費用を必要としたので、ミイラ製作は当初はエリートに限られていたが、プトレマイオス朝時代およびローマ時代にはより広く普及した。動物のミイラ製作は、末期王朝時代の神聖な動物崇拝において慣習とされた。ミイラは古代エジプト文化の最も代表的な産物の1

つで、想像力という点において強い影響力を持ちつづけている。開口の儀礼を参照。

ミケーネの　Mycenean

ギリシアのペロポネソス半島のエーゲ海沿岸にあるミケーネ遺跡に属するもの、あるいはその特徴があるもの。エジプトとミケーネとの接触は、新王国時代に最もよく確認されている。ミケーネの土器は第18王朝の遺跡で発見されており、アマルナでの出土がよく知られている。ミケーネ出土のパピルスの断片は、ミケーネの軍人がアクエンアテンの軍で傭兵として仕えたかもしれないことを示している。ミケーネとその周辺地域は、ミノア文明のクレタ島に代わって、新王国時代後期のエーゲ海でのエジプトの主な貿易相手になったようである。

アマルナの第18王朝の家屋で発見されたミケーネの巡礼用フラスコ。おそらく高級油の容器として使われた。

ミケリノス　Mycerinus

メンカウラーの項を参照。

ミタンニ　Mitanni

紀元前16世紀におそらくカスピ海南岸沿いのメソポタミア北部で興った王国。しだいにシリアへと南下拡大していき、第18王朝の間、レヴァントでのエジプトの主な対抗勢力となった。ナハリンとしてエジプト人に知られていたミタンニは、トトモセ1世の軍と戦い、メギドの戦いにおいてトトモセ3世の部隊と対峙した。やがて友好関係が確立され、トトモセ4世およびアクエンアテンとミタンニの王女たちとの政略結婚によって強化された。ミタンニは、強大化するヒッタイトの力に対抗するうえではエジプトにとって最良の同盟国であったが、結局はヒッタイト帝国に征服され、吸収されてしまった。ミタンニ軍は、カデシュの戦いでヒッタイト側に立って戦った。ミタンニの国土は、後にアッシリア人によって征服された。ミタンニの人口の大部分は、フルリ人だが、支配者たちは、インド＝ヨーロッパ語を話した。彼らは、近東に馬術と戦車を導入するのに貢献したようである。

ミツバチ　bee

養蜂はエジプトにおいて先史時代から行なわれており、収穫者たちは砂漠の辺境に住む野生のミツバチから蜂蜜を採っていた。ミツバチは蜂蜜の原料——エジプトの食物と飲物の主たる甘味料——や医術と金属加工術に使用された蜜蠟として重要であった。養蜂者たちは、アブ・グラブのニウセルラーの太陽神殿やテーベにおける第18王朝のレクミラの墓に描かれている。宗教的な文脈において、ミツバチは下エジプトと結びついている。第1王朝に導入された王の称号の1つ「ネスウト・ビティ」は、「スゲとミツバチの君主」を意味し、王の権威の二元性に関連づけられ

た。サイスのネイト神殿は、「蜂の館」として知られている。

ミルギッサ　Mirgissa

第2急灘の南端にある下ヌビアのナイル河西岸の遺跡。現在はナセル湖の下に水没している。ミルギッサは、古代エジプトの町イケンと同一視されており、中王国時代の碑文によると、エジプト人支配下の下ヌビアおよび下ヌビア以南の地域の貿易を独占していた。遺跡における考古学的調査は、この地がイケンであることを裏づけている。第12王朝の2つの要塞群は、貿易ルートを守るために建てられた。他の特徴としては、穀物庫、武器の製造と貯蔵用の武器庫、船用波止場およびカブカ急流の周辺にある船を引っ張り上げる坂道がある。

ミン　Min

豊饒の神でエジプトの神々の中でも最古の一柱。彼の特徴的なシンボル(雷電、矢羽のついた矢、戸のかんぬき、あるいは化石といった様々な解釈がなされている)が刻まれたある化粧用パレットやコプトス出土のイシファリック〔勃起した〕な豊穣の神の巨像は、ミン信仰がすでに先王朝時代に存在していたことを示している。コプトスは彼の主要な信仰拠点であり、ワディ・ハンママートの入り口にあったことから、おそらくミンに東方砂漠の守護者という第2の役割を与えたのであろう。同地方全域のすべてのペトログリフにはミンが描かれている。中王国時代にミンはホルスと新王国時代には創造者アムンと密接に結びつけられた。混合神アムン＝ミンはカルナクで崇拝された。また後の時代には、ミン信仰はアクミムでも実施された。彼は自分の左手で勃起したペニスを握り、右手で殻竿を高く掲げているミイラの姿をした男性として描かれた。彼はつねに2枚羽根の被り物を被った姿で表現され、しばしば、レタス畑の前に立っている。レタスは液汁が乳状で精液に似ているので、古王国時代からミンと結びつけられていた。「セド」祭にはしばしば王の精力が持続するようにするため、ミンの祭りが含まれていた。

ワディ・ハンママートのシルト岩採石場から出土したミンの線刻画(第17王朝ソベクエムサフの治世)。豊穣の神ミンは、ワディ・ハンママートの入り口であるコプトスの土着の神で、東方砂漠全体の守護神であった。

ミンシャト・アブ・オマル　Minshat Abu Omar

先王朝時代と第1王朝の大規模な共同墓地が発見された北東デルタの遺跡。副葬品は、上エジプトとの強い結びつきを示しており、

同地の共同体が繁栄していたのは、パレスティナとの交易にとって戦略的に良い立地であったからのようである。ボーリング調査により初期の居住地域が明らかになっている。この共同墓地は、末期王朝時代に埋葬に再利用された。

ムゥト　Mut

アムンの妻およびコンスの母としてテーベ地域で崇拝された女神。ムゥト信仰は、彼女がアムンの妻となった中王国時代後期から知られている。彼女は別の女神セクメトと密接に結びつけられ、両女神はラーの娘や目と考えられ、地上（の人間）を恐怖に陥れるために送り込まれたと考えられた。カルナクのムゥト複合施設にあるライオンの像は、ムゥトのこうした側面を強調している。これとは対照的に王の聖なる母としての保護者的役割を持っており、アミュレットにはしばしば膝に子供を抱き授乳している姿が描かれた。美術では、彼女はパピルスの笏を持ち、長い衣装をまとい、白冠か二重冠の上にハゲワシの被り物をかぶった女性の姿で表わされている。アムンの神妻は、ムゥトの現身と考えられた。

ムゥトエムウイア　Mutemwia

トトモセ4世の妻でアメンホテプ3世の母。ルクソール神殿のレリーフには、彼女がアムン神と結合することによってアメンホテプ3世を授かった場面が描かれている。アムン神との結合という手段によって、彼女が彼女の息子を妊娠している様子を表現している

「ムウ」の踊り子たち　*muu* dancers

葬列に沿って踊る儀礼的な踊り子。しばしば墓の装飾に描かれ、特に中王国時代には、

メディネト・ハブのラメセス3世葬祭殿出土のムゥト神の彩色レリーフ。ムゥトは新王国時代に国家神アムンの配偶者として傑出した存在となる。

彼らは特徴的なキルトとアシの冠によって同定される。

ムクダム、テル゠エル　Muqdam, Tell el-
レオントポリスの項を参照。

ムネヴィス／メル゠ウェル　Mnevis / Mer-wer

太陽神ラーの「バー」の顕現とみなされたヘリオポリスの聖なる雄牛。他の聖なる雄牛と同じく、ムネヴィスの雄牛は同時期に1頭のみとされた。ムネヴィスは全身黒毛でなければならなかった。聖なる雄牛のそれぞれは豪華な埋葬がなされ、ヘリオポリス北東の遺跡から出土したラメセス朝期の埋葬が知られている。太陽を含意するため、ムネヴィス信仰は、アクエンアテンの治世も継続された。アマルナの境界石碑は、「アケトアテンの東の山にある」いまだ発見されていないムネヴィスの埋葬地のことが書かれている。美術において、ムネヴィスは、角の間の太陽円盤とウラエウスとともに描かれた。ムネヴィスを産んだウシは、そのことゆえに女神ヘサトとして崇拝された。

迷宮　labyrinth

古典期の著述家たちが、ハワラにあるアメンエムハト3世の葬祭神殿に与えた名称。この神殿が多数の礼拝堂および回廊からなっていたことによる。ただし、今日残存しているのはごくわずかである。

メイドゥム　Meidum

ファイユームへの入り口に近いナイル河西岸に位置し、古王国時代初期の崩れピラミッドで有名である。この建造物は、もともと階段ピラミッドとして建造され、後に平らな面からなる真正ピラミッドへと形を変えた。遺跡にある新王国時代の落書きは、第4王朝のスネフェルによって完成されたとしているが、この建物の初期段階のものは、前任者フニとの関連がしばしば見られる（直接的証拠を欠いているが）。碑文を持たない2つの石碑がピラミッドの東側にある葬祭殿で見つかった。河岸神殿はいまだ発掘されていない。ピラミッドの東側および北側を囲んでいるのは、高官や王族に関係した人々の墓域である。そこには彩色された素晴らしいガチョウのレリーフ（現在はカイロ博物館所蔵）のあるネフェルマアトのマスタバや初期彫刻の傑作である彩色された彫像のあったラーホテプとノフレトの墓がある。フリンダース・ピートリ（エジプト学の項を参照）は、メイドゥムにおいて第5王朝期に年代づけられる最古のミイラを発見した。

メイドゥムの第4王朝初期のピラミッドは、数度にわたる悲惨な崩壊により、荒石の山の上にただ階段状の石造建築が残っているだけである。

メイル　Meir

中エジプトのナイル河西岸に位置する遺跡。第6王朝から第12王朝に年代づけられている一連の岩窟墓（東へ8キロメートルの所にある）でよく知られており、クサエの州侯たちおよびその家族のために造られた。

墓の主には、アメンエムハト1世治世の州候センビやウクホテプという同じ名前を持つ多くの個人が含まれる。従者たちの竪坑墓が崖の周辺に掘られている。

メギドの戦い　Megiddo, Battle of

トトモセ3世軍とカデシュ王連合軍との軍事的衝突（紀元前1457年頃）。後者はおそらくミタンニからの援助を受けていた。広範囲にわたるエジプトの軍事活動の一環であり、都市国家の反乱鎮圧および彼らの忠誠の確保を目的としていた。戦闘は、トトモセ3世単独統治の初期にメギド（現在はイスラエルのイズレエル谷にある）で勃発した。メギドは、エジプトからレヴァントへの主要ルートを管理する戦略上重要な場所であった。トトモセ3世は、カルナク神殿の壁面およびジェベル・バルカルに建てた石碑に刻まれた自らの年代記にこの戦いの描写を含めた。これは史上最古の詳細な戦闘記録である。王の美徳を讃えることが企図されたその碑文によれば、トトモセ3世は将軍たちの忠告を無視し、その代わりに狭い道を通って軍隊を行進させるというメギドを直接攻めるルートを選んだ。戦略はうまくいき、エジプト人たちは不意を突いて敵を捕らえることができた。カデシュとメギドの支配者は都市に逃げた。そこで彼らは、服を掴まれて城壁まで引っ張り上げられた。7ヵ月間の包囲の後、メギドはエジプト軍に占領され、住民は捕らえられた。

メケトアテン　Meketaten

第18王朝の王アクエンアテンと妻ネフェルトイティとの間に、治世5年か6年目に生まれた次女。メケトアテンは、アマルナの王墓の一室に埋葬された。その壁画装飾は、彼女の死の際の葬送場面を含んでおり、彼女が出産時に亡くなった可能性を提案している。

メケトラー　Meketra

メンチュホテプ2世の治世に大蔵大臣や王宮の執事として仕えた第11王朝の高官。デイル・エル゠バハリ近郊にあるメケトラーの墓には、素晴らしい24個の木製の埋葬用模型一式が埋葬されており、船に奉納品を運ぶ人々から家屋の模型、さらに複合的な絵画表現を示すウシの頭数確認の様子にいたるまで様々な模型があった。

快適な日よけのある席でウシの調査を実施する様子が表わされているテーベの第11王朝のメケトラーの墓から出土した木製模型。

メジャイ　Medjay

　エジプトおよびヌビアの東方砂漠からやってきた遊牧民。メジャイは古王国時代末期のエジプトの文書に初めて言及される。ウェニの碑文は、彼らがエジプトの軍事活動に従事していたことを伝えている。中王国時代には、下ヌビアの要塞で守備隊を務め、彼らと同類の部族民による攻撃を防ぐ働きをしていた（セラ東にある要塞は「メジャイの抑圧」と呼ばれていた）。第二中間期以降、メジャイは砂漠の偵察者としてエジプト人に雇われた。彼らをパン・グレーヴ文化の担い手であるとする研究者たちもいる。第18王朝には、準軍事的な警察隊となり、メジャイという言葉は、新王国時代を通して、民族集団というよりは、職業を意味するものとして使用された。この言葉は、第20王朝以降では確認できないが、紀元前5世紀と4世紀にクシュと戦ったメデドと呼ばれた人々が同一の集団であったのかもしれない。

メシュウェシュ　Meshwesh

　リビア人、ショシェンクの項を参照。

メスケネト　Meskhenet

　子供の運命を決めると信じられていた出産の女神。死者の審判や再生復活に関係する葬礼の女神でもあった。メスケネトは民間宗教において重要な家庭の神であったが、特定の信仰拠点を持たなかった。メスケネトは女性の頭を持った出産用レンガ（その上で出産をする）として、あるいは出産用レンガを持った女性、また、頭の上に子宮を象った女性として描かれた。

メソポタミア　Mesopotamia

　現代のイラクに相当する「2つの河（ティグリス河とユーフラテス河）の間の土地」。シュメール、アッカド、アッシリアおよびバビロニアの古代国家があった。メソポタミアのエジプトとの関係は、先王朝時代後期に最も顕著であり、上エジプトの新興エリート層が自らを権威づけるために、メソポタミアの図像や建築（そしておそらく筆記のアイディアも）を模倣し採用した。メソポタミアとエジプトとの間の散発的な貿易は、特にラピスラズリによってあらゆる時代で確認されている。末期王朝時代には、アッシリア人がエジプトを大いに脅かし、第25王朝末期に征服された。

紀元前4千年紀後半のメソポタミアとエジプトとの密接な文化交流は、ジェベル・エル＝アラクから出土したこの彫刻が施された象牙製ナイフの柄のモチーフから窺われる。2頭のライオンの間に立っている男性は、同時代のメソポタミアの図像であることを明確に示しており、さらにシュメール式の頭部用の巻物を被っている。

メダムード　Medamud

　カルナクの北約5キロメートル、上エジプトのテーベ地域にあるナイル河東岸の遺跡。最大の特徴は、モンチュ、ラートタウイおよびハルポクラテスの三柱神（トライアド）に捧げられた神殿である。古王国時代後期に年代づけられる同神殿の最古の部分は、「古典的」なエジプトの神殿とはかなり異なった

構造をしている。日乾（ひぼし）レンガ製の小神殿が不規則な多角形の周壁によって囲まれており、内側には木立が植えられていた。この小神殿の裏手には、いずれも塚に覆われた小部屋へとつながる曲がりくねった回廊が2本ある。中王国時代の神殿遺構出土の石材が残っており、そこにはセンウセレト3世、ソベクホテプ3世、ウガエフおよびソベクエムサフを含む第12王朝と第13王朝の様々な王たちの名が記されていた。現存する神殿建造物は、トトモセ3世とアメンホテプ2世の治世に年代づけられ、プトレマイオス朝時代とローマ時代に増築がなされている。雄牛の姿をしたモンチュ神に捧げられた小さな礼拝堂が2つのコプト教会遺構の近くに残っている。

メチェン　Metjen

　第3王朝末期から第4王朝のはじめにかけて要職にあった官僚。彼のマスタバ（もともとサッカラにあったが、現在はベルリンにある）には、政府内での彼の業績が詳しく書かれた自伝が刻まれており、初期のエジプト行政についての重要な資料である。また古王国時代の素晴らしい彫刻の一例でもあるメチェンの彫像が現存している。

メディネト・エル＝ファイユーム　Medinet el-Fayum

　ファイユーム地方の行政府として機能した町の現代名。居住地はおそらく初期王朝時代に同地に建てられ、中王国時代にワニの神ソベクの重要な信仰拠点となった（それゆえ町の古典期の名前はクロコディロポリス〔「ワニの町」〕）である。ソベク神殿の最古の遺構は、第12王朝期とされているが、建物のほとんどは、クロコディロポリスがアルシノエ州の州都でもあったプトレマイオス朝時代や

ローマ時代に建てられた。古代の遺物の多くは現在の町の下にある。

メディネト・ハブ　Medinet Habu

　保存状態が良好なラメセス3世葬祭殿がそびえ立つ西テーベにある遺跡。初期の活動は、第20王朝期の周壁内にあった第18王朝期の小さな神殿（ハトシェプストとトトモセ3世の時期）に代表される。この小神殿はルクソール神殿のアムン神に捧げられたものであった。アムンの神像は、10日ごとにメディネト・ハブに運び込まれた。ラメセス3世の葬祭殿は、もともと運河を介してナイル河とつながっており、巨大な日乾（ひぼし）レンガの壁で囲まれ、入り口にはシリアの要塞（「ミグドル」）をまねた防御力を高めた塔があった。門の上にあるいくつかの部屋は王の私室であったようだ。部屋はラメセス3世と王宮のハーレムの女性たちを描いた場面で装飾されている。葬祭殿自体は、神格化した王（「永遠と結合したアムン＝ラー」）へ捧げられたものであった。それゆえ、外壁は王権の図像で装飾されている。第1塔門の外側の面は、敵を打ちすえている王の場面が描かれており、一方、北壁の装飾は海の民との戦いの場面が描かれている。

　この神殿はもともとラメセウムを模倣して設計された。第1中庭は、重要な機会に王によって使用された臨御（りんぎょ）の窓を含んでおり、小さな王宮の裏とつながっていた。第2中庭には、色彩豊かな宗教祭祀の場面がある。列柱室を含む葬祭殿の奥部は、現在石造部分の大部分が破壊されて低くなっている。周壁をめぐらせた葬祭殿は、内戦時に避難所として使用され、第20王朝期には、デイル・エル＝メディーナの住民が移ってきた。末期王朝時代には、アムンの神妻（しんさい）の称号を持つ何人か、

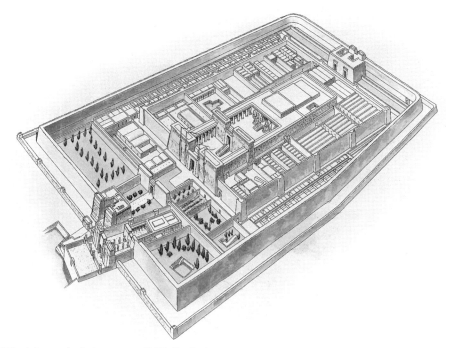

メディネト・ハブにあるラメセス3世葬祭殿の復元図。第20王朝初期に完成した。

特にアメンイルディス（カシュタの娘）とその後継者シェプエンウェペト2世が葬祭殿前方の石造りの墓に埋葬された。プトレマイオス朝時代には、ジェメの町が葬祭殿の壁の反対側に建てられた。第2中庭は、ローマ時代に教会として使用された。

メディネト・マアディ　Medinet Maadi

ファイユームの南西端に位置する。主要な記念建造物は、アメンエムハト3世とアメンエムハト4世の治世に建てられ、コブラの女神レネヌテトに捧げられた保存状態良好の神殿である。その内側にある聖域は、レネヌテトおよび2人の王家の建築士に捧げられた3つの礼拝堂からなる。神殿はプトレマイオス朝時代に参道を形成する3つの要素であるキオスク、柱廊式玄関および横長の広間が増築され拡張された。ローマ時代の遺跡も残っている。

「メナト」　*menat*

ハトホルの像で装飾された錘（おもり）の名称。重量のあるビーズ製のネックレスにしばしばつけられる。

メネス　Menes

第19王朝の王名表や後の歴史記述によると、伝説上のエジプトの第1番目の王である。ヘロドトスは、メネスがナイル河の流れを変えることによって、メンフィスを建設したとしている。エジプト学者たちは、メネスはナルメルかアハのいずれか、または両者が合わ

さったものと考えている。

メムノン　Memnon
メムノンの巨像の項を参照。

メムノンの巨像　Colossi of Memnon
アメンホテプ3世の一対の巨大な石像。テーベ西岸にある彼の葬祭神殿（現在は崩壊している）の入り口に立っている。彫像は珪質砂岩（けいしつさがん）を彫り込んだもので、ティイの小像を両脇に従えて玉座に座る王を表わしている。巨像の側面にはハピ神のレリーフが描かれている。北側の石像は、紀元前27年に発生した地震により損傷し、その亀裂に風が吹き抜けることで、毎朝口笛のような音が響くようになった。ギリシアからの訪問者は、この石像を、ホメロスの登場人物で、夜明けの女神である母に歌を捧げたメムノンと結びつけた。紀元後3世紀の修復により巨像が口笛を吹くことはなくなったが、その名はそのまま残された。今日、メムノンの巨像は、テーベ西岸における重要な観光客の呼び物の1つとなっている。

メリカラー　Merikara [紀元前2000年頃]
おそらくメンチュホテプ2世によるエジプト再統一以前の第9王朝または第10王朝の王。彼を最後にその血統が途絶えた。アシュートの州侯であった第一中間期のケティ2世の墓の碑文は、メリカラーへの讃歌やヘラクレオポリス朝とテーベの軍隊との戦いの記録である。「メリカラー王への教訓」として知られるこの史料は、彼に話しかけるかたちがとられ、同時代の出来事について言及しているようである。メリカラーは、ピラミッドを建造したことでも知られているが、場所はわかっていない。

「メリカラー王への教訓」Instruction for Merikara
知恵文学作品の1つで、第18王朝期の写本が3つ残っているが、それより早い時期の第一中間期に編纂されたと考えられている。同作品では、王（ケティ）から彼の息子メリカラーに伝えられた王の教訓というかたちがとられている。同時代の詳細事項として、ティスの崩壊および聖なる都市アビドスへの言及などがある。より一般的には、同作品は人が生きる規範を詳しく説いたものである。内容は王権の慣例や危惧、天罰を反映している。そのため「悲観的な」分野の雰囲気を醸し出しており、中王国時代を代表する文学作品である。

かつてテーベ西岸の葬祭神殿の前に立っていた現在メムノンの巨像として知られているアメンホテプ3世の2つの座像。

メリトアテン　Meritaten

　第18王朝の王アクエンアテンとネフェルトイティの長女で、王の治世5年目よりも以前に生まれた。彼女はアクエンアテンとの間に1人の娘（メリトアテン＝タ＝シェリト）を産んだらしく、後年、アクエンアテンの治世末期に女子相続人としての立場を明確にするために「偉大なる王の妻」という地位を得るまでになった。彼女はアクエンアテンの後継者スメンクカラーの治世でも、この地位を保ったようである。

メリムダ・ベニ・サラーマ　Merimda Beni Salama

　カイロの北西60キロメートルのデルタ西部の端に位置する遺跡。発掘ではこれまでで最古の完全な定住村落遺構が見つかった。上エジプトのバダリ文化とほぼ同時期であるメリムダの先史時代の居住跡は、風よけと小屋がまるで通りに沿うかのように並んでいた。共有の穀物貯蔵庫をともなうこの明確な都市設計は、社会的組織の程度を窺わせる。この共同体は、漁業や農業、狩猟、畜産業で生計を立てていた。同遺跡の上層部出土の遺物としては、精巧な磨研土器、人間やウシの像、陶製の仮面、おそらく神を描いたものおよび洋ナシ型の棍棒頭などがあった。居住区内にあった子供の墓には、副葬品がまったくなかった。紀元前4千年紀初期、この遺跡はマアディ文化を継承する下エジプトの人々によって共同墓地として使われた。近東とアフリカの影響の融合が見られるメリムダは、文化発達の初期の重要な中心地であったようである。

メリラー　Meryra

　アマルナの北墓地に埋葬されたアマルナ時代の2人の高官の名前。メリラー1世は、アテン大司祭であった。メリラー2世はネフェルトイティの執事で、彼の墓の装飾には、アクエンアテンの治世12年に外国からの貢物を受け取る場面と、アクエンアテンの後継者スメンクカラーおよび「偉大なる王の妻」メリトアテンが描かれた。

メルエンプタハ／メルネプタハ
Merenptah ／ Merneptah（「プタハに愛されし者」の意）［即位名バエンラー＝ヘテプヘルマアト：紀元前1213年‐1204年頃］

　第19王朝の4番目の王で、12人の兄たちが父ラメセス2世よりも早世したことから王位を継承した。彼の治世で特筆すべきは、海の民と連合したリビア人によるエジプト攻撃であった。カルナク神殿の壁および記念石碑にはエジプトの勝利に関する記述があり、後者には現存最古のエジプト人によるイスラエルへの言及も含まれる（打ち負かした敵軍のリストの中にある）。その石碑は、西テーベにあるメルエンプタハの葬祭神殿で発見された。そこでは近くにあるアメンホテプ3世の記念建造物から大量の石材が再利用されていた。メルエンプタハは、王家の谷（KV8）に墓を建造したが、彼のミイラはアメンホテプ2世の墓（KV35）の貯蔵庫で発見された。彼の記念建造物で最も重要なものは、メンフィスの王宮である。

メルエンラー／ネムティエムサフ
Merenra ／ Nemtyemsaf ［紀元前2270年頃］

　第6王朝3番目の王で、ペピ1世の後継者。彼の6年間の治世の出来事は、ウェニとハルクフの自伝に記述されている。王のピラミッドはサッカラにある。

メルサ・マトルーフ　Mersa Matruh

アレクサンドリアの西 20 キロメートルの地中海沿岸にあるプトレマイオス朝時代の都市パラエトニウムの遺跡。潟の中にある島が新王国時代のエーゲ海貿易の中心だった。

メルネイト　Merneith

第 1 王朝の王デンの母で、おそらく彼が未成年の間摂政職にあった。その地位ゆえ、彼女はアビドスにある王家のネクロポリスに家臣用の付属墓のある墓を持つ特権が許されていた。メルネイトの葬儀用石碑には、彼女の名前が刻まれているが、当代の王のための「セレク」は省かれている。ネクロポリス出土のデンの印章は、メルネイトが「王の母」であることを明確に示しているが、第 1 王朝の終わりに編纂された王名表から除外されている。彼女が公職についていた期間は、エジプトで女性が権力を掌握していたという最初の事例である。

アビドスの第 1 王朝の王家の墓地から出土したメルネイトの葬儀用石碑。女王の名前が刻まれており、ウンム・エル=カアブにある彼女の墓の前に建てられていた。

メルネフェルラー・アイ　Merneferra Ay

アイ（1 世）の項を参照。

メルネプタハ　Merneptah

メルエンプタハの項を参照。

メルメシュア　Mermesha ［即位名スメンクカラー：紀元前 18 世紀後期］

第 13 王朝の王（17 代目か 18 代目）で、彼の名前の意味は「軍の司令官」である。それゆえ、軍人として権力を握ったということになるだろう。残存する彼の最も重要な記念物は、現在カイロのエジプト博物館にある 2 体の巨大な彫像である。

メレトセゲル　Meretseger

「西の頂」という名でも知られているテーベのコブラ女神。王家の谷を見下ろす山に棲むと信じられていた。彼女の名前の意味は「沈黙を愛する女」で、罪を犯した者を盲目の刑に処すると考えられていた。新王国時代の間、西テーベ全域で崇拝されており、特にデイル・エル=メディーナでは多くの石碑がメレトセゲルに捧げられた。第 20 王朝以降、テーベのネクロポリスの衰退と重なって、彼女の信仰も重きを置かれなくなった。

メレルカ　Mereruka

テティおよびペピ 1 世治世の最高判事であり、テティのピラミッドの神官監督官でもあった宰相。彼の高い地位は、王族関係者との婚姻によるものであった。彼は妻と息子とともに特徴的なマスタバ墓に埋葬された。このマスタバ墓はテティ 1 世のピラミッドが近くにあり、隣にカゲムニの墓がある。サッカラの個人墓として古王国時代最大のものである。同墓の装飾は古王国時代の文化を知る

うえで重要な資料であり、工芸品の製造やガゼルやハイエナを飼い馴らすことを試みる場面も含まれている。

メレルカの葬儀用の彫像は、彼のマスタバの中心に6本の円柱が建つ部屋にあり、まるで墓から供物を受け取るために抜け出しているかのように置かれている。

メロエ　Meroë

上ヌビア（南スーダン）のブタナ地方にあるナイル河東岸の遺跡。紀元前5世紀にナパタが消滅した後、メロエはクシュ王国の首都となった。このためヌビア文化の次の時期は、メロエ時代と呼ばれている。しかし、同遺跡の初期の記念建造物には、紀元前7世紀のイシス神殿とアムン神殿も含まれる。一連の共同墓地が王宮、工房および鉄精錬跡からなる居住地に付随している。メロエの墓は簡素なものからクシュ王家のピラミッドにまでに及び、同地は紀元前3世紀半ば、主要な王家のネクロポリスであるナパタを継承した。この時期、ヌビアのライオンの神アペデマクのための神殿がメロエの東に建てられた。クシュ王国は、紀元後350年に終焉を迎え、メロエは5世紀には完全に放棄された。

メロエの　Meroïtic

メロエの遺跡、特徴に所属するもの。

メンカウホル　Menkauhor［紀元前2375年頃］

第5王朝の7番目の王。彼のピラミッド複合体の位置は分っていないが、サッカラかダハシュールにあると考えられている。史料は太陽神殿についても言及しているが、これもまだ発見されていない。外国との交渉がレヴァント出土の碑文によって示されている。その他、王や王の治世についてはほとんど知られていない。

メンカウラー／ミケリノス　Menkaura／Mycerinus

第4王朝5番目で、最後から2番目の王である。カフラー王の息子にしてクフの孫であったメンカウラーはギザに第3のピラミッドを建てたが、彼が死去した際には未完成であったため、彼の後継者であるシェプセスカフが完成させた。通常の白い石灰岩の代わりに、赤い花崗岩の石材が用いられた。王のトライアド（三体像）とダイアド（二体像）の像（神々、ノモスを擬人化したものおよび

メンカウラーと第1王妃のダイアド像。1910年ギザで発見された。この素晴らしい作品は、エジプト彫刻の傑作の1つである。

彼の妻カーメレルネブティ）は、ピラミッド神殿内で発見された。そこでは彼の死後崇拝が古王国時代を通して維持された。メンカウラーの生涯についての詳細はヘロドトスによって記録されているが、同時代の碑文の中にはない。

メンチュエムサフ　Mentuemusaf ［即位名ジェドアンクラー：紀元前17世紀後期］

第二中間期後期（第16王朝または第17王朝）の短命の王で、彼の権力はおそらく上エジプトに限られていた。

メンチュエムハト　Mentuemhat

テーベ出身の高官で第25王朝から第26王朝にかけて活躍した。タハルコの治世に権力の座に就き、「都市の君主」という肩書きを得て、アムンの第4預言者に上りつめた。この地位で、彼はカルナクの増築を監督し、アスワンからヘルモポリスまで広がった巨大な神殿領を管理した。稀にみる良質なメンチュエムハトの彫像数点がカルナクで発見されている。アッシリア人によるテーベの略奪にもかかわらず、メンチュエムハトは、テーベの支配を維持しており、アッシリアの円筒印章には「テーベの王」と記された。柱と素晴らしいレリーフを持つ巨大な石材と日乾レンガからなる彼の墓はアサシフにある。

カルナク出土のメンチュエムハトの花崗岩製彫像。彼は第25王朝から第26王朝にかけてテーベ知事であった。

メンチュホテプ2世　Mentuhotep II（「モンチュは満足する」の意）［即位名ネブヘペトラー：紀元前2010年 - 1960年頃］

ヘラクレオポリス王家との内戦に勝利し、エジプトを再統一した第11王朝の王。彼は後の時代に（メンチュホテプ1世として）王の称号を得ることになる第11王朝の始祖メンチュホテプ（インテフ1世の父）にちなんで名づけられた。その治世年数に関してはいくらかの意見の相違がある。再統一後、メンチュホテプ2世は、行政を司る宰相職を再度導入し、リビア、ヌビアおよび東方砂漠のベドウィンに対する軍事活動を開始した。彼はデンデラ、ジェベレインなど上エジプトのあらゆる地に神殿を建てることを命じたが、彼の代表的な建造物は、デイル・エル＝バハリにある革新的な葬祭複合体であった。古王国時代と第11王朝の王墓の要素を組み合わせた今までにないその建築設計は、6世紀後に隣に造られたハトシェプストの記念建造物にインスピレーションを与えた。メンチュホテプの複合体から見つかったものには、王とオシリスを同一視した王の黒色の座像と石棺のほか、6人の王妃たちの副葬品などがある。

メンチュホテプ3世　Mentuhotep III［即位名スアンクカラー：紀元前 1960 - 1948 年頃］

　エジプト再統一後の第11王朝2番目の王。彼は東部デルタの端に沿って、要塞を再建築したという功績があり、後にエル＝カタアナの信仰の中心となった。この王の素晴らしいレリーフがエル＝トゥードを含むテーベ地域にある複数の神殿で発見されている。彼はまた、西テーベを見渡せるトトの丘の頂上に神殿と「セド」祭用の王宮を建てている。彼はしばしば、デイル・エル＝バハリの南の谷にある未完成の葬祭複合建造物と関連づけられている。

メンチュホテプ4世　Mentuhotep IV［即位名ネブタウイラー：紀元前 1948 - 1938 年頃］

　第11王朝の再統一後の3代目の王。彼は10年弱エジプトを統治し、ワディ・エル＝フディやワディ・ハンママート出土の一連の採掘碑文によってその存在が証明されている。後者はおそらくアメンエムハト1世として跡を継いだ宰相アメンエムハトについて記述している。

メンチュホテプ5世、6世、7世　Mentuhotep V, VI, VII［即位名セワジアラー、スアンクエンラー、メルアンクラー：紀元前 18 世紀半ば - 17 世紀後期］

　第13王朝と第二中間期後期（第16王朝あるいは17王朝）の間の短命な王たち。

メンデス／テル・エル＝ルブア／テル・ティマイ　Mendes ／ Tell el-Rub'a ／ Tell Timai

　中央デルタの東にある遺跡。先王朝時代や初期王朝時代の住居址が発掘されており、同地が早くから重要であったことを示している。後の時代には、下エジプト第16ノモスの州都であり、スメンデスおよびこの町に埋葬されたネフェリテスの故郷でもあった。この町は第一中間期に破壊され、第2次ペルシア時代にも破壊されている。同地の地方神は、もともとは魚の神ハト＝メヒトであったが、ハト＝メヒト信仰はヒツジの神バネブジェデト信仰により失墜した。

　残存する考古学的遺物は、3つの地域に集中している。初期の建造物がトトモセ3世とラメセス2世によって建造されたことが知られているが、古王国時代の共同墓地の上に建てられた神殿の境内に残存しているのは、アマシスの花崗岩（かこうがん）製ナオスだけである。神殿の東の高台は、まだ十分に調査されていないが、南側の住居址は中心的な居住区であったと考えられている。メンデスはプトレマイオス朝時代初期に、ワインや香水製造の中心地として栄えた。しかし、ナイル河の支流が減水しはじめると町は衰退した。ローマ時代中期にはほとんど放棄された。

メンナ　Menna

　トトモセ4世（紀元前 1400-1390 年頃）治世の所領管理官。シェイク・アブド・エル＝クルナにある彼の墓には、土地の調査や農耕風景といった重要な場面が含まれている。

メンフィス　Memphis

　現在のカイロ市街から南に24キロメートルのところにある上エジプトと下エジプトの分岐点にあたるナイル河西岸の遺跡。重要な交易路の合流点で、ナイル河谷（かこく）とデルタの間という戦略的位置を占めていたことから、メンフィスは、「二国の秤」という呼び名で知られていた。残存する遺跡は、先王朝時代からその近辺に居住地があったことを示してい

るが、ヘロドトスによると、第1王朝成立の際にメネスによって基礎が造られた。メンフィスは、王朝時代を通じて少なくとも行政目的においてはエジプトの首都であった。古代エジプト語のイネブ＝ヘジ（「白い壁」の意）という名称は、王の邸宅と政府官僚が暮らす白塗りの壁を持つ居住施設に言及したものであろう。試錐機（しすいき）によって、サッカラの西側の急斜面とナイル河との間にある帯状に発展した初期の町の位置が明白になった。初期王朝時代には、ナイル河は今日よりかなり西の方を流れていた。その流れの方向が変わったことから、メンフィスの町は、東側および南側に拡張した。メンフィスという名称は、おそらく現在の遺構の南端に位置するペピ1世のピラミッド都市の名称メン＝ネフェルのギリシア語読みに由来する。メンフィスの考古遺跡は、中王国時代の町が発掘されたミト・ラヒーナ村を中心として広範囲に及んでいる。最も目立っている有名な遺構は、崩れ落ちたラメセス2世の巨像と新王国時代のトラヴァーチン製のスフィンクスである。その他の重要な遺構としては、メルエンプタハとアプリエスの王宮、第26王朝期に建てられた聖牛アピスの防腐処理用の建物、ローマ時代のファイアンス工場および2つのプタハ神殿がある。メンフィスは、エジプト史を通じてプタハ神の主要な信仰拠点であった。プトレマイオス朝時代初頭におけるアレクサンドリアの建設開始とともに、メンフィスは首都としての役割を失った。中世になると、同地の建物群は、フスタート（カイロ）建造の間に石材目当ての酷い略奪にあった。

メンフィスの　Memphite
　メンフィスの遺跡に属するものやその特徴のこと。メンフィスのネクロポリスは、北は

メンフィス出土のラメセス2世の透明感のある石灰岩製巨像。現在は横たえられているこの彫像は、かつて古代エジプトの首都の主神であったプタハ神殿の前にそびえ立っていた。

アブ・ラワシュから、南はダハシュールにかけて西方砂漠の端に沿って広がっており、ギザやザウイエト・エル＝アリアン、アブ・グラブ、アブシール、サッカラなどの遺跡がある。

モアラ、エル＝　Moalla, el-
　ルクソールの南約24キロメートルにある

上エジプトのナイル河東岸に位置する遺跡。第一中間期の共同墓地の中で最も有名な墓は、ヘラクレオポリス朝とテーベ朝との間に生じた内乱の初期に地方長官であったアンクティフィのために建てられたものである。

エル゠モアラにある第一中間期のアンクティフィ墓出土のレリーフ。

木工　woodworking

　発掘の際の残存状態が比較的悪いことから、木は古代エジプトの遺物としてそれほど取り扱われることがない。それにもかかわらず、木工は早い時代から高い水準で実施されていた。エジプト自生の木は、ナツメヤシやドームヤシを含み、その幹は建物の継ぎ目、もしくは板材を生産するために分割して使われていたかもしれない。タマリスク、アカシア、そしてエジプトイチジクは、家具製作で使われ、一方でトネリコはより柔軟な材料が必要とされたときに使われた（例えば弓の製品に）。しかしながら、これらの自生の木々は総じて、比較的品質がよくなかった。より良質のものは、特にレヴァントから輸入しなければならなかった。

　第 2 王朝後期になってビブロスとの関係がより緊密になっていくと、エジプトに定期的に針葉樹が供給されるようになった。特にレバノン杉は、船の建造や最上級の棺と家具製作用として好まれた。小物や象眼細工のために使われた黒檀はヌビアから輸入された。私人の墓に描かれている飾り棚製作の場面や残存している木製品の研究は、木工技術のための有益な証拠を提供してくれる。古代エジプトの大工は、化粧板、象眼細工、ベニヤ板、ジョイントを使用した。大工の道具には手斧、ノコギリ、あるいはノミが含まれていた。

モンチュ　Montu

　テーベ地域の戦争の神。第一中間期後半から知られており、もともとはテーベの最高神であったが、後にアムンにその座を奪われた。それにもかかわらず、モンチュはその後も王の軍役と結びつけられていた。アルマントのブキスの雄牛は、モンチュの顕現と考えられていた。モンチュは最終的に混合神モンチュ゠ラーとして太陽神と習合した。モンチュはハヤブサの頭部を持つ男性として、つねに太陽円盤と 2 つの羽飾りを身に着けた姿で描かれた。宗教文書において、彼は 4 つの頭部を持ち、東西南北を管理し、アルマント、カルナク、メダムード、エル゠トゥードに 4 つの宗教上の拠点があったことが記されている。

や行

ヤクブヘル Yakubhar [即位名メルウセラー：紀元前17世紀後期]

　第二中間期（第14王朝、もしくは第15王朝）の王でアジア起源であり、レヴァントで出土した大量のスカラベ印章で知られる。おそらくシェシの治世に近い時期に統治した。

厄除け apotropaic

　邪悪な力を近づけさせないための力。古代エジプト宗教において、現世と来世はともに秩序と混沌の力の絶え間ない闘争によって成り立っている。邪悪な力は、つねに人の生活やすべての創造物の脅威として存在しているが、目に見えない魔術的・呪術的な力によって退けることが可能であるとされた。それゆえアミュレットなどの日用品の多くと同様に副葬品や葬祭文書は、邪悪な力から持ち主を守るための厄除けの機能を有するようにデザインされていた。

ヤフディヤ、テル・エル Yahudiya, Tell el–

　テル・エル＝ヤフディヤの項参照。

ヤング、トーマス Young, Thomas

　エジプト学の項参照。

「雄弁な農夫の物語」 Tale of the Eloquent Peasant

　中王国時代に編纂された文学作品であるが、第一中間期の早い時期が舞台である。物語は市場へと行く道すがら強盗にあい、宰相の前で正義を嘆願した農夫に関するものである。農夫の弁明はとても印象的であったため、疲弊するまでくり返し嘆願するよう追い立てられたが、最終的には正義を勝ち得た。この作品は弁論術が古代エジプトでは有効であったことを例証している。沈黙する官僚と絶望が増していく農夫の間にある緊張感はこの物語を劇的なものにした。

有翼円盤 winged disc

　一対の羽を持つ太陽円盤のモチーフは、もともとベフデト（東デルタの地名）のホルスの象徴であった。古王国時代以降、円盤はたいてい両側にウラエウスを伴い表わされる。有翼円盤は、天空の屋根を象徴している神聖なハヤブサのいっぱいに広げた羽を表わして

メディネト・ハブのラメセス3世葬祭殿の彩色天井に装飾された有翼円盤。

夢 dreams

夢は未来の出来事への案内、あるいは神々と通信する手段と信じられていたので、夢とそれについての解釈は、古代エジプトにおいてきわめて重視された。トトモセ4世は、自らの王位継承を正当化するために夢を引き合いに出した。あるラメセス朝期のパピルスは、異なった夢やそれらの持つ意味を記載している。末期王朝時代の人々は、夢の中で神託が告げられることを願って、しばしば神殿の敷地内で寝たと考えられている。

ユーモアと風刺 humour and satire

古代エジプト人たちは、かなりユーモアのセンスを持っていたが、残存する記録の中で確信を持って、明らかな例を識別することは難しい。なぜならユーモアとは前後の状況に大きく左右されるからである。公的な芸術と文書は、基本的に宗教目的に役立つものであったことから、ユーモアのための機会はほとんどなかった。例外は、プントの支配者の妻の、大柄でグロテスクな容貌を描いたデイル・エル゠バハリのレリーフであろう。より明確にユーモアと判断できるものは、非公式な文書の中に現われる例、特にデイル・エル゠バハリ近郊のハトシェプストの罰当たりな絵、新王国時代後期の風刺パピルス、およびデイル・エル゠メディーナから出土したオストラカに見られる滑稽な場面などである。「職業の風刺」は、書記以外のあらゆる職業を小馬鹿にするための滑稽な誇張表現を使用している。

要塞群 fortresses

軍事的建造物は古代エジプトにおいて早い時期から高度な発展を遂げた。要塞と要塞壁は、敵の侵入から国を守るため、および商品や人々の流れを管理するために境界点に建設された。エレファンティネにある第1王朝の要塞とダクラ・オアシスのアイン・アシールにある古王国時代の要塞はその好例である。デルタ地域の東端に沿ってアメンエムハト1世によって建てられた「支配者の壁」、シナイ半島の北沿岸に沿って新王国時代に建てられた一連の要塞群もそうしたものの1つである。おそらく特に政情が不安定な時期には、エジプト国内にも駐屯地や要塞壁を持つ町は存在したと思われるが、あまり明らかではない。エジプトが中王国時代および新王国時代の間にその国境を拡張した際、要塞群は支配を誇示し維持するために、新しく占領した場所に建設された。最も顕著な例は、第1急湍と第2急湍の間の下ヌビアにおいて、

古代エジプト人たちはユーモアと風刺の感覚に優れていた。しかしながら、それは公の芸術作品において滅多に見出されることはない。例外はボード・ゲームに興じたり、ヤギを追い立てるなど人間のように振る舞う動物たちを描いた第20王朝のこのパピルスである。

第12王朝の間に建てられた一連の要塞群である。この要塞群は洗練された建造物からなり、敵の攻撃の撃退および籠城戦が企図されていた。セティ1世のレリーフは、追加の防衛線として、ワニで溢れる堀に囲まれたエジプトの北東国境に位置するサイルの要塞を描いている。ラメセス朝期の軍事的性格は、シリアの要塞を真似たメディネト・ハブの守衛門のデザインに顕著に現われている。ラメセス2世の巨大な要塞は、最近リビアとエジプトとの国境に程近いザウイエト・ウンム・エル=ラカムで発掘されている。軍事的建造物の例は、第三中間期と末期王朝時代にはほとんどない。プトレマイオス朝時代およびローマ時代には数多くの新しい要塞が、特にナイル河と紅海との間にある鉱山と交易ルートを守るために東方砂漠に建設された。クラウディアヌス山とデイダムスもその例に含まれる。

第4王朝、ギザ出土の石灰岩製の予備の頭部。これらの素晴らしい彫刻の機能はいまだにはっきりしていない。ほとんどが第4王朝の墓で見つかり、遺体の近くに置かれた。

「ヨッパの占領」 *Taking of Joppa*

　ラメセス朝期のパピルスに残され、新王国時代後期まで遡る文学作品。物語はトトモセ３世の治世を舞台にし、巧みな策略手段でヨッパの町（現在のジャッファ、テル・アヴィブ郊外にある）を占領したエジプト軍の成功譚に関するものである。ヨッパの支配者は警戒を解かせるためにしつこく酒を薦められた。そして、降伏したふりをしたエジプト人たちは、表向きは戦利品としてかごを町へと送った。実際には、そのかごはエジプト兵士が隠れており、彼らはヨッパに入るとすぐに町を奪取した。ヨッパはトトモセ３世の初のレヴァント遠征における征服目標であった。したがってこの物語は何らかの歴史的事実を基にしているかもしれない。

予備の頭部 reserve head

　第４王朝のメンフィス地域の墓群において発見された葬儀用の彫刻の形態。30 ほどの例が知られており、すべてクフとカフラーの治世のものである。それぞれ石灰岩に彫られた人間の頭部からなり、しばしば両耳は彫刻されないまま残されたり、故意に取り除かれたりしていた。また多くは首の周りと後頭部に線が彫られている。予備の頭部は玄室内の遺体の近くに置かれた。これらの正確な目的ははっきりしないままである。実際の身体が破壊された場合のために、代用（「予備」）の頭部として用いられたのかもしれない。あるいは、これらは来世にいる死者の持つ潜在的な危険な力を無効にするという、より複雑な意味合いを持っていたのかもしれない。

ら行

ラー Ra

　太陽神であり、おそらく古代エジプトの神々のパンテオンの中で最も重要な神。ラー崇拝は第2王朝において最初に確認され、ジョセル王治世のラー崇拝の拠点であったヘリオポリスにおける聖堂の建設は、第3王朝における太陽信仰の重要性が増した証拠である。古王国時代のはじめには、ラーは王の称号（王名）の1つとして「ラーの息子名」の採用に見られるように、最高神として傑出した存在となった。第5王朝の王たちは、太陽信仰の頂点と特徴づけられているピラミッドに対してと同じくらい太陽神殿に資金を投入した。その後のエジプト史において、ラー崇拝は、ラー＝ホルアクティ（朝日、ラーとホルスの融合）、ラー＝アトゥム（夕日）、そして神々の王であるアムン＝ラーのような複合神を生み出しながら、習合（シンクレティズム）によって他の重要な神々を吸収した。

　第一中間期には、オシリス神話の人気拡大により、太陽が地下世界を通過する夜の道にいる間は、ラーと死者の神とを同一視するようになった。そこでラーは新しい命を死者にももたらし、創造された秩序を守るためにヘビのアポフィスと戦うのだと信じられていた。太陽周期神話が本来持つ毎日の再生復活の約束事は、来世信仰におけるその優越性を保障するものであった。新王国時代には、王家の谷の王墓の装飾に際立って用いられるのをその特徴とした。アクエンアテンの治世には、太陽円盤あるいはアテンとして崇拝されていた太陽神が他のあらゆる神々の崇拝を排除して唯一神の地位に駆け上がった。その他の時期において、ラーは太陽円盤を頭に被ったハヤブサの頭部を持つ人間のごとく描かれた。地下世界における外見として、彼がヒツジの頭部を持っている姿で表わされることもあった。

王座についた太陽神ラー、テーベにある第18王朝後期のホルエムヘブとアムンの土地の王の書記であり管理人のロイの墓出土の壁画。

ライオン lion

　その力強さや獰猛さおよび外見を敬愛され崇められたライオンは、先王朝時代から支配者と密接に結びつけられた。王たちはペットとしてライオンを飼いならし、あるライオン

は、アビドスの第1王朝の王墓に埋葬された。そのほかにもサッカラにおいてライオンの埋葬例が見つかっている。人の頭部を持つライオンであるスフィンクスは、第4王朝初頭から王権の強力な象徴となった。ライオンを狩猟することは、王の力の究極の試練であるとされた。アメンホテプ3世は、狩猟遠征の大成功を祝うために記念スカラベを発行したし、ライオン狩りはトゥトアンクアムン王墓出土の彩色箱の上に描かれた。

　王朝時代にはすでに稀な存在であったライオンは、それでもなおエジプトの砂漠部に少数生存していたようである。その生息地から、ライオンは東西の地平線の守護者とみなされた。エジプト宗教で太陽はライオンとして表わされ、ライオン神アケルは、冥界の門を守ると信じられていた。もう1つのライオン神ミホスは、レオントポリスの地方神であった。しかしながら、セクメトのようにたいていのライオン神は女神であった。ライオンのカギ爪は、ベッドやイスの脚部の装飾モチーフとして人気があった。神殿のガーゴイルは、しばしばライオンの頭部に模された。

ファイユームの端、メディネト・マアディの神殿境内にあるプトレマイオス朝様式のライオン像。

来世信仰　afterlife beliefs

　死後の生活の信仰は、古代エジプト文化の重要な側面であった。ファラオの文明について、われわれが有する証拠の多くや先史時代の先例は、遺物、ピラミッド、ミイラおよび墓といった葬礼的性質のものから窺える。全時代を通じて見られる埋葬習慣に関するエジプト人の明らかな執着心は、適切な準備をすれば永遠の命が得られるという深い信念を反映している。死者の魂に対する食糧の供給や肉体の保存（古王国時代以降はミイラ製作によって）は、不死を達成する2つの必要条件であった。「十分な埋葬」は、人間の不滅の側面──「バー」、「カー」、「アク」、名前および影──がすべて適切に仕込まれることを確実にする助けとなったのである。

　来世信仰の古さは、先王朝時代初期の玄室における副葬品の内容によって示されている。古代エジプトの来世概念の詳細については、証拠の出所が豊富で多様である。例えば、副葬品、葬送文書、墓、墓の装飾がそれである。先王朝時代後期や初期王朝時代において、死後の永遠の世界は、本質的には現世と継続しているとみなされたようである。それゆえに王家の場合、墓は、限定された空間における王宮の役割が求められた。その中で王は召使いを伴って永遠に王権儀礼を行なうのである。第3王朝において、王家の来世信仰に宇宙的要素が持ち込まれ、星空が王の最終的な目的地となった。そしてこの概念は、古王国時代のピラミッドの建造やその方位の基礎となった。

　古王国時代末期におけるオシリス神話の台頭は、王の来世への概念を変化させた。死した王には太陽周期（太陽は地下世界を通り抜けオシリスと融合するとされた）で重要な役割が課されたのである。またそのことは王やその身辺者たちだけではなく、「来世信仰の民主化」と称されるように、来世信仰が広く普及することにつながった。かつては王家だ

けのものであったピラミッド・テキストは、コフィン・テキストとして私的な埋葬においても使用されることになった。新たな神学では普通の人々も同様にオシリスの一行に加わり、神聖な存在になることを期待することができた。けれども、そのためには最後の審判、つまり心臓の計量を無事に通過しなければならなかった。中王国時代や新王国時代の墓の壁画には、「葦の大地」において牧歌的に農耕を行なう民衆の来世の様子が描かれている。そこでは死者は豊かさに囲まれ、日々の生活の不快なものからも解き放たれたのだろう。民衆の死とは反対に、王はラーの一行とともにより危険な旅の準備が必要であり、毎夜、大蛇アポフィスを倒し、毎朝、太陽の舟が冥界から出入りするのを手伝わなければならなかった。王家の谷にある王墓には、その旅の様子や、乗り越えるべき数々の災いが描写されている。

　末期王朝時代にはピラミッド・テキストやその他の葬送文書が墓で見つかってはいるものの、人々は、以前ほど来世に対する明るい展望を期待しなくなったようである。この時代から文学は、増長する死への恐怖や現世での生活を楽しむための決意を表わすようになった。

来世の民主化　democratization of the afterlife
　来世信仰、コフィン・テキスト、ピラミッド・テキストの項を参照。

ラクダ　camel
　家畜化されたラクダはアジアが原産であり、前9世紀のナイル河谷で初めて確認される。最古の亡骸は、カスル・イブリームで発見された。今日ラクダはエジプトと北アフリカを通じて荷を運ぶ動物として一般的である。

ラージェドエフ　Radjedef
　ジェドエフラーの項参照。

ラーの眼　Eye of Ra
　古代エジプト宗教において、ハトホルおよびセクメトと関連づけられ、2神が持つ平和的側面と報復的側面を併せ持つラー自身からは独立した神的存在。ある神話では、太陽神の眼はヌビアへと旅立ったとされ、別の神話では、人間の大量殺戮に加担し、策略でもってその怒りを鎮められなければならなかったとされる。ラーの眼はまたコブラの女神ワジェトと密接なつながりがある。それゆえ王の敵に火を叩きつけたウラエウスと同一視された。

「ラーの連禱」　*Litany of Ra*
　讃歌の項を参照。

ラピスラズリ　lapis lazuli
　天空を象徴するものとして、古代エジプト人たちによってひじょうに高価なものとされた暗青色の貴石。北東アフガニスタンの山岳部から遠隔地交易ルート経由で輸入され、金と銀に次いで高価な原材料とされた。色ガラスやファイアンスは、その安価な模造品であった。ラピスラズリは先王朝時代から知られている。第2王朝と第3王朝の間の一時的な断絶期は、おそらく近東における政変を反映している。その後、ラピスラズリは広く宝飾品、小像およびアミュレットに用いられた。

第18王朝初期のアハホテプ王妃のものとされるラピスラズリの象眼が施された黄金のブレスレット。その暗青色の石は、全時代を通じてエジプトの宝飾品用原材料として珍重された。

ラフーン／エル゠ラフーン／イルラフーン　Lahun／el-Lahun／Illahun

ダハシュールの南70キロメートルのファイユームの東端にある遺跡。センウセレト2世は、この地に自身の葬祭複合体を建設した。そのピラミッド自体は、もともと石灰岩で表面が覆われていた。また安定感を増すために石造りの壁面をともない、自然の岩山を日乾レンガで取り囲んで造られた。スィトハトホルイウネト王女のものとされる宝飾品の埋蔵物が竪坑墓の側で発見されている。もともとは、オシリス神話の聖木を連想させる並木が外側の周壁に沿って立っていた。ピラミッドの西側には、目的不明の8基のマスタバの上部構造がある。ピラミッドのやや東側、カフーンの町の端には河岸神殿の遺構が少しだけ残っている。

ラーホテプ　Rahotep ［即位名セケムラー・ウアフカウ：紀元前17世紀後期］

第二中間期後期（第16王朝または第17王朝）の短命な王。彼の王権はおそらく上エジプトに限定されていた。現在ロンドンの大英博物館に所蔵されているラーホテプの石碑は、アビドスのオシリス神殿の改修を記録している。

ラー゠ホルアクティ　Ra-Horakhty

ホルス、ラーの項参照。

ラムセス　Ramses

ラメセスの項参照。

ラメセウム　Ramesseum

西テーベにあるラメセス2世の葬祭神殿。伝統的な新王国時代の神殿様式で建てられ、塔門と中庭、そして列柱室と続き、そこから建物の後部にある至聖所へと至る一連の流れで構成される。第1そして第2塔門内側の表面は、カデシュの戦いの場面で装飾されていた。第1中庭は元来、花崗岩で彫られた王の巨大な座像で占められ、自身の礼拝堂を備えていた。この神殿をオジマンディアスの墓（ラメセス2世の王名ウセルマアトラー

ラメセウム 353

ラフーンにあるセンウセレト2世のピラミッドは、外側に敷かれた石材がはがされてしまっており、日乾レンガ製の内部構造が露出している。

西テーベのラメセス2世の葬祭神殿であるラメセウムの荒廃した中庭にあるオシリス柱の集まり。

のなまり）と述べたローマの歴史家ディオドロスに続いて、倒れて崩壊したこの建造物は、シェリーの有名な詩「オジマンディアス」にインスピレーションを与えた。

　石造神殿の周りでは、神殿に付属する数多くの日乾(ひぼし)レンガの建物が外側周壁内に配置された。それらは王宮、倉庫、そしてアーチ形の天井を持った保存状態のよい穀物倉を含んでいた。そのような設備とともにラメセウムは、第20王朝における西テーベの行政中心地として役立った。しかしながら、メディネト・ハブにある自身の葬祭神殿建設にいくつかの石材を再利用したラメセス3世によって部分的に石材は取り除かれた。第20王朝の終わりには、この神殿は強盗や略奪者によってその装飾が剥ぎ取られた。

ラメセウム演劇パピルス　Ramesseum Dramatic Papyrus

　ラメセウムの下部にあった第13王朝の朗誦(しょう)神官の墓で発見された文書。この墓の所有者のものであったパピルスの収集物の1つで、おそらく彼が職業として使用したらしいその文書は、王権に関連する様々な儀式の詳細を記録している。それらはセンウセレト1世に捧げられ、彼の戴冠式または「セド」祭の際に使用されたのかもしれない。異なる神話上の挿話を表現した個々の儀式の動作に対して、その文書は簡潔な説明を与え、異なる神々の役を演じている神官たちのセリフを記録し、そして使用された物と儀式が行なわれたと想像された場所を書き留めている。異なる挿話はパピルス文書の低部に一連の挿絵でもって描かれた。

ラメセス1世　Ramesses I (「ラーが産みし者」の意)［即位名メンペフティラー：紀元前1292-1290年頃］

　第19王朝最初の王。東部デルタ地域出身でエジプトの軍隊の将校であった彼は、彼が

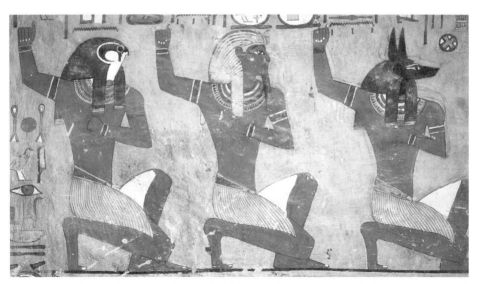

王家の谷にあるラメセス1世の墓出土の彩色されたレリーフ。上下エジプトを象徴している動物頭のペ（右）とネケン（左）の魂の間で歓喜し、ひざまずいている王を表わしている。

大臣として仕えたホルエムヘブによって後継者に任命された。ラメセスの即位、そして彼のわずか2年という治世は、ラメセス朝期のはじまりを示している。彼の建築計画は、アビドスやブヘンの神殿、そしてカルナクの第2塔門の建設の完成を含んでいた。王家の谷の彼の小さな墓（KVI6）は、「門の書」からの場面が美しく装飾されている。彼の息子セティ1世が跡を継いだ。

ラメセス2世 Ramesses II ［即位名ウセルマアトラー・セテプエンラー：紀元前1279-1213年頃］

　第19王朝3番目の王であり、エジプトの統治者の中で最も有名な王である。しばしば「ラメセス大王」とも呼ばれる60年以上にわたる彼の治世は、巨大な建造物の建設によって特徴づけられる。彼はカルナクの列柱室を完成させ、ルクソール神殿では中庭と塔門を第18王朝後期の神殿の前面に加えた。またアビドスとメンフィスに神殿を建設し、その一方ヌビアにおける建設はアブ・シンベルの壮大な記念建造物を含んでいた。彼は自身の巨大な像を多数造ることを命じ、エジプトの記念建造物上で最もよく見られるものの1つである彼の名前を刻みつけるために、以前に建設された数多くの建造物を略奪した。西テーベで彼は印象的な葬祭神殿であるラメセウム、王妃の谷にある彼の正妻の1人であったネフェルトアリの墓（QV66）、そして王家の谷にある彼自身の墓（KV7）と彼より先に死んだ多くの息子たちの墓（KV5）を建設した。彼の息子たちの墓は、まったく新しい設計計画に沿っており、エジプトで最も大きい。デルタ地域のペル・ラメセスにおいて、彼は父セティ1世によって造られた都市を神殿、王宮、そして産業地域とともに新しい王家の居住地へと変えた。

　ラメセス2世の治世における主要な出来事はカデシュの戦いである。ラメセウム、ルクソール、そしてアブ・シンベルを含む最も重要な神殿群において、王の偉大な勝利を表わした碑文とレリーフが賛美されている。長期間の戦いの結果、ヒッタイトと平和条約を結び、ヒッタイトの王女たちとの2つの外交上の結婚がなされた。王はまた少なくとも他にもイセトノフレトや3人の自分の娘を含む4人の正妻を持ったことで知られている。ラメセス2世は、最終的に彼の13番目の息子メルエンプタハによって跡を継がれた。

しばしば「ラメセス大王」としても知られるラメセス2世の巨像の頭部。テーベの彼の葬祭神殿であるラメセウムにある。

ラメセス3世 Ramesses III ［即位名ウセルマアトラー・メリアムン：紀元前1187-1156年頃］

　第20王朝2番目の王で、セトナクトの息

子で後継者。彼の王の称号、建築計画、そして軍事行動は、彼の祖先であったラメセス2世を真似する傾向があったように思われる。治世最初の10年間は、リビアからの移住者の流入を阻止する一連の行動と、海の民との偉大な戦いによって特徴づけられる。次の20年は平和であったが、デイル・エル＝メディーナの労働者への支払いの失敗が歴史上はじめて記録されたストライキを招いた。彼の主要な記念建造物は、メディネト・ハブにある彼の葬祭神殿、そして王家の谷にある彼の墓（KV11）である。ラメセス3世の死を取り巻く状況は不明瞭である。彼のミイラに暴力の痕跡はなかったが、パピルスは王の妻が彼を殺し、自身の息子を王座に就かせようと画策したハーレムの陰謀での計画者の裁判を記録している。ラメセス3世は偉大なる新王国時代の統治者たちの最後を飾った。

ラメセス4世　Ramesses IV ［即位名ヘカマアトラー・セテプエンアムン：紀元前1156-1150年頃］

第20王朝3番目の王で、ラメセス3世の息子にして後継者。彼の即位の際に、現存する最大のパピルス文書である大ハリス・パピルスが神殿の所有する様々な土地や寄付金の目録として作成された。この印象的な行政における偉業の事実にもかかわらず、ラメセス4世の治世は、徐々に権力を失っていった一連の王たちの治世下での王家の権力の衰えのはじまりとして捉えられている。役人たちの中には長期にわたり仕えた者もいた。治世の初年、ラメセス4世は6人の連続した王に仕え、ラメセス9世の治世に死去した人物を大司祭に任命した。ラメセス4世は、王家の谷にある自身の墓の完成を確実にするためにデイル・エル＝メディーナの労働力を2倍にしたが、彼の葬祭神殿が完成することはなかった。彼の主な業績は、彫刻に使用するきめ細かいシルト岩を持ち帰るために、採鉱遠征隊をワディ・ハンママートに送ったことである。

ラメセス5世　Ramesses V ［即位名ウセルマアトラー・セケペルエンラー：紀元前1150-1145年頃］

第20王朝4番目の王で、ラメセス4世の息子。彼は記念建造物をほとんど残さず、王家の谷にある自身の墓（KV9）の完成にも失敗した。その墓は彼の叔父で後継者のラメセス6世によって完成させられ、2人の統治者の共有埋葬地として役立った。ラメセス5世の治世の間に書かれた2つのよく知られた文書は、ウィルボー・パピルス（国土調査）

長く垂れ下がった服装をしたラメセス3世を描いた第20王朝の大ハリス・パピルスの一場面。彼の治世の初期は海の民との戦いに時間を費やした。

とナウナクテの遺書（年老いたときに、彼女の世話をよくしたと彼女が考えた人物に有利になるように、彼女の子供の何人かから相続の権利を奪うという内容のデイル・エル＝メディーナに住む女性によって作成された法律文書。その遺言状は、古代エジプトの女性たちが、彼女らの財産を希望のままに取り決めることが自由であったことを示している）である。

ラメセス６世 Ramesses VI［即位名ネブマアトラー・メリアムン：紀元前 1145-1137 年頃］

第20王朝5番目の王。ラメセス3世の年少の息子の1人であった彼は、跡継ぎを残すことなく死んだ彼の甥ラメセス5世の跡を継いだ。彼は王家の谷にあるラメセス5世の墓（KV9）を完成させた。ラメセス6世はほんのわずかな痕跡しか残していないが、シナイ半島への遠征を碑文に記録した最後の王である。

ラメセス７世 Ramesses VII［即位名ウセルマアトラー・セテプエンラー・メリアムン：紀元前 1137-1129 年頃］

第20王朝6番目の王でラメセス6世の息子。彼は王家の谷の墓（KV1）の建設をはじめたが、彼の短い治世についてはごくわずかしか知られていない。彼は子孫を残すことなく死去した。

ラメセス８世 Ramesses VIII［即位名ウセルマアトラー・アクエンアムン：紀元前 1129-1126 年頃］

第20王朝7番目の王。ラメセス3世の年少の息子の1人で、甥のラメセス7世の跡を継いだ。おそらく即位時にはひじょうに高齢であったラメセス8世は、1年と少しだけ

統治し、ほとんど痕跡を残さなかった。彼は王家の谷に墓を持たないラメセス朝期、唯一の統治者である。

ラメセス９世 Ramesses IX［即位名ネフェルカラー・セテプエンラー：紀元前 1126-1108 年頃］

第20王朝8番目の王でラメセス8世の甥。18年という統治の長さにもかかわらず、カルナクにおける限られた業績以外に、彼は重大な建築計画を行なわなかった。彼は自身と先に死去した息子のために王家の谷に墓（KV6）を建てた。

ラメセス10世 Ramesses X［即位名ケペルマアトラー・セテプエンラー：紀元前 1108-1099 年頃］

第20王朝9番目にして最後から2番目の王。おそらくラメセス9世の年少の息子で、実質的に彼の短い治世については何も知られていない。彼は王家の谷の墓（KV18）の建設をはじめたが、それは完成することなく、使われることもなかった。

ラメセス11世 Ramesses XI［即位名メンマアトラー・セテプエンプタハ：紀元前 1099-1069 年頃］

第20王朝10番目にして最後の王で、新王国時代最後の王でもある。おそらくラメセス10世の息子で、ほぼ30年近く統治し、ラメセス3世以来最も長く王位にあった。しかし、彼は内政の混乱ゆえに、前任者たちの偉業を見習うことができなかった。アムン大司祭が事実上テーベの支配権を奪い取った後、法と秩序は悪化し、ラメセウムは強奪された。それに応じて、ラメセス11世はクシュ総督パネヘスィを任命して上エジプトを厳戒令下で統治させた。パネヘスィはおそらく

宴会での第18王朝の宰相ラモーセと男性の同伴者を描いた、西テーベにあるラモーセの墓出土の見事な彫刻レリーフ。

自身の地位を利用してクーデターを企てたが、失敗に終わった。彼の代わりに、王はヘリホルをクシュ総督と上エジプトの統治者として任命した。一方スメンデスは似たような権力を下エジプト全体で行使した。

　過去との決別を記すため、ラメセスは彼の統治19年目（紀元前1080年頃）を「復興の最初の年」と名づけ、テーベにおける記録文書は、治世の最後までこの新しい時代区分により年代づけられた。実際にはこれは復興ではなく、エジプトの分裂と中央集権の崩壊のはじまりであった。王家の谷にあるラメセス11世の墓（KV4）は未完成で、おそらく彼はペル・ラメセスにおいて埋葬された。しかしながら、その町は彼の死後すぐに放棄され、記念建造物はタニスへと移された。

ラメセス朝期　Ramesside

　ラメセス1世の即位から、ラメセス11世の治世の終わりまでの期間、エジプト第19王朝から第20王朝（紀元前1292-1069年頃）。

ラモーセ　Ramose

　アメンホテプ3世とアメンホテプ4世治下での宰相。シェイク・アブド・エル＝クルナにある彼の美しくはあるが、未完の墓は伝統的な様式とアマルナ様式双方の装飾を含んでおり、アクエンアテンの新しい美術的習慣が、急速に彼の治世の初期にエジプト全土に採用されたことを例証している。

「リシ」　rishi

　棺の項参照。

リシュト　Lisht

　カイロの南方50キロメートル、中エジプ

リシュトのアメンエムハト1世のピラミッド（現代のイスラーム教徒の共同墓地の向こう側に見える）は、第12王朝初頭における古王国時代の建築様式への意図的な回帰を特徴としている。

ト北部のナイル河西岸にある遺跡。リシュトはおそらく第12王朝の都イチ＝タウイと近かったことから、アメンエムハト1世によって新たな王家のネクロポリスに選ばれた。アメンエムハトと息子のセンウセレトは、ひらけた谷間の両端にピラミッド複合体を建設した。遺跡の北側にある古いほうのピラミッドは、サッカラとギザの古王国時代の記念建造物から取られた石材を再利用している。このピラミッドはペピ2世のもの以降に造られた最初の巨大な王のピラミッドであり、古王国時代のメンフィスと第11王朝のテーベとの建築上の伝統を合わせ持つものであった。傾斜路、船着場および化粧石の位置は、ピラミッド建設技術の重要な証拠となる。

　リシュト南部にあるセンウセレト1世のピラミッドは、古王国時代の様式への回帰を特徴としているが、瓦礫(がれき)が詰められた擁壁(ようへき)の格子構造を基礎とした新しい建築工法が使用された。ピラミッド自体は、王の「カー」のものを含む10基の付属ピラミッドによって囲まれていた。それらすべては周壁内にあり、巨大な「セレク」の羽目板(はめいた)で装飾されていた。実物大の王の座像が葬祭神殿付近で、そしてリシュトにある私人墓で2体の彩色木製像が発見された。リシュトの家臣のための共同墓地は、中王国時代およびローマ時代の高官たちの墓と数千もの粗末な墓からなっている。

リビア　Libya

　エジプト人たちは、古くからナイル河谷の西に暮らしていた半遊牧民たちと接触し衝突を起こしていた。先王朝時代末期の儀式用パレットは新王国時代まで、南はファイユームに至るまでのリビア北部に対する一般名称であったチェヘヌウの生産物とされる戦利品の山を描いている。他方、チェメフウは、上エ

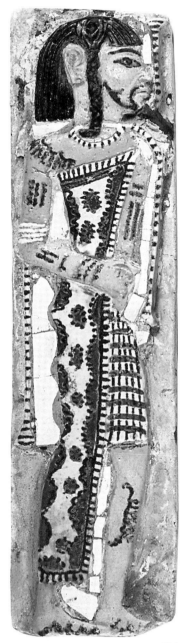

リビアからの捕虜を描いたファイアンス製タイル。テーベのメディネト・ハブにあるラメセス3世の葬祭神殿の王宮から出土した。特徴のある衣装を着用し、手足には刺青がある。

ジプトおよびヌビアの西方のリビア南部を指していた。ナルメル王の円筒印章（えんとういんしょう）は、リビア人捕虜の集団を打ちすえる王を表わしている。その中で、リビア人はヌビア人とレヴァントに住む「アジア人」とともにエジプトの国のはじまりの時期から典型的なエジプトの敵として描かれたことから、それが象徴するのは純粋に儀礼式的なものなのかもしれない。それゆえ王がリビア人首長を打ちすえている場面は、サフラーの葬祭神殿に含まれるし、1500年後のカワにあるタハルコの神殿に再び描かれるのである。新王国時代には、リビアの人々はメシュウェシュ（あるいはマ）やリブと呼ばれた。おそらくキレナイカの沿岸地方出身の彼らは西デルタに定住しようと試み、エジプトの支配権に対して絶えず燻ぶる火種であったことがわかっている。ラメセス2世は、リビア人のエジプトに対する攻撃を防ぐためにザウイエト・ウンム・エル＝ラカムに要塞を建造した。メルエンプタハは、リビア人を撤退させるために攻勢をかけたが、彼らは一定の間隔で舞い戻った。なかでも最も注目すべきはラメセス3世治世の海の民の一団であろう。彼ら戦争捕虜たちはデルタに定住し、しだいにエジプト社会で強力な集団となった。その末裔は第22王朝および第23王朝として権力を手に入れた。

臨御の窓　window of appearance

　人々の面前に王自身が現われたり、王家の使用人たちに報酬を与えたり、または外国からの要人を受け入れるために高い場所に儀礼的に設置されたバルコニーへとつながる王の建物にある儀礼用の窓。それは新王国時代における王宮の重要な特徴であった。実際の例はアマルナの王宮やメディネト・ハブのラメセス3世の神殿に残っている。アマルナの廷臣たちの墓のレリーフは、一般に臨御の窓（りんぎょ）において、褒章の金を分配しているアクエンアテンとネフェルトイティを表わしている。

リンド・パピルス　Rhind Papyrus

　数学の項参照。

ルクソール神殿　Luxor Temple

　アメンホテプ2世によって建設が開始され、続く支配者たちによって増築がなされたテーベのナイル河東岸にある保存状態良好の記念建造物。「イペト・レスイト」、つまり「南のハーレム」と呼ばれていたこの神殿は、カルナクに付属する施設であった。このことは、その神殿がナイル河に対して一般的な西向きではなく、カルナクに向かって北向きに建てられていることから明らかである。神殿はアムン・カムウトエフに捧げられ、列柱廊（れっちゅうろう）のレリーフに描かれた毎年開催されるオペト祭の舞台としてそもそも建築された。

　至聖所（しせいじょ）に近い3つの部屋には、祝祭の間アムン、ムゥトおよびコンスの聖舟祠堂が安置された。アメンホテプ3世の聖なる誕生が描かれたレリーフがある部屋もある。後から作られた前庭には、先の時代のハトシェプストおよびトトモセ3世の聖堂が置かれたが、これはラメセス2世（の増築）により同神殿に加えられたものである。カデシュの戦いを描いた場面で装飾された塔門の前には、2体の巨大なラメセス2世の座像と2つのオベリスクが建っている。オベリスクの1つは、現在パリのコンコルド広場に建っている。カルナクから続くスフィンクス参道はネクタネボ1世によって、そしてルクソール神殿の主至聖所はアレクサンドロスによって再建された。ローマ皇帝ハドリアヌスは、セラピス神に捧げる小聖堂をその近くに建設し

た。
　ルクソール神殿は、ローマ時代に皇帝崇拝用の聖堂となり、キリスト教時代には教会の敷地となり、イスラームの征服後はモスクとなった。貴重な彫刻群が1989年に第18王朝の前庭の保存修復作業中に発見された。そのうち数体は、現在ルクソール博物館に展示されている。

ルドアムン／アムンルド　Rudamun／Amunrud［紀元前755-735年頃］

　第23王朝の王。オソルコン3世の息子であった彼はテーベの王としてピイとともに知られている。彼の死後、テーベ地域の事実上の支配は、クシュの第25王朝へと渡った。ピイの姉妹であったアメンイルディス1世が後継者として採用される以前、ルドアムンの姉妹、シェプエンウェペト1世はアムンの神妻(しんさい)であった。

オベリスクと巨大なラメセス2世像のある塔門入り口に向かって、スフィンクス参道南方から見たルクソール神殿。

レー　Re
ラーの項参照。

礼拝堂　shrine
神殿の項参照。

レヴァント　Levant
シリア沿岸部、レバノンおよびイスラエルからなる東地中海沿岸地域。この用語はシリア・パレスティナや近東と同じ意味で使用される。

レオントポリス／テル・エル＝ムクダム　Leontopolis / Tell el-Muqdam
プトレマイオス朝時代に下エジプト第11ノモスの州都となった中央デルタにある遺跡。この遺跡から出土した3つの彫像の基壇は、第12王朝に年代づけられているが、それらはどこか他の場所から持ち込まれたのであろう。レオントポリスはおそらく新王国時代か第三中間期に基礎が築かれたが、第23王朝期に権力基盤が確立されたようである。

この時期の王墓は、ライオン神ミホス（それゆえギリシア語名のレオントポリスは「ライオンの町」なのである）に捧げられた地方神殿内にあったと考えられている。素性不明の王妃カママの墓のみが見つかっている。最近の発掘により、その町が第1次ペルシア時代に繁栄したことが明らかになった。

歴史　history
客観的で事実に基づいた歴史という近代的概念は、古代エジプト文化では重きを置いていなかったようである。自伝や王名表など明らかに歴史を扱った作品を含む文書、理想的世界観を反映するため、主として宗教的理由で構成された。したがってこうした記述から歴史的事実を見きわめることは往々にして困難である。第12王朝のアメンエムハト2世のメンフィス出土の年代記とラメセス朝期に編纂されたトリノ王名表は、事実の正確な記録を目指したようだが、結局近代の歴史的伝統はヘロドトスの記述をもってはじまった。

「レキト」　rekhyt
支配者層（「パアト」）とは異なる、一般民衆を示す古代エジプトの言葉。服従の意味合いは、後ろで翼を縛られたトリのタゲリを表わすヒエログリフの「レキト」によって補足される。先王朝時代後期のサソリ王の棍棒頭上では、王に従属する人々、そして彼らの臣民という地位を象徴する標章からタゲリがロープで吊るされて表わされている。後の時代では、ヒエログリフの「レキト」は、一般に「すべての人々が（王を）敬愛する」と読むことができるモチーフの一部として神殿装飾に使

エジプトのヒエログリフでは、タゲリは「レキト」または一般的な人々を象徴しており、しばしばこのカルナク出土のラメセス朝期のレリーフのように、統治している王の名前を賛美して表わされた。

レクミラ Rekhmira

トトモセ3世とアメンホテプ2世の治世における宰相。シェイク・アブド・エル＝クルナにある彼の墓は、第18王朝から現存している最良の例の1つである。墓の装飾は仕事場での職人、貢物を持ってきたヌビア、シリア、そしてクレタからの人々の場面を含んでいる。付属している文章は、宰相の就任、彼の任務、そして彼が行なうことになっていた道徳的規約が記されていた。

レシェプ／レシェフ／レシュプ Reshep／Reshef／Reshpu

アモリ人の戦いの神で、その信仰は、レヴァントにおけるエジプトの軍事参加の結果、第18王朝の間にエジプトに紹介された。レシェプは、テーベの戦いの神モンチュといくつかの共通した特色を共有し、エジプト宗教に吸収され、石碑に描かれたり、青銅製の小像が造られた。通常は白冠を被ったあごひげのある男性として描かれた。白冠は通例のウラエウスの代わりにガゼルの頭部があり、そして後ろにはリボンが吊り下がっていた。しばしば彼自身の好戦的な性質を強調するために棍棒または槍を持った状態で表現される。

ガゼルの頭で飾った白冠を被り、槍と盾を持った特徴的な姿勢をした末期王朝時代のシリアの神レシェプの石像。

列柱室 hypostyle hall

円柱が立ち並ぶ神殿の中庭（ハイポスタイルとは「柱の上にある」という意味のギリシア語である）。エジプトの神殿建築において重要な要素であり、原初の丘の縁で育つ葦が群生する湿地を象徴していた。円柱の大きさは様々で、神殿の主軸に沿って並ぶものが最も大きく、小さな円柱は側廊に並べられた。列柱室の最古の例は、デイル・エル＝バハリにあるメンチュホテプ2世の葬祭神殿にある。134本の円柱からなる最も印象的な列柱室はカルナクにあり、クリアストーリーの窓によって光が採り込まれている。

列柱廊 peristyle

四隅すべてが内部列柱のある屋根のない中庭。メディネト・ハブにあるラメセス3世の葬祭神殿の第2中庭などの例がある。

レトポリス／アウスィム Letopolis／Ausim

カイロ北西13キロメートル、南西デルタ

た）は、早くも第3王朝に確認されている。これまでに、末期王朝時代の記念建造物がわずかに発見されているのみである。

レネヌテト　Renenutet

王の守護者、王の亜麻布の衣服、そしてそれが転じてミイラの包帯として崇拝されていたコブラの女神。彼女はまた豊饒、穀物、そして収穫と関連していた。彼女の様々な役割は、彼女をワジェト、イシス、ソベクを含む多くの他の神々と結びつけた。「死者の書」の中で、彼女はアトゥムとの結びつきからホルスの母だと言われている。彼女はコブラまたはコブラの頭をした女性として描かれた。その信仰は、特にメディネト・マアディにおいて人気で、レネヌテトの例年祭はファイユームにて行なわれていた。

レプシウス、カール・リヒャルト
Lepsius, Karl Richard

エジプト学の項を参照。

蠟画法　encaustic

蠟および顔料の混合物を熱したものを溶剤として使用する画法（「焼かれた」を意味するギリシア語に由来）。蠟画法の技術はローマ時代に人気を博した。最もよく知られた例は、いわゆるファイユームのハワラの近くで発見された木製の板に描かれた葬儀の肖像である「ミイラ肖像画」である。

ロゼッタ・ストーン　Rosetta Stone

ロゼッタ（エル＝ラシード）村近郊で1799年にナポレオンのエジプト遠征隊によって発見された中世の要塞の壁に再利用されていた黒色花崗岩の石碑。この石は後にイギリス軍へと引き渡され、それ以来所蔵されて

セティ1世およびラメセス2世の治世に建てられたカルナクのアムン＝ラー神殿。装飾された大列柱室がある。

にあるナイル河のロゼッタ支流の西岸に位置する遺跡。下エジプト第2ノモスの州都であった。地方のハヤブサ神であるケンティ＝イルティ（後の時代にホルス信仰に吸収され

いるロンドンの大英博物館に送られた。この石にはプトレマイオス5世エピファネスの戴冠の記念日である紀元前196年3月27日にメンフィスにて公布された勅令が刻まれている。ロゼッタ・ストーンに同じ碑文が3つの書体、ヒエログリフ、デモティック、そしてギリシア語（ギリシア語は19世紀の学者が読むことができた）で書かれているという事実は、ジャン=フランソワ・シャンポリオン（エジプト学の項参照）によるヒエログリフ筆記解読の手がかりとなった。

強く太陽と結びついた。創世神話の1つによると、太陽神はヌンの水に浮かぶ睡蓮から立ち上った。それゆえ睡蓮は、再生の象徴であった。「死者の書」の第81章は、死者が睡蓮へと変身することを助ける呪文である。

白と青の2種類の睡蓮が古代エジプト固有のものであった。青いものは、その香りが尊ばれ、ネフェルテム「芳香の主」の象徴であった。エジプト人たちは、その花びらと根をアルコール漬けすることによって得られる睡眠効果を知っており、使用したのかもしれない。第3の睡蓮である本物のロータス「ネルンボ」は、ペルシア時代にインドからもたらされた。

ロゼッタ・ストーンは、紀元前196年プトレマイオス5世が発行した法令を記録した3つの書体の碑文を持っていた。それはヒエログリフの解読に役立った。

トトモセ3世によって建てられたカルナク神殿中央の2本の「紋章柱」のうちの1本は、上エジプトの象徴的な植物であるいわゆるロータスで装飾されている。

ロータス　lotus

　この語句は、上エジプトの象徴にして、エジプト宗教における重要な象徴的役割を持つ睡蓮（ニンファエア）に言及する言葉として、エジプト学者たちによって（誤って）使用された。午前中咲き、夜に再びしぼむ睡蓮は、

ロバ　donkey

　おそらく北アフリカが原産である野生のロバは、旧石器時代の資料から確認できる。新石器時代にはすでに家畜化されており、最古のロバの墓は、マアディの先王朝時代の村で発掘された。ラクダが導入されるまで、ロバ

脱穀所を横切るロバの群れを描いた石灰岩製のレリーフ。元の位置は不明だが、おそらくサッカラにある第5王朝後期の墓から出土したものであろう。

は、古代エジプトの歴史を通じて、運送において主要な役割を担う動物であった。ハルクフは、彼が商品を積んだ300頭のロバとともにヌビア遠征からどのように戻ってきたのかを詳しく記している。シナイ半島で出土した中王国時代の碑文には、パレスティナの首長がロバに乗っている姿が描かれており、当時のエジプト人たちにとってロバに乗ることが娯楽の種であったことは明らかである。

ローマ時代　Roman period［紀元前30 – 紀元後395年］

　紀元前30年のクレオパトラ7世と彼女の息子プトレマイオス・カエサリオンの死から、紀元後395年のローマ帝国の公的な分裂までの4世紀にも及ぶエジプトの時代区分。ローマとのエジプトの関係は、プトレマイオス朝時代後期、ローマの将軍ポンペイウスがクレオパトラ7世の後見人に指名されたときからはじまった。一連の不運な同盟は、アクティウムの海戦におけるオクタヴィアヌスによるマルクス・アントニウス軍の敗北に続き、結果的に彼女の自殺と彼女の息子の殺害を招いた。後にオクタヴィアヌスは自身を皇帝と宣言し、アウグストゥスを名乗り、自身がファラオであると宣言した。彼と彼の後継者はエジプトを属州としてよりもむしろ私有の、皇帝の土地として扱った。エジプトはアレクサンドリアを本拠地とした皇帝代理の総督によって管理されたが、便宜上伝統的なノモスの制度を保った。ギリシア語は公用の言語として残った。軍隊の多くは国内の安全を保ち、そして採掘場と他の戦略上重要な土地を保護するためにエジプト全土と下ヌビアに駐屯した。東方砂漠の一連の要塞、例えばデイダムスは、紅海への交易路を守るために建設された。またエジプトはローマ帝国への小麦の主要な供給国として高く評価されてい

た。

ローマ皇帝たちは神殿建築計画の支援を続け、そして自身を美術の中で伝統的なファラオ的支配者として描かせたが、彼らはエジプトに比較的興味が少なく、訪問は時々であった。例外はハドリアヌスで、彼は溺死した彼の愛人アンティノオスのためにアンティノオポリスの町を建設した。エジプト宗教、特にイシス信仰は、ローマ帝国中に広がり、影響力を持ち人気となった。しかしながら、エジプト人たちの大半にとってローマ支配は厳しいものであった。皇帝カラカラは、すべての

エジプト人をアレクサンドリアから追放し、一方ディオクレティアヌスは、新しいキリスト教のエジプト人信者を迫害した。このような状態は、ローマ時代のエジプトの人口減少と経済の衰微を招いた。ローマ時代の終わり頃になると、キリスト教信仰の台頭がエジプト文化に新しい時代をもたらした。皇帝テオドシウスは、紀元後384年にすべての神殿の閉鎖を命じたが、伝統的な宗教はいくつかの地域において長期間残った。ローマ帝国の分裂の際、エジプトはビザンツ帝国の東部属州の一部となった。

わ行

ワイン Wine

　社会の裕福な人々のために用意された高級な飲物であったワインは、古代エジプト文明のあらゆる時期で消費され、また神々への奉納品として使用された。最近発見されたアビドスの先王朝時代後期の支配者の墓（U-j墓）に埋葬されていた副葬品は、レヴァントから輸入された数百個の陶製のワイン壺を含んでいた。デルタに存在していたエジプトのブドウ園は、第1王朝期から確認されている。その他のワイン生産地域としては、ダクラ・オアシス、カルガ・オアシス、そしてナイル河谷のアシュート地域(かこく)が知られていた。中王国時代と新王国時代からの私人墓の装飾には、ワイン製造の場面を描いたものもある。

　摘み取った後、ブドウは柱の間に巻きつけられた布で、あるいは足で踏みつけることによって圧搾された。次に果汁は発酵させるために樽に注がれ、最終的に陶器製の容器に移され熟成させられた。赤ワインも白ワインも同様の方法で造られ、何らかの原料を加えることによって香りづけされることもあった。エジプト人たちはまた発酵したナツメヤシ、イチジク、ザクロからアルコール飲料を造った。ワイン壺の肩の部分には通常、品種、ブドウ園、日付、生産者と持ち主といったワインの詳細が記されていた。

若者の髪房 sidelock of youth

　子供の特徴的な髪型。子供の身分（と関連して子供の神コンス）を示すために、古代エジプト美術において使用された。それには頭の横に垂れ下がるように編んだ1束だけを残して、髪を剃ることが必要であった。実際

第18王朝のテーベにあるナクトの墓に描かれたワイン製作場面。製造過程におけるそれぞれの段階、収穫（右）から大桶（左）、そして封をされたワイン壺（中央）、が示されている。

の髪房の例は、中エジプトのモスタジッタにある古王国時代の子供の墓において発見された。

トゥトアンクアムン王墓出土の二重カルトゥーシュで囲まれた形をした化粧箱の片面は、特徴的な若者の髪房をつけている若い王を表わしている。

ワジィ　Wadji

ジェトの項を参照。

「ワジ＝ウェル」／大いなる緑　wadj-wer / Great Green

おそらくデルタの湖か地中海、もしくは紅海に言及している意味不明の言葉。水のような肌を持つ像として擬人化されることもある。奇妙なことにラメセス朝期のいくつかの文書は、歩くワジ＝ウェルについて言及している。

ワジェト　Wadjet

ウラエウスと密接に関連づけられたコブラの女神。彼女の主要な信仰地は、第1王朝からブトにあり、下エジプトの守護女神とみなされていた。王権理念において、彼女はもう片方の上エジプトのネクベトとともに二女神のうちの一柱であった。たいてい鎌首を持ち上げたコブラとして描かれたワジェトは、セクメトのような他の女神に関連づけられ、雌ライオンの頭を持った女神として描かれることもあった。

「ワス」笏　was sceptre

底が二又に分かれた長い棒と先端が正体不明の動物の頭部とからなる神々と王が持っていた権力の象徴。おそらく畜産業で使用された道具に由来しており、一方では乾燥した雄牛のペニスと同一視されていた。特に葬祭文書において強力な保護の意味を持っていた。笏は、「支配」に対応する意味のヒエログリフとなり、テーベのノモスの象徴であるリボンや羽で飾られた。

ワディ・エル＝フディ　Wadi el-Hudi

アスワンの南東から約35キロメートル離れた東方砂漠地域にあり、中王国時代以降アメジストが採掘されていた。採掘遠征により、その地域のいたるところにメンチュホテプ4世の治世からの碑文を含む痕跡が残された。

ワディ・トゥミラート　Wadi Tumilat

デルタ（ブバスティスから約20キロメートル東の場所）の端からティムサフ湖（スエズ運河の南端にある現在のイスマイリヤ）へ西東に延びた涸れ谷。先王朝時代から下エジ

ワディ・マガラ 371

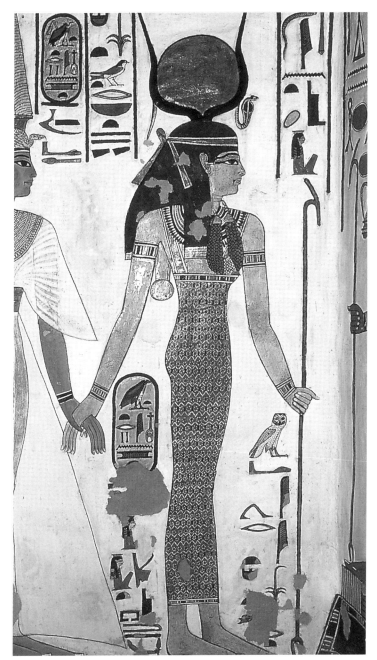

神々と王たちが持つ権力の象徴である「ワス」笏を握る女神イシス。王妃の谷の第19王朝のネフェルトアリの墓の壁画。

プト、シナイ、南パレスティナを結ぶ重要な交易ルートであった。最近の発掘は、カフル・ハッサン・ダオウドにおける大規模な先王朝時代の活動の痕跡を明らかにした。第26王朝において、ネカウ2世は、ワディ・トゥミラートに沿ってナイル河から紅海へと直接船を通すために運河を造った。

ワディ・ハンママート Wadi Hammamat

コプトス付近のナイル河谷(かこく)から紅海沿岸(こうかい)まで、東方砂漠を東から西へ横切る涸れ谷(かだに)。東方砂漠を横切る最短ルートは、先王朝時代初期から大幹線路であった。バダリ期の遺物と大量の先王朝時代のペトログリフは、その早い段階での重要性を証明している。そのワディは、おそらく先王朝時代の間、ナガダによって管理された金の一大産地であった。ラメセス朝期に年代づけられる現存する最古の地図は、ワディ・ハンママートにおける主要な金採掘地域の地質や地形を表わしている。またエジプトにおける高品質のきめの細かいシルト岩の主要な産地である「黒い山」への入り口でもある。主な石切り場は、バダリ期から採掘され、その石は化粧用パレットや彫刻、あるいはその他の工芸品用に使用された。

そのワディの南側にある石切り場を取り囲んでいる岩の表面は、古王国時代後期からローマ時代の終わりまでに年代づけられる400以上の碑文で覆われている。それらは、採掘遠征や東方砂漠の神ミンへの祈禱者の詳細を記録している。特に歴史的に重要なのは、メンチュホテプ4世治世の主な資料である碑文だ。ワディの北側にある古代の採掘活動の痕跡としては、崖の中腹に位置する一連の鉱夫たち用の石造りの小屋、放棄された石製の石棺がある。

ワディ・マガラ Wadi Maghara

南西シナイ、スエズ湾の東19キロメートルのところに位置する。古代エジプト人たちに「トルコ石台地」として知られ、初期王朝時代以降、特に古王国時代と中王国時代の間にトルコ石採掘の中心となった。ジョセル、セケムケト、サナクト、スネフェル、そしてクフの治世に年代づけられている遺跡に岩壁碑文がある。他の遺構としては、古王国時代の鉱夫たちの居住区跡と銅の精錬の痕跡がある。

ワニ crocodile

その力と獰猛さによって恐れ崇められてきたワニは、先王朝時代以来描かれ続け、ソベク神として崇拝された。また、ワニが砂丘や灌漑(かんがい)用運河、ファイユーム湖、ナイル河岸で日光浴をする姿は、古代エジプトにおいては一般的な光景であったと思われる。

紀元後1世紀、ローマ時代初期のワニのミイラ。古代エジプトにおいてワニはソベク神として崇拝され、ナイル河や他の水路でも発見される動物であった。

ワワト　Wawat

　下ヌビアに相当する古代エジプト語名。第
1急湍から第2急湍にかけてのナイル河谷
と隣接する両砂漠の広がりからなる。新王国
時代には、ワワトはクシュ総督への報告義務
を持つ2人の代理のうちの1人によって支
配されていた。

374 遺跡平面図と地図

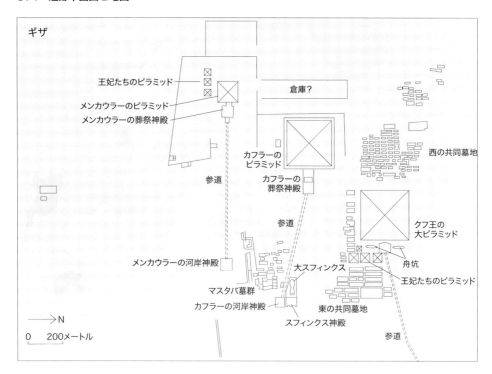

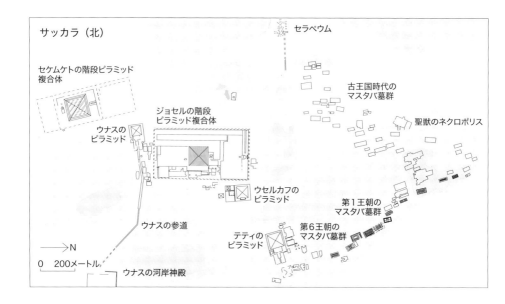

遺跡平面図と地図

1 ラメセス7世
2 ラメセス4世
3 ラメセス3世の息子
4 ラメセス11世
5 ラメセス2世の息子たち
6 ラメセス9世
7 ラメセス2世
8 メルエンプタハ
9 ラメセス5世／6世
10 アメンメセス
11 ラメセス3世
13 バアイ
14 タウォスレト／セトナクト
15 セティ2世
16 ラメセス1世
17 セティ1世
18 ラメセス10世
19 メンチュヘルケペシェフ
20 ハトシェプスト
34 トトモセ3世
35 アメンホテプ2世
36 マイヘルペリ
38 トトモセ1世
42 トトモセ2世
43 トトモセ4世
45 ウセルハト
46 イウヤとチュウヤ
47 シプタハ
48 アメンエムオペ
54 葬送用品の隠し場
55 ティイとアクエンアテンの隠し場
56 「黄金墓」
57 ホルエムヘブ
62 トゥトアンクアムン

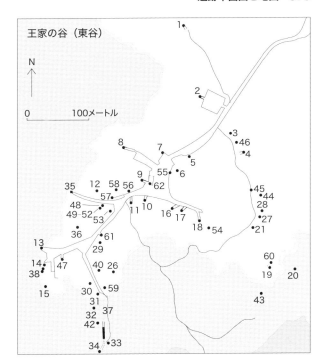

王家の谷（東谷）

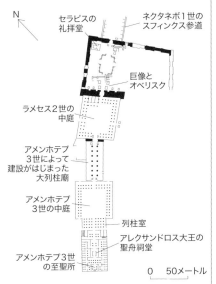

ルクソール神殿

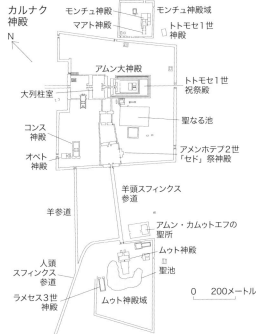

カルナク神殿

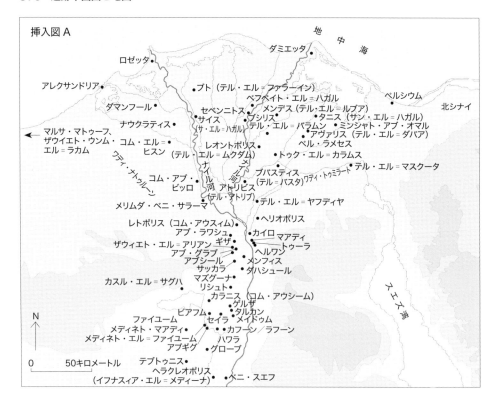

挿入図 A

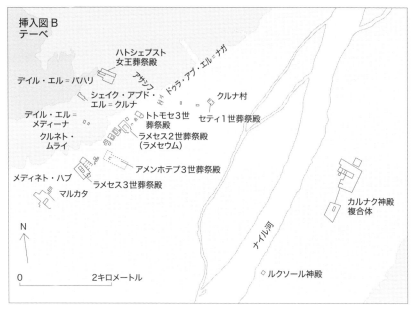

挿入図 B テーベ

遺跡平面図と地図 377

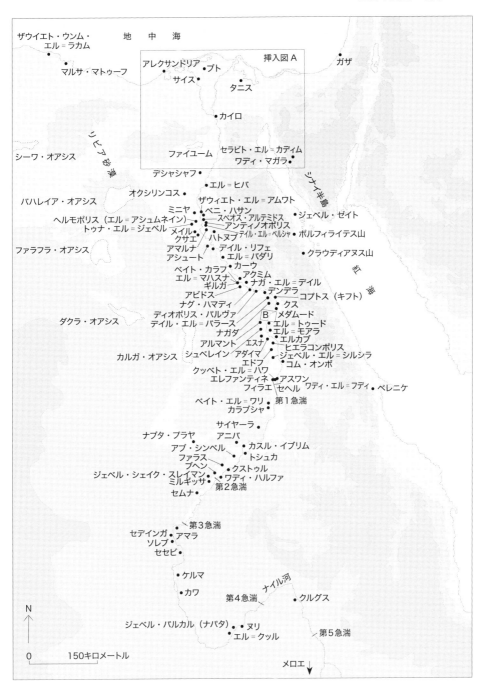

参考文献

概説書

Baines, J. & Malek, J., *The Cultural Atlas of Ancient Egypt* (New York, rev. ed., 2000)

Bard, K.A. (ed.), *Encyclopedia of the Archaeology of Ancient Egypt* (London & New York, 1999)

Brewer, D. & Teeter, E., *Egypt and the Egyptians* (Cambridge, 1999)

David, R., *The Experience of Ancient Egypt* (London & New York, 2000)

Davies, V. & Friedman, R., *Egypt* (London, 1998)

Kemp, B.J., *Ancient Egypt: Anatomy of a Civilization* (London, 1999)

Manley, B. (ed.), *The Seventy Great Mysteries of Ancient Egypt* (London & New York, 2003)

Redford, D.B. (ed.), *The Oxford Encyclopedia of Ancient Egypt* (3 vols) (Oxford & New York, 2001)

Reeves, N., *Ancient Egypt: The Great Discoveries* (London & New York, 2000)

Rice, M., *Who's Who in Ancient Egypt* (London & New York, 1999)

Schulz, R. & Seidel, M. (eds), *Egypt: The World of the Pharaohs* (Cologne, 1998)

Shaw, I., Ancient Egypt: *A Very Short Introduction* (Oxford, 2004)

Siliotti, A., Egypt: *Splendours of an Ancient Civilization* (London, 1996)

Vercoutter, J., *The Search for Ancient Egypt* (London & New York, 1992)

Wilkinson, T. (ed.), *The Egyptian World* (London & New York, 2007)

美術、建築、記念建造物

Arnold, D. (tr. Gardiner, S.H. & Strudwick, H.), *The Encyclopaedia of Ancient Egyptian Architecture* (Princeton, 2003)

Davies, W.V. (ed.), *Colour and Painting in Ancient Egypt* (London, 2001)

Lehner, M., *The Complete Pyramids* (London & New York, 1997)

Metropolitan Museum of Art, *Egyptian Art in the Age of the Pyramids* (New York, 1999)

Reeves, N. & Wilkinson, R.H., *The Complete Valley of the Kings* (London, 1996)

Robins, G., *The Art of Ancient Egypt* (London, 1997)

Russmann, E., *Egyptian Sculpture. Cairo and Luxor* (London, 1989)

Russmann, E. (ed.), *Eternal Egypt: Masterworks of Ancient Art from the British Museum* (London, 2001)

Smith, W.S. (rev. Simpson, W.K.), *The Art and Architecture of Ancient Egypt* (New Haven, 1981)

Stafford-Deitsch, J., *The Monuments of Ancient Egypt* (London, 2001)

Strudwick, N. & Strudwick, H., *Thebes in Egypt* (London, 1999)

Strudwick, N. & Taylor, J.H. (eds), *The Theban Necropolis: Past, Present and Future* (London, 2003)

Tiradritti, F., *Ancient Egypt: Art, Architecture and History* (London, 2002)

Verner, M., *The Pyramids. Their Archaeology and History* (London, 2002)

Wilkinson, R.H., *Reading Egyptian Art* (London & New York, 1994)

Wilkinson, R.H., *Symbol and Magic in Ancient Egyptian Art* (London & New York, 1994)

Wilkinson. R.H., *The Complete Temples of Ancient Egypt* (London & New York, 2000)

歴史

Clayton, P., *Chronicle of the Pharaohs* (London & New York, 1994)

Dodson, A. & Hilton, D., *The Complete Royal Families of Ancient Egypt* (London & New York, 2004)

Manley, B., *The Penguin Historical Atlas of Ancient Egypt* (London, 1996)

Shaw, I. (ed.), *The Oxford History of Ancient*

参考文献　379

Egypt (Oxford & New York, 2000)

Trigger, B.G., Kemp, B.J., O'Connor, D. & Lloyd, A.B., *Ancient Egypt: A Social History* (Cambridge, 1983)

個々の支配者と時代

Aldred, C., *Akhenaten: King of Egypt* (London, 1988)

Flamarion, E., *Cleopatra: From History to Legend* (London & New York, 1997)

Fletcher, J., *Egypt's Sun King: Amenhotep III* (London, 2000)

Freed, R., Markowitz, Y. & D'Auria, S. (eds), *Pharaohs of the Sun: Akhenaten, Nefertiti, Tutankhamen* (Boston & London, 1999)

Kozloff, A.P. & Bryan, B.M., *Egypt's Dazzling Sun: Amenhotep III and his World* (Bloomington, 1992)

Malek, J. & Forman, W., *In the Shadow of the Pyramids: Egypt During the Old Kingdom* (London & Norman, 1986)

Midant-Reynes, B. (tr. Shaw, I.), *The Prehistory of Egypt: From the First Egyptians to the First Pharaohs* (Oxford, 2000)

Reeves, N., *The Complete Tutankhamun* (London & New York, 1995)

Reeves, N., *Akhenaten: Egypt's False Prophet* (London & New York, 2001)

Tyldesley, J., *Hatchepsut: The Female Pharaoh* (London, 1996)

Tyldesley, J., *Nefertiti: Egypt's Sun Queen* (London & New York, 1998)

Tyldesley, J., *Ramesses: Egypt's Greatest Pharaoh* (London, 2000)

Walker, S. & Higgs, P. (eds), *Cleopatra of Egypt: From History to Myth* (London, 2001)

Wilkinson, T., *Early Dynastic Egypt* (London, 1999)

言語、文学、筆記

Allen, J.P., Middle Egyptian: *An Introduction to the Language and Culture of Hieroglyphs* (Cambridge, 1999)

Collier, M. & Manley, B., *How to Read Egyptian Hieroglyphs* (London, rev. ed., 2003)

Gardiner, A., *Egyptian Grammar*, 3rd ed. (Oxford, 1982)

Lichtheim, M., *Ancient Egyptian Literature* (3 vols) (Berkeley, Los Angeles & London, 1975, 1976, 1980)

Parkinson, R., *Voices from Ancient Egypt: An Anthology of Middle Kingdom Writings* (London & Norman, 1991)

Parkinson, R., *The Tale of Sinuhe and Other Ancient Egyptian Poems 1940–1640 BC* (Oxford & New York, 1997)

Parkinson, R., *Pocket Guide to Ancient Egyptian Hieroglyphs* (London, 2003)

宗教

Forman, W. & Quirke, S., *Hieroglyphs and the Afterlife in Ancient Egypt* (London, 1996)

Ikram, S. & Dodson, A., *The Mummy in Ancient Egypt* (London & New York, 1998)

Pinch, G., *Magic in Ancient Egypt* (London, 1994)

Pinch, G., *Egyptian Myth: A Very Short Introduction* (Oxford, 2004)

Pinch, G., *Egyptian Mythology (Oxford, 2004)*

Quirke, S., *Ancient Egyptian Religion* (London, 1992)

Quirke, S., *The Cult of Ra: Sun-Worship in Ancient Egypt* (London & New York, 2001)

Schafer, B. (ed.), *Religion in Ancient Egypt* (London & Ithaca, 1991)

Taylor, J.H., *Death and the Afterlife in Ancient Egypt* (London, 2001)

Taylor, J.H., Mummy: *The Inside Story* (London, 2004)

Wilkinson, R.H., *The Complete Gods and Goddesses of Ancient Egypt* (London & New York, 2003)

図版クレジット

a - above, b - below, c - centre, l - left, r - right.

Cyril Aldred 40a; The Art Archive/Dagli Orti (A) 304r; Photo Audrain 27; Walters Art Gallery, Baltimore 38r; Staatliche Museen zu Berlin, Preussischer Kulturbesitz 93, 77b, 217, 233b, 254l, 256; Courtesy, Museum of Fine Arts, Boston 340, 347; Brooklyn Museum of Art 308; Egyptian Museum, Cairo titlepage, 23, 51, 65, 73, 94r, 103, 106, 107, 115, 121, 128, 140, 141, 172, 182, 189l, 195r, 229, 235, 237, 245r, 262, 267, 271l, 287, 305, 315b, 370; Luxor Museum, Cairo 129; Fitzwilliam Museum, University of Cambridge 66r, 123, 173, 279; © Peter Clayton 25, 50, 79, 132, 203, 231; From Norman de Garis Davis, Tomb of Nakht at Thebes (1917) 369; Michael Duigan 44; Aidan Dodson 339, 341; National Museums of Scotland, Edinburgh 136; Egypt Exploration Society 299; Werner Forman Archive 38l, 112r, 168, 189l, 211b, 251, 260, 296, 301r; Photo Heidi Grassley, © Thames & Hudson Ltd, London frontispiece, 34, 35, 36, 71, 101, 105l, 112l, 127, 143, 183, 185, 211, 219, 220, 227, 240, 269, 271, 291, 302, 317, 337, 355, 361; Pelizaeus Museum, Hildesheim 86, 309, 328; Photo Hirmer 70, 114, 278; Michael Hughes 96; © Andrea Jemolo 6–7, 32, 118, 120, 135, 154l, 197, 208, 246, 250, 264, 333, 354, 358; G. B. Johnson 52, 257l, 294; Rijksmuseum van Oudheden, Leiden 178, 366; © Jürgen Liepe 30, 54r, 60, 69l, 129, 137, 159, 188, 195, 196, 200, 211, 244, 248, 268, 272, 304l, 306, 316, 318, 343, 359, 372; University of Liverpool, Mo'alla Expedition 344; British Museum, London 24, 40b, 411&r, 46, 98, 100, 105, 160, 161, 164l, 169, 179, 214, 224, 226, 232, 233a, 248, 277b, 280, 289,

307a&b, 322, 346, 356, 365l; Petrie Museum of Egyptian Archaeology, University College, London 55l&r, 277; Lotos-Film, Kaufbeuren 169a; J. Paul Getty Conservation Institute, Malibu 134; The Metropolitan Museum of Art, New York: 253 (Harris Brisbane Dick Fund, 1956), 288 (Purchase, Edward S. Harkness Gift), 218 (Rogers Fund and Edward S. Harkness Gift 1920), 61 (Rogers Fund, 1913), 315a (Rogers Fund and Henry Walter Gift, 1916), 112, 116a (Gift of Theodore M. Davis, 1907), 326–27 (Museum Excavations, 1919–1920; Rogers Fund supplemented by contribution of Edward S. Harkness), 188, 189r, 257r, 363 (Gift of Henry Walter, 1915); Ashmolean Museum, Oxford 65l, 274, 323, 329; Copyright Griffith Institute, Oxford 59, 82, 95, 164r, 199, 281; Musée du Louvre, Paris: 169b; Photo RMN 94l, 155, 166, 266, 334; © John G.Ross 21, 56, 69r, 80, 97, 116, 125l&r, 144, 149, 154r, 207l, 252, 259, 286; William Schenck 99, 144, 145, 326a, 349; From G. Segato, Atlante del Basso e Alto Egitto (1835) 138a; Abdel Ghaffar Shedid 138b; Albert Shoucair 174, 265, 352; Edwin Smith 216; From G. Elliot Smith The Royal Mummies (1901) 184, 190, 205; Steven Snape 124; © Jeremy Stafford-Deitsch 33, 81, 108, 126, 312, 321, 364, 371; State Hermitage Museum, St Petersburg 128a; E. Strouhal 90l, 177, 223, 227b, 261, 297; Frank Teichmann 34; Museo Egizio, Turin 133; © Derek Welsby 158; © Archivio Whitestar/Araldo da Luca 255; © Archivio Whitestar/Giulio Veggi 285; Toby Wilkinson 26, 42, 54l, 58, 66l, 75, 77a, 85r&l, 86, 90r, 91, 100b, 123, 131, 148, 150, 152, 167, 171, 176, 192, 234, 243, 270, 283, 299, 305, 306r, 330, 331, 332, 345, 350, 353a&b, 358b, 362, 365r; Joachim Willeitner, Munich 156; Provost & Fellows of Eton College, Windsor 63; Philip Winton 28; Milan Zemina 254l

欧文項目対照索引

[A]

Aba　アバ　30

Abgig　アブギグ　34

Abu Ghurab ／ Abu Ghurob　アブ・グラブ／アブ・グロブ　34

Abu Rawash/Abu Roash　アブ・ラワシュ／アブ・ロアシュ　36

Abu Simbel　アブ・シンベル　35

Abusir　アブシール　35

Abydos ／ el-Arabah ／ el-Madfuna　アビドス／エル＝アラバ／エル＝マデフーナ　33

Adaima　アダイマ　26

Admonitions of Ipuwer　「イプウェルの訓戒」　58

aegis　イージス　55

Ægyptiaca　アイギプティアカ　21

afterlife beliefs　来世信仰　350

agriculture　農業　259

A-Group　Aグループ　66

Aha　アハ　30

Ahhotep　アハホテプ　30

Ahmose I　アハモセ1世　31

Ahmose II　アハモセ2世　31

Ahmose Nefertari　アハモセ・ネフェルトアリ　32

Ahmose son of Abana　アバナの息子アハモセ　30

Aker　アケル　24

akh　「アク」　22

Akhenaten　アクエンアテン　22

akhet　「アケト」　24

Akhetaten　アケトアテン　24

Akhmim　アクミム　23

Akhtoy　アクトイ　23

Akkadian　アッカド語　26

alabaster　アラバスター　48

Alara　アララ　48

Alashiya　アラシヤ　48

alcoholic drinks　アルコール飲料　48

Alexander the Great　アレクサンドロス大王　49

Alexandria　アレクサンドリア　49

Amara　アマラ　39

Amarna ／ Tell el-Amarna　アマルナ／テル・エル＝アマルナ　39

Amarna Letters　アマルナ文書　40

Amasis ／ Ahmose II　アマシス／アハモセ2世　38

Amduat　「アムドゥアト」　41

Amenemhat I　アメンエムハト1世　43

Amenemhat II　アメンエムハト2世　45

Amenemhat III　アメンエムハト3世　45

Amenemhat IV　アメンエムハト4世　46

Amenemhat V , VI , VII　アメンエムハト5世、6世、7世　46

Amenemnisu　アメンエムニスウ　43

Amenemope　アメンエムオペ　43

Amenhotep I　アメンホテプ1世　46

Amenhotep II　アメンホテプ2世　47

Amenhotep III　アメンホテプ3世　47

Amenhotep IV　アメンホテプ4世　48

Amenhotep son of Hapu　ハプの息子アメンホテプ　271

Amenirdis　アメンイルディス　43

Amenmesse　アメンメセス　48

Amenophis　アメノフィス　43

Ameny Qemau　アメニ・ケマウ　43

Ammenemes　アメネメス　43

Ammut　アムムウト　41

Amratian　アムラー期　42

amulet　アミュレット　40

Amun　アムン　42

Amyrtaeos　アミルタイオス　41

Anat　アナト　28

ancestor busts　祖先の胸像　202

Anedjib　アネジイブ　29

Aniba　アニバ　28

animal cults　動物崇拝　230

animal husbandry　畜産業　213

Anket ／ Anuket ／ Anukis　アンケト／アヌケト／アヌキス　51

ankh　「アンク」　50

Ankhesenamun　アンクエスエンアムン　50

Ankhesenpaaten　アンクエスエンパアテン　50

382 欧文項目対照索引

Ankhtifi　アンクティフィ　51

annals　年代記　259

Antinoöpolis／el-Sheikh Ibada　アンティノオポリス／エル゠シェイク・イバダ　52

Anubis　アヌビス　29

Anuket, Anukis　アヌケト、アヌキス　29

Apedemak／Apedamak　アペデマク／アペダマク　37

Apep　アペピ　37

Apepi　アペピ　37

Aper-el　アペル゠エル　38

Apis　アピス　32

Apophis　アポフィス　38

apotropaic　厄除け　345

Apries　アプリエス　37

Archaic Period　古拙時代　139

Arensnuphis/Arsnuphis　アレンスヌフィス／アルスヌフィス　49

Armant　アルマント　48

army　軍隊　129

Arsaphes　アルサフェス　48

Arses　アルセス　48

Arsinoe　アルシノエ　48

Arsnuphis　アルスヌフィス　48

art　美術　279

Artaxerxes　アルタクセルクセス　48

Asasif　アサシフ　24

Ashmunein, el-　アシュムネイン、エル゠　25

Asia, Western　西アジア　245

Assyrians　アッシリア人　26

Astarte　アスタルテ　25

astronomy and astrology　天文学と占星術　226

Aswan　アスワン　25

Asyut　アシュート　25

atef crown　「アテフ」冠　27

Aten　アテン　27

Athribis　アトリビス　28

Atum　アトゥム　27

autobiographies　自伝　161

Avaris／Tell el-Daba　アヴァリス／テル・エル゠ダバア　22

Awibra Hor　アウイブラー・ホル　22

Ay（I）　アイ（1世）　21

Ay（II）　アイ（2世）　21

Ayin Asil　アイン・アシール　22

［B］

ba　「バー」　261

Baal　バアル　261

Badarian　バダリ期　266

Bahariya Oasis　バハレイヤ・オアシス　269

Bakenrenef／Bocchoris　バクエンレンエフ／ボッコリス　264

Balamun, Tel el-　バラムン、テル・エル゠　272

Balat　バラト　272

Banebdjedet　バネブジェデト　269

barque／bark　聖舟　184

barque shrine　聖舟祠堂　184

Bashendi　バシェンディ　266

Basta, Tell　バスタ、テル　266

Bastet　バステト　266

Bat　バト　267

battles　戦争　200

Bay　バアイ　261

beard　あごひげ　24

Beautiful Festival of the Valley　谷の美しき祭　210

bee　ミツバチ　329

beer　ビール　287

Behbeit el-Hagar　ベフベイト・エル゠ハガル　309

Beit el-Wali　ベイト・エル゠ワリ　302

Beit Khallaf　ベイト・カラフ　303

Belzoni, Giovanni　ベルツォーニ、ジョヴァンニ　311

benben stone　「ベンベン」石　313

Beni Hasan　ベニ・ハサン　306

Bent Pyramid　屈折ピラミッド　123

benu bird　「ベヌウ」鳥　307

Berenike／Medinet el-Haras　ベレニケ／メディネト・エル゠ハラス　313

Bersha, Deir el-　ベルシャ、デイル・エル゠　311

Bes　ベス　304

B-Group　Bグループ　279

Biahmu　ビアフム　276

欧文項目対照索引　**383**

biblical connections　聖書との関係　185

Birket Habu　ビルケト・ハブ　287

birth house　誕生殿　213

block statue　方形座像　314

board games　ボードゲーム　316

boat burial　舟葬墓　165

boats and ships　舟と船　300

Bocchoris　ボッコリス　316

Book of the Dead「死者の書」　160

borders　国境　139

bread　パン　275

breccia　角礫岩　95

bronze　青銅　185

Bubastis ／ Tell Basta　ブバスティス／テル・バスタ　300

Buchis　ブキス　292

Buhen　ブヘン　300

bull　雄牛　76

burial customs　埋葬習慣　322

Busiris　ブシリス　295

Butehamun　ブテフアムン　297

Buto ／ Tell el-Fara'in　ブト／テル・エル = ファラーイン　298

Byblos ／ Jebail　ビブロス／ジュベイル　283

〔C〕

Cairo　カイロ　92

calendar　暦　143

Cambyses　カンビュセス　110

camel　ラクダ　351

Canaan　カナーン　99

canopic jars　カノポス壺　99

Carians　カリア人　106

Carnavon, Lord　カーナーヴォン卿　99

carnelian　紅玉髄　137

Carter, Howard　カーター、ハワード　97

cartonnage　カルトナージュ　107

cartouche　カルトゥーシュ　106

cat　ネコ　253

cataract　急湍　116

cattle　畜牛　213

Cave of the Swimmers　泳ぐ人の洞窟　86

cavetto cornice　カヴェット・コーニス　92

cenotaph　空墓　121

C-Group　C グループ　160

Champollion, Jean-François　シャンポリオン、ジャン = フランソワ　164

chariot　戦車　199

Cheops　ケオプス　131

Chephren　ケフレン　133

children　子供　140

Chronicle of Prince Osorkon「オソルコン王子年代記」　84

chronology　年代　258

cippus　キップス　115

circumcision　割礼　98

Cleopatra　クレオパトラ　127

clerestory　クリアストーリー　126

clothing　衣服　58

cobra　コブラ　142

coffin　棺　280

Coffin Texts　コフィン・テキスト　140

Colossi of Memnon　メムノンの巨像　337

colour　色彩　159

Complaints of Khakheperra-seneb「カケペルラー・セネブの訴え」　95

copper　銅　228

Coptic　コプト語　141

Coptos ／ Guft ／ Qift　コプトス／グフト／キフト　141

Copts　コプト教徒　141

co-regency　共同統治　117

corvée labour　賦役労働　291

cosmetics　化粧品　132

creation myths　創世神話　201

Crete　クレタ　127

crime and punishment　罪と罰　217

criosphinx　クリオスフィンクス　126

crocodile　ワニ　372

Crocodilopolis　クロコディロポリス　128

crook　牧杖　315

crowns　冠　111

cubit　キュービット　117

cuneiform　楔形文字　121

cursive script　草書体文字　200

Cusae ／ el-Qusiya　クサエ／エル = クシーヤ　121

Cyprus　キプロス　115

384　欧文項目対照索引

[D]

Daba, Tell el-　ダバア、テル・エル＝　210
Dahshur　ダハシュール　210
Dakhla Oasis　ダクラ・オアシス　208
dancing　舞踊　301
Darius　ダリウス　212
Darius I　ダリウス1世　212
Darius II　ダリウス2世　212
Darius III　ダリウス3世　212
Daydamus ／ Didyme　デイダムス／デディーム　219
death　死　153
deben　デベン　224
decan　デカン　221
Dedumose　デドゥモセ　222
deification　神格化　175
Deir el-Bahri　デイル・エル＝バハリ　219
Deir el-Ballas　デイル・エル＝バラース　220
Deir el-Bersha　デイル・エル＝ベルシャ　220
Deir el-Medina　デイル・エル＝メディーナ　220
Delta　デルタ　225
democratization of the afterlife　来世の民主化　351
demons　魔物　325
demotic　デモティック　224
Den ／ Dewen ／ Udimu　デン／デウェン／ウディム　225
Dendera　デンデラ　226
deserts　砂漠　151
Dewen　デウェン　221
didactic literature　教訓文学　117
Didyme　デディーム　222
diet　食事　170
diorite　閃緑岩　200
Diospolis Parva　ディオスポリス・パルヴァ　218
diseases　病気　284
Dispute of a Man with his Ba　「男と彼のバーとの論争」　84
Divine Adoratrice　神を礼拝する婦人　103
Djedefra ／ Radjedjef　ジェドエフラー／ラージェドエフ　155
Djedkara　ジェドカラー　155

djed pillar　「ジェド」柱　155
Djehutyhotep　ジェフティホテプ　156
Djeme　ジェメ　158
Djer ／ Zer　ジェル／ゼル　158
Djet ／ Uadji ／ Wadji ／ Zet　ジェト／ウァジィ／ワジィ／ゼト　154
Djoser ／ Zoser　ジョセル／ゾセル　174
dog　イヌ　57
dolomite　苦灰石　121
donkey　ロバ　365
Dra Abu el-Naga　ドゥラ・アブ・エル＝ナガ　231
dreams　夢　346
duality　二元性　245
Duamutef　ドゥアムゥトエフ　228
dwarf　小人　140
dynasty　王朝　78

[E]

Early Dynastic period　初期王朝時代　169
Edfu　エドフ　70
education　教育　117
Egyptian blue　エジプシャン・ブルー　66
Egyptology　エジプト学　67
electrum　エレクトラム　72
Elephantine　エレファンティネ　72
Elkab　エルカブ　71
encaustic　蠟画法　364
ennead　九柱神　116
epagomenal　閏日　65
Esna　エスナ　69
execration texts　呪詛文書　166
Eye of Ra　ラーの眼　351

[F]

faience　ファイアンス　287
falcon　ハヤブサ　271
false door　偽扉　247
famine　飢饉　112
Farafra Oasis　ファラフラ・オアシス　290
Fara'in, Tell el-　ファラーイン、テル・エル＝　290
Faras　ファラス　290
farming　農業　259

欧文項目対照索引　385

Fayum　ファイユーム　288
festivals　祭祀　146
Field of Reeds　葦の原　25
First Intermediate Period　第一中間期　205
fish and fishing　魚と漁撈　148
flail　殻竿　104
flora and fauna　植物相および動物相　170
fly　ハエ　262
Followers of Horus　ホルスの従者たち　318
food and drink　食物と飲物　171
fortresses　要塞群　346
foundation deposits　基礎埋蔵品　114
frog　カエル　93
frontiers　境界　117
funerary cone　葬送コーン　201
funerary objects　副葬品　293
funerary texts　葬祭文書　200
furniture　家具　94

〔G〕
galena　方鉛鉱　314
games　ゲーム　134
gardens　庭園　218
Geb　ゲブ　133
Gebel Barkal　ジェベル・バルカル　157
Gebelein　ジェベレイン　157
Gebel el-Arak knife handle　ジェベル・エル＝アラクのナイフ・ハンドル　156
Gebel el-Silsila　ジェベル・エル＝シルシラ　157
Gebel Sheikh Suleiman　ジェベル・シェイク・スレイマン　157
Gebel Tjauti　ジェベル・チャウティ　157
Gebel Uweinat　ジェベル・ウェイナト　156
Gebel Zeit　ジェベル・ゼイト　157
Gerzean　ゲルゼ期　135
gesso　ゲッソ　132
Gilf el-Kebir　ギルフ・エル＝ケビール　118
Giza　ギザ　113
glass　ガラス　104
God's Wife of Amun　アムンの神妻　42
gold　金　118
goose　ガチョウ　98
government　政府　186

grave goods　埋葬品　322
Greatest of Seers　偉大なる予言者　57
Great Green　大いなる緑　80
Great Hymn to the Aten　アテン讃歌　27
Greeks　ギリシア人　118
Gurob　グローブ　128

〔H〕
hair and wigs　髪の毛とカツラ　103
Hakor／Hakoris　ハコル／ハコリス　265
Hapi　ハピ　269
Hapy　ハピ　270
harem　ハーレム　274
Harkhuf　ハルクフ　272
Harper's Songs　ハープ奏者の歌　270
Harpocrates　ハルポクラテス　273
Harsaphes　ハルサフェス　273
Harsiese　ハルスィエセ（神）　273
Harsiese　ハルスィエセ（官僚）　273
Hathor　ハトホル　268
Hat-Mehit　ハト＝メヒト　273
Hatnub　ハトヌブ　268
Hatshepsut　ハトシェプスト　267
Hawara　ハワラ　274
hawk　タカ　208
headdresses　被り物　101
heart　心臓　178
hebsed　「ヘブセド」　309
hedgehog　ハリネズミ　272
Heh　ヘフ　308
Heket　ヘケト　303
heliacal rising　ヘリアカル・ライジング　310
Heliopolis／Tell Hisn　ヘリオポリス／テル・ヒスン　310
Helwan　ヘルワン　313
Hemiunu　ヘミウヌウ　309
Heqaib／Pepinakht Heqaib　ヘカイブ／ペピナクト・ヘカイブ　303
Heqat　ヘカト　303
Herakleopolis／Ihnasya el- Medina　ヘラクレオポリス／イフナスィア・エル＝メディーナ　309
Herihor　ヘリホル　310
Heryshef／Arsaphes／Harsaphes／

386 欧文項目対照索引

Heryshef　ヘリシェフ／アルサフェス／ハルサフェス／ハリシェフ　310

Hermopolis ／ el-Ashmunein　ヘルモポリス／エル゠アシュムネイン　312

Herneith　ヘルネイト　311

Herodotus　ヘロドトス　313

Heryshef　ハリシェフ　272

Hesira　ヘシラー　303

Hetepheres　ヘテプヘレス　305

Hetepsekhemwy　ヘテプセケムウイ　305

Hiba, el-　ヒバ、エル゠　283

Hibis　ヒビス　283

Hierakonpolis ／ Kom el-Ahmar　ヒエラコンポリス／コム・エル゠アハマル　276

hierarchical scaling　階層的縮尺　90

Hieratic　ヒエラティック　277

hierogriphs　ヒエログリフ　277

hippopotamus　カバ　100

history　歴史　362

Hittites　ヒッタイト　281

Hor　ホル　316

Horemakhet　ホルエムアケト　316

Horemheb　ホルエムヘブ　316

Hornedjitef　ホル・ネジェ・イト・エフ　319

horse　ウマ　64

Horus　ホルス　317

Horus name　ホルス名　318

Horus Son of Isis　イシスの息子ホルス　55

Horwerra　ホルウェルラー　316

House of Life　生命の家　187

human sacrifice　人身御供　282

humour and satire　ユーモアと風刺　346

Huni　フニ　299

hunting　狩猟　168

Hyksos　ヒクソス　278

hymns　讃歌　153

hypaethral　ヒピースラル　283

hypostyle hall　列柱室　363

〔I〕

Ibi ／ Aba　イビ／アバ　58

Ibia　イビア　58

ibis　トキ　232

ichneumon　エジプト・マングース　69

Ikhernofret　イクヘルノフレト　52

Illahun　イルラフーン　60

Imhotep　イムホテプ　60

imiut　「イミウト」　59

Imsety　イムセティ　60

incense　香料　137

incest　近親相姦　119

Instruction for Merikara　「メリカラー王への教訓」　337

Instruction of Amenemhat 1 for his Son　「アメンエムハト 1 世の彼の息子に対する教訓」　44

Instruction of Amenemope　「アメンエムオペの教訓」　43

Instruction of Any　「アニの教訓」　28

Instruction of Hordedef　「ホルジェドエフの教訓」　317

Instruction of a Man for his Son　「彼の息子に対するある男の教訓」　109

Instruction of Ptahhotep　「プタハホテプの教訓」　298

Intef I　インテフ 1 世　60

Intef II　インテフ 2 世　61

Intef III　インテフ 3 世　61

Intef IV　インテフ 4 世　61

Intef V　インテフ 5 世　61

Intef VI　インテフ 6 世　61

Intef VII　インテフ 7 世　62

inundation　氾濫　275

Inyotef　インヨテフ　62

Irem　イレム　60

iron　鉄　221

irrigation　灌漑　109

Isesi ／ Izezi　イセシ／イゼジ　57

ished tree　「イシェド」の木　53

Isis　イシス　53

Ismant　イスマント　56

Israel　イスラエル　56

ithyphallic　イシファリック　55

Itj-tawy　イチ゠タウイ　57

Iuput　イゥプト　52

ivory　象牙　200

Izezi　イゼジ　57

欧文項目対照索引　**387**

[J]

jackal　ジャッカル　162
jewelry　宝飾品　314

[K]

ka　「カー」　89
ka chapel　「カー」礼拝堂　109
Kadesh, Battle of　カデシュの戦い　98
Kagemni　カゲムニ　95
Kahun　カフーン　102
Kalabsha　カラブシャ　106
Kamose　カモセ　104
Kamutef　カムゥトエフ　104
Karanis　カラニス　106
Karnak　カルナク　107
Kashta　カシュタ　96
Kawa　カワ　109
Kemet　「ケメト」　135
Kemit　「ケミィト」　133
Kenamun　ケンアムン　136
Kerma　ケルマ　135
Kha　カー　89
Khaba　カーバ　101
Khababash　カババシュ　101
Khaemwaset　カーエムワセト　92
Khafra／Khafre／Chephren　カフラー／カフレー／ケフレン　101
Khamudi　カムディ　104
Kharga Oasis　カルガ・オアシス　106
Khasekhem　カーセケム　97
Khasekhemwy　カーセケムウイ　97
kheker frieze　「ケケル」フリーズ　131
Khendjer　ケンジェル　136
Khentiamentiu　ケンティアメンティウ　137
Khentkawes　ケントカウエス　137
Khepri　ケプリ　133
Khety／Akhtoy　ケティ／アクトイ　132
Khnum　クヌム　124
Khnumhotep（II）　クヌムホテプ（2世）　124
Khokha　コーカ　139
Khonsu　コンス　143
Khufu／Cheops　クフ／ケオプス　125
Khyan　キアン　111
king-lists　王名表　80

kingship　王権　75
kiosk　キオスク　112
Kiya　キヤ　115
kohl　化粧墨　132
Kom Abu Billo　コム・アブ・ビッロ　142
Kom el-Ahmar　コム・エル゠アハマル　142
Kom el-Hisn　コム・エル゠ヒスン　142
Kom Ombo　コム・オンボ　142
Kurgus　クルグス　126
Kurru, el-　クッル、エル゠　123
Kush　クシュ　121
Kushite　クッシャイト　123

[L]

labyrinth　迷宮　332
Lahun／el-Lahun／Illahun　ラフーン／エル゠ラフーン／イルラフーン　352
language　言語　136
lapis lazuli　ラピスラズリ　351
Late Period　末期王朝時代　324
law　法　313
Leontopolis／Tel el-Muqdam　レオントポリス／テル・エル゠ムクダム　362
Lepsius, Karl Richard　レプシウス、カール・リヒャルト　364
Letopolis／Ausim　レトポリス／アウスィム　363
letters　手紙　221
letters to the dead　死者への手紙　160
Levant　レヴァント　362
Libya　リビア　359
lion　ライオン　349
Lisht　リシュト　358
Litany of Ra　「ラーの連禱」　351
literature　文学　301
lotus　ロータス　365
Lower Egypt　下エジプト　162
Luxor Temple　ルクソール神殿　360

[M]

Maadi　マアディ　321
Maadi Culture　マアディ文化　321
Maat　マアト　321
macehead　棍棒頭　144

388　欧文項目対照索引

magic　呪術　166

magic bricks　呪術レンガ　166

Maiherpri　マイヘルペリ　323

Main Deposit　主要埋蔵物　168

malachite　孔雀石　121

Malkata　マルカタ　326

mammisi　「マンミシ」　327

Mandulis ／ Merwel　マンドゥリス／マーウェル　326

Manetho　マネト　325

map　地図　214

Mariette, Auguste　マリエット、オーギュスト　326

marl　マール　326

marriage　結婚　132

mask　仮面　104

Maspero, Gaston　マスペロ、ガストン　324

mastaba　マスタバ　324

Mastabat el-Fara'un　マスタバ・エル = ファラウン　324

mathematics　数学　181

Maxims of Ptahhotep　「プタハホテプの教訓」　298

Maya　マヤ　325

Mazghuna　マズグーナ　323

measurement　測量　202

Medamud　メダムード　334

medicine　医術　56

Medinet el-Fayum　メディネト・エル = ファイユーム　335

Medinet Habu　メディネト・ハブ　335

Medinet Maadi　メディネト・マアディ　336

Medjay　メジャイ　334

Megiddo, Battle of　メギドの戦い　333

Meidum　メイドゥム　332

Meir　メイル　332

Meketaten　メケトアテン　333

Meketra　メケトラー　333

Memnon　メムノン　337

Memphis　メンフィス　342

Memphite　メンフィスの　343

menat　「メナト」　336

Mendes ／ Tell el-Rub'a ／ Tell Timai　メンデス／テル・エル = ルブア／テル・ティマイ　342

Menes　メネス　336

Menkauhor　メンカウホル　340

Menkaura ／ Mycerinus　メンカウラー／ミケリノス　340

Menna　メンナ　342

Mentuemhat　メンチュエムハト　341

Mentuemusaf　メンチュエムサフ　341

Mentuhotep II　メンチュホテプ 2 世　341

Mentuhotep III　メンチュホテプ 3 世　342

Mentuhotep IV　メンチュホテプ 4 世　342

Mentuhotep V，VI，VII　メンチュホテプ 5 世、6 世、7 世　342

Merenptah ／ Merneptah　メルエンプタハ／メルネプタハ　338

Merenra ／ Nemtyemsaf　メルエンラー／ネムティエムサフ　338

Mereruka　メルルカ　339

Meretseger　メレトセゲル　339

Merikara　メリカラー　337

Merimda Beni Salama　メリムダ・ベニ・サラーマ　338

Meritaten　メリトアテン　338

Mermesha　メルメシュア　339

Merneferra Ay　メルネフェルラー・アイ　339

Merneith　メルネイト　339

Merneptah　メルネプタハ　339

Meroë　メロエ　340

Meroïtic　メロエの　340

Mersa Matruh　メルサ・マトルーフ　339

Merwel　マーウェル　323

Meryra　メリラー　338

Meshwesh　メシュウェシュ　334

Meskhenet　メスケネト　334

Mesopotamia　メソポタミア　334

metalworking　金属加工術　119

Metjen　メチェン　335

Middle Egypt　中エジプト　240

Middle Kingdom　中王国時代　215

Min　ミン　330

mining and quarrying　採掘と採石　145

Minshat Abu Omar　ミンシャト・アブ・オマル　330

Mirgissa　ミルギッサ　330

欧文項目対照索引　389

mirror　鏡　94

Mitanni　ミタンニ　329

Mnevis ／ Mer-wer　ムネヴィス／メル゠ウェル　332

Moalla, el-　モアラ、エル゠　343

Mons Claudianus　クラウディアヌス山　126

Mons Porphyrites　ポルフィライテス山　319

Montu　モンチュ　344

moon　月　216

mortuary temple　葬祭神殿　200

Mummification　ミイラ製作　327

mummy　ミイラ　327

Muqdam, Tell el-　ムクダム、テル゠エル　308

music　音楽　86

Mut　ムゥト　331

Mutemwia　ムゥトエムウイア　331

muu dancers　「ムウ」の踊り子たち　331

Mycenean　ミケーネの　329

Mycerinus　ミケリノス　329

mythology　神話　181

〔N〕

Nabta Playa　ナブタ・プラヤ　242

Nagada ／ Naqada　ナガダ／ナカダ　241

Nagada Culture　ナガダ文化　241

Naga el-Deir　ナガ・エル゠デイル　241

Nag Hammadi　ナグ・ハマディ　242

Nakht　ナクト　241

Nakhtmin　ナクトミン　242

names　名前　242

naos　ナオス　240

Napata　ナパタ　242

Naqada　ナカダ　241

Narmer　ナルメル　244

Narmer Palette　ナルメル王のパレット　244

natron　ナトロン　242

Naukratis ／ Kom Gi'eif　ナウクラティス／コム・ジィーフ　239

navy　海軍　89

Near East　近東　121

Nebirierau　ネブイリラアウ　253

Nebra ／ Raneb　ネブラー／ラーネブ　257

Necho　ネコ　253

necropolis　ネクロポリス　253

Nectanebo I ／ Nakhtnebef　ネクタネボ1世／ナクトネブエフ　252

Nectanebo II ／ Nakhthorheb　ネクタネボ2世／ナクトホルヘブ　252

Neferefraf　ネフェルエフラー　254

Neferhotep　ネフェルホテプ　257

Neferirkara ／ Kakai　ネフェルイルカラー／カカイ　254

Nefertari　ネフェルトアリ　256

Nefertem　ネフェルテム　254

Nefertiti　ネフェルトイティ　256

negative confession　否定告白　282

Nehesy　ネヘシ　258

Neith　ネイト　250

Neithhotep　ネイトホテプ　251

Nekau I ／ Necho I　ネカウ1世／ネコ1世　251

Nekau II ／ Necho II　ネカウ2世／ネコ2世　252

Nekhbet　ネクベト　252

Nekhen　ネケン　253

nemes　「ネメス」　258

Nepherites I ／ Nefaarud　ネフェリテス1世／ネフアアルド　253

Nepherites II　ネフェリテス2世　253

Nephthys　ネフティス　257

Netjerikhet　ネチェリケト　253

New Kingdom　新王国時代　175

Niankh-khnum and Khnumhotep　ニアンク・クヌムとクヌムホテプ　245

Nile　ナイル河　239

nilometer　ナイロメーター　239

Nine Bows　九弓の敵　116

Ninetjer　ニネチェル　247

Nitiqret ／ Nitocris　ニトイクレト／ニトクリス　247

Nitocris　ニトクリス　247

Niuserra ／ Ini　ニウセルラー／イニ　245

nomarch　州侯　165

nome　ノモス　260

Nubia　ヌビア　248

Nun　ヌン　250

Nuri　ヌリ　250

390 欧文項目対照索引

Nut　ヌウト　247

[O]
oasis　オアシス　73
Obelisk　オベリスク　85
obsidian　黒曜石　139
offering formula　供養文　125
offering table　供物台　125
Ogdoad　八柱神　266
Old Kingdom　古王国時代　139
Omari, el-　オマリ、エル＝　86
Onomastica　固有名詞集　143
Onuris／Anhur　オヌリス／アンフル　84
Opening of the mouth　開口の儀式　89
Opet Festival　オペト祭　84
oracles　神託　179
Orion　オリオン座　86
Osireion　オシレイオン　83
Osirid pillar　オシリス柱　82
Osiris　オシリス　81
Osiris bed　オシリスの苗床　82
Osorkon　オソルコン　83
Osorkon the Elder／Osorchor　大オソルコン／オソコル　206
Osorkon I　オソルコン1世　83
Osorkon II　オソルコン2世　83
Osorkon III　オソルコン3世　83
Osorkon IV　オソルコン4世　84
ostraca　オストラカ　83
Oxyrhynchus／el-Bahnasa　オクシリンコス／エル＝バフナサ　81

[P]
Paentjeni　パエンチェニ　262
Paheri　パヘリ　271
Pakhet　パケト　265
palace　王宮　74
palace-façade　王宮ファサード　74
Palermo Stone　パレルモ・ストーン　274
Palestine　パレスティナ　273
palette　パレット　273
pan bedding　パン・ベッディング　275
Pan Grave　パン・グレーブ　275
papyrus　パピルス　270

Pasebakhaenniut　パセバカーエンニウト　266
pat　「パアト」　261
Pedubast　ペドゥバスト　305
Peftjauawybast　ペフチャウアウイバスト　309
Pepi I　ペピ1世　308
Pepi II　ペピ2世　308
peret　「ペレト」　313
Peribsen　ペルイブセン　311
peripteral　周柱式　166
peristyle　列柱廊　363
Per-Ramesses／Qantir　ペル・ラメセス／カンティール　312
Persian period　ペルシア時代　311
Petosiris　ペトオシリス　305
Petrie, Flinders　ピートリ、フリンダーズ　282
petroglyph　ペトログリフ　306
pets　ペット　304
pharaoh　ファラオ　290
Philae　フィラエ　290
Philistines　ペリシテ人　310
Phoenicians　フェニキア人　292
phoenix　フェニックス　292
phyle　フュレ　301
Piankhy　ピアンキ　276
pig　ブタ　295
Pimay　ピマイ　284
Pinedjem　ピネジェム　282
Piramesse　ピラメセス　287
Pithom　ピトム　282
Piye／Piankhy／Piya　ピイ／ピアンキ／ピエ　276
police　警察　130
Place of Truth　真実の場　177
pottery　土器　232
Predynastic period　先王朝時代　198
prenomen／throne name　プレノメン／即位名　301
priests　神官　176
primeval mound　原初の丘　136
Prophecy of Neferti　「ネフェルティの予言」　254
Psammetichus　プサメティコス　295
Psammuthis　プサンムティス　295
Psamtik I　プサムテク1世　294

欧文項目対照索引　391

Psamtik II　プサムテク２世　294
Psamtik III　プサムテク３世　294
Psusennes I　プスセンネス１世　295
Psusennes II　プスセンネス２世　295
Ptah　プタハ　295
Ptah–Sokar–Osiris　プタハ＝ソカル＝オシリス　298
Ptah–Tatenen　プタハ＝タテネン　298
Ptolemaic period　プトレマイオス朝時代　299
Ptolemy　プトレマイオス　299
Punt ／ Pwene　プント／プウェネ　302
Puyemra　プイエムラー　290
Pwene　プウェネ　291
pygmy　ピグミー　279
pylon　塔門　230
pyramids　ピラミッド　284
pyramidion　ピラミディオン　287
Pyramid Texts　ピラミッド・テキスト　286

［Q］
Qaa　カア　89
Qadesh ／ Qedeshet ／ Qudshu　カデシュ／ケデシュト／クドシュ　98
Qahedjet　カヘジェト　102
Qantir　カンティール　110
Qasr el–Sagha　カスル・エル＝サグハ　96
Qasr Ibrim　カスル・イブリーム　96
Qau ／ Qau el–Kebir ／ Antaeopolis　カーウ／カーウ・エル＝ケビール／アンタエオポリス　92
Qebehesenuef　ケベフセヌエフ　133
Qedeshet　ケデシェト　133
Qila el–Dabba　キラ・エル＝ダッバ　118
quarrying　石切り　53
Qubbet el–Hawa　クッベト・エル＝ハワ　123
Qudshu　クドシュ　124
queens　王妃　79
Qurna　クルナ　126
Qurnet Murai　クルネト・ムライ　126
Qustul　クストゥル　122

［R］
Ra　ラー　349
race　人種　177

Radjedef　ラージェドエフ　351
Ra–Horakhty　ラー＝ホルアクティ　352
Rahotep　ラーホテプ　352
ram　雄羊　84
Ramesses I　ラメセス１世　354
Ramesses II　ラメセス２世　355
Ramesses III　ラメセス３世　355
Ramesses IV　ラメセス４世　356
Ramesses V　ラメセス５世　356
Ramesses VI　ラメセス６世　357
Ramesses VII　ラメセス７世　357
Ramesses VIII　ラメセス８世　357
Ramesses IX　ラメセス９世　357
Ramesses X　ラメセス10世　357
Ramesses XI　ラメセス11世　357
Ramesseum　ラメセウム　352
Ramesseum Dramatic Papyrus　ラメセウム演劇パピルス　354
Ramesside　ラメセス朝期　358
Ramose　ラモーセ　358
Ramses　ラムセス　352
Re　レー　362
red crown　赤冠　22
Red Pyramid　赤ピラミッド　22
Rekhmira　レクミラ　363
rekhyt　「レキト」　362
religion　宗教　164
Renenutet　レネヌテト　364
reserve head　予備の頭部　348
Reshep ／ Reshef ／ Reshpu　レシェプ／レシェフ／レシュプ　363
Rhind Papyrus　リンド・パピルス　360
rishi　「リシ」　358
rock–cut tombs　岩窟墓　110
Roman period　ローマ時代　366
Rosetta Stone　ロゼッタ・ストーン　364
royal family　王族　77
royal regalia　王位の象徴　73
royal titles　王の称号　78
Rudamun ／ Amunrud　ルドアムン／アムンルド　361

［S］
sa　「サ」　145

392 欧文項目対照索引

sacred animals　聖獣　184

sacred lake　聖なる池　185

saff tomb　「サッフ」墓　151

Sah　サフ　152

Sahathor ／ Sihathor　サハトホル／シハトホル　152

Sahura　サフラー　152

Sais ／ Sa el-Hagar　サイス／サ・エル＝ハジャル　147

Saite　サイスの　147

Salitis　サリティス　152

Sanakht ／ Zanakht　サナクト／ザナクト　151

Saqqara　サッカラ　149

sarcophagus　石棺　189

Sarenput　サレンプト　153

Satet ／ Satis　サテト／サティス　151

Satire of the Trades　「職業の風刺」　149

Satis　サティス　151

scarab　スカラベ　182

scepter　笏　162

science　科学　94

scorpion　サソリ　149

Scorpion　サソリ　149

scribe　書記　168

sculpture　彫刻　215

Sea Peoples　海の民　64

sebakh　「セバク」　192

Sebennytos ／ Samannud　セベンニトス／サマンヌード　193

Second Intermediate Period　第二中間期　206

Sedeinga　セデインガ　190

sed festival　「セド」祭　191

Sehel　セヘル　192

Seila　セイラ　187

Sekenenra Taa II　セケンエンラー・タア 2 世　188

Sekerher　ソカルヘル　201

Sekhemib (-Perenmaat)　セケムイブ（＝ペルエンマアト）　188

Sekhemkhet　セケムケト　188

Sekhmet　セクメト　188

Selket ／ Selkis ／ Serket　セルケト／セルキス／セルケト　195

Semainean　セマイナ期　193

Semerkhet　セメルケト　193

Semna　セムナ　193

Sened　セネド　192

Senenmut　センエンムト　198

senet　「セネト」　192

Sennefer　センネフェル　200

Senusret I　センウセレト 1 世　196

Senusret II　センウセレト 2 世　197

Senusret III　センウセレト 3 世　197

Senusret IV　センウセレト 4 世　198

Senwosret　センウォスレト　196

Seqenenra Taa II　セケンエンラー・タア 2 世　188

sequence dating　継起編年法　130

Serabit el-Khadim　セラビト・エル＝カディム　194

Serapeum　セラペウム　194

Serapis　セラピス　193

serdab　「セルダブ」　195

serekh　「セレク」　195

serpent　ヘビ　307

serpopard　サーポパード　152

Sesebi　セセビ　189

Seshat　セシャト　188

Sesostris　セソストリス　189

Seth　セト　190

Sethnakht　セトナクト　192

Sethos　セトス　192

Seti I ／ Sethos　セティ 1 世／セトス　189

Seti II ／ Sethos　セティ 2 世／セトス　190

sexuality　性　184

Seyala　サイヤーラ　147

Shabaqo ／ Shabaka　シャバコ／シャバカ　163

Shabitqo ／ Shebitku　シャビトコ／シェビトク　163

shabti ／ shawabti ／ ushabti　「シャブティ」／「シャワブティ」／「ウシャブティ」　163

shaduf　シャドゥフ　163

shawabti　「シャワブティ」　164

Shebitku　シェビトク　156

Sheikh Abd el-Qurna　シェイク・アブド・エル＝クルナ　153

Sheikh el-Beled　シェイク・エル＝ベレド

欧文項目対照索引　393

153
shemu　「シェムウ」　158
shen　「シェン」　159
Shepenwepet　シェプエンウェペト　156
Shepseskaf　シェプセスカフ　156
Shepseskara ／ Izi　シェプセスカラー／イズィ　156
Sherden　シェルデン　159
Sheshi　シェシ　153
Sheshonq　シェションク　154
shesmet girdle　「シェスメト」帯　154
ships　船　300
Shoshenq　ショシェンク　172
Shoshenq I　ショシェンク1世　172
Shoshenq II　ショシェンク2世　172
Shoshenq III　ショシェンク3世　172
Shoshenq V　ショシェンク5世　172
Shoshenq VI , VII　ショシェンク6世、7世　172
shrine　礼拝堂　362
Shu　シュウ　164
Shunet el-Zebib　シュネト・エル＝ゼビブ　167
Siamun　シアムン　153
sidelock of youth　若者の髪房　369
Sihathor　シハトホル　162
silver　銀　119
Sinai　シナイ半島　161
Sinuhe　シヌヘ　162
Siptah　シプタハ　162
Sirius　シリウス　174
sistrum　システルム　161
Siwa Oasis　シーワ・オアシス　175
skiff　平底船　248
slaves　奴隷　237
Smendes ／ Nesbanebdjedet　スメンデス／ネスバネブジェデト　184
Smenkhkara　スメンクカラー　184
snake　ヘビ　307
Sneferu　スネフェル　182
Snofru　スノフル　182
Sobek　ソベク　202
Sobekemsaf　ソベクエムサフ　203
Sobekhotep　ソベクホテプ　203

Sobekneferu　ソベクネフェルウ　203
Sokar　ソカル　201
solar barque　太陽の舟　207
Soleb　ソレブ　203
Songs of the Harper　「ハープ奏者の歌」　270
Sons of Horus　ホルスの息子たち　319
Sopdet ／ Sothis　ソプデト／ソティス　202
Sopdu　ソプドゥ　202
Sothic cycle　ソティス周期　202
Sothis　ソティス　202
soul house　魂の家　212
souls of Pe and Nekhen　ぺとネケンの魂　305
speos　スペオス　183
Speos Artemidos　スペオス・アルテミドス　183
sphinx　スフィンクス　182
stars　星　316
stela ／ stele　石碑／ステラ　187
Step Pyramid　階段ピラミッド　90
stone　石　53
stretching the cord　縄張りの儀式　245
Sumerian　シュメールの　167
sun　太陽　206
sun temple　太陽神殿　206
syncretism　習合　165
Syria-Palestine　シリア＝パレスティナ　174

［T］
Taa　タア　205
taboo　タブー　212
Taharqo ／ Taharqa　タハルコ／タハルカ　211
Takelot　タケロト　209
Takelot I　タケロト1世　209
Takelot II　タケロト2世　209
Takelot III　タケロト3世　209
Taking of Joppa　「ヨッパの占領」　348
talataat　「タラタート」　212
Tale of Sinuhe　「シヌヘの物語」　162
Tale of the Eloquent Peasant　「雄弁な農夫の物語」　345
Tale of the Shipwrecked Sailor　「難破した水夫の物語」　245
Tales of Wonder　「驚異の物語」　117

394 欧文項目対照索引

Tanis ／ San el-Hagar　タニス／サン・エル＝ハガル　209

Tanutamani　タヌタマニ　210

Tarif, el-　タリフ、エル＝　213

Tarkhan　タルカン　213

Tatenen ／ Tatjenen　タテネン／タチェネン　209

Tausert　タウスレト　208

Taweret　タウェレト　207

Tawosret ／ Tausret ／ Twosret　タウォスレト／タウスレト／トゥオスレト　208

taxation　課税　96

Tebtunis　テブトゥニス　222

Tefnakht　テフナクト　222

Tefnut　テフヌト　222

tekenu　「テケヌ」　221

Tell Atrib　テル・アトリブ　224

Tell Basta　テル・バスタ　225

Tell el-Amarna　テル・エル＝アマルナ　224

Tell el-Balamun　テル・エル＝バラムン　225

Tell el-Daba　テル・エル＝ダバア　225

Tell el-Fara'in　テル・エル＝ファライーン　225

Tell el-Maskhuta　テル・エル＝マスクータ　225

Tell el-Muqdam　テル・エル＝ムクダム　225

Tell el-Yahudiya　テル・エル＝ヤフディヤ　225

temenos　テメノス　224

temple　神殿　179

temple ritual　神殿儀礼　181

Teos ／ Tachos ／ Djeho ／ Djed-her　テオス／テコス／ジェホ／ジェド・ホル　221

Teti　テティ　221

Tetishiri　テティシェリ　222

Theban　テーベの　224

Thebes　テーベ　222

Thinis　ティニス　219

Thinite　ティニスの　219

Third Intermediate Period　第三中間期　206

This ／ Thinis　ティス／ティニス　218

Thoëris　トエリス　232

Thoth　トト　233

throne name ／ prenomen　即位名／プレノメン　201

Thutmose　トトモセ　234

Thutmose I　トトモセ 1 世　234

Thutmose II　トトモセ 2 世　234

Thutmose III　トトモセ 3 世　234

Thutmose IV　トトモセ 4 世　236

titulary　肩書き　98

Tiye　ティイ　217

Tod, el-　トゥード、エル＝　230

tomb decoration　墓の装飾　263

tomb models　埋葬用模型　322

tombs　墓　262

Tombs of the Nobles　貴族の墓　114

towns and cities　町と都市　324

toys　玩具　110

transliteration　音訳　87

travertine　トラヴァーチン　236

triad　トライアド　236

Tukh el-Qaramus　トゥク・エル＝カラムス　228

Tuna el-Gebel　トゥナ・エル＝ジェベル　230

Tura　トゥーラ　231

Turin Canon　トリノ王名表　237

turquoise　トルコ石　237

Tutankhamun　トゥトアンクアムン　228

Tuthmoside　トトモセ朝期　236

Tuthmosis　トゥトモシス　230

Tuyu　チュウヤ　215

Two Ladies　二女神　245

Two Lands　二国　245

Twosret　トゥオスレト　228

Ty　ティ　217

tyet girdle　「ティイエト」の帯　218

[U]

Uadji　ウァジィ　62

Udimu　ウディム　64

Ugaf ／ wegaf　ウガエフ／ウェガエフ　63

Ukhhotep　ウクホテプ　63

Umm el-Oaab　ウンム・エル＝カアブ　65

Unas ／ Wenis　ウナス／ウニス　64

Upper Egypt　上エジプト　103

Upuaut　ウプアウト　64

uraeus　ウラエウス　65

欧文項目対照索引　395

Userkaf　ウセルカフ　63
ushabti　ウシャブティ　63
Uweinat ／ Gebel Uweinat　ウェイナト／ジェ
　ベル・ウェイナト　62

[V]
Valley of the Kings　王家の谷　74
Valley of the Queens　王妃の谷　79
valley temple　河岸神殿　94
Viceroy of Kush ／ King's Son of Kush　クシ
　ュ総督／クシュの王子　122
vignette　ヴィネット　62
vizier　宰相　146
votive　奉納　315
vulture　ハゲワシ　265

[W]
Wadi el-Hudi　ワディ・エル゠フディ　370
Wadi Hammamat　ワディ・ハンママート
　371
Wadi Maghara　ワディ・マガラ　371
Wadi Tumilat　ワディ・トゥミラート　370
Wadjet　ワジェト　370
Wadji　ワジィ　370
wadj-wer ／ Great Green　「ワジ゠ウェル」／
　大いなる緑　370
warfare　戦争　200
was scepter　「ワス」笏　370
Wawat　ワワト　372
Ways of Horus　ホルスの道　319
weapons and warfare　武器と戦争　292
wedjat eye　「ウジャト」の眼　63
weighing of the heart　心臓の計量　178
weights and measures　計量と計測　131
Wenamun　ウェンアムン　63
Weneg　ウェネグ　62
Weni　ウェニ　62
Wenis　ウェニス　62
Wennefer　ウエンネフェル　63
Wepwawet ／ Upuaut　ウェプワウェト／ウプ
　アウト　62
Wepwawetemsaf　ウェプワウェトエムサフ
　62

white crown　白冠　174
Wilkinson, John Gardner　ウィルキンソン、ジ
　ョン・ガードナー　62
window of appearance　臨御の窓　360
Wine　ワイン　369
winged disc　有翼円盤　345
wisdom literature　知恵文学　213
Wisdom of Ankhsheshonqy　「アンクシェショ
　ンクイの教訓」　50
women　女性　173
woodworking　木工　244
writing　筆記　281

[X]
Xerxes　クセルクセス　132
X–Group　Xグループ　70
Xois ／ Sakha　クソイス／サクハ　122

[Y]
Yahudiya, Tell el-　ヤフディヤ、テル・エル
　345
Yakubhar　ヤクブヘル　345
Yam　イアム　52
Young, Thomas　ヤング、トーマス　345
Yuya　イウヤ　52

[Z]
Zanakht　ザナクト　151
Zawiyet el-Amwat ／ Zawiyet el-Meitin ／
　Zawiyet Sultan　ザウイエト・エル゠アムワ
　ト／ザウイエト・エル゠メイティン、ザウイ
　エト・スルタン　147
Zawiyet el-Aryan　ザウイエト・エル゠アリア
　ン　147
Zawiyet el-Meitin　ザウイエト・エル゠メイテ
　ィン　148
Zawiyet Sultan　ザウイエト・スルタン　148
Zawiyet Umm el-Rakham　ザウイエト・ウン
　ム・エル゠ラカム　147
Zer　ゼル　195
Zet　ゼト　191
zodiac　黄道十二宮　137
Zoser　ゾセル　202

監訳者あとがき

　本書は 2005 年に出版されたトビー・ウィルキンソン（Toby Wilkinson）による *Dictionary of Ancient Egypt* の翻訳である。ウィルキンソンは 1969 年に生まれ、ケンブリッジ大学でエジプト学の博士号を取得した気鋭のイギリス人エジプト学者である。多作な研究者としても知られており、著書は 10 冊程にもおよび、我が国でもすでに 1 冊の翻訳書が出版されている。本書は出版から 10 年が経過しているが、幾つかあるエジプト学の辞書の中でもその項目の多さでは群を抜いており、専門家からも極めて高い評価を受けている。ただ余りにも項目が詳細であるため、翻訳には正直かなり苦労した。初めて日本語表記がなされた王名や地名も多かったことも苦労させられた原因である。紆余曲折を経てようやく本書の翻訳と出版を終えて今はほっと胸をなで下ろしている。監訳者の勉強不足もあろうが、辞書の翻訳とはかくも大変なものであったのかと心の底から思う日々であった。しかしその反面、日本においてエジプト学の裾野を広げるためにも本書の翻訳は必要であるという強い思いもあったことは間違いない。

　本書の翻訳を考え始めた頃、私はそろそろ 40 歳になろうとしていた。人生も折り返し地点だ。そんなある日、定年まであと 30 年しかないという事実に気づいたのだ（現在のところ駒澤大学の定年は 70 歳である）。それは突然の出来事であった。その時点から残された 30 年で研究者として、いったい何ができるのか、そして何をすべきかを真剣に考え始めたのである。自分がこれから書きたいと考えている論文のテーマを指折り数えてみると、両手両足の指を総動員しても到底足りないことに気づいてしまったのだ。不惑の歳であるにもかかわらず、このことはかなり私を狼狽させ困惑させた。というのも、どう考えても時間が圧倒的に足りないのである。今のペースで進むと 200 歳になっても終わらない。そこで悩んだ末、これからは積極的にアウトリーチ的な行動に出ることにしたのだ。具体的には研究者を対象とした研究書や学術論文だけではなく、幅広い読者層に届くような選書や新書などのいわゆる一般書・啓蒙書を書くことを決意したのである。そして翻訳書はその一環となりうるものであった。

　ただそこにはオリジナリティーを尊ぶ一研究者として、「オリジナルのものを生み出すのではない」、「他人のものを翻訳するに過ぎない」というジレンマが常にともなってもいた。そのような作業にこれからの貴重な時間を割いてしまってもよいのだろうか、そこに意味はあるのであろうか、という考えが頭の中を支配するようになったのである。しかし、研究者を目指す

監訳者あとがき　397

教え子たちと作業することで、そのストレスと迷いは完全に払拭された。次世代のエジプト学者を育てることも、私の重要な役割であり、彼らとともに専門書を翻訳し出版することに大きな魅力と意義を感じ始めたのであった（同じく柊風舎から昨年出版された翻訳書、スティーヴン・スネイプの『古代エジプト都市百科―王と神と民衆の生活―』も同様）。翻訳者たちはそれぞれ全力で翻訳にあたってくれた。もちろんそこには翻訳者としての力量・経験に由来する翻訳の質に濃淡がみられ、監訳者として二度手間三度手間になることもしばしばであったが、それもまた教育という側面では大いに意義のあることであった。少なくとも外国語を母国語である日本語に置き換える作業工程は複雑であり、決して英文で書かれた内容の意味を取るということだけでは上手くはいかず、日本語の文章能力とボキャブラリーの多さが必須であることに改めて気づかされたのである。おそらくそのことは、私だけではなく、翻訳者たちの共通認識であろう。また私からの指示や指摘に納得がいかないと感じたことも彼らにはあったであろう。どんな形の研究であれ調査であれ、不満は付き物である。特に１つのものを複数で成し遂げるのは並大抵の作業ではない。

　最後に翻訳にあたり、最後の最後まで編集者の飯浜利之氏のお手を煩わせた。心より感謝している。なお本書中に誤訳・誤植がある場合はすべて、監訳者である私の力不足であることを最後に記しておきたい。

2016 年 03 月 29 日　春休み、子供たちの寝息の聞こえる尼崎市の実家にて。

大城道則

翻訳者一覧

木村庄作（きむらしょうさく）
最終学歴：バーミンガム大学大学院エジプト学修士課程修了
（University of Birmingham, MA in Egyptology）

青木真兵（あおきしんぺい）
最終学歴：関西大学大学院博士課程後期課程文学研究科総合人文学
専攻西洋史専修修了（博士（文学））
所属：関西大学非常勤講師

坂爪絵美（さかづめえみ）
最終学歴：駒澤大学大学院人文科学研究科考古学専攻修士課程修了
所属：小田原市役所文化部文化政策課主事

齊藤麻里江（さいとうまりえ）
最終学歴：中央大学大学院文学研究科西洋史学専攻修士課程修了

山下真里亜（やましたまりあ）
最終学歴：スウォンジー大学大学院修士課程修了（Swansea University, MA in Ancient Egyptian Culture）
所属：駒澤大学大学院人文科学研究科歴史学専攻（西洋史コース）
博士後期課程

【著者】
トビー・ウィルキンソン（Toby Wilkinson）
1969年生まれのイギリス人エジプト学者。ケンブリッジ大学でエジプト学の博士号を取得。現在は同大学クレア・カレッジのフェロー（特別研究員）を務める。著書多数。

【監訳者】
大城道則（おおしろ みちのり）
1968年生まれ。関西大学大学院文学研究科史学専攻博士課程修了。博士（文学）。バーミンガム大学大学院エジプト学専攻修了（University of Birmingham, MA in Egyptology）。現在、駒澤大学文学部教授。専攻は古代エジプト史。主な著書に『古代エジプト文明―世界史の源流―』（講談社選書メチエ）、『ツタンカーメン―「悲劇の少年王」の知られざる実像―』（中公新書）、『図説 ピラミッドの歴史』（河出書房新社）、『古代エジプト 死者からの声―ナイルに培われたその死生観―』（河出書房新社）などがある。

図説 古代エジプト文明辞典

2016年5月25日 第1刷

著　者　トビー・ウィルキンソン
監訳者　大城道則
装　丁　古村奈々
発行者　伊藤甫律
発行所　株式会社 柊風舎

〒161-0034 東京都新宿区上落合1-29-7 ムサシヤビル5F
TEL 03-5337-3299 ／ FAX 03-5337-3290

印刷／株式会社明光社印刷所
製本／小髙製本工業株式会社

ISBN978-4-86498-036-4
Japanese Text © Michinori Ooshiro